Für Hannah Iris

»History is not about the past;
it is about arguments we have about the past.
And because it is about arguments that we have,
it is about us.«

(In der Geschichtsschreibung geht es nicht um die Vergangenheit;
es geht darum, wie wir sie deuten.
Und da es um unsere Deutungen geht,
geht es letztlich um uns.)

Ira Berlin

Michael Haspel

»Wer nicht liebt, steht vor dem Nichts!«

Martin Luther Kings Spiritualität
als Grundlage seines Kampfes gegen
Rassismus und Ungerechtigkeit

Inhalt

Einleitung

Martin Luther Kings Kampf für politische Freiheit und soziale Gerechtigkeit ist in seiner religiösen und spirituellen Haltung verwurzelt. Dieser Spur folgt dieses Buch. Es zeichnet nach, wie sich in Kings Lebensweg und Widerstandskonzept religiöser Glaube, theologische Überzeugungen und politische Strategien gegenseitig beeinflussen und durchdringen. Glaube ist für King nicht ein Wohlgefühl des Getröstetseins, sondern eine Welthaltung der Liebe, die sich im Kampf für Gerechtigkeit bewährt. Diese Botschaft verdient es, neu gehört zu werden. Sie lädt ein zu einer befreiten und befreienden Spiritualität, die sich gegen Rassismus und Ungerechtigkeit wendet.

Die vierzehn Kapitel entsprechen den vierzehn Kalenderjahren, in denen King öffentlich wirksam war, und entfalten die spirituellen und theologischen Orientierungen Kings vor allem anhand seiner großen Reden, Predigten und Texte im Zusammenhang mit wichtigen Stationen der Bürgerrechtsbewegung. Das Buch ist also weder eine klassische Biografie Kings noch eine Geschichte der Bürgerrechtsbewegung, kann jedoch durchaus auch als solche gelesen werden. Die Kapitel 6 und 10 bieten intensivere theologische Vertiefungen und stehen als Exkurse für sich. Wer zuerst Kings theologische und spirituelle Prägung kennenlernen möchte, kann mit Kapitel 3 beginnen.

Auf dem Weg zu diesem Buch habe ich vielfältige Unterstützung erfahren, für die ich dankbar bin. Von den vielen Menschen, die Wegbegleiterinnen und Wegbegleiter waren, möchte ich hier einige wenige exemplarisch nennen. Dankbar erinnere ich, wie Howard B.M. Fauntroy, III. es mir Anfang der 1990er-Jahre ermöglichte, Erfahrungen mit der Spiritualität und Kultur der Schwarzen Kirche in Boston und Detroit zu machen. Anthony Pinns Kritik an und ganz andere Perspektive auf King waren und sind eine produktive Herausforderung. Fulata Lusungu Moyo verdanke ich Einsichten in die postkolonialen Perspektiven Schwarzer Frauen und ihrer theologischen Deutung.

Britta Waldschmidt-Nelson gilt mein Dank für die gemeinsamen Projekte zu King und der Bürgerrechtsbewegung sowie für ihre kollegial-freundschaftliche Unterstützung. Theologische Impulse und exegetischen Rat verdanke ich Rainer Kessler. Für immer wieder neue Inspiration und freundschaftliche Begleitung danke ich Miriam Rose, Kristian Fechtner, Matthias Koenig, Bradley Sperber und Stefan Hördler.

Von den vielen studentischen Mitarbeitenden über die Jahre möchte ich stellvertretend Karl-Christoph Goldammer und Yentl Wolff nennen und ihnen danken, da sie sich in besonderer Weise um dieses Buch bzw. vorausgehende Forschungsprojekte verdient gemacht haben. Dank gebührt auch Schülerinnen und Schülern sowie Studierenden und Promovierenden an verschiedenen Orten, die zu Teilen des Buches hilfreiche Rückmeldungen gegeben haben. Besonders danke ich der Bibliothekarin Rita Backhaus von der Herzogin Anna Amalia Bibliothek zu Weimar, die auch noch den entlegensten Titel ausfindig gemacht und über Fernleihe besorgt hat, stellvertretend für alle hilfreichen Bibliotheks- und Archivmitarbeitenden auf beiden Seiten des Atlantiks. Die Universität Erfurt und die Deutsche Forschungsgemeinschaft haben frühere Forschungsvorhaben gefördert, auf die ich hier aufbauen kann. Last but not least, gilt dem Lektor des Gütersloher Verlagshaus, Diedrich Steen, mein herzlicher Dank. Er war von Anfang an von der Idee dieses Buches überzeugt und hat mit seinem virtuosen Lektorat umsichtig die Entstehung des Texts befördert.

Meine Tochter Hannah Iris ist schon mit einem King-Kinderbuch aufgewachsen. Als Teenagerin hat sie mich ziemlich geduldig bei Vorträgen und Besuchen des King-Memorial, der Ebenezer Church und nicht nur einem Bürgerrechtsmuseum begleitet. Ihr und ihrem wachen Sinn für Diskriminierung und Ungerechtigkeit ist dieses Buch gewidmet.

Weimar, Karfreitag 2024

1.
Die Sehnsucht nach Gerechtigkeit Der Busboykott in Montgomery 1955/1956

Es beginnt wie ein Märchen. Im Sommer 1953 heiraten Martin Luther King, Jr., ein vielversprechender junger Theologe, und die Gesangsstudentin Coretta Scott. Sie schließen beide ihr Studium in Boston ab, und King bewirbt sich Anfang 1954 als Pfarrer an der Dexter Avenue Baptist Church in Montgomery, Alabama. Alle Voraussetzungen für die Gründung einer Vorzeigemittelklassefamilie und beruflichen Erfolg sind gegeben. Dabei war der Weg der beiden aus Neuengland zurück in den Süden nicht ganz selbstverständlich. Coretta Scott King wollte eigentlich nicht. Sie hatte in Boston das Konservatorium besucht und hoffte auf eine Karriere als Sängerin, die im rassistischen Süden nicht möglich war. King hatte Angebote, Professor an Colleges im Norden zu werden. Aber er sah sich in der Pflicht, als Pfarrer in den Süden zurückzukehren, wo die Schwarzen[1] Kirchgemeinden oft die einzigen Institutionen waren, in denen Afro-Amerikanerinnen und Afro-Amerikaner frei von Unterdrückung durch die Weißen ihr Leben gestalten konnten.

Ursachen der rassistischen Segregation und Unterdrückung

Denn Schwarze wurden in vielen Bereichen diskriminiert. Sie durften bestimmte Läden und Restaurants nicht aufsuchen, sie mussten in separate Schulen gehen, in den Bussen hinten sitzen, eigene Warteräume benutzen und durften nicht von Wasserspendern trinken, die für Weiße bestimmt waren. Eine Reise durch die Südstaaten war für Schwarze eine Herausforderung, weil viele Motels sie nicht beherbergten. Und der Rassismus war lebensgefährlich. Nicht nur durch direkte rassistische Gewalt, sondern weil viele Krankenhäuser keine afro-amerikanischen Patientinnen und Patienten aufnahmen, und die weiten Wege in die Krankenhäuser, die Afro-Amerikaner behandelten, zu tödlich langen Verzögerungen der Behandlung führen konnten. Ganz abgesehen davon, dass die Krankenhäuser für Schwarze, wie auch die Schulen, schlechter ausgestattet waren als die für Weiße. Dazu kam: Die meisten Schwarzen im Süden durften nicht wählen.

Wie kann das eigentlich sein, in den 50er-Jahren des vergangenen Jahrhunderts? Gehörten die USA nicht zu den Mitinitiatoren der Allgemeinen Erklärung der Menschenrechte? Waren durch Verfassungszusätze – die 13., 14. und 15. Amendments – Sklaverei und Segregation nach dem Bürgerkrieg nicht abgeschafft (1865) und alle Menschen ausdrücklich bei Wahlen gleichgestellt worden (1870)?

Ja, aber aus politischen Gründen hatten es die Nordstaaten hingenommen, dass die Südstaaten die Verfassung Schritt für Schritt durch Segregationsgesetze auf der Ebene der Einzelstaaten aushöhlten. Man brauchte die Stimmen der im Süden damals vorherrschenden Demokratischen Partei für Mehrheiten bei nationalen Wahlen. 1876 kam es bei der Präsidentenwahl zu keinem klaren Ergebnis. In einem Abkommen von 1877 erklärten sich die Demokraten bereit, den republikanischen Kandidaten mitzuwählen. Obwohl die Republikaner als die Partei des ermordeten Präsidenten Lincoln die Sklavenbefreiung durchgesetzt hatten, willigten sie im Gegenzug ein, die Bundestruppen aus dem Süden abzuziehen. Diese hatten bislang die Umsetzung der Rechte der Schwarzen überwacht. Damit war de facto die Ära der Reconstruction beendet, in der von 1865 an versucht worden war, die Rechte der Schwarzen im Süden zu sichern und das vom Krieg zerstörte Gebiet wieder aufzubauen. So wurde geduldet, dass die Sklaverei nicht etwa durch Freiheit und Gleichberechtigung abgelöst wurde, sondern durch die erneute Segregation.

Ab 1890 begann man in einzelnen Staaten, zunächst in Mississippi und South Carolina, damit, die Rechte der afro-amerikanischen Bevölkerung wieder einzuschränken.[2] Mit Hilfe der sogenannten Jim Crow-Gesetzgebung[3] wurde die Vorherrschaft der Weißen durch die alten Eliten der Südstaatendemokraten rechtlich verankert. Die Formel *separate but equal* war es, die die rechtliche Durchsetzung eines neuen Systems der Segregation ermöglichte.

Denn der Supreme Court hatte 1896 im Fall Plessy versus Ferguson entschieden, dass Segregation dann verfassungsgemäß sei, wenn die Gleichheit der getrennten Einrichtungen für Schwarze und Weiße gegeben sei.

Bis zum Jahre 1910 wurde daraufhin in den Südstaaten in allen öffentlichen Bereichen die rassistische Diskriminierung der Schwarzen mithilfe einzelstaatlicher Gesetzgebung festgeschrieben. Durch Verfassungsänderungen wurden zudem in den meisten Südstaaten Wahlsteuern oder eine Wahlzulassungsprüfung rechtlich eingeführt. De facto wurden auf diese Weise die meisten Afro-Amerikanerinnen und Afro-Amerikaner von den Wahlen ausgeschlossen, da sie weder das Geld für die Wahlgebühr noch viele eine Schulausbildung genossen hatten, die es ihnen ermöglicht hätte, die Tests zu bestehen. Im Gegenteil, Lesen und Schreiben zu lernen war ihnen gesetzlich verboten gewesen. Darüber hinaus wurden die Möglichkeiten zur Registrierung sehr restriktiv gehandhabt und die Prüfungsfragen willkürlich bis zur Absurdität erschwert, so dass auch gebildete Schwarze oft keine Chance hatten.[4] Um zu verhindern, dass durch diese rigiden Regeln auch Weiße von der Wahl ausgeschlossen wurden, führte man eine sogenannte Großvaterklausel ein: Wenn schon die Vorfahren des oder der Wahlberechtigten in das Wählerverzeichnis eingetragen waren oder es Bürgen gab, konnte von einer Wahltauglichkeitsprüfung abgesehen werden.[5]

In der afro-amerikanischen Bevölkerungsgruppe ging der Anteil der ins Wählerverzeichnis eingetragenen Wahlberechtigten daraufhin drastisch zurück. In Louisiana zum Beispiel standen 1896 130.344 Schwarze im Wählerverzeichnis. 1898 waren nur noch etwas mehr als 5.000 registriert und 1916 war die Zahl auf 1.772 zurückgegangen.[6] Dadurch verloren die Schwarzen auch national an Bedeutung als Wählergruppe, was das Desinteresse der Republikanischen Partei an ihnen noch verstärkte.

Durch die Jim Crow-Gesetze wurde nicht nur das Wahlrecht für Schwarze eingeschränkt, sondern auch ihre ökonomische Benachteiligung verfestigt. Die meisten Schwarzen blieben wirtschaftlich von den Plantagenbesitzern abhängig. Da es keine grundlegende Landreform gab, mussten sie als Pächter weiter auf den Plantagen arbeiten, wo sie vorher versklavt waren. Die Pachtverträge waren Mittel der ökonomischen Ausbeutung. Darüber hinaus konnten insbesondere Schwarze Männer wegen Kleinigkeiten zu langen Zuchthausstrafen verurteilt werden, die sie »abarbeiten« konnten. Auf diese Weise wurden viele Schwarze wieder durch unfreie Arbeit ausgebeutet.[7] Auch die Qualität der Schulausbildung für die Schwarzen Kinder war schlechter als in Schulen für Weiße. 89 % der Schwarzen Bevölkerung der USA lebten damals in den Südstaaten und waren von dieser Diskriminierung und Unterdrückung betroffen.

Schon bald nach dem Ende des Sezessionskrieges waren im Norden humanitäre Ziele hinter dem Wunsch nach stabilen wirtschaftlichen Verhältnissen zurückgetreten. Vor allem war die verarbeitende Industrie im Norden an günstiger Rohbaumwolle interessiert, zu deren Herstellung weiterhin billige Arbeitskräfte benötigt wurden. Darüber hinaus war man auf einen ökonomisch stabilen Süden als Absatzmarkt angewiesen. So sah man vonseiten des Nordens und der Bundesregierung aus tatenlos zu, wie im Süden die ohnehin schon begrenzten Errungenschaften der Reconstruction weitestgehend rückgängig gemacht wurden. Für die Schwarzen war diese Entwicklung fatal: Nach dem Bürgerkrieg war es nie zu einem angemessenen ökonomischen Ausgleich gekommen und viele lebten weiter in Armut und blieben von den Weißen Grundbesitzern abhängig. Jetzt verloren sie zusätzlich wieder jegliche politische Interessenvertretung und Mitwirkungsmöglichkeit.[8] In der Folge kam es zum einen zu einer großen Migrationswelle der afro-amerikanischen Bevölkerung vom Süden in den Norden und vom Land in die Städte des Südens, zum anderen aber auch zur Gründung von Bürgerrechtsorganisationen im Norden der USA. Diese versuchten, das System, das de facto *separate and unequal* war, mit juristischen Mitteln zu bekämpfen.

Von Schwarzen Bürgerrechtlern im Norden und Süden war spätestens seit den 1940er-Jahren ein Aufstand gegen die rassistische Segregation und Unterdrückung herbeigesehnt und aktiv vorbereitet worden. Etliche aus der Generation von Kings Lehrern reisten nach Indien, um die Ideen und Praxis Gandhis zu studieren. Darüber hinaus fand über die kirchlichen Verbindungen eine intensive internationale Vernetzung statt. Damit verband sich auch die Sehnsucht nach einer Schwarzen Führungspersönlichkeit, einem »Schwarzen Gandhi«.[9]

Entstehungsfaktoren der Bürgerrechtsbewegung

Die rechtliche Situation änderte sich, noch bevor die Kings nach Montgomery übergesiedelt waren. Der Oberste Gerichtshof der USA urteilte im Fall Brown v. Board of Education of Topeka am 17. Mai 1954 letztinstanzlich, dass die Segregation im Schulwesen nicht verfassungsgemäß sei, und öffnete damit die Möglichkeit, weitere rassistische Gesetze in den Südstaaten aufheben zu lassen. Auf dieses Urteil hatten die traditionellen Schwarzen Bürgerrechtsorganisationen durch zahllose Prozesse gegen das System der rassistischen Unterdrückung im Süden hingearbeitet. Es sollte – wie wir noch sehen werden – die Grundlage für die Bürgerrechtsrevolution der 1950er- und 1960er-Jahre sowie für den berühmten Busboykott in Montgomery werden.

Darüber hinaus gab es viele weitere Faktoren, die Veränderungen in Gang setzten. Nicht allein, dass immer mehr Schwarze in Städten wohnten und mobilisiert werden konnten. Viele Schwarze hatten als Soldaten im Zweiten Weltkrieg und in Korea für Freiheit und Menschenrechte gekämpft, die sie nun auch zu Hause einforderten. Insbesondere Schwarze in Uniform wurden immer wieder Opfer von Übergriffen, weil sie offensichtlich nicht in das Bild rassistischer Weißer passten. Montgomery hatte zwei Militärbasen, die vollständig integriert waren. Dort saßen Schwarze und Weiße zusammen beim Essen und auch im Bus. Außerhalb der Basen mussten sie sich dann getrennt setzen. Das führte gerade bei den Soldaten zu erheblichem Unmut.

Nach dem Zweiten Weltkrieg erreichte zudem eine große Zahl von Kolonien, insbesondere aus dem Britischen Empire, die Unabhängigkeit. Aus Kolonisierten wurden Bürgerinnen und Bürger mit vollen Bürgerrechten. Dies weckte Erwartungen auch bei der afro-amerikanischen Bevölkerung in den USA.

Neben dem Urteil des Obersten Gerichtshofes zur Segregation im Schulwesen war es aber vor allem der brutale Foltermord[10] an dem vierzehnjährigen Emmett Till am 28. August 1955, der die Öffentlichkeit erschütterte und das Ausmaß der rassistischen Gewalt im Süden der USA landesweit sichtbar machte. Emmett Till war aus Chicago zu Besuch bei Verwandten in Mississippi. Eine Weiße Frau beschuldigte ihn, sich ihr gegenüber nicht angemessen verhalten zu haben. Ihr Mann und ihr Schwager folterten den Jungen daraufhin zu

Tode. Sie wurden von einem nur mit Weißen besetzten lokalen Gericht freigesprochen. Emmett Tills Mutter bestand darauf, dass bis zur Beerdigung in Chicago der Sarg geöffnet blieb, um vom Toten Abschied nehmen zu können. Dadurch wurde in den ganzen USA und weit darüber hinaus die Realität und Brutalität des Rassismus im Süden offenbar.[11] In Biografien von Schwarzen Bürgerrechtlern wird diese Erfahrung oft als diejenige genannt, die in der Schwarzen Community die Bereitschaft zum Widerstand erhöhte.[12] Solche Gewaltverbrechen gegen Schwarze Männer waren leider nicht selten. Der Fall Emmett Tills wurde aber in besonderer Weise öffentlich. Einmal wegen der mutigen und verzweifelten Entscheidung seiner Mutter, den entstellten Leichnam öffentlich zu zeigen, und dann auch, weil Till aus dem Norden stammte und darum Medien außerhalb des Südens über das Verbrechen berichteten.

Aber die Beharrungskräfte der Weißen Rassisten waren enorm. 1954 wurde der erste White Citizens' Council (Weißer Bürgerrat) als Reaktion auf das Urteil zur Schulsegregation gegründet. Innerhalb kürzester Zeit entstanden Hunderte Ortsvereine im ganzen Süden, um die Weiße Vorherrschaft und die Weißen Privilegien zu verteidigen. Dies zeigt noch einmal: Der Rassismus bestimmte die Struktur des *Southern Way of Life*, eines Lebensstils, der ökonomisch seit dem 17. Jahrhundert auf der Ausbeutung der Schwarzen basierte. So war Ende des Jahres 1955 in Montgomery und im ganzen Süden die Situation äußerst angespannt. Die Schwarzen warteten ungeduldig darauf, dass das Urteil des Obersten Gerichtshofes umgesetzt und ihre Diskriminierung beendet würde. Die große Mehrheit der Weißen wollte die rassistische Ordnung entschlossen verteidigen.

Die gesellschaftlichen Konsequenzen des Glaubens

Schon vor dem offiziellen Antritt seiner Pfarrstelle hat King in Gastpredigten Rassismus und die Notwendigkeit des Widerstandes zum Thema gemacht. Die erste Predigt, die er im Mai 1954 hielt, nachdem er die Wahl zum Pfarrer angenommen hatte, trug den Titel »Geistige und geistliche Versklavung«. Schon hier wird deutlich, dass King mentale und spirituelle Muster erkennt, die die Schwarzen in Unterdrückung und Benachteiligung festhalten, sich andererseits aber auch bewusst ist, dass Befreiung auch eine spirituell-religiöse

Dimension hat. Am 4. Juli, dem Nationalfeiertag, folgte eine Erinnerung, dass das Christentum eine »Religion der Tat« sei. Dabei wendet King sich einerseits gegen die Doppelmoral Weißer Christinnen, welche rassistische Verhältnisse mit Gewalt aufrechterhalten, aber am Sonntag Gottesdienst feiern. Andererseits ermahnt er mit einem Gleichnis auch die Schwarzen, sich gegen die Ungerechtigkeit aktiv einzusetzen. Bereits eine Woche später nimmt er sich des Themas »Was ist der Mensch?« an. Entscheidend ist für King, dass der Mensch als Ebenbild Gottes eine spirituelle Dimension hat, zugleich aber auch leiblich existiert. Anders als etwa für Augustinus folgt daraus für King kein Dualismus, bei dem die leibliche Dimension der geistlichen untergeordnet wird, sondern beide Dimensionen gehören zusammen. Deshalb sind für King die spirituelle und sozialethische Dimension des Evangeliums untrennbar verbunden. Mit seiner ersten Predigt nach dem Amtsantritt am 3. September schließt King, wenn man so will, diese theologisch-programmatische Reihe ab. Das Thema: »Die Liebe Gottes«. Für King ist Folgendes entscheidend: »Gottes Liebe ist erlösend bzw. befreiend. Gottes Liebe schafft Leben und neues Licht. Sie bewahrt uns vor dem Tod.« Damit hat er quasi den Schlussstein der kurzen Darstellung seiner Theologie gesetzt: Die Liebe Gottes erlöst und befreit. Sie befreit aus allen Formen der Unfreiheit. Es ist Aufgabe der Kirche und Christen, an der Befreiung mitzuwirken, weil die Botschaft Jesu auf geistliche und leibliche Freiheit sowie auf geistliches und leibliches Wohlergehen zielt. Diese theologische Grundstruktur sollte King bis zu seinem Tod begleiten und tragen.[13]

Unmittelbar nachdem Martin Luther King sein Amt als Pastor der Dexter Avenue Baptist Church angetreten hatte, regte er auf diesem Hintergrund einige Änderungen im Programm und in der Struktur der Gemeinde an. Zum einen führte er ein System von Gemeindekreisen ein. Alle Gemeindeglieder sollten aufgrund ihres Geburtsdatums automatisch einem Kreis angehören, der sich regelmäßig traf.[14] Dies hatte eine Mobilisierung der Mitglieder zur Folge, sogar eine Zunahme der Attraktivität der Gemeinde, was sich mittelfristig in einem Mitgliederzuwachs und der Zunahme finanzieller Zuwendungen bemerkbar machte.[15] Darüber hinaus förderte King die Gründung respektive Wiederbelebung einiger Gemeindeausschüsse. Dazu gehörte ein Ausschuss für gesellschaftliche und politische Verantwortung (Social and Political Action Committee), der die Aufgabe zugewiesen bekam, die gesellschaftlichen Entwicklungen zu analysieren, die Gemeinde zu informieren und, wenn notwendig, zu mobilisieren:

»Da das von Jesus verkündigte Evangelium sowohl eine gesellschaftliche wie eine persönliche Dimension hat und so den ganzen Menschen zum Heil bringen möchte, wird ein Ausschuss für gesellschaftliche Verantwortung eingerichtet, um die Gemeinde fortlaufend über die soziale, politische und ökonomische Situation qualifiziert zu informieren.«[16]

Martin Luther King, Jr. legte dabei großen Wert auf die Zusammenarbeit mit der großen Bürgerrechtsorganisation National Association for the Advancement of Colored People (NAACP)[17] und wollte vor allem erreichen, dass sich möglichst alle Gemeindemitglieder in das Wählerverzeichnis eintragen ließen, um so an den Wahlen teilnehmen und öffentliche Verantwortung übernehmen zu können. King als Pastor der Gemeinde ging mit gutem Beispiel voran. Er wurde Mitglied in der lokalen Gruppierung des NAACP und schon nach kurzer Zeit in den Vorstand des Ortsvereins gewählt. Die Schriftführerin dieses Ortsvereins war Rosa Parks.[18] Außerdem wurde er Mitglied der einzigen nicht-segregierten Organisation in Montgomery, dem lokalen Ableger des Alabama Council on Human Relations (ACHR). Auch dort wurde King nach nur kurzer Zeit mit einer verantwortlichen Position betraut. Als stellvertretender Vorsitzender arbeitete er eng mit den Weißen im Vorstand zusammen. Der Council on Human Relations war die einzige institutionelle Möglichkeit zur Kommunikation zwischen Schwarzen und Weißen.[19] Kings soziales Engagement und die Übernahme von öffentlicher Verantwortung im Dienst für Freiheit und Gerechtigkeit der afro-amerikanischen Bevölkerung nahm schon bald erhebliche Ausmaße an. In seinem ersten Jahresbericht als Pfarrer gibt er seiner Gemeinde Rechenschaft darüber, dass er neben 46 Predigten in seiner Kirche 20 weitere Redeverpflichtungen wahrgenommen und an 36 Sitzungen von Bürgerrechtsorganisationen teilgenommen habe. Im Jahr darauf hat sich die Relation schon umgekehrt: Nur noch 36 Predigten hat er von der eigenen Kanzel gehalten, dafür war er bei 110 Sitzungen präsent. Blieben diese Zahlen im darauffolgenden Berichtsjahr in etwa konstant, so ist aber eine deutliche Zunahme der Predigt- und Vortragstätigkeit außerhalb der eigenen Gemeinde zu verzeichnen.[20]

Auch die Gemeindeglieder der Dexter Avenue Baptist Church engagierten sich für die sozialethischen Programme ihrer Kongregation. Vor allem das Social and Political Action Committee entfaltete erhebliche Aktivitäten. Neben der Herausgabe einer zweiwöchentlich erscheinenden Zeitschrift, die der Information aller Gemeindemitglieder über politische und soziale Probleme diente, veranstaltete das Komitee Wählerschulungen für diejenigen, die sich, um als Wähler registriert zu werden, einem Wahltest unterziehen mussten. King hob die Arbeit dieser Gruppe in seinem Jahresbericht besonders hervor: Nicht nur die Anzahl der Wählerinnen und Wähler der Dexter Avenue Baptist Church war gestiegen, auch die anderen Schwarzen Kirchengemeinden hatten sich von diesen Aktivitäten inspirieren und anspornen lassen. Die Aktivisten dieses Ausschusses sollten nur wenige Monate später zu den ersten ehrenamtlichen Organisatoren des Busboykotts gehören. Das alles bewegte sich aber im Rahmen der traditionellen Bürgerrechtsorganisationen: Bildung, Wählerregistrierung, Verhandlungen und Klagen, um juristische Präzedenzfälle zu schaffen.

Der Busboykott in Montgomery
Mehr als ein spontaner Protest

Auch in Montgomery hatte der Ortsverein der Bürgerrechtsorganisation NAACP schon eine ganze Weile auf eine Gelegenheit gewartet, die sich als Präzedenzfall eignete, um juristisch gegen die diskriminierenden Regelungen in den Bussen vorzugehen. Die meisten Schwarzen waren auf die Busse angewiesen und so dem Rassismus der durchweg Weißen Fahrer ausgeliefert. Rosa Parks, die den Busboykott schließlich auslösen sollte, war die Schriftführerin des lokalen Zweiges der NAACP, in dem sie als eine der wenigen Frauen schon seit Längerem aktiv war und auch die Jugendgruppe leitete. Bei Konferenzen der NAACP hatte sie Ella Baker kennengelernt, eine Ikone der Bürgerrechtsbewegung, die zu diesem Zeitpunkt bei der NAACP für die lokalen Organisationen zuständig war. Parks war überregional in der Dokumentation von rassistischen Verbrechen und Übergriffen tätig, damit die NAACP auf Grundlage dieses Materials rechtliche Maßnahmen ergreifen konnte. Sie hatte selbst Erfahrung mit der Diskriminierung in den Bussen Montgomerys. Im Sommer des Jahres 1955 nahm sie an der Highlander Folk School an einem Training zur Bekämpfung der rassistischen Segregation teil. Sie war also alles andere als unerfahren und naiv, als sie sich weigerte, im Bus ihren Platz für einen Weißen frei zu machen.

Die Bushaltestelle, an der Rosa Parks am Nachtmittag des 1. Dezember 1955 nach der Arbeit in den Bus einstieg, liegt am ehemaligen Sklavenmarkt, dem heutigen Court Square/Ecke Dexter Ave. Darauf wird in den vielen Beschreibungen, die ich gelesen habe, kaum hingewiesen.[21] Schaut man die Dexter Ave hinauf, sieht man das imposante Capitol, den Regierungssitz von Alabama, einem eminenten Symbol der Versklavungsökonomie, wo 1861 die Konföderation der Südstaaten gegründet wurde. Die Dexter Avenue Baptist Church liegt nur einen Block unterhalb des Capitols. Im 120 Grad-Winkel zur Dexter Ave kann man vom Court Square auch direkt die Commerce Street hinunter zu den Hafenanlagen am Alabama River schauen. Zwischen den beiden Spuren der Straße führt der Riverwalk Tunnel direkt zum Flussufer. Durch diesen Tunnel hindurch wurden die Baumwollballen zu den Schiffen gerollt. Die versklavten Menschen mussten den umgekehrten Weg zum Sklavenmarkt und auf die Plantagen zur Zwangsarbeit gehen. Neunzig Jahre nach Aufhebung der Versklavung[22] stand nun Rosa Parks am 1. Dezember 1955 an dieser Stelle und musste sich in allen Lebensbereichen, so auch im Bus, den rassistischen Segregationsgesetzen beugen. Sie setzte sich also in den mittleren Bereich des Busses. Als sich die Sitze im vorderen, für Weiße reservierten Bereich füllten, weigerte sie sich, ihren Sitz im mittleren Bereich für einen Weißen frei zu machen. Die Situation war in der städtischen Verordnung nicht ausdrücklich geregelt. Die vorderen Plätze waren für die Weißen reserviert. Im mittleren Bereich galt juristisch, dass die Plätze nach Bedarf gefüllt wurden. Es war aber nicht vorgeschrieben, dass eine Schwarze Person ihren Sitz frei machen musste, wenn für Weiße keine Plätze mehr vorhanden waren. Das war nur Gewohnheitsrecht und bot den Ansatz für ein Gerichtsverfahren. Da der Busfahrer unbedingt auf einer Verhaftung und Anklage Parks bestand, anstatt sie nur des Busses zu verweisen, lag nun eine Handlung vor, die gerichtlich überprüft werden konnte.[23] Mit der Verhaftung von Rosa Parks nahmen die Dinge ihren Lauf. Denn die Umstände eigneten sich gut für eine Präzedenzklage gegen die Segregationsregelungen in den Bussen Montgomerys.

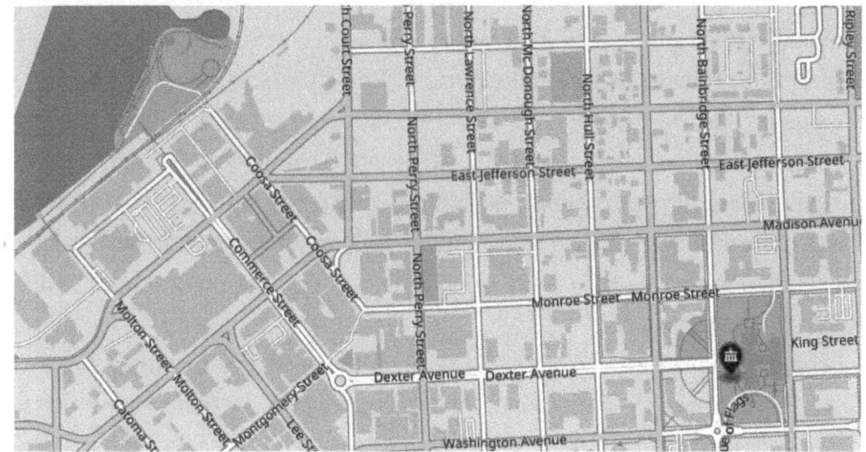

Am Court Square/Ecke Dexter Ave stieg Rosa Parks in den Bus. Dies ist der ehemalige Sklavenmarkt. Die Dexter Ave führt den Hügel hinauf zum Capitol von Alabama. Dort wurde 1861 die Konföderation der Südstaaten gegründet. Kurz vor dem Capitol rechts liegt die Dexter Avenue Baptist Church. In einem 120-Grad-Winkel zur Dexter Ave führt vom Court Square die Commerce Street zum Alabama River, der auch dem Sklavenhandel diente.

Nach der Verhaftung von Rosa Parks war es zunächst der NAACP-Veteran und Vorsitzende des Ortsvereins E.D. Nixon, der sich Parks und der Sache annahm. Da er als Nachtzugschaffner arbeitete und deswegen regelmäßig mehrere Tage am Stück unterwegs sein musste, war er in den ersten entscheidenden Tagen nicht in Montgomery. Möglicherweise wäre er sonst zur Führungspersönlichkeit des Boykotts geworden. Sein Engagement, seine Erfahrung und sein Ansehen in der Bürgerrechtsszene und der Schwarzen Bevölkerung sprachen jedenfalls dafür. Aber es sollte anders kommen.

Die Verhaftung Parks' und das Gerichtsverfahren schienen die lang erwartete Gelegenheit für die NAACP zu bieten, den Rechtsweg zu beschreiten, um gegen die rassistischen Regelungen vorzugehen. Daneben gab es aber auch einen Aufruf zum Boykott der Busse: nicht etwa von Martin Luther King, auch nicht von der NAACP, sondern vom Women's Political Council (WPC). So nannte sich eine Vereinigung Schwarzer Frauen unter der Führung der Professorin am Alabama State College Jo Ann Robinson, die sich schon länger um die Verbesserung der rechtlichen und sozialen Situation der Schwarzen bemüht hatte, insbesondere für Schwarze Frauen, die Opfer sexualisierter Gewalt durch Weiße wurden. Ein weiteres Anliegen der Vereinigung war die Verbesserung der Situation in den Bussen, die wiederum besonders Schwarze

Frauen betraf, da diese oft auf die Busse angewiesen waren.[24] Zwar wurde auf Grund des rassistischen Verhaltens vieler Busfahrer schon länger überlegt, die Busse zu boykottieren. Aber konkrete Vorbereitungen wie Pläne, die Beschaffung von Ressourcen und vor allem ein Training von Teilnehmenden für gewaltfreie Protestmaßnahmen gab es nicht. Vor dem Vorfall mit Rosa Parks hatte es andere Fälle gegeben, die sich dann aber aus Sicht der Verantwortlichen weder als Anlass für einen Boykott noch für ein Beschreiten des Rechtsweges eigneten.

Zunächst wurde E.D. Nixon in die Pläne einbezogen. Dann wurden die Pastoren der Schwarzen Gemeinden mit eingebunden, ja, sie bildeten mit ihren Gemeindegliedern das Rückgrat der Boykottbewegung. Schon am nächsten Tag, Freitag, dem 2. Dezember, trafen sich einige Schwarze Pfarrer mit anderen führenden Afro-Amerikanern in Kings Kirche. Außer der Unterstützung für den zunächst auf einen Tag angesetzten Busboykott gab es keine weiterreichenden Beschlüsse. Wichtig war, in den Sonntagsgottesdiensten für den Boykott zu werben. King und Ralph Abernathy, ein anderer junger baptistischer Prediger, ergänzten den Boykott-Aufruf noch um eine Einladung zu einer öffentlichen Versammlung am Abend des Busboykotts, um über das weitere Vorgehen zu beraten.

Am Montag, dem 5. Dezember 1955, den Martin Luther King als »The Day of Days«[25] bezeichnete, überschlugen sich die Ereignisse. Es war der erste Tag des Busboykotts und die Beteiligung war von Anfang an sehr viel höher, als erwartet. Darüber hinaus fand am Vormittag die Verhandlung gegen Rosa Parks statt. Sie wurde wegen des Verstoßes gegen die Bussegregation zu einer Geldstrafe verurteilt, wogegen nun weiter gerichtlich vorgegangen werden konnte. Am Nachmittag fand ein weiteres, entscheidendes Treffen der Schwarzen Führungspersönlichkeiten statt. Die Versammelten beschlossen, zur Durchführung des Boykotts eine eigene Organisation zu gründen, welche die verschiedenen Vereinigungen der Afro-Amerikanerinnnen und Afro-Amerikaner zusammenführen sollte. Die Montgomery Improvement Association (MIA)[26] wurde ins Leben gerufen. Im Unterschied zur NAACP, die ihre Mitglieder vorwiegend aus der dünnen akademischen Mittelschicht rekrutierte, vereinte sie alle wichtigen Gruppen der Schwarzen Bevölkerung. Allerdings dominierten Pastoren, die jeweils die institutionellen Ressourcen, vor allem aber die Mitglieder ihrer Gemeinden als Massenbasis mobilisieren konnten. Die MIA entwickelte sich im Unterschied zur NAACP zu einer kirchennahen Basisorganisation. In ihr wurden die verschiedenen, vor allem kirchlichen Kommunikationsnetze zusammengeführt, so dass effektiv eine *Massen*basis für den Busboykott mobilisiert werden konnte. Martin Luther King wurde eher zufällig, auf alle Fälle überraschend, zum Präsidenten dieser Organisation bestimmt.[27] Als junger, gebildeter, aber noch nicht lange in der Stadt lebender Pfarrer genoss er das Vertrauen vieler, ohne in die internen Konflikte und Eifersüchteleien verstrickt zu sein, die möglicherweise die Organisation blockiert hätten. So traute man ihm am ehesten zu, als Integrationsfigur zu wirken. Ein Teil der Schwarzen Bourgeoisie wollte so vermutlich den als radikal geltenden E.D. Nixon verhindern. King wurde von einem anderen profilierten Schwarzen Bürgerrechtsveteran, Rufus Lewis, vorgeschlagen. Wohl auch, weil Lewis nicht sicher war, bei einer eigenen Kandidatur gegen Nixon die nötige Mehrheit zu bekommen.[28] Für Professorinnen wie Jo Ann Robinson hätte eine so exponierte Funktion mit Sicherheit den Verlust ihrer Arbeitsstelle am Alabama State College bedeutet, da dieses von der Weißen Elite beaufsichtigt wurde. So geschah das eher Unwahrscheinliche, wenige Tage vorher noch Unerwartbare: King wurde als Präsident der MIA gewählt. Dies bedeutete auch, dass man ein Scheitern des Boykotts, von dem wohl etliche Beteiligte ausgingen, King anlasten könnte. Bei ihm ging man davon aus, dass er dann mühelos an einem anderen Ort seine Karriere fortsetzen könnte, wohingegen die älteren und weniger gebildeten Pfarrer es schwerer gehabt hätten. King hatte dieses Präsidentenamt gar nicht angestrebt. Er war zögerlich, überhaupt bei dem ganzen Unternehmen eine prominente Rolle einzunehmen, da er erst im Sommer seine Doktorarbeit[29] neben dem Pfarramt abgeschlossen hatte und seine Tochter Yolanda noch keine drei Wochen alt war. Zudem war King selbst ja erst 26![30]

Die Beteiligung an der Großveranstaltung am Abend des selben Tages in der Holt Street Baptist Church war wie schon beim Boykott selbst überwältigend. Mehrere Tausend Menschen füllten schon lange vor Beginn die große Kirche in einem Arbeiterdistrikt Montgomerys. Es war kaum ein Durchkommen in der Menschenmenge, die sich vor der Kirche versammelte. So wurde die Veranstaltung über Lautsprecher nach außen übertragen. Die Versammlung selbst beinhaltete Elemente eines Gottesdienstes in der den Schwarzen Kirchen eigenen Dynamik. Gemeindelieder und Gebete, Schriftlesung und

Andacht wechselten sich ab. Die Ansprache von Martin Luther King, Jr. vereinte Elemente deliberativer Rede und prophetischer Predigt miteinander. Neben diesen geistlichen Elementen wurde über den Stand der Dinge im Fall Rosa Parks berichtet. Schließlich stellte der Ausschuss die Forderungen der Boykottbewegung, die er formuliert hatte, vor. Sie wurden einstimmig verabschiedet.[31]

Schon an diesem Abend wurde eine Konstellation deutlich, die bis zum Ende des Busboykotts und bis weit in die 1960er-Jahre hinein Bestand haben sollte. Obwohl es überwiegend Frauen waren, die den Busboykott ausgelöst und anfänglich organisiert hatten, sprach an diesem Abend keine Einzige von ihnen. Rosa Parks hatte zwar einen Ehrenplatz auf dem Podium, aber zu einer Rede wurde sie nicht aufgefordert. So blieb es auch während des ganzen Boykott-Jahres. Sie sprach zwar regelmäßig bei Vortragsreisen im ganzen Land, um für Unterstützung und Spenden zu werben, aber bei keiner der zweimal wöchentlich stattfindenden Versammlungen ergriff sie das Wort oder wurde dazu aufgefordert, es zu tun. Auch im Vorstand der MIA gab es nur eine einzige Frau, und zwar als Schatzmeisterin. Zum einen entsprach das dem patriarchalen Geschlechterverständnis der dominierenden Männer, auch wenn diese wie etwa King und Abernathy deutlich jünger waren als Parks. Zum anderen versuchte man auch, Rosa Parks in der öffentlichen Wahrnehmung als einfache Näherin, als eine fromme und fleißige, in der Schwarzen Gemeinschaft geachtete Frau darzustellen, um dem von den Weißen Eliten verbreiteten Narrativ entgegenzuwirken, dass ihre Verhaftung vom NAACP geplant worden sei und sie gar nicht aus Montgomery stamme. Das verzerrte allerdings die öffentliche Wahrnehmung. Rosa Parks war eine der erfahrensten und couragiertesten Bürgerrechtlerinnen in Montgomery zu dieser Zeit. Auf alle Fälle erfahrener als King und Abernathy. Sie nahm aber keine Führungsposition ein, sondern arbeitete in der Organisation des Fahrdienstes und anderen Funktionen mit.[32]

Da er am Nachmittag weitere Termine hatte, blieb King kaum Vorbereitungszeit für seine Ansprache bei der ersten Versammlung. In Kings Rede[33] tauchten wichtige Motive auf, die er in den folgenden Jahren immer wieder aufgreifen sollte. Seine erste Feststellung ist: »Wir sind hier als amerikanische Bürger«, und: »Wir sind auch hier aufgrund unserer Liebe zur Demokratie«. Das war zum einen eine Begründung für die Forderung nach Gleichbehandlung. Als amerikanischen Bürgern standen den Schwarzen von Verfassungs wegen die gleichen Rechte zu wie allen anderen. Zum anderen sollte damit deutlich werden, dass es sich beim Protest nicht etwa um »unamerikanische Umtriebe« handeln könne. Die Paranoia vor kommunistischer Unterwanderung war enorm. Kings Hinweis auf die demokratische Legitimität der Aktion richtete sich gegen den Versuch, den Busboykott als eine von außen gesteuerte Aktion zu diffamieren, um ihm damit jegliche Legitimität in der Öffentlichkeit zu entziehen.

Mit dieser rechtlich-politischen Perspektive verknüpfte King die christliche Identität: »Wir sind Christen [....] Wir glauben an die Lehren Jesu [...]. Die einzige Waffe, die wir heute Abend in unserer Hand haben, ist die Waffe des Protests.« D.h., er bestimmte den Protest von vorneherein als gewaltfrei. Allerdings dürfte hier bei King stärker im Sinn gewesen sein, die Methoden klar etwa von denen des Ku Klux Klan abzugrenzen und dem Weißen Establishment die Angst vor einem gewalttätigen Aufstand zu nehmen. Dies war schon im eigenen Interesse; denn hätte sie eine Bedrohungssituation wahrgenommen, dann hätte die martialisch ausgerüstete Polizei die Versammlung mit massiver Gewalt aufgelöst. Wenn man diesen Kontext nicht berücksichtigt, könnte der Eindruck entstehen, King habe quasi schon an diesem Abend ein fertiges Konzept des aktiven gewaltfreien Widerstandes im Kopf gehabt. Dass dies nicht der Fall war, werden wir noch sehen.

Dann verweist er auf den makellosen Charakter von Rosa Parks und führt das Motiv der Müdigkeit ein, das immer wieder angeführt wird, auch wenn Rosa Parks sicher nicht nur deshalb im Bus sitzengeblieben ist, weil sie müde war. Und er benutzt ein Sprachbild, das wahrscheinlich viele der Anwesenden direkt angesprochen hat: »Meine Freunde, ihr wisst auch, es kommt die Zeit, wenn die Leute es müde sind, dass die eisernen Füße der Unterdrückung sie niedertreten.«[34]

In einem weiteren Schritt verbindet King gesellschaftliche Gerechtigkeit mit dem Konzept der christlichen Nächstenliebe: »Wenn wir nicht recht haben, dann hat der Oberste Gerichtshof auch unrecht. Wenn wir unrecht haben, dann wäre die Verfassung der Vereinigten Staaten im Unrecht. Wenn wir nicht recht haben, dann wäre Gott selbst im Unrecht. Wenn wir unrecht haben, dann wäre Jesus von Nazareth nur ein utopischer Träumer [...] Wenn wir nicht recht haben, dann wäre Gerechtigkeit eine Lüge; Liebe hätte keine Bedeutung. Wir sind entschlossen [...] zu kämpfen, bis Gerechtigkeit fließt wie

Wasser und Recht wie ein mächtiger Strom.« So verknüpft er nicht nur Liebe und Gerechtigkeit wie zwei Seiten einer Medaille, sondern in Aufnahme der Worte des Propheten Amos auch die christliche Nächstenliebe mit dem prophetischen Engagement für Gerechtigkeit. Er begründet auf diese Weise die Forderungen sowohl ganz säkular mit der Verfassung als auch zugleich christlich. Auf diese rhetorische Kaskade folgt der Appell an die Einheit der Protestierenden und den Mut zum Widerstand. Ein Absatz gegen Ende seiner Rede klingt fast schon wie die Vorwegnahme der Proteststrategie: »An der Seite der Liebe steht immer die Gerechtigkeit, und wir nutzen nur die Mittel des Rechts. Aber wir nutzen nicht nur die Mittel der Überzeugung, wir nutzen auch die Mittel des Zwangs. Es handelt sich nicht nur um einen Prozess der Bildung, sondern auch um einen Prozess der Gesetzgebung.«

King gelingt es in dieser ersten Ansprache, zahlreiche Mitglieder von Schwarzen Kirchgemeinden davon zu überzeugen, dass der politische Kampf für Gerechtigkeit und gegen Rassismus biblisch begründet ist. Das ist nicht trivial. Auch die meisten Schwarzen Kirchen waren zunächst unpolitisch und auf das spirituelle Heil der Gemeindeglieder orientiert. King hat das immer wieder beklagt. Aus soziologischer Perspektive kann man feststellen, dass es die Schwarzen Kirchen waren, welche die Massenbasis und das organisatorische Rückgrat der Bürgerrechtsbewegung stellten.[35] Aber wie ist das gelungen?

Die These dieses Buches ist, dass es genau diese theologisch begründete Verbindung von Liebe und Gerechtigkeit, Heil und Wohl war, welche für die Menschen ansprechend, überzeugend und motivierend war. Mit ihrer Rückbindung an die rechtlichen Grundlagen der Bürgerrechte war dieses Narrativ zugleich auch für Nicht-Gläubige anschlussfähig und lieferte die Absicherung für »gesetzestreue Bürger«, dass sie nichts Unrechtes tun.

Die Gemeindeglieder der Schwarzen Kirchen stellten dann die Massenbasis des über ein Jahr dauernden gewaltfreien Boykotts. Dabei hatte King zu diesem Zeitpunkt wenig Ahnung, wie man eine solche Aktion organisiert. Doch der Busboykott wurde ein voller Erfolg. Ein Großteil der Schwarzen Bevölkerung beteiligte sich. Mit Unterstützung der Schwarzen Kirchengemeinden entwickelte die MIA ein System von Ruf- und Sammeltaxis, das als Alternative zu den Bussen fungierte, auch wenn die Polizei immer wieder versuchte, unter wechselnden Vorwänden dagegen vorzugehen. Das Entscheidende aber war:

Die Menschen gingen zu Fuß. Und das 362 Tage lang. Montgomery war nicht der erste Busboykott. Im nicht allzu weit entfernten Baton Rouge war 1953 ein Boykott in wenigen Tagen erfolgreich gewesen. In Montgomery konnte man auf diese Erfahrungen aufbauen, insbesondere hinsichtlich der Organisation eines alternativen Beförderungssystems.

Der Weiße Widerstand

Die Stadtverwaltung Montgomerys lehnte die moderaten Forderungen der MIA ab. Zu Beginn umfassten diese nicht etwa die Aufhebung der rassistischen Segregation und Diskriminierung in den Bussen, sondern nur die Forderung nach Freundlichkeit, einer Klärung, dass im Mittelteil der Busse die Sitze denjenigen zustünden, die zuerst dort saßen, und schließlich die Forderung, auch Schwarze als Busfahrer anzustellen. Nachdem ein Gespräch mit dem Bürgermeister ergebnislos geblieben war, rief die MIA zusätzlich zu einem Einkaufsboykott und Verzicht auf Weihnachtseinkäufe auf, um so ökonomisch Druck auf die Weiße Elite auszuüben. Die Infragestellung der rassistisch begründeten Privilegien der Weißen Bevölkerung löste massiven Widerstand aus. Der Weiße Bürgerrat hatte starken Zulauf und die real oder vermeintlich für den Boykott Verantwortlichen wurden durch ökonomische, psychologische und physische Gewalt angegriffen. Zahlreiche Beteiligte verloren ihre Jobs und damit ihre Lebensgrundlage. Darüber hinaus wurden Steine in Fenster geworfen, Menschen verprügelt und Todesdrohungen ausgesprochen. Die Kings bekamen immer wieder anonyme Schmäh- und Drohanrufe mit der Forderung, die Stadt zu verlassen.

Kings spiritueller Weg der Wahrheit und Gerechtigkeit

Auch am Abend des 27. Januar 1956 nahm King einen solchen Anruf entgegen. Er beschrieb erst später die tiefe Verzweiflung, die dieser Anruf auslöste. Er konnte nicht schlafen, stand in der Nacht auf und ging in die Küche, um sich eine Tasse Kaffee zu machen. Er dachte ernsthaft darüber nach aufzugeben und – so berichtet King selbst – überlegte, wie er das machen könnte, ohne als Feigling dazustehen. An diesem Punkt größter Erschöpfung und Verzweiflung betete King am Küchentisch sitzend: »Ich bin hier, um mich für das einzusetzen, was ich für richtig halte. Aber jetzt habe ich Angst. [...] Ich bin am Ende meiner Kräfte, ich habe keine Reserven mehr. Ich bin zu dem Punkt gekommen, wo ich es nicht mehr alleine schaffe.«

In diesem Moment – so beschreibt es King – spürte er die Gegenwart des Göttlichen wie niemals zuvor, geradezu so, dass er eine innere Stimme vernahm: »Stehe auf für Gerechtigkeit, stehe auf für die Wahrheit; und Gott wird für immer an deiner Seite sein!«[36]

Dieses Geschehen wird als das Küchen-Erlebnis (kitchen experience) bezeichnet. Ob es so stattgefunden hat, oder ob es eine literarische Verdichtung verschiedener Erfahrungen in der Zeit ist, kann nicht überprüft oder entschieden werden. In den überlieferten Dokumenten der King-Papers findet sich allerdings kein Hinweis, dass King von dieser Erfahrung zum damaligen Zeitpunkt berichtet hätte.

Die Darstellung kombiniert zwei Gattungen religiöser Literatur. Zum einen ist das der Bericht eines Erweckungserlebnisses, das in den evangelikalen Traditionen sehr wichtig ist und meist eine persönliche Gotteserfahrung, wie zum Beispiel eine Gebetserhörung, beinhaltet. Durch die Erweckung findet eine Verwandlung statt, eine Befreiung. Zum anderen klingen in der Darstellung biblische Berufungsberichte an. In den alttestamentlichen Berufungen folgt auf den Auftrag durch Gott der Einwand des Berufenen. Am prominentesten ist dieses Motiv wohl bei Jona ausgeprägt, der bei dem Versuch, vor seiner Aufgabe zu fliehen, im Bauch des Walfischs landet. Es handelt sich in Kings Fall also eher um die Erneuerung der Berufung. Er ist berufen, wendet sich mit seinen Zweifeln an Gott, dieser entkräftet sie mit seiner Zusage und Beauftragung.

Mit dem Bericht des Küchen-Erlebnisses vermittelt er seinen christlichen, besonders den evangelikalen Leserinnen zum einen sein authentisches Christsein, das als Vorbild dienen kann, zum anderen die göttliche Legitimation seiner Leitungsrolle. Das Küchen-Erlebnis charakterisiert die Führungsrolle Kings auch als geistliches Amt. Wie ein berufener Prediger von der Gemeindeleitung gewählt und dann in der gottesdienstlichen Einführung unter Mitwirkung anderer Geistlicher durch den Geist berufen und erfüllt wird, so ist auch Kings Führungsamt in der Bürgerrechtsbewegung *demokratisch* und *charismatisch* legitimiert.

In der Darstellung Kings fällt weiter auf, dass er selbst kein Datum für das Küchen-Erlebnis angibt, sondern nur mitteilt, dass es an einem Abend Ende Januar gewesen sei.

Kings Weg zur Gewaltlosigkeit

Drei Tage später, am 30. Januar, und das gibt King genau so an, wurde ein Bombenanschlag auf das Haus der Kings verübt. Coretta und die im November geborene Tochter Yolanda hielten sich im Haus auf. Durch großes Glück blieben sie unverletzt. Aus Nachbarschaft und Gemeinde kamen etliche Menschen zur Hilfe, einige hatten vorsorglich Waffen mitgebracht. King bemühte sich, die aufgebrachte Menge zu beruhigen und sie von Racheaktionen abzuhalten. Er ermahnte sie zur Feindesliebe und forderte diejenigen mit Waffen auf, diese nach Hause zu bringen. Er erinnerte die Menschen daran: »Wir müssen dem Hass mit Liebe begegnen.« King war es nach seiner Darstellung gelungen, die Menschen von der Gewaltlosigkeit zu überzeugen. Er schreibt die Wirkung dem Heiligen Geist zu und betrachtet dieses Ereignis als einen Wendepunkt: »Der Geist Gottes war in unseren Herzen; und die Nacht, die dazu verurteilt schien, in unkontrolliertem Chaos zu enden, fand ihren Abschluss in einer erhabenen Demonstration der Gewaltfreiheit.«[37]

Allerdings berichtet King auch, dass seine Gemeinde darauf bestand, sein Haus von bewaffneten Wachen schützen zu lassen. Er selbst hat eine Lizenz beantragt, eine Waffe im Auto mitführen zu dürfen, was erwartungsgemäß abgelehnt wurde. Daraufhin fragte er sich, ob es überhaupt mit dem Ansatz der Gewaltfreiheit vereinbar sei, wenn er Waffen zur Selbstverteidigung besäße. Gemeinsam mit Coretta habe er dann entschieden, alle Waffen abzugeben und nur unbewaffnete Wachen für das Haus zu akzeptieren.

An das Küchen-Erlebnis fügt sich so eine doppelte Konversion zur Gewaltfreiheit an. Zum einen die Bekehrung der Gruppe, die nach dem Bombenanschlag zu Kings Haus gekommen war, zur Feindesliebe, zum anderen die Vollendung der Beauftragung Kings, dadurch dass er auf Waffenschutz verzichtete und so zum glaubwürdigen Anführer des gewaltfreien Protestes wurde.

Allerdings berichtet Bayard Rustin – Afro-Amerikaner, Vorbereiter und treibende Kraft der Bürgerrechtsbewegung und Berater Martin Luther Kings in Fragen des gewaltfreien Widerstandes –, dass er bei seinem ersten Besuch bei King Ende Februar darüber schockiert war, eine Schusswaffe offen im Wohnbereich liegen zu sehen. Er musste King erst überzeugen, diese abzugeben, wenn er glaubwürdig den aktiven gewaltfreien Widerstand anführen wolle. Dies alles deutet darauf hin, dass der Abschnitt in Kings Bericht literarisch verdichtet ist. Das heißt nicht, dass er falsch ist; aber die Elemente sind mit einer gewissen Absicht in diese Komposition eingefügt worden. Die Botschaft für die Leserinnen ist klar: King ist der berufene Anführer des von Gott inspirierten gewaltfreien Widerstandes.

Dies änderte jedoch zunächst nichts am Terror und der Unterdrückung durch die Weißen Rassisten. Auch die Häuser anderer am Busboykott Beteiligter wurden Ziel von Bombenanschlägen. Das Ehepaar Parks verlor die Arbeitsplätze. Trotz etwas Unterstützung durch die MIA und private Initiativen war ihre ökonomische Situation prekär. Dazu kam die permanente Angst vor Übergriffen. Raymond Parks schlief nicht mehr, ohne seine Schusswaffe bei sich zu haben.

Erstaunlich ist, dass diese bedrohliche Situation noch nicht reichte, um Montgomery in den Focus der überregionalen Öffentlichkeit zu rücken. Dafür sorgten dann erst die Anklage und Inhaftierung von 89 vermeintlich für den Boykott Verantwortlichen aufgrund eines Anti-Boykott-Gesetzes des Staates Alabama aus dem Jahr 1921. Erst jetzt verschärfte auch die MIA ihre Forderungen und verlangte die komplette Aufhebung der rassistischen Segregation in den Bussen.

Als die Beschuldigten ihre Haft freiwillig antraten, kam es zu massenhaftem Protest. King und andere hatten Mühe, die Menge zu beruhigen und Ausschreitungen zu verhindern. Der kollektive Haftantritt wurde von zahlreichen Reportern und Fotografen dokumentiert und so im ganzen Land medial verbreitet. Das Vorgehen des lokalen Gerichts wurde sowohl von den Schwarzen in Montgomery als auch der liberalen Öffentlichkeit im Norden als ungerecht und übertrieben, vor allem auch als kontraproduktiv angesehen. Denn die Situation im Süden wurde von den großen Bürgerrechtsorganisationen genau beobachtet.

Die Bürgerrechtsbewegung formiert sich

Schon am 21. Februar traf der Bürgerrechtsveteran und erfahrene Organisator Bayard Rustin in Montgomery ein. Der Spezialist für aktiven gewaltfreien Widerstand vom Versöhnungsbund, Glenn Smiley, erreichte Montgomery nur wenige Tage später am 27. Beide haben dokumentiert, dass sie einerseits in King und dem Busboykott großes Potenzial sahen, andererseits aber Beratung und Unterstützung für dringend notwendig hielten, weil vor Ort wenig Expertise und Ressourcen für solche komplexen Protestaktionen vorhanden waren. Rustin musste Montgomery allerdings schon nach kurzer Zeit wieder verlassen, da er aufgrund seiner Homosexualität und einer früheren Mitgliedschaft einer der kommunistischen Partei nahestehenden Jugendorganisation zu viel Angriffsfläche für eine Schmutzkampagne gegen den Boykott geboten hätte.[38] Trotzdem hielt er den Kontakt zu King und traf sich mit ihm an sicheren Orten. Smiley blieb zunächst und kam später immer wieder. Er unterstützte die Strategieentwicklung als Berater und führte Trainings in aktivem gewaltfreien Widerstand durch. Dies war insbesondere notwendig, um z.B. die Fahrer des alternativen Transportsystems im Umgang mit provozierenden und gewalttätigen Ordnungskräften zu schulen. Viele der Aktionen setzten Strategie und spezifische Kompetenzen voraus. Aktiver gewaltfreier Widerstand ist weder etwas für Feiglinge, noch ist die Aussicht auf Erfolg ohne Planung und Vorbereitung besonders hoch. Dazu kam die Unterstützung für King als Ghostwriter, da er selbst die vielen Anfragen für Artikel etc. gar nicht bewältigen konnte. Die Bewertungen dazu, wie entscheidend diese professionelle Expertise von außen war, gehen erwartungsgemäß auseinander. Dass sie einen wesentlichen Beitrag geleistet hat, steht allerdings außer Zweifel.[39]

Auch finanzielle Unterstützung, vor allem aus dem Norden, war für den Boykott überlebenswichtig. Eine besondere Rolle spielte dabei die von Ella Baker, Bayard Rustin und Stanley Levinson, einem Weißen Geschäftsmann und Aktivisten, in Kooperation mit anderen Bürgerrechtsaktivisten in New York neu gegründete Organisation »In Friendship«, die vielfältige Fundraisingaktivitäten anregte, koordinierte und durchführte. Nach anfänglicher Zurückhaltung übernahm zunehmend auch die NAACP die Kosten für Kautionen und die Gerichtsverfahren.[40]

Das letzte Wort haben die Gerichte

Es gehört zu den wenig beachteten Details des Protests in Montgomery und zur Ironie der Geschichte, dass schließlich weder der Boykott an sich, noch die Anklage gegen Rosa Parks zur Aufhebung der Segregation in den Bussen führte. Bei der Verhandlung am 5. Dezember 1955 hatte der Staatsanwalt nämlich im laufenden Verfahren die Anklage verändert. Da eine Anklage wegen der örtlichen Beförderungsrichtlinie wohl nicht erfolgreich gewesen wäre, wurde Parks wegen des Verstoßes gegen das Segregationsgesetz von Alabama verurteilt. Dies wurde auch durch die zweite Instanz bestätigt. Es wäre wenig aussichtsreich gewesen, diesen Fall vor ein Bundesgericht zu bringen.

Stattdessen hat Fred Gray, der Bürgerrechtsanwalt in Montgomery, mit Hilfe der NACCP am 1. Februar 1956 eine Klage in Vertretung von vier afroamerikanischen Frauen direkt beim Bundesbezirksgericht eingereicht. Geklagt wurde gegen die Spitze der Stadtverwaltung und andere Verantwortliche wegen der diskriminierenden Behandlung in den Bussen (Aurelia S. Browder v. William A. Gayle). Eine solche Klage wäre im Prinzip auch ohne den Boykott möglich gewesen. Die NAACP hätte das präferiert. Aber das wäre wohl ohne den Kontext des Busboykotts und der damit verbundenen medialen Aufmerksamkeit einem »radikalen Akt« gleichgekommen, der massive Repressionen für die Beteiligten nach sich gezogen hätte und wenig aussichtsreich gewesen wäre.[41]

Interessanterweise änderte das private Busunternehmen im April seine Politik und plante von sich aus, die rassistische Segregation in den Bussen abzuschaffen, um weiteren wirtschaftlichen Schaden zu begrenzen. Insofern zeigte der Boykott tatsächlich Wirkung. Allerdings wurde dem Busunternehmen auf Betreiben der Stadtverwaltung gerichtlich untersagt, den Plan in die Tat umzusetzen. Auffällig ist, dass dieser Aspekt in den meisten Darstellungen des Busboykotts fehlt. Vermutlich ist dieser Sinneswandel auch einer der Gründe, warum die Integration in den Bussen nach der Entscheidung der Bundesgerichte beinahe reibungslos verlief.

Denn die Klage im Fall Aurelia S. Browder v. William A. Gayle war erfolgreich. Schon am 5. Juni 1956 wurde entschieden, dass die Segregation in Bussen in Alabama verfassungswidrig sei. Nun rückten die zwei Weißen Richter, welche einen dritten überstimmt hatten, in den Fokus der Weißen Rassisten.

Sie wurden zum Ziel von Hass und Gewalt und sozial geächtet. Überhaupt darf bei der Geschichte des Civil Rights Movements nicht vergessen werden, dass es eine überschaubare Zahl Weißer verfassungstreuer Richter im Süden war, welche unter Bedrohung und Verlust von Ansehen und Karrierechancen durch ihre unvoreingenommenen Urteile wesentlich zur Überwindung der Segregation beigetragen haben.

Der Boykott der Busse wurde jedoch fortgesetzt, bis das Urteil rechtskräftig war. Am 13. November hat dann der Oberste Gerichtshof die Entscheidung bestätigt. Die entsprechende Anordnung wurde am 20. Dezember 1956 der Stadtverwaltung zugestellt. Am Abend entschied eine Versammlung, wiederum in der Holt Street Baptist Church, den Busboykott zu beenden. Am darauffolgenden Tag fuhren King, Smiley, Nixon und Abernathy im ersten integrierten Bus. Der Weiße Texaner Smiley saß demonstrativ neben King. Anders als in einigen Dokumentationen dargestellt, war Rosa Parks nach ihrer Erinnerung nicht dabei, sondern sie wurde später vom Jet Magazin für ein Fotoshooting zu einer Busfahrt eingeladen.

Streng genommen war die Aufhebung der Segregation in den Bussen Montgomerys also nicht das Ergebnis des Busboykotts, ja nicht einmal durch den Protest Rosa Parks bewirkt. Browder v. Gayle hätte auch ganz unabhängig davon initiiert werden können. Allerdings haben Rosa Parks' mutige Tat und der Busboykott überhaupt erst die Aufmerksamkeit und den Kontext geschaffen, die eine zügige Behandlung der Klage durch ein Bundesgericht begünstigt haben. Auch die Gewaltfreiheit und Friedfertigkeit der Protestierenden hat wohl eine Atmosphäre bewirkt, die ein liberales Urteil ermöglichte. Freilich wird man die Entscheidung, den Busboykott auch nach dem Urteil des Obersten Gerichtshofes zunächst fortzuführen, auch als Taktik verstehen können, so dass die Integration der Busse mit dem Ende des Boykotts zusammenfiel. Damit konnte die Wahrnehmung entstehen, die Aufhebung der Segregation sei das Ergebnis des mühevollen Boykotts. Alles andere hätte wohl auch das Bewusstsein der Selbstwirksamkeit der Beteiligten, die unter großen Opfern den Busboykott durchgeführt hatten, zu sehr in Frage gestellt.

Auch wenn die Beendigung der Bussegregation als großer Erfolg gefeiert und international in Medien so wahrgenommen wurde, war es doch nur ein Teilerfolg. Und es gab Wermutstropfen. Schon früh setzten Konkurrenzen und Eifersüchteleien darüber ein, wer welchen Beitrag geleistet hatte und wem öffentliche Aufmerksamkeit zustand. E.D. Nixon fühlte sich nicht nur von King nicht angemessen gewürdigt, sondern haderte auch mit der öffentlichen Aufmerksamkeit, die Rosa Parks, seiner engen Vertrauten, zuteilwurde. Jo Ann Robinson spielte eine zentrale Rolle, wurde aber in der Öffentlichkeit kaum wahrgenommen. Abernathy, Kings Freund und Stellvertreter, fühlte sich eigentlich immer zu wenig beachtet. Wenn man Kings Darstellung des Busboykotts liest, schien er darum bemüht, gerade die Leistungen anderer herauszustellen.

Allerdings war der Erfolg objektiv begrenzt. Alle anderen Bereiche der Segregation in Montgomery blieben davon unberührt. Ja, die Gesamtsituation in Montgomery war durch die massive Gegenreaktion der Weißen angespannter als zuvor. Busboykotte an anderen Orten des Südens blieben erfolglos, so dass erst einmal nicht klar war, wie es weitergehen sollte.

Über den konkreten Erfolg in Montgomery hinaus war dies jedoch ein symbolischer Sieg, der auf den ganzen Süden als Hoffnungszeichen ausstrahlte. Durch den Boykott wurde ein Protestmuster entwickelt, das sich bei späteren Aktionen bewähren sollte. Zunächst ist der durch die Schwarzen Kirchen getragene Massenprotest zu nennen, den es vorher in den Südstaaten so nicht gab. Die Protestaktionen erzeugten, insbesondere wenn es zu unangemessenen Gegenreaktionen kam, überregionale Aufmerksamkeit in Verbindung mit Präzedenzfällen, die vor Gericht gebracht wurden. Das Entscheidende war dann, dass ein Bundesgericht das umstrittene Recht in den Südstaaten aufhob und ggf. die Bundesregierung dies mit Zwangsmitteln durchsetzte. Ein Muster, das schließlich zum Bürgerrechtsgesetz (1964) und Wahlrechtsgesetz (1965) führen sollte. Aber bis dahin sollte es noch ein mühsamer Weg sein.

2.
Die Kraft der Liebe
Kings Konzept des aktiven gewaltfreien Widerstandes

Der aktive gewaltfreie Widerstand gegen Rassismus und Unterdrückung ist eines der Markenzeichen Kings und der Bürgerrechtsbewegung.[1] Das Vorbild dafür waren die gewaltfreien Aktionen Mahatma Gandhis im indischen Befreiungskampf gegen die britische Kolonialmacht. Nachdem King davon überzeugt war, den Weg des aktiven gewaltfreien Widerstandes zu gehen, hat er ein Konzept entwickelt, das wichtige Elemente von Gandhis Ansatz aufgreift. Allerdings ist Kings Konzept entscheidend vom christlichen Verständnis der Nächstenliebe (agape) geprägt. Denn für King ist es die Liebe, welche eine verändernde Kraft zum Positiven hat. Er ist davon überzeugt, dass durch die in der Gewaltfreiheit manifeste Nächstenliebe aus Rassisten Menschen werden können, die mit allen anderen Menschen respektvoll umgehen. Er vertraute darauf, dass Hass durch Liebe überwunden werden kann: »Wir müssen dem Hass mit Liebe begegnen. Wir müssen der physischen Gewalt mit spiritueller Kraft entgegentreten.«[2] Vielleicht könnte man sogar sagen, dass es Kings Verständnis von Feindesliebe war, selbst den schlimmsten Feind nicht zu hassen. Liebe ist demnach, wie er öfter sagte, kein Gefühl, sondern eine Haltung, die auch in Gegnerinnen und Gegnern noch Kinder Gottes erblickt. Davon lebt das Konzept des aktiven gewaltfreien Widerstands[3], das King in sechs Punkten erläutert:

»*Erstens* muss betont werden, dass gewaltfreier Widerstand keine Methode für Feiglinge ist. Denn es ist Widerstand.«[4] Deshalb sollte man nicht denken, diese Methode könne man aus Feigheit wählen. Sie ist zwar in körperlicher Hinsicht passiv, aber spirituell aktiv gegen das Übel. In den Trainings für die gewaltfreien Protestaktionen wurde immer deutlich gemacht, dass man sich nur daran beteiligen solle, wenn man sich auch wirklich dazu in der Lage sehe. Für Menschen, die sich das nicht zutrauen oder zumuten mochten, wurden andere Aufgaben der Beteiligung und Unterstützung gesucht.

Zweitens ist es nicht die Absicht, das Gegenüber zu besiegen oder zu demütigen, sondern beim Gegenüber Freundschaft und Verständnis zu gewinnen. Denn das Ziel ist langfristig die versöhnte Gemeinschaft (beloved community).[5]

Drittens ist beabsichtigt, gegen die Strukturen des Bösen vorzugehen und nicht gegen Personen, die Böses tun. Nicht die Rassisten sollen besiegt werden, sondern der Rassismus.

Dazu ist – *viertens* – die Bereitschaft notwendig, eher selber Gewalt zu erleiden, als Vergeltung zu üben. Hier stimmt King völlig mit Gandhi überein, dass diese Bereitschaft zum Leiden essenziell sei. Dahinter steht die jeweils allerdings unterschiedlich begründete Vorstellung, dass Leiden um eines moralischen Zieles willen, erlösend bzw. befreiend (redemptive) ist.[6]

Deshalb ist – *fünftens* – im Konzept des aktiven gewaltfreien Widerstandes für King wichtig, dass nicht nur körperliche Gewalt ausgeschlossen wird, sondern auch spirituelle. Deshalb soll gegenüber Feinden nicht nur keine Gewalt angewendet werden, sondern auch der Hass auf sie ist zu vermeiden. Angesichts der jahrhundertelangen Unterdrückung, Misshandlung und Demütigung Schwarzer Menschen im Süden der USA durch Weiße ist dies keine geringe Zumutung. Aber in Kings Perspektive ist dies ganz zentral: Die Liebe hat verändernde Kraft. Deshalb sollen Menschen auch ihre Widersacher lieben im Vertrauen darauf, dass dies auch diese Menschen verändert.

Wichtig ist dabei, dass Nächstenliebe (agape) kein Gefühl der Zuneigung ist, sondern die Einsicht und die daraus erwachsende Haltung, dass alle Menschen Ebenbilder bzw. Kinder Gottes sind und ihnen deshalb Würde zukommt. Dies entfaltet er in einer Predigt mit dem Titel »Feindesliebe«: »Das bedeutet ganz einfach, dass etwas Gutes in den Schlimmsten von uns und etwas Böses in den Besten von uns ist. Wenn wir das verstehen, dann sind wir weniger geneigt, unsere Feinde zu hassen. [...] Wir wissen, dass Gottes Bild auf unerklärliche Weise in sein Wesen eingeprägt ist. Dann lieben wir unsere Feinde, weil wir verstehen, dass sie nicht vollkommen böse sind und dass sie nicht außerhalb der Reichweite der erlösenden Liebe Gottes sind.«[7]

Insofern hat die Feindesliebe in Kings theologischem Verständnis eine gewisse Zwangsläufigkeit. Gott hat allen Menschen gleiche Würde und Wert zugeeignet. Dafür stehen die biblischen Bilder von der Gottebenbildlichkeit bzw. dass alle Menschen Gottes Kinder sind. Deshalb gilt die Liebe Gottes allen Menschen, um sie zu erlösen. Entsprechend ist auch die Nächsten- und Feindesliebe gegenüber allen Menschen gefordert. Zu dieser theologischen Auffassung vom Menschen gehört einerseits ein universales Verständnis von Würde und Gleichheit, das King in der Tradition der Schwarzen Kirchen kennengelernt und durch sein Studium der personalistischen Theologie und Philosophie vor allem in Boston vertieft hat. Dies verbindet er jedoch mit der andererseits von Reinhold Niebuhr übernommenen Einsicht in die bleibende Macht der Sünde. Dies mag für Ohren, welche die lutherische und reformierte Sündenlehre kennen, nicht besonders spektakulär klingen. Da King neben dem Bostoner Personalismus[8] sehr stark vom liberalen Social Gospel[9] geprägt wurde, das eine optimistische Auffassung des Menschen vertrat, ist diese realistische Auffassung des Menschen aber nicht selbstverständlich. In der Verschränkung beider Perspektiven liegt ein besonderes Charakteristikum der Theologie Kings.

Kings Konzept der Feindesliebe und sein ganzer Ansatz des aktiven gewaltfreien Widerstandes basieren auf starken theologischen Voraussetzungen. Denn der *sechste* grundlegende Aspekt ist die Überzeugung, dass »das Universum auf der Seite der Gerechtigkeit ist«. Deshalb können die »gewaltfrei Protestierenden Leiden ohne Vergeltung erdulden. Denn sie wissen, dass sie in ihrem Kampf für Gerechtigkeit kosmischen Beistand haben. [...] Es gibt eine schöpferische Kraft im Universum, die darauf hinarbeitet, die unverbundenen Teile der Realität in ein harmonisches Ganzes zu transformieren.« Für King ist klar, dass diese schöpferische Kraft ein »personaler Gott mit unvergleichbarer Macht und unendlicher Liebe«[10] ist. Kings Verständnis der Liebe und der Gewaltfreiheit setzt also voraus, dass es einen personalen Gott gibt (egal wie man ihn oder sie nennt), der oder die für eine gerechte Ordnung sorgt, und zwar mit dem Mittel der Liebe. Diese Liebe, so kann man ergänzen, zeigt sich in der Liebe Jesu und soll die Nächsten- und Feindesliebe der Menschen untereinander hervorbringen. Neben der »positiven« Gottesvorstellung ist hier auch so etwas wie eine gegebene moralische Ordnung vorausgesetzt. Der Glaube motiviert die Menschen, diese gerechte Ordnung durch gerechtes Handeln zu stärken oder wiederherzustellen, denn Ungerechtigkeit, wie etwa der Rassismus, ist Sünde. Es ist bei King im Grunde also eine evangelikale Glaubenshaltung festzustellen, die ganz eng mit dem Streben nach gesellschaftlicher Gerechtigkeit verbunden ist.

Für Kings Verständnis des zivilen Ungehorsams ist weiter wichtig, dass er mit Thomas von Aquin zwischen gerechten und ungerechten Gesetzen unterscheidet. Wie wir gesehen haben, betont er immer wieder, dass der Protest in Einklang mit der Unabhängigkeitserklärung und der Verfassung der Vereinigten Staaten steht. Diese betonen ja die Gleichheit aller Menschen und das Verbot jeglicher rassistischer Diskriminierung. Da die Jim-Crow-Gesetze in den Südstaaten aber offensichtlich gegen die Verfassung verstoßen, sind sie in Kings Augen unrechtes Recht. Das Ziel ist also, die Werte der Verfassung gegen die unrechten Segregations-Gesetze durchzusetzen. Dazu ist es in Kings Perspektive auch erlaubt, aktiven gewaltfreien Widerstand zu leisten.[11]

Gewaltfreiheit aus Prinzip oder als Mittel zum Zweck?

King selbst führt immer wieder aus, dass er nicht von Anfang an konsequenter Anhänger der Gewaltfreiheit war. Sein Weg zur Gewaltlosigkeit ist von ihm[12] und anderen[13] vielfach dargestellt worden. Er hatte sich zwar in seinem Studium mit den Ansätzen zivilen Ungehorsams bei Gandhi und Thoreau beschäftigt, allerdings wohl kaum für sich daraus ein richtiges System entwickelt.[14] King sieht rückblickend in einem Vortrag Mordecai Johnsons über dessen Indienreise und die Methode Gandhis, den er wohl 1950 gehört hat, den Impuls, der ihn zur Wertschätzung der Ansätze Gandhis[15] führte: »Durch diese Betonung Gandhis von Liebe und Gewaltfreiheit fand ich die Methode für gesellschaftliche Reformen, nach der ich viele Monate gesucht hatte. [...] Ich entwickelte das Gefühl, dass dies die einzige moralisch und praktisch geeignete Methode war, die für Unterdrückte in ihrem Befreiungskampf zugänglich ist.«[16]

Aber noch zu Beginn des Busboykotts in Montgomery verfügte King weder über ein systematisches philosophisches bzw. theologisches Konzept der Gewaltfreiheit noch über solide Kenntnisse in der Methode des aktiven gewaltfreien Protests. King besaß zu Beginn des Protestes in Montgomery selbst noch eine Waffe. Die Methoden des aktiven gewaltfreien Widerstandes wurden von auswärtigen Beratern, vor allem von Glenn Smiley eingeführt. Für King spielten sowohl ein instrumentelles Verständnis von Gewaltfreiheit als effektives Mittel der gesellschaftlichen Veränderung als auch ein prinzipielles Bekenntnis zur Gewaltfreiheit nebeneinander eine Rolle. King selber hat zunehmend seine Forderung der Gewaltfreiheit prinzipiell religiös begründet, ohne dass der instrumentelle Aspekt völlig aus dem Blick geraten wäre.[17]

Nach Kings Indien-Reise auf den Spuren Gandhis 1959[18] betonte er, dass ihn die Erfahrungen in Indien in seiner Wertschätzung der Gewaltfreiheit noch bestärkt hätten: »Ich würde auch sagen, dass ich, seit ich in Indien war, überzeugter war als je zuvor, dass die Methode des gewaltfreien Widerstandes die wirkmächtigste Waffe ist, die unterdrückten Menschen in ihrem Kampf für Gerechtigkeit und Menschenwürde zur Verfügung steht.«[19] Andererseits nimmt diese Thematik in den Äußerungen während der Reise und in Kings Bericht erstaunlich wenig Raum ein.

Auf Grund dieser *religiös-ethischen* Begründung des aktiven gewaltfreien Widerstandes, die King aus der christlichen Nächstenliebe entwickelte, wird er oft als Zeuge für prinzipielle Gewaltfreiheit herangezogen. Ob das zutrifft, kann zunächst noch offenbleiben. Aber die Methode des gewaltfreien Protests hatte von Anfang an immer auch schon einen *instrumentellen* bzw. funktionalen Aspekt: Gewaltfreies Vorgehen erschien den Protestierenden als die gegenüber gewaltsamen Vorgehen effektivere Methode. Was wäre denn die Alternative zu gewaltfreien Aktionen gewesen? Angesichts der Kräfteverhältnisse, der Verfügbarkeit von Waffen und der Zahl ausgebildeter Kämpfer hätte eine bewaffnete Auseinandersetzung niemals von den Schwarzen gewonnen werden können.

Jedoch haben sich an etlichen Orten Schwarze Bürgerwehren gebildet, die zum Teil recht erfolgreich gegen Aktionen des Ku Klux Klans vorgegangen sind.[20] Ein flächendeckender bewaffneter Aufstand aber wäre kontraproduktiv gewesen. Selbst in den Bundesstaaten, in denen es einen hohen Anteil von Schwarzen an der Gesamtbevölkerung gab, hatten vor allem die Weißen Zugang zu Waffen, Ausbildung und Organisation. Dies unterscheidet die Situation in den USA auch grundlegend von den zum Teil erfolgreichen bewaffneten antikolonialen Befreiungskämpfen vor allem in Asien und Afrika. Von daher muss man bei allen anderen Überlegungen immer im Blick behalten, dass das Ziel einer vollständigen Gleichstellung der Schwarzen in den USA nicht durch eine militante Revolte hätte erreicht werden können.[21]

Ist die gewaltfreie Provokation von Gewalt noch Gewaltfreiheit?

Dass die Proteste der Schwarzen gewaltfrei waren und ausdrücklich Integration als Ziel verfolgt wurde, sicherte ihnen Sympathien auch im Norden der USA und zunehmend international. Meist war es aber nicht so, dass die gewaltfreien Aktionen an sich wirkten, sondern die Darstellung der oft massiven Gewalt gegen gewaltfrei Protestierende Teile der Öffentlichkeit in den Medien mobilisierte. Das Muster für die erfolgreichen Jahre der Bürgerrechtsbewegung war bis 1965: Mit Mitteln des aktiven gewaltfreien Widerstandes wurde auf diskriminierende Gesetze und Praktiken aufmerksam gemacht. Die Medien schufen dafür eine nationale, zunehmend auch internationale Öffentlichkeit. Die Bundesgerichte entschieden meist zugunsten der Bürgerrechte der Schwarzen. Wenn nun die Gesetze oder gerichtlichen Verfügungen von der Weißen Machstruktur im Süden nicht eingehalten wurden, geriet die Bundesregierung unter Druck, Sicherheitskräfte der Bundesregierung bis zur Nationalgarde oder gar die Armee aufzubieten, um diese durchzusetzen.

Da King nach dem großen Triumph in Montgomery mit weiteren Aktionen keine nennenswerte Erfolge erzielte, in Albany 1961 sogar weitgehend scheiterte, entwickelte er seine Strategie weiter. Ziel der Protestaktionen etwa in Birmingham 1963 und Selma 1965 war – angesichts einer brutalen und rassistischen Politik der Stadtverwaltungen – nun explizit die Eskalation der Konflikte, indem die Ordnungskräfte provoziert wurden, Gewalt einzusetzen.

Es stellt sich die Frage, ob im strengen Sinne noch von Gewaltfreiheit gesprochen werden kann, wenn die Provokation von Gewalt als taktisches Mittel eingesetzt wird. Ohne dies im Rahmen dieses Buches vertiefen zu können, ist hier an die Argumentation des Theologen Reinhold Niebuhr zu erinnern, dass die entscheidende politisch-ethische Kategorie nicht die der Gewalt sei, sondern die des Zwangs. Denn auch gewaltfreier Zwang könne erhebliche negative Konsequenzen haben, ein Boykott oder eine Blockade etwa könnten vielen Menschen das Leben kosten. Es kann also festgehalten werden, dass die Methode des aktiven gewaltfreien Widerstandes in mehrfacher Hinsicht eine instrumentell-taktische Dimension hat.

Schließlich hat die Gewaltfreiheit auch eine *strategische* Dimension. Die Wahl der Mittel im Kampf gegen Rassismus, Ungerechtigkeit und Ausbeutung sollte ein harmonisches Zusammenleben nach deren Überwindung ermöglichen. Gewaltfreiheit zielte darum darauf ab, den Gegner nicht zum Feind, sondern zum Freund zu machen.

Meines Erachtens steht bei King die religiöse und philosophische Überzeugung, dass Gewaltfreiheit als der Weg der Liebe aus Perspektive des christlichen Glaubens der einzig richtige ist, in einem dialektischen Verhältnis zur instrumentell-funktionalen Begründung der Gewaltlosigkeit. D.h., sie bilden einen unauflöslichen, wechselseitigen Verweisungszusammenhang, den King selbst thematisiert: »Gewaltfreiheit ist nicht nur eine Philosophie, sie ist auch eine Methode des Kampfes.«[22]

Voraussetzungen aktiven gewaltfreien Widerstandes

Unabhängig von Kings normativer Überzeugung ist festzuhalten, dass aktiver gewaltfreier Widerstand als Methode sozialen Protests mit dem Ziel gesellschaftlicher und politischer Veränderungen an bestimmte Voraussetzungen gebunden ist. Er ist nicht überall und für alles tauglich. King selbst schrieb in einem frühen Text: »Dass Gandhi gegen die Briten erfolgreich war, heißt nicht, dass die Russen auf dieselbe Weise reagierten.«[23]

Eine grundlegende Bedingung ist, dass eine Bindung der Gewalt des Gegners an so etwas wie grundlegende Rechtlichkeit gegeben ist. Sonst ist die Gefahr, dass die gewaltfrei Protestierenden mit massiver Gewalt bekämpft werden, zu groß. Selbst im Indien zur Zeit Gandhis fühlte sich trotz aller Härte des Auftretens das britische Kolonialregime an elementare Maßstäbe der Rechtlichkeit und Moral gebunden, an die die Protestierenden appellieren konnten. Im Falle der Bürgerrechtsbewegung war es ähnlich, weil trotz aller Brutalität im Süden auch dort der Einsatz der Polizei an grundlegende rechtsstaatliche Prinzipien gebunden war. Vor allem aber konnten die Menschen im

Widerstand an das Bundesrecht appellieren und dieses konnte dann ggf. mit Bundeszwang durchgesetzt werden.

Dies führt zu einer weiteren notwendigen Voraussetzung, nämlich der Existenz einer gesellschaftlichen Öffentlichkeit. Der Erfolg der Bürgerrechtsbewegung ist eng mit dem Siegeszug des Fernsehens in den 1950er- und 1960er-Jahren verbunden. Die Protestaktionen waren so angelegt, dass sie über die Medien, vor allem das Fernsehen, die Öffentlichkeit mobilisieren konnten. In Birmingham etwa wurden die Protestmärsche in die Mittagspause oder die Feierabendzeit gelegt. Dann waren nicht nur die Protestierenden auf den Straßen, sondern auch zahlreiche gewöhnliche Passanten. Die Zahl der Protestierenden erschien dadurch viel größer, als es tatsächlich der Fall war. Wenn dann die Sicherheitskräfte unangemessen hart eingriffen und die Gewalt der Polizei gegen friedliche Bürger, teilweise sogar gegen Kinder,[24] dokumentiert wurde, war dies in den Fernsehberichten im ganzen Land zu sehen. Das hat enormen Druck auf die Bundesregierung ausgeübt.

Darüber hinaus sind ausreichend Ressourcen notwendig, um einen solchen anspruchsvollen Protest zu organisieren. Zunächst sind Organisationen notwendig, die materiell und personell in der Lage sind, solche logistisch komplexen Herausforderungen zu bewältigen, Führungspersönlichkeiten, die Menschen in großer Zahl mobilisieren können, und schließlich das Geld, das dafür benötigt wird. Hier spielten die Schwarzen Kirchen eine wichtige Rolle. Zu beachten ist aber auch, dass King in der Lage war, enorme Geldsummen außerhalb des Konfliktgebietes, also im Norden, zu mobilisieren.

Schließlich mussten negative Konsequenzen für gesellschaftliche Akteure durch die Proteste entstehen, die sich dann für die Ziele des Protestes mobilisieren ließen. So waren es im Falle des Civil Rights Movements etwa die oft im Norden ansässigen Inhaber von Laden- und Restaurantketten, die finanzielle Einbußen durch die Boykotte erlebten. Diese hatten kein Interesse an der Aufrechterhaltung der Segregation, aber ein großes Interesse, dass die geschäftsschädigenden Ursachen beseitigt würden.[25]

Es sollte deutlich geworden sein, dass der aktive gewaltfreie Widerstand an spezifische Bedingungen geknüpft ist. Ob diese in einer gesellschaftlichen Situation gegeben sind, muss jeweils konkret geprüft werden. In Peking 1989 waren sie offensichtlich nicht gegeben. Ob sie etwa in der DDR 1989 gegeben sein würden, wusste man bis zum Schluss nicht.

Zusammenfassend lässt sich festhalten, dass bei King prinzipielles und instrumentelles Verständnis der Gewaltlosigkeit dialektisch aufeinander bezogen sind. Auch wenn während und im Anschluss an den Busboykott in Montgomery eindeutig eine Stärkung des prinzipiellen Verständnisses zu beobachten ist, geht das instrumentelle Verständnis nie ganz verloren.

Was bedeutet nun die Feststellung dieser Dialektik von prinzipieller und instrumenteller Gewaltlosigkeit? Der Befund relativiert einerseits nicht, dass King im Laufe seines Lebens immer stärker Gewaltlosigkeit aus prinzipiellen Gründen vertreten hat. Er macht andererseits aber deutlich, dass diese prinzipielle Haltung gleichwohl dialektisch mit spezifischen Kontextbedingungen verbunden ist. Zum einen mit bestimmten Voraussetzungen empirischer Art, zum anderen mit einer Theologie, die dem Leiden eine positive Funktion zuschreibt. Wenn man sich nun auf Kings Theologie der Gewaltlosigkeit bezieht, sollte man dies zumindest mit berücksichtigen. Die Frage, ob King das Prinzip der Gewaltlosigkeit unter gänzlich anderen Umständen genauso prinzipiell entwickelt und vertreten hätte, ist schlicht unbeantwortbar.

Klar erkennbar ist allerdings, dass Kings Spiritualität sein Leben lang vom Vertrauen auf die verändernde und versöhnende Kraft der Liebe bestimmt war.

3.
Nomen est omen?
Spirituelle Herkunft und theologische Prägung

Bei seinem Berlinbesuch am 13. September 1964 begrüßte Martin Luther King, Jr. die Teilnehmenden bei seinen Predigten mit einem Hinweis auf seinen deutschen Namensvetter:

»Ich komme zu Ihnen ja nicht als ein völlig Fremder, da der Name, den ich trage, Ihnen vertraut ist, Deutschland vertraut ist und der Welt vertraut ist. Und ich bin glücklich, dass meine Eltern entschieden haben, mich nach dem großen Reformator zu nennen.«[1] Man kann es als eine *captatio benevolentiae* auffassen, als rhetorische Figur, um die Aufmerksamkeit und das Wohlwollen des Publikums zu erhalten. Aber das wäre wohl kaum nötig gewesen. Gleichwohl ist es eine von wenigen Stellen, an der sich King auf den historischen Martin Luther bezieht, auch wenn er es in dieser Ansprache gleich noch einmal tut. Nachdem er die Schwierigkeiten im Kampf gegen Rassismus und Segregation geschildert hat, auch die Bedrohung und Anfechtung, verweist er auf das christliche Gewissen als Grund des fortdauernden Widerstandes: »Unsere einzige Erklärung kann sein, dass wir von Gott während dieses heiligen Kairos[2] ergriffen wurden. Und unsere Antwort konnte nur die von Martin Luther sein: ›Hier stehe ich und kann nicht anders, Gott helfe mir.‹«[3]

Aus Michael wird Martin

Es ist für einen Baptisten sicher ungewöhnlich, sich so auf Martin Luther zu berufen. Das Ganze wird zusätzlich interessant, da weder Martin Luther King, Sr., also der Vater, noch Martin Luther King, Jr. von Anfang an den Namen des

Reformators trugen. Martin Luther King hieß ursprünglich Michael, so dass ihn viele Freunde auch später noch Mike riefen oder auch in Briefen so adressierten. Wie es zu dem Namenswechsel kam, ist nicht ganz klar, denn es gibt unterschiedliche Berichte und Erklärungen dazu. Zwar ist eine Namensänderung nach amerikanischem Recht formal viel einfacher als in Deutschland, aber gerade für Schwarze war die Verfügung über den eigenen Namen von großer Bedeutung. Über Jahrhunderte wurden den Versklavten ihre Namen zugewiesen oder sie mussten die Namen der Plantagenbesitzer tragen. Malcolm X hat deshalb etwa seinen Nachnamen durch das X ersetzt, um deutlich zu machen, dass die ursprüngliche Namensgebung ein Willkürakt der Weißen war. Schwarze wurden oft nur mit Boy oder dem Vornamen angesprochen. Darüber hinaus finden sich Namenswechsel regelmäßig in biblischen Berufungsgeschichten. Aus Saulus wird Paulus, aus Sarai wird Sarah usw. Auch vor diesem kulturellen Hintergrund erscheint der Wechsel von Michael zu Martin bedeutsam. Deshalb bleibt es mysteriös, dass der tatsächliche Vorgang nicht eindeutig geklärt werden kann.

Daddy King, gemeint ist Martin Luther King Senior, berichtet in seiner Biografie, dass sich seine Eltern nicht auf den Vornamen hätten einigen können. Sein Vater habe ihn schon immer Martin gerufen, die Mutter sei aber dominant gewesen und habe offiziell Michael durchgesetzt. Als nun sein Vater 1933 starb, habe er dies zum Anlass genommen, seinen Namen auch formell zu ändern. Bei dieser Gelegenheit sei auch aus King, Jr. ein Martin Luther geworden.[4] Lawrence D. Reddick gibt eine andere Erklärung: Daddy King habe 1934 eine große Reise unternommen, die ihn nach Afrika, Palästina und Europa geführt habe. Der Eintrag »Michael« in King-Juniors Geburtsurkunde sei ein Versehen gewesen und sei bei der Zusammenstellung der Reiseunterlagen für Daddy King korrigiert worden.[5] Gegen Daddy Kings Version spricht inhaltlich, dass er eigentlich ein schlechtes Verhältnis zu seinem Vater hatte. Gegen Reddicks Version, dass Familienmitglieder und Freunde beide Kings noch lange mit Mike angesprochen haben, was vielfach bezeugt ist. Aber unabhängig davon werden beide Geschichten von King Juniors Geburtsurkunde widerlegt. Sie ist am 12. April 1934 auf Michael King, Jr. ausgestellt. Und sie wurde erst 1957 in Martin Luther King, Jr. geändert, vermutlich als er einen Pass für seine erste Auslandsreise zu den Unabhängigkeitsfeierlichkeiten nach Ghana beantragen musste.[6]

Es spricht also viel dafür, dass die Namensänderung erst nach der Grand Tour Daddy Kings stattgefunden hat. Er selbst berichtet von der emotionalen Stärkung durch den Besuch Jerusalems. Es gibt auch Berichte, dass er durch die Teilnahme am 5. Baptistischen Weltkongress, der vom 4. bis 10. August 1934 anlässlich des 100. Jubiläums der Gründung der Deutschen Baptisten in Berlin stattfand, mit dem Erbe Martin Luthers in Kontakt kam, etwa durch einen Ausflug nach Wittenberg. Allerdings ist ein solcher Ausflug nicht belegt.[7]

Und die Reise stand ja in einem größeren Zusammenhang. Anfang 1931 starb A.D. Williams, der Schwiegervater Daddy Kings, welcher der Hauptpastor an der Ebenezer Church war, an einem Herzinfarkt. Ein gutes Jahr später, im April 1932, wird Daddy King offiziell als Pfarrer der Ebenezer Church eingeführt. Diese war eine bedeutende Schwarze Kirche in Atlanta und A.D. Williams war eine wichtige und anerkannte Persönlichkeit. Daddy King, der aus sehr einfachen Verhältnissen kam, trat in dessen Fußstapfen und musste zugleich sein eigenes Profil entwickeln. Da er nun in der ersten Reihe stand, übernahm er wichtige Funktionen in der Schwarzen Kirche und in Bürgerrechtsorganisationen. Die Grand Tour, wie sie europäische Adelige seit der Renaissance gemacht haben, war eine Vorbereitung für kommende Aufgaben und zugleich auch eine Demonstration von Wohlstand. Vor diesem Hintergrund wird man Daddy Kings mehrwöchige Reise sehen können. Er brachte damit zum Ausdruck, dass er nun die Statur seines Vorgängers erreicht hatte und ein lokal und überregional respektierter Prediger war. Dies wurde dann auch durch die Namensänderung nach seiner Rückkehr kommuniziert, und zwar in dem Sinne: Schaut, jetzt bin ich ein Martin Luther für Atlanta. Da der Empfang Daddy Kings in Atlanta euphorisch war und er es auf die Seite Eins der Atlanta Daily World geschafft hatte, war dies durchaus plausibel.[8] Ein solcher Namenswechsel wäre auch kaum vorstellbar gewesen, während sein Schwiegervater noch lebte.

Die Frage ist dann naheliegend, warum die Begründung des Namenswechsels mit dem Besuch im Lande Luthers weder von Daddy King noch von Reddick erzählt wird. Es gibt Berichte, dass die Begeisterung, mit der Daddy King aus Nazi-Deutschland zurückkam, schon kurze Zeit später als unangemessen wahrgenommen und beschwiegen wurde. Dafür spricht, dass King Junior während seines Berlin-Aufenthaltes ziemlich genau 30 Jahre später, den

Aufenthalt seines Vaters mit keinem Wort erwähnte. Das wäre ja durchaus auch ein Redeneinstieg gewesen. Aber offensichtlich spielte der Berlin-Besuch von Daddy King in der Familienüberlieferung keine prominente Rolle. Und die Erzählung Daddy Kings ehrt so noch seinen eigenen Vater, auch wenn sie historisch nicht ganz zutreffend ist.

Dass der kleine Mike auch zu einem Martin Luther wurde, ist Ausdruck der Erwartungen, die man an ihn hatte. So wurde der Name zugleich zur Verheißung und Last. Dabei lässt sich nicht erkennen, dass Martin Luther für King, Jr. eine besondere Rolle spielte.

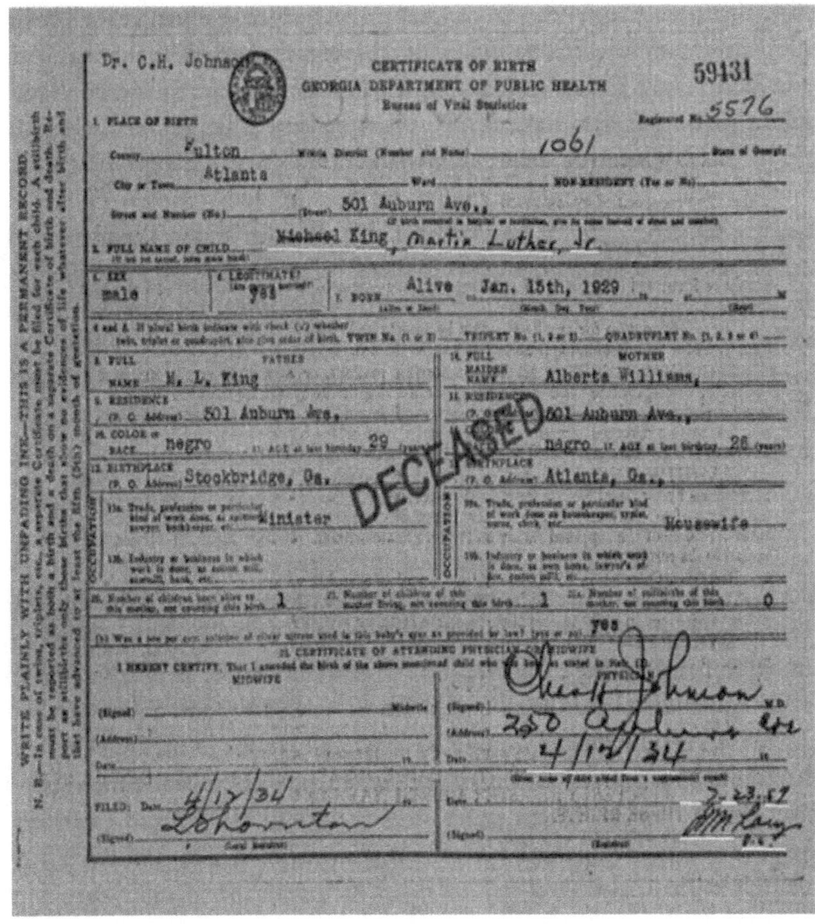

Dr. C.H. Johnson

CERTIFICATE OF BIRTH
GEORGIA DEPARTMENT OF PUBLIC HEALTH
Bureau of Vital Statistics

59431

Registered No. 5576

1. PLACE OF BIRTH

County Fulton — Militia District 1061 — State of Georgia

City or Town Atlanta

Street and Number 501 Auburn Ave.

2. FULL NAME OF CHILD Michael King, Martin Luther, Jr.

3. SEX male — 4. LEGITIMATE? yes — 5. BORN Alive Jan. 15th, 1929

FATHER

FULL NAME M. L. King

RESIDENCE 501 Auburn Ave.

COLOR or RACE negro — AGE AT LAST BIRTHDAY 29 (years)

BIRTHPLACE Stockbridge, Ga.

OCCUPATION Minister

MOTHER

FULL MAIDEN NAME Alberta Williams

RESIDENCE 501 Auburn Ave.

COLOR or RACE negro — AGE AT LAST BIRTHDAY 26 (years)

BIRTHPLACE Atlanta, Ga.

OCCUPATION Housewife

Number of children of this mother born alive 1 — Number of children of this mother living 1 — Number of stillbirths 0

yes

CERTIFICATE OF ATTENDING PHYSICIAN OR MIDWIFE

(Signed) Charles Johnson M.D.

(Address) 250 Auburn Ave

Date 4/12/34

FILED: Date 4/12/34

DECEASED

Date 7-23-57

(Signed) M. L. King

Die Geburtsurkunde King Juniors ist am 12. April 1934 auf Michael King, Jr. ausgestellt. Sie wurde erst 1957 in Martin Luther King, Jr. geändert.

So ist auffällig, dass King sich in seinen Studien kaum mit Luther beschäftigt hat. Meist taucht er während Kings theologischer Ausbildung nur als Referenz im Vergleich mit einem reformierten Ansatz, meist Calvin, auf. Während er Texte von Calvin in englischer Übersetzung gelesen hat, scheint er Luther nur über ein Lehrbuch kennengelernt zu haben.[9]

In seinen öffentlichen Stellungnahmen erwähnt er Luther nur selten. Als er das erste Mal auf dem Cover des Time Magazine abgedruckt wird, im Februar 1957, sagt er in der Titelgeschichte: »Sowohl mein Vater als auch ich haben unser ganzes Leben für Reformen gekämpft. Vielleicht haben wir uns also das Recht verdient, diesen Namen zu tragen.«[10] Das Interview liegt nicht in Gänze vor, aber das Zitat legt nahe, dass explizit nach dem Namen gefragt wurde, King ihn also vermutlich nicht von sich aus angesprochen hat.

In seinem Brief aus dem Gefängnis in Birmingham reiht er, um den Vorwurf des Extremismus abzuwehren, Martin Luther in die Reihe derer ein, die zu ihrer Zeit als Extremisten angesehen wurden. In seiner letzten Ansprache in Memphis imaginiert er eine Zeitreise, auf der er auch Martin Luther sieht. Aber in beiden Fällen bezieht er den Verweis auf Luther nicht auf sich bzw. seinen Namen. Anders nach seiner Papst-Audienz fünf Tage nach seinen Ansprachen in Berlin. Da stellt er mit einem Augenzwinkern fest: »Ich denke, dass eine neue Zeit angebrochen ist, wenn der Papst sich mit jemanden trifft, der den Namen Martin Luther trägt.«[11] Aber das ist nicht wirklich eine inhaltliche Aussage. Eine solche findet sich nur bei den Ansprachen in Berlin und dem Times-Interview.[12]

Es gab immer wieder Bemühungen, theologische Verbindungslinien von Martin Luther zu Martin Luther King, Jr. zu ziehen. Das ist wenig überzeugend. Dort, wo es Übereinstimmungen gibt, liegen bei King Prägungen aus der Tradition der reformierten Theologie vor, z.B. hinsichtlich der Hochachtung des Rechts. Im Blick auf grundlegende theologische Überzeugungen, wie etwa beim Freiheitsbegriff, haben der Wittenberger und der Mann aus Atlanta unterschiedliche Auffassungen: Luther versteht Freiheit rein spirituell, weshalb er sich im Bauernkrieg etwa gegen die berechtigten Anliegen der Bauern stellt. Für King ist mit dem Motiv des Exodus als Hintergrund entscheidend, dass geistliche und leibliche Freiheit untrennbar verbunden sind. Deshalb setzt er sich für die ausgebeuteten und entrechteten Schwarzen Farmer im Süden ein.[13]

Schwarze baptistische Tradition und sozialkritische Aktualisierung

Von welchen theologischen Traditionen war King beeinflusst?[14] Man stößt mit dieser Frage mitten hinein in die Kontroverse, ob King mehr durch seine afroamerikanische Herkunft und Prägung bestimmt wurde oder doch stärker durch seine theologischen Studien, die im Wesentlichen die Auseinandersetzung mit Weißen, europäischen und europäisch-stämmigen Theologen und Philosophen zum Inhalt hatte. Auch wenn man systematisch hier gar keinen Gegensatz sehen muss, so hat doch diese Kontroverse ihren konkreten Anlass darin, dass in frühen Darstellungen der intellektuellen Entwicklung Kings, die Einflüsse der Schwarzen Kirche, Theologie und Kultur weitgehend ausgeblendet wurden.[15] Letztlich geht es dabei auch um Fragen der Deutungshoheit, die sich mit der Kritik an der Aneignung Schwarzer Kultur durch Weiße verbindet. Das verdient hier Erwähnung, weil jegliche Frage nach der spezifischen afroamerikanischen Prägung von King diese Problemstellung mit berührt. King hat selber immer wieder deutlich gemacht, dass er sich zuerst und vor allem als Theologe und Pastor in der Tradition der Schwarzen, baptistischen Kirche des Südens der USA versteht. Berühmt und auch ein wenig inflationär gebraucht ist seine Selbstidentifikation:

»Ich bin vielerlei für viele Menschen; Bürgerrechtsaktivist, Agitator, Störenfried und Redner; aber tief in meinem Herzen bin ich im Grunde ein Geistlicher, ein baptistischer Prediger. Das ist mein Wesen und mein Erbe, denn ich bin der Sohn eines Baptistenpredigers, der Enkel eines Baptistenpredigers und der Urenkel eines Baptistenpredigers.«[16]

Dabei ist zu beachten, dass mit baptistischer Kirche die spezifische afroamerikanische Ausprägung des Baptismus, die im Süden der USA ihren Ursprung hat, gemeint ist. Von Anfang an, also schon im späten 18. Jh., noch vor dem Unabhängigkeitskrieg, hat sich der Schwarze Baptismus als eigene, spezifische Form entwickelt. Dabei waren es zunächst einzelne Schwarze Prediger und Missionare, die vor allem unter den versklavten Afrikanerinnen und Afrikanern auf den Plantagen das Evangelium predigten. Der afro-amerikanische Baptismus ist also kein Derivat des Weißen Südstaatenbaptismus, sondern hat sich mit eigenen theologischen Kernbeständen und einem spezifischem Frömmigkeitsstil originär herausgebildet.

Dafür ist insbesondere die frühe eigene Missionstätigkeit markant, und zwar nicht nur im Süden der USA, sondern nach dem Unabhängigkeitskrieg durch Emigranten sowohl in Kanada, wo englische Loyalisten angesiedelt wurden, als auch in der Karibik und in West-Afrika. Der afro-amerikanische Baptismus ist also nicht Objekt, sondern vielmehr Subjekt baptistischer Evangelisation.[17]

Allerdings ist neben der konfessionellen Zuordnung die spezifische kulturelle Dimension der Frömmigkeit ein starkes verbindendendes Band mit anderen afro-amerikanischen Denominationen, vor allem den Black Methodists, so dass die Gesamtheit der Kirchen der afro-amerikanischen Tradition mit dem Begriff der »Black Church« bezeichnet wird.[18]

Der Theologie der Black Church, mithin auch dem afro-amerikanischen Baptismus, ist nicht nur eine besondere Form der Spiritualität eigen, sondern auch eine spezifische Tradition biblisch fundierter Theologie. Die existenzielle Erfahrung des Leidens in der Sklaverei hat vor allem theologische Motive plausibilisiert, die zunächst das Ertragen des Leidens in der Hoffnung auf zukünftige Erlösung bestärkt haben. Eine starke Identifikation mit dem Leiden Christi, eine ausgeprägte, auf die Person Jesu gerichtete Frömmigkeit und die Hoffnung auf Erlösung sind wesentliche Elemente, die in den Gospels und Spirituals Ausdruck finden.[19] Diese theologische Stärkung im Leiden war zugleich verknüpft mit einer Ablehnung des Leids und mit der Hoffnung auf dessen Überwindung.[20] Wichtige biblische Motive sind dabei die Exodus-Erzählung, die Sozialkritik der Propheten und das neutestamentliche Zeugnis, dass Jesus als König in Armut in die Welt kam, um diese zu überwinden.

Die Exodus-Erzählung wurde dabei – aus historisch-kritischer Perspektive durchaus anachronistisch – mit der Situation der Schwarzen Sklaven im Süden der USA identifiziert: So wie Gott das Volk Israel aus der Sklaverei Ägyptens befreit hat, wird er die versklavten Afro-Amerikanerinnen und Afro-Amerikaner aus der Unterdrückung der irregeleiteten Weißen befreien. Ja, das Motiv konnte durchaus noch die Komponente enthalten, dass es die Aufgabe der Schwarzen sei, die gesamte Gesellschaft von diesem Übel zu erlösen. Auch bei King findet sich dieses Motiv immer wieder.[21] In seiner letzten Predigt am 3. April 1968, also am Tag vor seiner Ermordung, identifiziert King den Kampf der Bürgerrechtsbewegung und seine eigene Existenz mit dem Auszug der Israeliten aus dem Ägypten der Sklaverei und dem Weg in das verheißene Land, indem er sich mit Moses identifiziert, der nach dem Bericht des 5. Buch Mose das Volk Israel aus der Versklavung herausführt, aber selbst nicht mit in das gelobte Lande einzieht:

»[...] Er hat mir erlaubt, auf den Gipfel des Berges zu gehen. Und ich habe hinübergeschaut. Und ich habe das gelobte Land gesehen. Ich werde vielleicht nicht mit Euch dahin gelangen. Aber was ich möchte, dass Ihr Euch heute Abend merkt ist, dass wir als ein Volk in das gelobte Land einziehen werden.«[22]

In derselben Kanzelrede nimmt King die Forderung des Propheten Amos nach Recht und Gerechtigkeit auf, sowie die lukanische Erzählung, dass Jesus in der Synagoge von Nazareth aus Jesaja 61 liest und die Erwählung auf sich selbst bezieht:

»Der Geist des Herrn ist auf mir, weil er mich gesalbt hat und gesandt, zu verkündigen das Evangelium den Armen, zu predigen den Gefangenen, dass sie frei sein sollen, und den Blinden, dass sie sehen sollen, und die Zerschlagenen zu entlassen in die Freiheit und zu verkündigen das Gnadenjahr des Herrn.« (Lk 4,18f.; Jes 61,1f.)

Dies ergänzt und verdeutlicht er mit der Erzählung vom barmherzigen Samariter.

Es finden sich also bei King in seiner letzten Predigt wesentliche theologische Motive der Black Church bzw. des afro-amerikanischen Baptismus: Gott als Befreier aus der Sklaverei, die Propheten als Kritiker der sozialen und juristischen Ungerechtigkeit durch ihre Verheißung von der von Gott intendierten Gerechtigkeit und schließlich Jesus, der nicht nur selbst in Armut Mensch geworden, sondern gekommen ist, um die Armen zu befreien und Armut und Ungerechtigkeit zu überwinden.[23]

Man kann darin erstens einen Ausdruck spezifisch baptistischer Bundestheologie sehen.[24] Und mir scheint es in der Tat so zu sein, dass Kings Theologie wesentlich davon geprägt ist. Zweitens ist darin aber auch angelegt, dass die durch den Bund verheißene Erlösung nicht nur individuell, sondern konstitutiv sozial gedacht wird. King hat diesen Zusammenhang von individueller und sozialer Erlösung christologisch rückgebunden:

»Es gibt Menschen, die das Kreuz als ein Ärgernis wahrnehmen, und andere sehen es als Torheit an[25], aber ich bin mehr als jemals überzeugt, dass es die Kraft Gottes für unsere soziale und individuelle Erlösung ist.«[26]

Hier wird der Einfluss von Walter Rauschenbusch und dem Social Gospel deutlich.[27] Rauschenbusch knüpft in seiner Sozial-Theologie an die prophetische Kritik und den Jesus, der das Evangelium für die Armen bringt, an. Hier korrespondieren klassische Elemente des afro-amerikanischen Baptismus und der Social Gospel-Theologie, die als Black Social Gospel bezeichnet werden. Kings Vater, Martin Luther King, Sr., und die meisten seiner Schwarzen Lehrer, wie etwa Benjamin Mays, sind dem Black Social Gospel zuzurechnen. Martin Luther King, Jr. wird in diese Traditionen im wahrsten Sinne des Wortes hineingeboren. Schon sein Großvater A.D. Williams war Pfarrer an der Ebenezer Baptist Church, ebenso wie Kings Vater. Beide engagierten sich für Bürgerrechte. Kings Großmutter mütterlicherseits, Jennie Parks Williams, und seine Mutter, Alberta Christine Williams King, waren wichtige Mitarbeiterinnen der Kirchgemeinde und machten King mit dem kulturellen und vor allem musikalischen Erbe vertraut. Diese Linien von Schwarzer religiöser Tradition und Social Gospel wurden von King weiter synthetisiert und aktualisiert.[28]

Die Personalität Gottes und der Bostoner Personalismus

Nach seinem Bachelor-Studium am Morehouse College mit dem Hauptfach Soziologie setzte King Junior seine Studien im Norden am Crozer Theological Seminary fort, nachdem er sich – nach einigem Zweifel – doch entschlossen hatte, Pfarrer zu werden. Crozer war ein überwiegend von Weißen Studenten besuchtes, von der liberalen Theologie geprägtes theologisches Seminar. King hatte hier also engen Kontakt mit Weißen Studenten und Professoren – eine Erfahrung, die viele Schwarze im Süden nicht kannten.

King hat sich – auch unter dem Einfluss der Liberalen Theologie – kritisch mit dem Biblizismus und der evangelikalen Theologie der Schwarzen Kirche seiner Herkunft auseinandergesetzt. Zentral waren dabei Fragen des historischen Jesus, der Jungfrauengeburt, der leiblichen Auferstehung und des stellvertretenden Sühnetodes etc. Es finden sich im Internet zahlreiche Einträge, die aufgrund in dieser Zeit entstandener Studienarbeiten nicht nur anzweifeln, dass King Baptist, sondern dass er überhaupt ein Christ gewesen sei.[29]

Das Social Gospel bot für ihn die Möglichkeit, die prophetische und jesuanische Befreiungsverheißung der Schwarzen Kirche in eine nicht-fundamentalistische Theologie zu integrieren. Und der Ansatz des Bostoner Personalismus stellte ein Modell bereit, die Kritik auch in Bezug auf die dogmatischen Aussagen der Gotteslehre ernst zu nehmen und zugleich an einem personalen, in der Welt präsenten Gott festzuhalten. Dies ist notwendig, wenn Gott in der Lage sein soll, das Leid der Menschen wahrzunehmen, mitzuleiden und es tatsächlich zu überwinden. Das kommt in Kings Predigt »Our God is able« (Unser Gott ist mächtig) zum Ausdruck.[30] King betont, in einer wichtigen Passage seines Essays »Pilgrimage to Nonviolence« (Pilgerweg zur Gewaltfreiheit), dass sich die Vorstellung eines personalen Gottes gerade in den Herausforderungen und Bedrohungen der ersten Jahre seines Kampfes um die Bürgerrechte noch verstärkt habe:

»Mehr als jemals zuvor bin ich von der Existenz eines personalen Gottes überzeugt. Selbstverständlich habe ich immer an das Personsein Gottes geglaubt. Aber in der Vergangenheit war die Vorstellung eines personalen Gottes wenig mehr als eine metaphysische Kategorie, die ich theologisch und metaphysisch überzeugend fand. Jetzt ist es eine lebendige Wirklichkeit, die sich in den Erfahrungen des Alltags bewährt hat. Gott war in den letzten Jahren zutiefst real. [...] Ich bin davon überzeugt, dass das Universum auf die Liebe hin ausgerichtet ist und dass die Menschen im Kampf für Gerechtigkeit kosmische Unterstützung haben. Hinter den harten Erscheinungen der Welt ist eine gutartige Macht. Zu behaupten, dass Gott personal ist, heißt nicht, ihn zu einem endlichen Objekt unter anderen Objekten zu machen, oder ihm die Grenzen menschlichen Personseins aufzuerlegen; sondern es bedeutet zu bestätigen, dass die perfekte Existenz des Schönsten und Edelsten des menschlichen Bewusstsein in ihm bestätigt werden. Es ist natürlich wahr, dass menschliche Personalität begrenzt ist, aber Personalität an sich unterliegt keinen notwendigen Begrenzungen. Sie bedeutet ganz einfach Selbstbewusstsein und Selbststeuerung. Deshalb ist Gott im wahrsten Sinne des Wortes ein lebendiger Gott. Er verfügt über Gefühl und Willen, die auf die tiefste Sehnsucht des menschlichen Herzens antworten: *Dieser* Gott ruft zugleich Gebete hervor und antwortet auf sie.«[31]

King hat die Autoren der theologischen und philosophischen Schule des Bostoner Personalismus schon während seines Studiums am Crozer Theological Seminary kennen und schätzen gelernt. Sein Promotionsstudium hat er aus diesem Grund an der Boston University, dem damaligen Zentrum des Personalismus, absolviert. Dort hat er sich intensiv mit den Fragen der (All)Macht und Personalität Gottes beschäftigt.

Die klassische Auffassung von der Allmacht und Allwissenheit Gottes, die in der Schwarzen baptistischen Kirche seiner Herkunft weit verbreitet war, wurde für King zunehmend inakzeptabel. Denn dann wäre nicht nur die abstrakte Frage nach dem Bösen in der Welt nicht befriedigend zu lösen gewesen, sondern es hätte ganz konkret die Frage Plausibilität gewonnen, ob Gott ein Weißer Rassist sei, wie es etwa William R. Jones formuliert hat,[32] wenn Er oder Sie die Versklavung und Unterdrückung der Schwarzen zuließ und zulässt. Für King war dabei entscheidend, dass bei der Überwindung des traditionellen Allmachtsverständnisses Gott einerseits über *hinreichende* Macht verfügen muss, um in die Geschichte so einzugreifen, dass letztendlich das Gute die Oberhand behält. Andererseits konnte er sich einen Gott nur personal denken, der leidet und mitleidet und der die von ihm geschaffenen Menschen ebenfalls als Personen anerkennt. Dies setzt voraus, dass Gott den Menschen Entscheidungs- und Handlungsfähigkeit gibt, diese anerkennt und sich so selbst in seiner Macht begrenzt.[33] Rufus Burrow, der wohl beste Kenner der Rezeption des Personalismus bei King, fasst dies folgendermaßen zusammen:

»Macht als solche ist nicht die charakteristischste Eigenschaft Gottes. Eher die Idee von hinreichender Macht, die edelsten Ziele und Zwecke mit geschaffenen Personen zusammen zu erreichen, ist die Sicht, die der Kings am nächsten kommt.«[34]

Mit diesem personalistischen Modell, das zwar die traditionelle Allmachtsvorstellung aufgibt, aber an einem personalen Gottesverständnis festhält, hat King für seine Fragen Antwortmöglichkeiten gefunden, die über die traditionellen Vorstellungen in der Schwarzen Kirche hinausgehen,[35] aber an diese anschlussfähig bleiben.[36]

Die Personalität der Menschen und das moralische Universum

In der Perspektive des Personalismus korrespondiert die Personalität des Menschen mit der Personalität Gottes. Daraus leitet sich die unverletzliche Würde des Menschen ab. Rufus Burrow formuliert das folgendermaßen:

»Die Wirklichkeit ist personal, Personen haben unverletzliche Würde; zu sein heißt, frei zu sein; die Wirklichkeit ist sozial, und das Universum begünstigt Werte.«[37]

Die erste Konsequenz aus der Personalität Gottes ist, dass die Personalität der Menschen mit der unverlierbaren Würde eines jeden Menschen untrennbar verbunden wird. Aus der Personalität Gottes, dessen Liebe unbegrenzt, er oder sie also benevolent ist, folgt zweitens die Vorstellung, dass es objektive moralische Werte in der Welt gibt, dass also Gottes Liebe auf Gerechtigkeit in der Welt zielt und diese letztlich auch erreichen wird.[38] Als Drittes ergibt sich daraus, dass Gott als Urheber dieser moralischen Ordnung die Menschen darin unterstützt – man könnte von einer *gratia cooperans* (mitwirkende Gnade) sprechen –, gemäß der moralischen Ordnung aus Liebe für die Gerechtigkeit einzutreten. In Kings Texten begegnet das immer wieder verbunden mit der Vorstellung des »cosmic companionship«:

»Da gibt es etwas im Universum, das sich in Richtung Gerechtigkeit entwickelt. In Montgomery haben wir in unserem Kampf gespürt, dass wir kosmische Unterstützung haben. Und eines der Dinge, welche die Menschen bei der Stange gehalten haben, ist der Glaube, dass das Universum auf der Seite der Gerechtigkeit steht.«[39]

Bei King wird die Würde aller Menschen biblisch mit der Vorstellung der *imago Dei* und dem Konzept der Gotteskindschaft begründet sowie mit der Vorstellung der Bürger- bzw. Menschenrechte verknüpft.[40] Die Personalität Gottes äußert sich also in der Liebe zum Menschen. Die Personalität der Menschen begründet deren Würde und Freiheit. Aus Liebe ordnet Gott die Welt auf Gerechtigkeit aus. In der wechselseitigen Bezogenheit der Personalität Gottes und der Personalität der Menschen aufeinander sind also theologisch für King die zentralen Güter Freiheit und Gerechtigkeit grundgelegt.

Freiheit und Gerechtigkeit werden im Zusammenwirken von Gott und den Menschen verwirklicht. Hier verbindet King zwei Motive, die auch in der baptistischen Theologie prominent sind und bundestheologisch begründet werden: zum einen die Vorstellung, dass jedem einzelnen Menschen gewisse Rechte zukommen, zum anderen die Überzeugung, dass es der Antwort und Mitwirkung der Menschen bedarf, um Gottes Liebe wirksam werden zu lassen – im Glauben und im Handeln.

Denn beide Dimensionen – die des Heils und die des richtigen Handelns – sind bei King dadurch verbunden, dass er individuelle und soziale Erlösung und Befreiung untrennbar zusammendenkt.[41] Das Zusammenwirken mit Gott (cooperatio cum deo) bezieht sich also nicht nur auf die Frage, wie der Glaube in der Lebensgestaltung praktisch wird, sondern auch darauf, dass die Lebensführung das Heil (zunächst individuell gedacht) mitverwirklicht. Anders als bei Luther, der ja formuliert hat, dass das Heil allein durch den Glauben erlangt werde, wird hier davon ausgegangen, dass die Menschen durch moralisch richtiges Handeln (Heiligung) an ihrem eigenen Heil und dem der Gemeinschaft mitwirken.

Um diesen Ansatz zu verstehen, muss man ihn in den Kontext der US-amerikanischen (christlichen) Religions- und Theologiegeschichte einordnen. Im Zuge des Second Great Awakening kam es zu einer grundsätzlichen Umformung des Heilsverständnisses in weiten Teilen der calvinistisch geprägten Strömungen des reformatorischen Christentums. Daraus ist auch der Evangelikalismus hervorgegangen, der wiederum die Frömmigkeit und Theologie der Schwarzen Baptisten beeinflusst hat. Michael Hochgeschwender fasst dies folgendermaßen zusammen:

»Im Unterschied zum klassischen Calvinismus glaubte man nicht mehr an eine heilsexklusive Prädestination der Wenigen, des heiligen Rests gegenüber der massa damnata, sondern daran, daß jeder Mensch durch sein Handeln und seine freie Wahl die Möglichkeit hatte, zum Heil zu gelangen. Dramatischer kann protestantische Theologie nicht umgedeutet werden.«[42]

Für King war genau diese Vorstellung zentral, die sowohl bundestheologisch als auch personalistisch begründet ist: Ein personaler Gott gibt den Menschen aus Liebe Personalität und damit Freiheit und Würde. Die Welt ist so geordnet, dass am Ende durch das Zusammenwirken von Gott und Menschen durch die Liebe, Freiheit und Gerechtigkeit verwirklicht werden können. Diese theologische Orientierung hat nicht nur Konsequenzen für die einzelnen Christinnen und Christen, sondern für Gemeinde und Kirche und ihre Funktion in der Welt.

Die bleibende Realität der Sünde

Aber King konnte dieses positive Menschenbild, dass der Mensch zum Guten fähig sei und nur darin unterstützt werden müsse, nicht ohne Einschränkung übernehmen. Deshalb hat er sich mit diesem Aspekt des Social Gospel und der Liberalen Theologie kritisch auseinandergesetzt und durch den Christlichen Realismus des amerikanischen Theologen Reinhold Niebuhr ergänzt. Niebuhr hat sich um 1932 vom Social Gospel und angesichts der brutalen japanischen Expansion im pazifischen Raum auch vom Pazifismus abgewandt und seinen Ansatz des Christlichen Realismus entwickelt.[43] Zentral darin ist, die Fähigkeit der Menschen, insbesondere von Kollektiven, zum Bösen ernst zu nehmen und dagegen politische Vorkehrungen zu treffen, bis hin zu militärischer Gewalt. Niebuhr hat deshalb auch den Einritt der USA in den Krieg gegen das nationalsozialistische Deutschland begrüßt.

Für King war der Aspekt, dass Menschen weiterhin zur Sünde fähig sind, in doppelter Weise wichtig. Zum einen konnte er so die Versklavung der Schwarzen und die fortdauernde rassistische Gewalt in sein theologisches Denken integrieren, zum anderen war damit auch die lange leitende Vorstellung verbunden, auch die Rassisten müssten vom Rassismus befreit werden, um zum Heil zu kommen, was einer seiner Begründungen für gewaltfreies Vorgehen aus Liebe war. Immer wieder macht er auf die Bedeutung Niebuhrs für sein theologisches Denken aufmerksam:

»Niebuhrs wichtiger Beitrag zur gegenwärtigen Theologie ist, dass er den falschen Optimismus widerlegt hat, der für ein großes Segment des liberalen Protestantismus charakteristisch ist. [...] Darüber hinaus hat Niebuhr außergewöhnliche Kenntnis der menschlichen Natur, insbesondere von Nationen und sozialen Gruppen. Er ist sich der Komplexität menschlicher Motive und der Beziehung zwischen Moral und Macht absolut bewusst. Seine Theologie ist eine hartnäckige Erinnerung an die Wirklichkeit der Sünde auf jeder Ebene menschlicher Existenz. [...] Niebuhr hat mir geholfen, die Vielfältigkeit der sozialen Eingebundenheit des Menschen und die drastische Realität des kollektiv Bösen zu erkennen.«[44]

Baptist höherer Ordnung

Die Diskussion um Kings Theologie und die Einflüsse auf diese ist immer auch eine Debatte über Deutungshoheiten, Aneignung und Enteignung. Die zentrale Bruchlinie verläuft dabei entlang der Frage, wie die Prägung Kings durch die afro-amerikanische kirchlich-theologische Tradition im Verhältnis zu seiner formalen – meist an Weißen europäischen oder europäisch-stämmigen Theologen orientierten – akademischen theologischen Ausbildung steht. Die Frage nach seiner konfessionellen Herkunft und Prägung als Baptist spielt dabei fast keine Rolle. In den meisten Büchern zu King taucht das Stichwort »Baptist/isch« gar nicht in den Indizes auf. Das hat mit Sicherheit damit zu tun, dass diese spezifische Prägung in den afro-amerikanischen methodistischen Kirchen des Südens sehr ähnlich war und ist. Und die meisten Schwarzen Christinnen und Christen zur Zeit Kings gehörten einer dieser beiden Konfessionsgruppen an. Man könnte also mehr generisch von einer afro-amerikanischen, evangelikal geprägten christlichen Spiritualität und Theologie im Süden der USA sprechen. Daher auch der inklusive Begriff der Black Church, der konfessionsübergreifend ist. In diesem Sinne hätte King auch sagen können: »I am not only the son of a *black* preacher, but also ...«

Allerdings sollte in meinen Ausführungen deutlich geworden sein, dass es theologische Prägungen bei King gibt, die zu den wesentlichen Merkmalen des Baptismus gehören und die sich deutlich etwa von lutherischen oder anglikanischen Profilen unterscheiden. King wird wohl nicht im exklusiv konfessionalistischen Sinne hinreichend als Baptist zu verstehen sein. Er hat sich wohl selbst nicht so verstanden. Seine Orientierung war von vorneherein ökumenisch und zunehmend inter-religiös. Aber man wird ihn eben auch nicht ohne seine Wurzeln im Schwarzen Südstaatenbaptismus verstehen können. Diese Prägungen hat er dann in Auseinandersetzung mit dem Social Gospel, dem Personalismus und dem christlichen Realismus in einer Theologie der Freiheit und Gerechtigkeit entfaltet. Insofern wird man King als *Baptisten höherer Ordnung*[45] bezeichnen dürfen.

4. Die Mühen der Ebene Vom spontanen Studierenden-Protest zur sozialen Bewegung

Der Montgomery Busboykott war zunächst eine spontane Protestaktion, zu der eine Gruppe engagierter Frauen aufgerufen hatte. Mit der Montgomery Improvement Association wurde eine lokale Protestorganisation unter der Führung von Martin Luther King gegründet. An anderen Orten im Süden entstanden weitere solcher lokaler Proteststrukturen, meist als Netzwerk von Schwarzen Kirchen und zivilgesellschaftlichen Vereinigungen, in deren Führungspositionen neben den Pastoren auch engagierte Afro-Amerikaner meist aus der kleinen Mittelschicht beteiligt waren. Das organisatorische Rückgrat des Protestes waren die Schwarzen Kirchen. Schon im Januar 1957 lud King die verschiedenen lokalen Organisationen ein, um eine überregionale Vernetzung zu ermöglichen. Das ist der Beginn der Southern Christian Leadership Conference (SCLC; Konferenz christlicher Führungspersonen in den Südstaaten), die zunächst nur ein loser Zusammenschluss war und erst 1958 ihren endgültigen Namen bekommen sollte.

Die Frage war, wie es nun weitergehen sollte. Die an anderen Orten organisierten Busboykotte waren nicht besonders erfolgreich. Sollte man den juristischen Weg weiterverfolgen? Oder sollte man vor allem darauf setzen, das Wahlrecht für die Schwarzen sicher zu stellen? Welche Art von Protestorganisation brauchte man dafür?

Bayard Rustin, der kurzzeitig auch in Montgomery war und King weiter beriet und unterstütze, war ein Veteran gewaltfreien Protests und erfahrener Organisator. Darüber hinaus fungierte er auch als Analytiker und Stratege der Bürgerrechtsbewegung. Er hat drei Phasen des Protestes unterschieden: Protestbewegung, soziale Bewegung und politische Bewegung. Es galt seiner Auffassung nach, spontanen Protest in einer sozialen Bewegung zu verstetigen und schließlich dieses Potenzial in die Politik einzubringen.

Die Anfangsphase der Bürgerrechtsbewegung mit der Kampagne in Montgomery kann man mit Rustin als *Protestbewegung* ansehen. Es ging zunächst darum, die Hindernisse abzuschaffen, welche die Schwarzen in ihren Möglichkeiten einschränkten. Der Protest richtete sich konkret gegen bestimmte Regelungen und Maßnahmen vor Ort. Es ging nicht primär darum, umfassend die Gesellschaft zu ändern, sondern darum, bestimmte konkrete Missstände abzuschaffen.

Ziel musste es in der Perspektive Rustins sein, die Proteste zu einer *sozialen Bewegung* zu vereinen, welche die Diskriminierung insgesamt angreift. Diese zweite Phase ist dadurch gekennzeichnet, dass das Ziel sich erweitert und die Rahmenbedingungen für umfassende Gleichheit angestrebt werden. Insbesondere wirtschaftliche Fragen rücken dann in den Fokus und die ökonomischen Strukturen werden hinterfragt. Es kann dann sogar sein, dass, analytisch gesehen, die Fragen der rassistischen Ungleichheit in den Hintergrund treten gegenüber einer wirtschaftlichen Ungleichheit, die arme Weiße und arme Schwarze gleichermaßen betrifft.[1]

Trotz der immensen positiven Reaktionen auf den Erfolg in Montgomery sollte es sich zeigen, dass es gar nicht so einfach war, den Protest auf diese nächste Ebene zu bringen. Es bestand die Gefahr, in der Rückschau eine kausale und logische Linie vom Busboykott bis zum Voting Rights Act (Wahlrechtsgesetz) 1965 zu ziehen. Aber weder war diese Entwicklung nach Montgomery abzusehen, noch folgte sie einem festen Plan, der zentral gesteuert und umgesetzt wurde.

Denn King hatte zunächst keine wirkliche Strategie, wie es weitergehen sollte, nachdem die Nachahmerproteste versandet waren.[2] Er setzte darauf, mit seiner Reputation weitere Veränderungen zu erreichen, was seiner Vorstellung einer charismatischen Leitungsperson entsprach. Nachdem sein Konterfei am 18. Februar 1957 das Cover der Zeitschrift Time zierte, war ein weiterer Höhepunkt seiner Bekanntheit und Popularität erreicht. Er versuchte, ein Treffen mit Präsident Eisenhower oder mit Vizepräsident Nixon zu arrangieren. Denn er wollte die Regierung drängen, auf dem Weg der Gesetzgebung die Abschaffung der Segregation im Süden zu beschleunigen. Allerdings hatte Eisenhower noch nie offiziell eine Delegation von Afro-Amerikanern im Weißen Haus empfangen und war durch seine fast vierzigjährige Erfahrung in der bis 1948 noch segregierten Armee zutiefst geprägt. Deshalb war dann der erste Präsident, den King traf, Kwame Nkrumah von Ghana. King und seine Frau nahmen an den Unabhängigkeitsfeierlichkeiten im März 1957 teil und er wurde protokollarisch wie ein Botschafter behandelt. Dort traf er auch informell Richard Nixon. Die Einladung nach Ghana stärkte nicht nur Kings Selbstbewusstsein, sondern auch seine Überzeugung, dass es eine weltweite Bewegung zur Überwindung des Rassismus gab, die auch die Verhältnisse in den USA ändern würde.

So machte er das, was er am besten konnte. Er flog durch das ganze Land und hielt Reden und predigte. Und hoffte wohl, dass durch diese Form der Evangelisation viele Menschen vom Rassismus bekehrt würden. Der strategischen Ausrichtung und organisatorischen Konsolidierung der SCLC kam dies nicht gerade zugute.

Von der Mobilisierung …

So war es auch nicht die SCLC, welche die nächste große Aktion organisierte, sondern das New Yorker Bürgerrechtskonsortium In Friendship. Und vor allem war es Bayard Rustin, der für den dritten Jahrestag des Brown-Urteils am 17. Mai 1957 zusammen mit Ella Baker und Stanley Levison eine »Gebets-Pilgerfahrt für Freiheit« (Prayer Pilgrimage for Freedom) in Washington, D.C. vorbereitete. Das Ziel war, Druck auf die Regierung Eisenhower auszuüben, um die Brown-Entscheidung in allen Lebensbereichen im Süden umzusetzen und insbesondere das Wahlrecht mit einem Wahlrechtsgesetz zu garantieren. King hatte diese Idee mit dem Schwarzen Gewerkschaftsführer A. Philip Randolph, dem Doyen der Bürgerrechtsorganisationen, während des Aufenthalts in Ghana entwickelt und dann Roy Wilkins, den Generalsekretär der NAACP, mit ins Boot geholt. Durch damals äußerst populäre Schwarze Künstlerinnen und Künstler wie Mahalia Jackson, Sammy Davis, Jr. und Harry Belafonte war das Programm äußerst interessant. Darüber hinaus beteiligten sich führende Schwarze Bürgerrechtler und Intellektuelle als Redner. Über 30.000 Menschen nahmen teil, was damals als großer Erfolg wahrgenommen wurde. Eine Beteiligung wie beim March on Washington nur sechs Jahre später war noch undenkbar. Allerdings gab es auch keine einhellige Unterstützung durch Schwarze Politiker. Adam Clayton Powell, Jr., wohl der einflussreichste Schwarze Kongressabgeordnete, war ein Unterstützer Eisenhowers und versuchte deshalb, Kritik an der Regierung und ein allzu massives Auftreten in Washington zu verhindern, auch wenn er selbst einer der Redner war.

King war, wie dann auch 1963, der letzte Redner. Er hatte seine Rede vorher mit Bayard Rustin besprochen. Dieser hatte versucht, Kings schlichte und letztendlich passive Kernaussage »Give us the Ballot!« (Gebt uns das Wahlrecht!) durch eine positivere wie »Wenn wir das Wahlrecht erreicht haben ...« zu ersetzen. King lehnte das mit seinem Gespür für Massenkommunikation ab. Es war die größte Menschenansammlung, vor der er je gesprochen hatte – und die im Radio (eben noch nicht im Fernsehen!) übertragene Rede wurde ein voller Erfolg!

Nachdem er auf den Anlass, das Brown-Urteil drei Jahre zuvor, hingewiesen hat, spricht er direkt die politisch Entscheidenden an: »Die Verweigerung dieses heiligen Rechts ist ein tragischer Verrat der höchsten Gebote unserer demokratischen Tradition. Und deshalb ist unsere dringende Forderung an den Präsidenten der Vereinigten Staaten und jedes einzelne Mitglied des Kongresses, uns das Recht zu wählen zu geben.«[3] In den weiteren Ausführungen wiederholt er das Leitmotto »Give us the ballot!« immer wieder wie einen Refrain. Schon beim zweiten Mal wurde es von der Menschenmenge als Echo skandiert. Wozu würden die Schwarzen das Wahlrecht nutzen? Das listet King einzeln auf, auch um die Afro-Amerikanerinnen selbst zu überzeugen, wie wichtig es ist, dafür zu kämpfen.

Mit dem Wahlrecht würden zunächst die grundlegenden Rechte verwirklicht. Mit dem Wahlrecht würden die Schwarzen gegen die rassistische Gewalt Recht und Ordnung schaffen. Mit dem Wahlrecht würden die Interessen der Afro-Amerikaner angemessen in den »heiligen Hallen des Kongresses« vertreten. Mit dem Wahlrecht würden Richter installiert, die gerecht und gnädig seien, und Gouverneure gewählt, die Respekt vor dem Göttlichen haben. Er schließt mit der Versicherung, dass dies gewaltfrei und ohne Verbitterung geschehen würde.

Dann macht King das, was Adam Clayton Powell, Jr. gerne verhindert hätte. Er fordert konkret verantwortliches *Leadership* von der Bundesregierung und eindrücklich von beiden Parteien: »Diese Männer haben so oft Bluthochdruck der Wörter und zugleich eine Blutarmut, wenn es um Taten geht.« Darüber hinaus fordert er die Weißen Liberalen im Norden und im Süden auf, sich öffentlich für die Gleichberechtigung einzusetzen. Schließlich nimmt er die Afro-Amerikaner nicht aus und fordert mutige und kluge Führung, vor allem Geschlossenheit sowie Engagement auch von denen ein, die durch die Unterdrückung mutlos und müde geworden sind. Er betont immer wieder: »Wir müssen dem Hass mit Liebe begegnen. Wir müssen der physischen Gewalt mit spiritueller Kraft entgegentreten.«

Obwohl er zu Anfang die Heiligkeit der Demokratie und Verfassung betont, sind die ersten beiden Hauptteile der Rede rein politisch. Erst dann begründet er den Aufruf zur Gewaltlosigkeit mit der Nächsten- und Feindesliebe, wie wir es oben schon gesehen haben. Seine Reise nach Ghana klingt nach, wenn er darauf hinweist, dass zum damaligen Zeitpunkt drei Viertel der Weltbevölkerung People of Color waren, von denen die meisten nicht frei leben konnten. Dem stellt er Gottes Verheißung der Befreiung entgegen: »Gottes Absicht ist es, die ganze Menschheit zu befreien.«[4] Denn das Ziel sei »eine Gesellschaft, in der alle Menschen als Schwestern und Brüder zusammenleben und die Würde und den Wert der menschlichen Personalität respektieren.« Dieser Ausdruck »dignity and worth of all human personality« begegnet im Œuvre Kings regelmäßig. Es ist eine seiner theologischen Grundüberzeugungen: Es gibt einen personalen Gott, der die Menschen als Personen mit Würde und gleichem Wert geschaffen hat und die Verwirklichung von Gerechtigkeit unterstützt (cosmic companionship). Wir werden noch sehen, dass King später dafür die theologische Metapher der Gottebenbildlichkeit heranzieht. Aus der Würde der Person folgen für King die Gleichheit, grundlegende Rechte und auch das Gebot der Feindesliebe, da es sich bei den Gegnern ja auch um personale Wesen handelt.

Nachdem er seine Rede ganz politisch begann, ist das Ende inhaltlich und formal wie in der Struktur eines Gottesdienstes: Es ist die Sendung. King sendet die Menschen zurück an ihre Heimatorte und Regionen und ermutigt sie, nicht aufzugeben, auch wenn der Weg in die Freiheit zeitweise mühevoll und entmutigend sein sollte. Mit Zitaten, manchmal nur Anspielungen, aus Liedern und Gedichten bekräftigt er das Gesagte mit Elementen der afro-amerikanischen Kultur und Erfahrungen des Schwarzen Freiheitskampfes und steigert sich und die Zuhörenden in ein furioses Finale! »Und die Kinder Gottes werden vor Freude jauchzen!«

Bis zur Freude über die völlige Aufhebung der Segregation sollte es noch etwas dauern, aber unmittelbar nach der Veranstaltung vereinbarte Vize-Präsident Nixon einen Termin mit ihm. Schon am 13. Juni diskutierten Abernathy und King über zwei Stunden lang mit Nixon, der Interesse an den Bürgerrechtsfragen zu haben schien. Das Ziel der beiden war, das geplante Bürgerrechtsgesetz möglichst stark zu machen. Aber beide Parteien, die Demokraten noch mehr als die Republikaner, standen vor dem Problem, dass einerseits die Stimmen der Schwarzen bei Wahlen immer wichtiger wurden, andererseits gerade im Süden Stimmen von Weißen verloren gingen, wenn eindeutige Maßnahmen zur Aufhebung der Segregation eingeleitet würden. Traditionell wählten bis dahin die wahlberechtigten Schwarzen im Süden die Republikaner als die Partei Lincolns, zumal die Südstaaten-Demokraten (Dixiecrats) entschieden rassistisch waren und die diskriminierenden Gesetze verteidigten. Sie hatten zu diesem Zeitpunkt im Süden fast eine Alleinherrschaft und waren in der Bundespolitik einflussreich, weil zwar die Schwarzen überwiegend nicht wählen konnten, aber gleichwohl bei der Sitzverteilung im Kongress und bei der Bestimmung der Anzahl der Wahlmänner bei der Präsidentschaftswahl angerechnet wurden. Darüber hinaus hatten die Südstaatenabgeordneten oft lange Amtszeiten und besetzten nach dem Senioritätsprinzip viele einflussreiche Ausschüsse.

So war es auch der spätere Vize-Präsident und Präsident Lyndon B. Johnson aus Texas, der als Mehrheitsführer im Senat das in den Kongress eingebrachte Bürgerrechtsgesetz der Eisenhower-Administration so verwässerte, dass durch prozedurale Regelungen für Gerichtsverfahren die Situation nach der Verabschiedung faktisch schlechter war als vorher. Zwar wurde durch das Gesetz grundsätzlich der Pfad für weitere rechtliche Regelungen gebahnt, um die Segregation aufzuheben, aber für King folgte daraus, dass diese Schritte nicht von alleine kommen würden, sondern dass die Schwarzen selbst dafür kämpfen müssten. Diese Einsicht beinhaltet das zumindest indirekte Eingeständnis, dass der Weg, Fortschritte dadurch zu erzielen, dass prominente Repräsentanten wie King die Mächtigen von der moralischen Richtigkeit der Gleichstellung überzeugten, nicht funktionierte. Das war zumindest ein Stück weit Kings naive Hoffnung gewesen, sicherlich bestärkt von der ungeheuren Popularität, die er zu diesem Zeitpunkt genoss.

... zum Organizing[5]

King zog daraus die strategische Konsequenz, die Wählerregistrierung zum Schwerpunkt zu machen. Dafür musste aber die SCLC in eine kampagnenfähige Organisation umgewandelt werden. Denn das erklärte Ziel war nun, bis zur Präsidentschaftswahl 1960 zwei Millionen Wählerinnen und Wähler neu zu registrieren. Dabei war zugleich darauf zu achten, dass dies nicht zu Spannungen mit der NAACP führte. Diese war jedoch in Alabama verboten worden, so dass dort die SCLC deren Aufgaben übernehmen musste. Allerdings hatte King immer noch keine Strategie, wie das umgesetzt werden könnte.

Er verlegte sich weiter auf landesweite Auftritte, wohl auch in der Hoffnung, dadurch nicht nur Spenden zu generieren, sondern auch die Menschen für das aktive Eintreten für die gleiche Freiheit für alle motivieren zu können. Er wurde von Billy Graham, dem damals bekanntesten und erfolgreichsten Evangelisten, zu dessen »Evangelisations-Kreuzzug« im Madison Square Garden eingeladen und ließ sich von ihm beraten.

Daraus entstand die Idee, dass in der Trägerschaft und Verantwortung der SCLC ein »Kreuzzug für die volle Staatsbürgerschaft« (crusade for citizenship) in mehreren Städten des Südens durchgeführt werden sollte. Denn das schien offensichtlich: Wenn ein erheblicher Anteil der Schwarzen im Süden das Wahlrecht bekäme, könnte die Segregation auf politischem Wege abgeschafft werden, weil sich dadurch die Mehrheitsverhältnisse änderten. Allerdings stellte sich schnell heraus, dass die SCLC dazu zu diesem Zeitpunkt überhaupt nicht in der Lage war. King hatte immer gehofft, dass sein persönlicher Vertrauter Ralph Abernathy die Aufgabe des Generalsekretärs übernehmen würde. Dafür hätte er jedoch sein Predigtamt in Montgomery aufgeben müssen. Das war für ihn wie auch andere Pastoren nicht vorstellbar, weil die Rolle, die Anerkennung und das Sozialprestige dieses Berufes in den Schwarzen Gemeinden unvergleichlich waren. Es war generell ein Problem der SCLC, dass fast alle Mitglieder des Vorstandes Schwarze Pastoren waren, die keine Erfahrung im Management überregionaler Organisationen hatten. Schließlich wurde, um eine Katastrophe zu vermeiden, mit Unterstützung von Levison und Rustin die erfahrene Aktivistin Ella Baker gewonnen, um die organisatorische Struktur aufzubauen und die Crusade for Citizenship zu organisieren. Sie musste nicht nur feststellen, dass es nicht einmal ein Büro gab, sondern wurde als Frau und Nicht-Theologin von den Vorstands-Männern nie als ebenbürtig angesehen, obwohl sie nicht nur erfahrener, sondern auch älter war als etwa King und Abernathy.

Ella Baker hat den Bürgerrechts-Kreuzzug gerettet. Das Ergebnis war jedoch nicht befriedigend. Denn King und seine Pastorenkollegen hatten für den Beginn eine Form gewählt, die ihnen vertraut war, nämlich Versammlungen im Format der Revivals der Erweckungsbewegung. Zu Lincolns Geburtstag am 12. Februar fanden in über zwanzig Städten solche Versammlungen statt, wobei die prominenten Prediger einen Kanzeltausch machten. Die Rallys waren erfolgreich, was Teilnahme und Begeisterung anging. Aber es war für Baker schwierig, den Beteiligten klarzumachen, dass dies nur ein erster Schritt war, und dass es nun darum ging, in Basis-Arbeit Menschen vor Ort zu informieren, zu trainieren, zu unterstützen. Dafür fehlte der SCLC sowohl das Personal als auch die Kompetenz. Am Ende des Kreuzzuges konnte keine nennenswerte Steigerung der Wählerregistrierung erreicht werden. Hier trat der grundlegende Konflikt zwischen Organizing und Mobilizing zutage, der die Bürgerrechtsbewegung bis zum Ende durchzog.

Es zeigte sich dabei aber auch noch ein anderes Problem. King und die meisten der anderen Schwarzen Pastoren hatten ein sehr traditionelles Bild von der Rolle der Frauen. King erwartete von Coretta, dass sie die klassische Hausfrauen- und Mutterrolle übernahm, obwohl sie sich auch in der Bürgerrechtsbewegung engagieren wollte. Die Funktionäre der SCLC, einschließlich King, hatten Probleme, eine Frau wie Ella Baker in einer Führungsposition zu akzeptieren, obwohl sie dafür deutlich qualifizierter war als die anderen Beteiligten. Dies waren aber nicht nur persönliche Dispositionen, sondern die Kategorie Gender und die besondere Unterdrückungserfahrung von Schwarzen Frauen, die neben Rassismus auch von Sexismus betroffen waren, wurden zumindest in der SCLC nicht angemessen wahrgenommen und der Freiheitskampf dadurch inhaltlich verkürzt.[6]

Showdown in Little Rock

Während die Sowjetunion in der Lage war, im Oktober 1957 die ganze Welt mit dem ersten Satelliten im Weltall zu überraschen, was diesem Ereignis die Bezeichnung »Sputnik-Schock« einbrachte, war in Arkansas gerade ein Showdown zwischen Präsident Eisenhower und Gouverneur Faubus zu Ende gegangen. Letzterer hatte mit Truppen der ihm unterstellten Nationalgarde Anfang September verhindert, dass neun Schwarze Schülerinnen und Schüler in die Central High School in Little Rock aufgenommen wurden. Der Gouverneur stellte sich damit nicht nur gegen die Rechtsprechung des Obersten Gerichts, sondern, indem er das Militär einsetzte, auch gegen den Präsidenten. Als sich die Verhandlungen dahinschleppten, wurde die Situation immer unhaltbarer, da sich ein Weißer Mob vor der Schule versammelte, so dass der Protest fast Ausmaße eines Aufstandes annahm.

Eisenhower sah keine andere Möglichkeit, als seinerseits Militär zur Durchsetzung des Rechts zu entsenden. Als erfahrener General wusste er, dass, wenn er sich entschloss, die militärische Karte zu spielen, diese auch stechen musste. Der mit dem Einsatz betraute General Taylor lehnte Bundespolizisten ab und flog mit 1.000 Elitesoldaten nach Arkansas. Das löste zwar das Problem der Integration an Central High, die für mehrere Generationen zur Chiffre für den Weißen Rassismus im Süden geworden ist. Aber national und international waren die Bilder und Nachrichten eine Katastrophe.

Die durch und durch rassistische Orientierung der politischen Strukturen in den Südstaaten kann man an Gouverneur Orval Faubus deutlich machen. Er war erstmals 1955 als Demokrat ins Amt gekommen und wurde trotz dieses Akts des rassistischen Widerstandes bis 1967 jeweils wiedergewählt. Danach trat er immer wieder bei den Vorwahlen an, so auch noch 1986 gegen einen gewissen Bill Clinton. Da gelang ihm ein Achtungserfolg mit 34 % der Stimmen. Dies konnte Clintons Sieg mit 61 % allerdings nicht verhindern. Es zeigt aber zum einen die Dominanz der Demokraten im Süden, zum anderen wird daran deutlich, dass eine Ideologie der Weißen Überlegenheit (White Supremacy)[7] bis weit in die 1960er-Jahre hinein mehrheitsfähig war und danach alles andere als verschwand.

Der Kriegsheld Eisenhower hat Angst vor Bürgerrechten

Es sollte nach dem Oktober 1957 noch über ein halbes Jahr dauern, bis sich Eisenhower entschloss, eine Delegation führender Afro-Amerikaner im Weißen Haus zu empfangen. Neben den Nachwehen von Little Rock war vermutlich ein weiterer Grund, dass Adam Clayton Powell, Jr., auf den sich Eisenhower hinsichtlich der Schwarzen Wähler als Unterstützer verlassen hatte, aufgrund eines Steuerverfahrens gegen ihn angeschlagen war. Sicherlich waren auch die anstehenden *mid-terms*, d.h. die jeweils in der Mitte einer Amtszeit des Präsidenten stattfindenden Wahlen des Repräsentantenhauses und eines Drittels des Senats ein Grund. Meist wurden auch Gouverneurswahlen und Wahlen zu den Parlamenten der Einzelstaaten zu diesem Termin abgehalten. Es zeichnete sich ab, dass die Republikaner erheblich Stimmen verlieren würden. Eisenhower selbst war ja mit dem Bürgerrechtsgesetz in der verabschiedeten Form auch überhaupt nicht zufrieden.

Schließlich trafen am 23. Juni 1958 der Schwarze Gewerkschafter A. Philip Randolph, Roy Wilkins von der NAACP sowie Lester Granger, der Generalsekretär der National Urban League mit King im Weißen Haus ein. Sie drängten den Präsidenten, mehr für die Bürgerrechtsgesetzgebung zu tun und berichteten von den unhaltbaren Zuständen und der Frustration vieler Schwarzer, dass so wenig und das Wenige dann oft sehr spät unternommen wurde, um ihre Situation zu verbessern. Darauf reagierten der Justizminister und der Präsident abwehrend und fanden es unangemessen, die Lage nach fünf Jahren Amtszeit Eisenhowers so kritisch zu bewerten. Aus heutiger Sicht würde man sagen, dass dies Ausdruck eines rassistischen Paternalismus war. Die bedeutendsten Vertreter der Schwarzen, immerhin damals mehr als 10 % der Bevölkerung, wurden wie Bittsteller behandelt, die nicht genug bekommen können, und nicht als Verhandlungspartner zur Umsetzung der verfassungsmäßigen Rechte. Da verabredet wurde, das Gespräch als »konstruktiv« zu bezeichnen, war der Pressetermin für die Unterhändler schwierig. Die Eisenhower-Administration war zumindest konsequent. Der Bürgerrechtsbeauftragte trat zurück und dieses Amt blieb bis zum Ende der Wahlperiode unbesetzt.

Es wäre spekulativ, die Verluste der Republikaner bei den Zwischenwahlen vor allem auf dieses Themenfeld zurückzuführen, aber im Norden tendierten viele Schwarze schon damals zu den Demokraten, weil diese – wie etwa Präsident Roosevelt mit dem New Deal – sozialpolitisch aktiver waren. Der knappe Wahlsieg Kennedys 1960 und der Erdrutsch-Wahlsieg Johnsons 1964 sind dann – wie wir noch sehen werden – wesentlich durch das Thema der Bürgerrechte und die Stimmen der Schwarzen möglich geworden.[8]

Das erste Attentat auf King

Neben den ausbleibenden politischen Erfolgen tat sich King auch schwer, sein Buch über den Busboykott zu schreiben. Dies ist ein weiteres Zeichen dafür, dass er ein Redner und kein Autor war. King lebte in großem Maße von seinem hervorragenden Gehör und Gedächtnis. Er hatte die Gabe, nicht nur inhaltlich frei zu sprechen, sondern eine besondere Intuition für Dynamik, Rhythmik und Melodik seiner Reden, mit denen er die Massen erreichen und bewegen konnte. Schreiben scheint ihm schwer gefallen zu sein. Schon in seinen Arbeiten in der Studienzeit, einschließlich der Dissertation, finden sich geliehene Passagen, die heute als Plagiate eingestuft würden. Auch in seinem Montgomery-Buch sollten später »geliehene« Passagen entdeckt werden.[9] Mit allen seinen Büchern hat er sich schwergetan. Er war ein Mann des Wortes – des gesprochenen Wortes!

Gleichwohl konnte, nicht zuletzt durch die Unterstützung Stanley Levisons, am 17. September 1958 das Buch »Stride Toward Freedom«, das zur Standarderzählung des Busboykotts und Fibel des gewaltfreien Widerstandes wurde, in New York präsentiert werden. Am 20. September, dem folgenden Wochenende, war King in Harlem, um Bücher im Kaufhaus Blumstein zu signieren. Die Location sorgte für Irritation, weil das Kaufhaus gar keine Buchabteilung hatte, es in Harlem aber einen traditionellen Schwarzen Buchladen gab. Beim Signieren der Bücher wurde er von einer psychisch kranken Frau mit einem Brieföffner tief in die Brust gestochen. Es hat ihm das Leben gerettet, dass die Anwesenden die Klinge stecken ließen und so eine stärkere

Blutung oder gar eine Verletzung der Aorta verhindert wurde. In einer komplizierten Operation konnte sie dann entfernt werden. King hat später, auf Grundlage eines Statements seines Arztes, die Geschichte erzählt, dass er ein Niesen vom Tod entfernt war. Denn hätte er niesen müssen, hätte es sein können, er wäre gestorben.[10]

Die Zeit der Rekonvaleszenz verbrachte er in Montgomery ohne Redeengagements außerhalb. Obwohl wichtige Aktionen stattfanden, die etwa Randolph, Rustin und Belafonte organisierten und durchführten, blieb King zu Hause. Aber auch in Montgomery gab es genügend Aufregung. Ralph Abernathy war von einem wütenden Mann tätlich angegriffen worden, der Abernathy ein sexuelles Verhältnis mit seiner Frau vorwarf. Obwohl die Frau die Vorwürfe bestätigte, stritt Abernathy alles ab und konnte sich mit seiner Version durchsetzen. Der Ehemann wurde entsprechend für den Angriff verurteilt. Auf dem Hintergrund späterer Aussagen Kings ist es allerdings nicht unwahrscheinlich, dass Abernathy nicht der einzige Schwarze Pastor war, der außereheliche Verhältnisse hatte.

Dem allem konnte sich King aber Anfang 1959 entziehen. Zusammen mit Coretta und L.D. Reddick, seinem Freund, der gerade eine Biografie Kings veröffentlicht hatte, brach King Anfang Februar zur lang ersehnten Reise in das Land Gandhis auf. Allerdings gab es mehrere Probleme. Zunächst hatten sie viel zu viel Gepäck auf der Reise auf den Spuren des Asketen. Dann änderten sie den Reiseplan, um Zeit in Paris zu verbringen, konnten dann aber nicht wie geplant in Zürich den Flug antreten, weil das Flugzeug von London nach New Delhi den Zwischenstopp wegen Nebels auslassen musste. In New Delhi warteten nicht nur 500 Leute, die sich zu Kings Begrüßung am Flughafen versammelt hatten, umsonst, sondern auch Ministerpräsident Nehru, bei dem die Reisegruppe zum offiziellen Diner eingeladen war. Das war alles andere als ein gelungener Start für die Pilgerreise auf den Spuren des Mahatma.

Aber Nehru war großzügig und flexibel genug, um die King-Gruppe zwei Tage später doch noch zu empfangen. Nehrus Zurückhaltung gegenüber Kings Ideen, Gandhis Gewaltlosigkeit auch auf Indiens Außenpolitik zu übertragen, hat King irritiert. Als er zu einem späteren Zeitpunkt vor der Presse den Vorschlag machte, dass Indien einseitig abrüsten sollte, waren die Journalisten entsetzt angesichts der angespannten Lage zwischen Indien und dem überwiegend muslimischen Pakistan.

King berichtet später ausführlich und immer positiv von der Indienreise und dass sie sein Verständnis von Gandhis Lehre und Methode vertieft habe. Die Rückkehr in die USA Mitte März nach weiteren Zwischenstationen in Ägypten und Griechenland war weitaus unproblematischer als der Aufbruch. Harry Belafonte und seine Ehefrau empfingen die Kings in ihrer New Yorker Residenz.

Die King-Biografien verzeichnen für den Rest des Jahres keine Großereignisse mehr. Man kann sich also vorstellen, dass das Leben für King gewohnt, aber etwas ruhiger weiterging. Er nahm seine Verpflichtungen als Pastor von Dexter wahr und hielt Reden bei besonderen Anlässen. Auffällig ist aber auch hier, dass die Sammlungen seiner wichtigsten Reden und Predigten zwischen 1957 und 1963 keine Einträge enthalten. Drei Jahre nach dem Ende des Busboykotts war King zwar weiter äußerst bekannt und beliebt, hat aber in dieser Zeit mit der SCLC keine eigenständige erfolgreiche Aktion durchführen können.

Um mehr Zeit für die Bürgerrechtsarbeit zu haben, siedelte Familie King Ende des Jahres nach Atlanta um, wo King die Stelle eines Assistenz-Pastors an der Kirche seines Vaters antrat.

Peter Ling, der britische King-Biograph, lädt zu folgendem Gedankenspiel ein: Wie würde Martin Luther King erinnert, wenn er nach dem Attentat seinen lebensgefährlichen Verletzungen erlegen wäre? Ohne die großen Protestzyklen in Birmingham und Selma, ohne den Marsch auf Washington und seine berühmte I have a Dream-Rede, ohne den Friedensnobelpreis und die Erfolge der Bürger- und Wahlrechtsgesetzgebung 1964 und 1965 würde King wohl als Repräsentant einer der letzten klassischen Aktionen der NAACP wahrgenommen, bei der per Gerichtsverfahren die Aufhebung von verfassungswidrigen Gesetzen in den Südstaaten durch ein Bundesgericht erreicht wurde.[11]

5. Sit-ins und Freiheitsfahrten Vom studentischen Protest zur sozialen Bewegung 1960/61

1960 und 1961 nahmen die Proteste dann aber bisher ungeahnte Ausmaße an. Dies war ein wichtiger Schritt von einzelnen Aktionen hin zu einer sozialen Bewegung. Allerdings entfachten nicht King oder der SCLC diesen Proteststurm. Es waren lokale Gruppen Studierender, die zunächst die Sit-in-Bewegung in Gang setzten. Sie waren durchaus inspiriert vom Busboykott in Montgomery und speziell von Martin Luther King, Jr., dessen Reden viele kannten. Jedoch waren die Studierenden institutionell völlig unabhängig. Sie haben sich an verschiedenen Orten durch Trainings im aktiven gewaltfreien Widerstand auf Proteste vorbereitet. Andere Aktionen entstanden spontan. Was sie einte und zu einer sozialen Bewegung machte, war ihr Ziel, die rassistische Segregation zu überwinden, und zwar nicht irgendwann einmal, sondern möglichst sofort. Am Beispiel von John Lewis, der zu einem der profiliertesten Aktivisten und später zum Politiker werden sollte, lässt sich diese Entwicklung gut aufzeigen.

Von Kings Theologie inspirierte Sit-ins

Lewis beschreibt in seiner Biografie[1], wie der Busboykott und eine Radioübertragung von Kings Predigt »Der Brief des Paulus an die Amerikanische Christenheit«[2] sein Leben veränderten.[3] Der Busboykott war ein Hoffnungszeichen des Wandels, die Radiopredigt vermittelte eine befreiende Theologie, wie Lewis sie bis dahin nicht gekannt hatte. Es ging nicht um das Heil im Jenseits – es ging um eine christliche Praxis der Befreiung im Hier und Jetzt, die dann auch zur Erlösung führte. Für viele Schwarze im Süden war diese theologische Begründung des Freiheitskampfes wichtig, denn ihr Leben und ihre Kultur waren tief von einem evangelikalen Christentum geprägt, das über Jahrhunderte Mut zur Veränderung machte und zugleich Trost war, das Unabänderliche zu ertragen.

Die Grundspannung, die King mit seiner Predigt kenntlich macht, ist die zwischen dem enormen wissenschaftlichen und technischen Fortschritt einerseits und der dahinter zurückgebliebenen moralischen und spirituellen Entwicklung andererseits. Als Beispiel nennt er die enorme Verkürzung der Reisezeiten durch Eisenbahn, Automobil und Flugzeug gegenüber früheren Zeiten. Daran schließt er den Gedanken an: »Durch wissenschaftliche Genialität habt ihr die Weltteile zu Nachbarn gemacht, aber mit Eurer moralischen und spirituellen Geisteskraft habt ihr versagt, aus deren Bewohnerinnen und Bewohnern auch Geschwister zu machen.« Er klagt an, dass sich die moralischen Vorstellungen oft nicht an christlichen Werten, sondern am gesellschaftlichen Konsens orientieren. Im Kapitalismus amerikanischer Prägung sieht er die Gefahr, dass er nicht dem Wohle aller dient, sondern zur Ausbeutung führen kann: »Oh Amerika, wie oft nahmst Du das Lebensnotwendige von den breiten Massen und finanziertest damit den Luxus der oberen Klassen?« Er erinnert daran, dass die USA genug wirtschaftliche Leistungsfähigkeit hätten, um die Armut weltweit zu beseitigen. Das wäre das eigentliche Ziel. Denn »Gott möchte, dass alle seine Kinder das Lebensnotwendige haben – und er hat in der Welt dafür genug erschaffen, so viel, dass immer noch etwas übrig bliebe.«

Daran schließt eine Kritik an den christlichen Kirchen an. An den protestantischen kritisiert er, dass sie in zahllose Konfessionen und Organisationen zersplittert sind, an der römisch-katholischen vor allem das Unfehlbarkeitsdogma und den exklusiven Anspruch, die einzig wahre Kirche zu sein. Schließlich gipfelt dies in der Feststellung, dass gerade während der Gottesdienste, die am meisten segregierte Zeit im Wochenablauf überhaupt sei, und dies dem Evangelium widerspreche: »Die Segregation ist eine eklatante Verleugnung der Einheit, die wir in Christus haben.« Daraus leitet er den Kampf gegen die rassistische Trennung ab und empfiehlt den Zuhörenden, die Segregationisten aufzuklären: »Lasst sie wissen, dass ihr Widerstand gegen die Integration nicht nur den heiligen Geboten der Demokratie widerspricht, sondern auch den ewigen Geboten Gottes.« Allerdings warnt King, im Kampf um die Freiheit nicht zu hassen oder gar Gewalt anzuwenden, sondern mit Würde und Disziplin vorzugehen und bereit zu sein, Leiden auf sich zu nehmen. Denn für ihn ist die Liebe das höchste Gut. Und Gott ist die Liebe (1. Joh 4,16). Deshalb gelte: »Liebe ist die verlässlichste Kraft in der Welt.« In diesem Sinne deutet er das Kreuzesgeschehen und begründet zugleich die sozialen Konsequenzen des Evangeliums: »Die Liebe Gottes bricht in unsere Zeit herein.« Liebe sei also nicht etwas, das erst im Jenseits oder am Ende der Zeit erfahren werden könne, sondern die Orientierung für das individuelle und gesellschaftliche Leben. Diese Verbindung von evangelikalem Gottvertrauen und der Verpflichtung, die Werte der Demokratie und die Würde der Menschen zu garantieren, ist neu in den Ohren der Menschen auf dem Lande im Süden. Kings Vater hat es wahrscheinlich mit anderen Worten, aber in der Sache ähnlich seiner Gemeinde in Atlanta gepredigt. Aber das Radio (und später das Fernsehen) machten es möglich, dass dieses »soziale Evangelium« (Social Gospel) bis in die kleinsten Weiler kam. So auch zu John Lewis.

John Lewis macht sich auf den Weg des Widerstandes

John Lewis wuchs in einer armen Schwarzen Familie im ländlichen Alabama auf. Es gab nur sehr beschränkte Bildungsmöglichkeiten. Eine typische Situation für die meisten Schwarzen im Süden. Sie standen politisch und ökonomisch weitgehend unter der Kontrolle der Weißen Elite. John Lewis war inspiriert und wollte etwas ändern. Er hatte schon probiert, King und Rechtsanwalt Gray dafür zu gewinnen, seine Bewerbung an der Troy State, der staatlichen, aber segregierten Universität an seinem Heimatort, als Präzedenzfall dafür zu nutzen, die Integration der Hochschule durchzusetzen. Bislang wurden nur Weiße zugelassen. Die Bewerbungen Lewis' blieben einfach unbeantwortet. King und Gray waren bereit, ihn zu unterstützen. King hat ihn wohl sogar ein wenig gehänselt: »The boy from Troy.« Da er aber noch minderjährig war, hätten seine Eltern dem Projekt zustimmen müssen. Denen war das allerdings zu gefährlich, weil ihre Jobs vom Wohlwollen der Weißen abhängig waren und sie eine Entlassung als Zwangsmittel fürchteten.

Lewis war also schon mit der Bürgerrechtsbewegung vertraut, als er etwas später in Nashville sein Theologiestudium begann. Der Austausch mit afrikanischen Studierenden bestärkte sein Engagement noch. Traditionell studierten auch Leute aus Afrika an den Schwarzen Universitäten des Südens. Sie kamen aus Ländern, die um ihre Freiheit gegen den Kolonialismus kämpften oder gerade ihre Freiheit erlangt hatten. Besonders für die jüngere Generation, zu der King ja selbst noch gehörte, war die Bürgerrechtsbewegung ein Teil des weltweiten Freiheitskampfes der unterdrückten People of Color.

Lewis begegnete in Nashville James Lawson vom Versöhnungsbund (Fellowship of Reconciliation; FOR). Lawson hatte während des Korea-Krieges den Kriegsdienst verweigert und war dafür inhaftiert worden. Nach der Haft reiste er als Missionar nach Indien, um dort Gandhis Methoden des aktiven gewaltfreien Widerstandes zu erlernen. Zurück in den USA hatte King ihn 1957 bei einem Vortrag am Oberlin College getroffen und ermutigt, in den Süden zu ziehen, um sein Wissen weiterzugeben. Lawson war dann tatsächlich Anfang 1958 mit seiner Familie nach Nashville, Tennessee, gezogen, um sein Theologiestudium fortzusetzen und Kurse in gewaltfreiem Handeln anzubieten. Als Afro-Amerikaner fand er leicht Kontakt zu den Schwarzen Studierenden.

Zunächst waren es keine zehn Leute, die zusammen mit John Lewis an den gewaltfreien Trainings teilnahmen, aber es wurden mehr. James Lawson verfolgte keine Strategie der Massenrekrutierung, denn für ihn war die aktive Gewaltfreiheit vor allem eine spirituelle Herausforderung, die intensives Training und eben solche Auseinandersetzung erforderte. Nach seinem Verständnis mussten die Akteurinnen bereit sein, aus Nächstenliebe zu leiden und auch Mitgefühl für die Gegner zu entwickeln. Dies erforderte in der Diktion Gandhis »Gütekraft«[4] (soul force). Um herauszufinden, wer der Aufgabe gewachsen war, Leidensfähigkeit und Gütekraft zu entwickeln, brauchte es Zeit. Lawsons Strategie war es, mit einer begrenzten Zahl gut trainierter Freiheitskämpferinnen exemplarische Aktionen durchzuführen. Das stand in Spannung zu Bayard Rustins Konzept, mit großen, öffentlichen Aktionen Aufmerksamkeit und damit politischen Druck zu erzeugen. In den folgenden Jahren sollten sich diese beiden, in Spannung stehenden Ansätze immer wieder ergänzen.

Zusätzlich zu den regelmäßigen Treffen in Nashville nahm die Gruppe an Schulungen an der Highlander Folkschool und an einem Sommerkurs am

Spellman College teil, wo sie Veteraninnen und Veteranen des Freiheitskampfes wie Septima Clark, Myles Horton, Ella Baker, James Smiley sowie Rustin und King kennenlernten und vor allem von ihnen lernen konnten. Nach eineinhalb Jahren war es so weit. Nach akribischer Vorbereitung starteten die Tests für die Sit-ins im November 1959 in Restaurants. Die Aktivisten setzten sich an die Theke oder Tische in den Lokalen und versuchten, etwas zu bestellen. Sie verließen aber die Lokalitäten, wenn sie abgewiesen wurden. Die Tests wurden nach der Weihnachtspause fortgesetzt, um dann mit den eigentlichen Sit-ins zu beginnen.

Die Greensboro Four
Die Sit-ins starten anders als gedacht

Aber die Ironie der Geschichte wollte es auch dieses Mal anders. Am 1. Februar 1960 begannen vier Schwarze Studenten ein Sit-in im für Weiße reservierten Teil des Woolworth-Imbiss in Greensboro, North Carolina. Die Greensboro Four, wie sie schnell genannt wurden, wurden nicht bedient und blieben einfach sitzen. Am nächsten Tag war es eine größere Gruppe, und die Medien berichteten. Innerhalb weniger Tage waren es über Tausend, die den Protest in Greesboro unterstützten! Entsprechend nahm die Spannung zu. Ohne dass die Greensboro Four sich speziell vorbereitet oder gar an einem Training teilgenommen hätten, entstand innerhalb kürzester Zeit eine Massenbewegung im ganzen Süden. Am 13. Februar war es auch in Nashville so weit. Die lange Vorbereitung zahlte sich doch aus. Über 100 Teilnehmende verteilten sich strategisch in verschiedenen Geschäften, um dort die Cafeterien zu testen. John Lewis weist darauf hin, dass, wenn die Studierenden bedient worden wären, die meisten gar kein Geld gehabt hätten, um einen Hamburger zu bezahlen.[5] Und zugleich ging es eben um weit mehr als einen Hamburger; es ging um die vollen Bürgerrechte, worauf Ella Baker eindrücklich hinwies.[6]

Am Anfang verhielt sich das Personal zurückhaltend, aber in der weiteren Entwicklung eskalierte die Konfrontation immer mehr, vor allem weil Weiße Jugendliche die Protestierenden belästigten, beleidigten und angriffen. Verhaftet wurden dann diejenigen, die friedlich ihr Recht auf Gleichbehandlung eingefordert und die gegen sie gerichtete Gewalt erduldet hatten. Allerdings war in einem der Läden ein Kamerateam vor Ort, so dass am Abend die Misshandlung der friedlich Protestierenden landesweit zu sehen war. Für viele Weiße außerhalb des Südens war es wohl das erste Mal, dass sie selbst sahen, mit welchem Hass und welchem widerwärtigen Verhalten die Schwarzen konfrontiert waren.

Die Festnahmen führten zu einer unglaublichen Soldarisierungsbewegung mit den Inhaftierten. Hunderte Freiwillige nahmen die Plätze in den Lokalen ein. Die Polizei kam mit den Arresten kaum nach, und die Gefängnisse füllten sich. John Lewis beschreibt die fast fröhliche Stimmung, die unter den Protestierenden herrschte. Sie sangen Freiheitslieder und Spirituals. Obwohl in einem entsprechenden Unterstützungsfonds genug Geld gesammelt worden war, verweigerten die Inhaftierten nicht nur ihre Freilassung auf Kaution, sondern sie weigerten sich auch, die verhängte Geldstrafe zu entrichten. Sie wollten aus Gewissensgründen kein ungerechtes Verfahren unterstützen, indem sie die Strafen akzeptierten.

Die Stadt hatte sich nun selbst in eine schwierige Lage gebracht. Das Gefängnis war gefüllt, die Proteste gingen weiter und durch die mediale Verbreitung gab es eine Welle der Solidarität von Harry Belafonte bis zu Eleonore Roosevelt, der Witwe des vormaligen Präsidenten. Anfang März wurden die Studierenden stillschweigend entlassen.

Auch nachdem die Universität James Lawson exmatrikuliert hatte, ging der Protest in Nashville weiter, wurde auf die Greyhound-Terminals ausgeweitet und steigerte sich sogar zu einem Boykott der Kaufhäuser in der Innenstadt durch die Schwarze Bevölkerung. Der erfolgreiche Protest erzeugte aber nicht nur Spannungen mit der Weißen Machtstruktur, sondern auch mit dem Schwarzen Establishment. John Lewis berichtet, dass die Präsidenten der Schwarzen Universitäten in Nashville zu einem faulen Kompromiss bereit gewesen wären und dass Thurgood Marshall, der Justitiar der NAACP und spätere Verfassungsrichter, die Studierenden zwar für ihr Engagement lobte, aber dazu riet, wieder zur Strategie der NAACP zurückzukehren, die Integration über den Klageweg zu erreichen.

SNCC – eine studentische Bewegung entsteht

Die Entwicklungen in den anderen Städten waren ähnlich und Ella Baker lud als Mitarbeiterin der SCLC die verschiedenen Gruppen zu einer gemeinsamen Tagung am Osterwochenende – als in Deutschland der erste Ostermarsch gegen die Atomrüstung stattfand – an die Shaw Universität in Raleigh ein. 150 Studierende aus neun Staaten nahmen an der Konferenz teil. Sowohl Lawson als auch King waren unter den Rednern, wobei sich Lawson offen gegen die rein juristische Vorgehensweise der NAACP wandte. Er vertrat die Auffassung, dass ein politisches Problem auch einer politischen Lösung bedurfte. Beide Redner lösten mit ihrem Eintreten für gewaltfreien Widerstand bei den Teilnehmenden Begeisterung aus. Sie gründeten das Student Nonviolent Coordinating Committee (SNCC, gesprochen: Snick; Studentisches gewaltfreies Koordinations-Komitee). So entstand die erste Bürgerrechtsorganisation, die das Prinzip der Gewaltfreiheit programmatisch im Titel führte. Als Präsident wurde Marion Barry gewählt, der etliche Jahre später Oberbürgermeister von Washington D.C. wurde. Allerdings war SNCC im Gegensatz zu SCLC und zur NAACP stärker demokratisch und diskursorientiert. Die wichtigsten Entscheidungen sollten unter Beteiligung möglichst vieler getroffen werden, die Hierarchien waren flach. Das entsprach den Vorstellungen Lawsons und Bakers viel stärker als den Ideen der von den Schwarzen Pfarrern dominierten SCLC. Zu den fast sprichwörtlich gewordenen Thesen Ella Bakers gehört: »Strong people don't need strong leaders«, also »Starke Menschen brauchen keine starken Führer.«[7] In diesem Satz ist die Spannung zwischen ihr und SNCC einerseits und King andererseits schon angedeutet. Einerseits war man in der Sache verbunden, ja nutzte auch Kings öffentliche Wirksamkeit, andererseits wurde der Führungsanspruch der SCLC kritisch gesehen. Dadurch war ein Verhältnis, das zugleich von Kooperation und Konkurrenz gekennzeichnet war, unausweichlich.

King unterstützte die Sit-ins durch seine Präsenz und durch Reden bei Versammlungen, nahm aber nicht aktiv an ihnen teil. Das wurde von manchen kritisch gesehen. Aber er war in dieser Zeit mit einem ganz anderen Problem beschäftigt. Die Steuerbehörde hatte gegen ihn Anklage erhoben, er habe während des Busboykotts Einnahmen in erheblichem Ausmaße nicht deklariert. Da die Buchhaltung vor allem am Anfang des Boykotts improvisiert war, konnte King nicht beweisen, dass er die Spenden und Honorare, die an ihn gegangen waren, an die SCLC weitergeleitet hatte. Auch hier tritt wieder die Ironie der Geschichte zutage. Denn Coretta hat sich immer beklagt, dass er nicht wenigstens einen Teil der Honorare für die Familie behielt, die unter herausfordernden Umständen mit einem bescheidenen Pfarrersgehalt auskommen musste. Die Anwälte Kings hatten ihn schon verloren gegeben – auch weil sie nicht glaubten, dass er alles korrekt behandelt hatte – und schlossen nicht aus, dass er für mehrere Jahre ins Gefängnis musste. Allerdings stellte sich heraus, dass King alle Geldflüsse – wie er es von seinem Vater gelernt hatte – in seinem Kalender vermerkt hatte. Chauncey Eskridge, ein junger Anwalt aus Chicago, konnte in mühevoller akribischer Arbeit zeigen, dass die Angaben im Kalender mit denen in der Steuererklärung übereinstimmten. Nach dem Steuerrecht von Alabama konnte der Kalender als Äquivalent für eine ordentliche Buchhaltung gewertet werden. King wurde letztlich unerwartet auf dieser Grundlage freigesprochen. Allerdings war dies nicht der einzige Versuch, die Bürgerrechtsbewegung durch Gerichtsverfahren und Schadensersatzklagen zu schädigen. Alabama hatte die Niederlage in Montgomery weder verkraftet noch vergessen.

Im Wahljahr 1960 wurde die Bürgerrechtsbewegung zunehmend auch durch andere politische und kirchenpolitische Ereignisse herausgefordert, während die studentischen Protestaktionen weitergingen. Schon am 21. März war es in Sharpesville, Südafrika, bei einer Protestaktion gegen die Apartheid zu einem Massaker mit 69 Toten gekommen, was Erschütterung in der internationalen Öffentlichkeit, besonders aber bei den weltweiten Freiheitsbewegungen auslöste. Bei den Nominierungsparteitagen für die anstehenden Präsidentschaftswahlen stand King vor der Herausforderung, die Bürgerrechtsagenda in den jeweiligen Programmen stark zu machen, ohne sich parteipolitisch vereinnahmen zu lassen, zumal er persönlich weder Nixon noch Kennedy bevorzugte. Schließlich scheiterte der Versuch Kings und seiner Verbündeten, die nationale Organisation der Schwarzen Baptisten (National Baptist Convention), auf einen Bürgerrechtskurs auszurichten und den konservativen Vorsitzenden, der wiederum ein Freund von Kings Vater war, abzulösen.

King beim Sit-in verhaftet

Auch in Atlanta, seiner Heimatstadt, konnte King einem Konflikt mit seinem Vater und dessen Freunden im Schwarzen Establishment nicht länger ausweichen. Die Schwarzen Honoratioren waren zwar engagiert für die Bürgerrechte, lehnten direkte Protestaktionen allerdings ab. Sie meinten, die wichtigen Dinge durch Verhandlungen oder mit der juristischen Strategie der NAACP, zu deren Funktionären Kings Vater gehörte, erreichen zu können. Allerdings nahm der Druck der Studierenden – in Atlanta gab es sechs Schwarze Hochschulen – auf King zu, nicht abseits zu stehen, sondern sich aktiv an den Sit-ins zu beteiligen. Natürlich gab es gute Gründe, warum King nicht das Risiko eingehen sollte, verhaftet und verurteilt zu werden. Zum einen war er als Fundraiser, Redner und Präsident der SCLC viel wertvoller für die Bewegung, als wenn er als einer unter vielen inhaftiert würde und politisch handlungsunfähig wäre, im schlimmsten Falle misshandelt oder gar getötet würde. Den gefährlichsten Aspekt einer Verhaftung kannte King zu diesem Zeitpunkt aber noch gar nicht. Gleichwohl war er mit dem Vorwurf der Feigheit konfrontiert, dass er zwar aktiven gewaltfreien Widerstand und die Bereitschaft zum Leiden predige, aber selbst nicht praktizieren würde. Dass Kings Bruder A.D. unter denen war, die ihn bedrängten, verlieh dem Ganzen eine besondere Note.

King beschloss, sich nicht länger zu verweigern, wobei er wusste, dass seine Teilnahme mit großer Wahrscheinlichkeit im Gefängnis enden würde. Und so war es auch. Am 19. Oktober wurde King einer Gruppe zugeteilt, welche die Restauration im Rich's Kaufhaus testen sollte. King war der Erste, der verhaftet, und der Erste, der verurteilt wurde. Aus Prinzip verweigerte er eine Entlassung auf Kaution und verbrachte so die erste Nacht seines Lebens im Gefängnis. Es sollte nicht die letzte bleiben. 35 weitere Aktivisten kamen in Haft. Für Schwarze im Süden der USA hieß, ins Gefängnis zu kommen, der Willkür der Sicherheitskräfte ausgeliefert zu sein. Dies hatte allzu oft Misshandlungen, Folter, sexualisierte Gewalt, Nahrungs- und Schlafentzug und nicht selten den Tod zur Folge. Gefängnis bedeutete also weit mehr als Freiheitsentzug und andere Einschränkungen. Oft waren die Räumlichkeiten schon eine Zumutung: feucht, dunkel und voller Ungeziefer unterschiedlicher Größe.

Zunächst schien sich aber alles zum Guten zu wenden. Die Stimmung unter den Studierenden war gut. Sie waren in einem separaten Flügel des Gefängnisses untergebracht. King nahm an der allgemeinen Routine teil und konnte sogar ein Interview geben. »Ich musste das tun, was ich predige!«[8] In Atlanta und darüber hinaus gab es Massenproteste gegen die Inhaftierungen, und der Oberbürgermeister Hartsfield arrangierte einen Deal, so dass die Anklage fallen gelassen würde. Allerdings hatte in der Zwischenzeit ein Richter aus dem benachbarten Kreis angeordnet, King festzuhalten, da möglicherweise ein Verstoß gegen eine Bewährungsauflage aus einem Verkehrsdelikt vorliege – King hatte sein Auto nicht rechtzeitig von Alabama nach Georgia umgemeldet. Während also die anderen entlassen wurden, blieb King in Gewahrsam. Es schien sich aber um eine Kleinigkeit zu handeln. Aber auch Kleinigkeiten konnten für Schwarze Männer im Süden der USA gefährlich werden: King wurde zu vier Monaten schwerer Arbeit in einer Straßenreparaturkolonne verurteilt, ohne Möglichkeit, auf Kaution freizukommen, solange das Berufungsverfahren anhängig war.

Die Kennedys greifen ein

Er wurde noch in der Nacht in das Landesgefängnis von Georgia in Reidsville[9] verlegt. Das löste Alarm in der Schwarzen Community in Atlanta aus. Durch seine Mitarbeiter aufgeschreckt[10] griff nun John F. Kennedy zum Telefon und rief Coretta Scott King an, um der Schwangeren seine Anteilnahme auszusprechen und Hilfe anzubieten. Auf Nachfrage der Presse ließen Präsident Eisenhower und sein Vize und der republikanischer Präsidentschaftskandidat Richard Nixon verlauten, dass sie sich nicht zur Causa King äußern würden. Als Robert Kennedy, der Wahlkampfleiter seines Bruders und Schatten-Justizminister, von dem Fall hörte, war er so aufgebracht, dass er von einer Telefonzelle in New York, ohne Wissen der anderen Kampagnenmitarbeiter, den zuständigen Richter anrief, um ihm sein rechtliches Verständnis darzulegen, dass bei einem Vergehen – anders als bei einem Schwerverbrechen – die Freilassung gegen Kaution nicht verweigert werden könne. Dies verfehlte seine Wirkung nicht. King kam tatsächlich gegen die Zahlung einer Kaution auf freien Fuß.

Was sich wie eine Provinzposse anhört, hatte große, ja, man kann sagen weltpolitische Folgen: Kings Vater, Martin Luther King, Sr., rief nun zur Wahl Kennedys auf, obwohl er wie viele Schwarze bislang die Republikaner wählte und gegen Kennedy wegen dessen römisch-katholischer Konfession Vorbehalte hatte. Daddy King war unter Schwarzen Baptisten im Süden weit über Atlanta hinaus eine einflussreiche Persönlichkeit und hat sicher mit zur tatsächlichen Stimmenwanderung beigetragen. Denn Kennedy gewann auch dank der Schwarzen Wählerinnen und Wähler mit einer knappen Mehrheit.[11]

Damit war der Wechsel der Mehrheit der Schwarzen Wählerinnen und Wähler von der Republikanischen Partei, der Partei Lincolns, zu den Demokraten eingeleitet, der bis heute fortwirkt. Da nun die Demokraten ausdrücklich die Rechte der Schwarzen in ihre Agenda aufnahmen, wechselten im Gegenzug die konservativen, segregationistischen Südstaatendemokraten, die sogenannten Dixiecrats, zur Republikanischen Partei, was dann 1968 den Wahlsieg Nixons bei seinem dritten Anlauf ermöglichte. Diese Neuausrichtung (realignment) hat die Parteienlandschaft und die Machtverhältnisse in den USA, wie sie seit fast einem Jahrhundert Bestand gehabt hatten, grundlegend verändert. Allerdings hat gerade das die wachsende politische Bedeutung des Schwarzen Stimmpotenzials wieder relativiert, weil klar war, dass diese überwiegend an die Demokraten gingen und dort mit anderen Gruppen um die politische Agenda konkurrierten.

Darüber hinaus hat Nixon versucht, durch codierten Rassismus rassistische und rechtsextreme Wähler für die Republikaner zu gewinnen, die sogenannte Southern Strategy. Ihr verdanken auch Ronald Reagan 1981 und zuletzt Trump 2017 ihre Wahlsiege. Letztlich ist das Abrutschen der Republikaner von einer moderat-konservativen, wirtschaftsliberalen Partei in den Fundamentalismus und Rechtspopulismus durch Integration der Wählerinnen und Wähler aus dem christlich fundamentalistischen Südosten, dem sogenannten Bible Belt, begründet. Eisenhower hatte nach zwanzig Jahren demokratischer Präsidentschaften mit seinem moderat-konservativen Profil 1954 das Weiße Haus für die Republikaner erobert und war bis 1961 ein beliebter Präsident, sogar bei den Schwarzen, obwohl er wenig für sie getan hat. Der letzte Eisenhower-Republikaner als Präsendet war wohl George Bush, Sen. Seit Newt Gingrich aus Georgia als Sprecher des Repräsentantenhauses sich als ebenso konservativer wie populistischer Gegenspieler von Präsident Bill Clinton profilierte, haben sich die Republikaner nicht mehr davon erholt. Und das alles, weil Martin Luther King, Jr. sein Auto nicht rechtzeitig umgemeldet hatte.

Die Amtseinführung J. F. Kennedys am 20. Januar 1961 weckte große Hoffnungen, dass nun die Bundesregierung mehr für die Umsetzung von Brown vs. Board of Education unternehmen würde. Auch wenn die Sit-ins zum Teil erfolgreich waren, waren dies doch immer nur partielle Fortschritte, die manchmal auch wieder schleichend rückgängig gemacht wurden. So wurden zum Jahrestag des Greensboro Protestes, am 1. Februar, in vielen Orten des Südens koordiniert Sit-ins durchgeführt. Den Höhepunkt dieser Aktionswelle bildete das Rock Hill Jail-in. Hier verweigerten zunächst neun verhaftete und verurteilte Protestierende, gegen die Zahlung einer Strafe oder gegen Kaution freigelassen zu werden. Damit entledigte sich SNCC eines taktischen Dilemmas, nämlich der Frage, wie sie bei großen Zahlen von Verhafteten, die im Interesse des Protestes lagen, die erforderliche Geldmenge für die Kautionen finanzieren sollten. Mit dem Slogan »jail, no bail« (Gefängnis statt Kaution) wurde ein neues Stadium des gewaltfreien Protestes erreicht, denn die Verurteilten mussten in den Arbeitskolonnen schwere körperliche Arbeit verrichten. Vier weitere ausgewählte SNCC-Leute setzten den Protest fort, um ebenfalls verhaftet zu werden und die ursprüngliche Gruppe zu stärken. Die inhaftierten Studierenden wurden zum leuchtenden Vorbild für den studentischen Protest. Die Proteste in Nashville und an anderen Orten wurden wieder intensiviert. Über 70.000 Menschen nahmen an den Sit-ins in zwanzig Staaten teil und haben an vielen Orten lokale Geschäfte desegregiert.

Aber die Aufmerksamkeit der Kennedy-Regierung war erst einmal durch andere Ereignisse absorbiert. Am 17. April 1961 versuchte eine Truppe von über 1.000 kubanischen Exilanten, in einer von der CIA organisierten militärischen Aktion auf Kuba zu landen, um die Castro-Regierung zu stürzen. Die sogenannte Invasion in der Schweinebucht scheiterte aber kläglich und Kennedy musste die Verantwortung übernehmen.

Freiheitsfahrten in den Fernbussen

Eine neue Widerstandsform wurde durch das Urteil des Obersten Gerichts im Fall Boynton vs. Virginia im Jahr 1960 möglich.[12] Es erklärte rassistische Diskriminierung auf Fernbuslinien für unzulässig. Die bundesstaatenübergreifenden Buslinien unterstanden der Interstate Commerce Commission (ICC), die für Fernbusse, Eisenbahnen und die Telefongesellschaften zuständig war. Für die ICC galt das Bundesrecht, auch wenn ihr zugeordnete Einrichtungen im Süden lagen. Sowohl in den Bussen als auch in den Busbahnhöfen des Fernverkehrs war somit auch im tiefen Süden die rassistische Diskriminierung der Schwarzen aufgehoben. Der Congress of Racial Equality (CORE) plante, mit sogenannten Freiheitsfahrten (Freedom rides) die Einhaltung der Rechtsprechung zu testen und die Aufhebung der Diskriminierung durchzusetzen. Bereits 1947 hatte CORE mit der sogenannten Reise der Versöhnung (Journey of Reconciliation) gegen die damals geltende Segregation protestiert. Zu denen, die schon bei diesen Protesten dabei gewesen waren, gehörte Bayard Rustin. Der Journey of Reconciliation wagte sich damals aber nicht in den Tiefen Süden vor, wo Rassismus und Gewaltbereitschaft noch einmal deutlich höher waren.

Dies sollte nun anders werden, nachdem das Bundesrecht ja auch in diesen Staaten galt. Am 4. Mai fuhr der erste Bus in Washington, D.C. los. Unter den Teilnehmenden war wieder John Lewis. Auch diese Reisegruppe war gemischt und teilte sich auf Greyhound- und Trailways-Busse auf. Die Fahrt durch Virginia und North Carolina verlief weitgehend ohne Zwischenfälle. Weiter hatte sich der Journey of Reconciliation 1947 nicht gewagt. Doch schon in South Carolina, dem ersten Staat des tiefen Südens, gab es Probleme. In Rock Hill, dem Ort des Jail-in, wurden die Freedom Riders im Greyhound Terminal von Jugendlichen tätlich angegriffen, als sie die Segregationsschilder ignorierten. Allerdings griff die Polizei ein und fragte sogar, ob die Verletzten, unter ihnen John Lewis, Anzeige erstatten wollten. Ihrem Verständnis von Gewaltfreiheit folgend lehnten sie ab. Das war aber nur der Auftakt zu weiterer, ja potentiell tödlicher Gewalt.

Abfahrt in Washington, D.C. am 4. Mai.

In Rock Hill kommt es am 9. Mai zu den ersten Gewalttätigkeiten.

Zwischenstopp in Atlanta vom 13. auf den 14. Mai.

In Arniston werden am 14. Mai die Busse attakiert und die Freedom Riders verprügelt.

Bei der Ankunft in Birmingham am 14. Mai werden die Freiwilligen brutal misshandelt.

Eine neue Gruppe von Freiwilligen setzt die Fahrt am 20. Mai fort und wird bei der Ankunft in Montgomery attackiert. Erst am 24. können sie die Reise fortsetzen.

Die Reise endet am 24. und 25. Mai durch Massenverhaftungen in Jackson.

Das Ziel New Orleans wird nicht erreicht.

Aber zunächst folgte ein freundlicher Empfang in Atlanta und ein gemeinsames Abendessen mit King. Aufgrund seiner eigenen Erfahrung war King skeptisch, ob sie es durch Alabama schaffen würden. Seine Zweifel hat er allerdings nur im Gespräch unter vier Augen gegenüber dem mitreisenden Journalisten Simeon Booker geäußert. Leider sollte er recht behalten. Schon beim nächsten Etappenziel kam es zu schweren Zwischenfällen. In Anniston – Willkommen in Alabama! – konnten die Passagiere den Greyhound-Bus gar nicht verlassen, da er von einem Mob umstellt wurde. Es stellte sich heraus, dass unter den Mitreisenden Zivilpolizisten waren, die nun versuchten zu verhindern, dass der Bus gestürmt würde. Die Angreifer schlugen mit Metallstangen auf den Bus ein und versuchten, die Reifen aufzuschlitzen. Es blieb nichts anderes übrig, als so schnell wie möglich das Schlachtfeld zu verlassen. Als der Bus das Terminal verließ, kamen wie aus dem Nichts Polizeifahrzeuge, die ihn aus der Stadt eskortierten. Was zunächst wie eine schützende Eskorte aussah, wurde jenseits der Stadtgrenze zu einer Falle. 200 Menschen in 50 Autos waren dem Greyhound gefolgt. Als dieser wegen eines inzwischen platten Reifens liegenblieb, griffen sie an. Wieder wurde der Bus demoliert und die Fenster eingeschlagen. Jemand warf eine Brandbombe in den Bus, der Feuer fing. Jetzt versuchten die Angreifer nicht mehr, in den Bus hineinzukommen, sondern sie verbarrikadierten die Türen, so dass niemand raus konnte. Einer der Zivilpolizisten zog demonstrativ seine Dienstwaffe und ermöglichte es so, dass die Passagiere den Bus gerade noch verlassen konnten. Mit vorgehaltener Waffe konnte der Mob zwar auf Distanz gehalten werden, aber sobald die Freedom Riders sich aus der Gefahrenzone entfernen wollten, wurden sie brutal angegriffen. Erst als Landespolizei (State Troopers) eintraf, konnten der Mob aufgelöst und die Verletzten nach Anniston ins Krankenhaus gebracht werden. Allerdings liefen Bilder des ausgebrannten Busses noch am selben Tage über die nationalen und internationalen Agenturen und sorgten für Aufsehen und Entsetzen. Dem Trailways-Team ist zwar ein Brandanschlag erspart geblieben, aber ansonsten erging es ihm wenig besser. Alle sammelten sich allmählich im Pfarrhaus von Fred Shuttlesworth. Dieser konnte dem Ganzen mit sardonischem Humor noch etwas Positives abgewinnen: »Wenn Weiße und Schwarze schon gemeinsam verprügelt werden, dann ist der Tag nicht mehr fern, an dem sie auch gemeinsam marschieren können.«[13] Nach langwierigen Verhandlungen und stets unter der Drohung von weiterer Gewalt willigten die Freedom Riders am nächsten Tag schließlich ein, nach New Orleans ausgeflogen zu werden.

Zum Zeitpunkt der Eskalation in Birmingham war der designierte Präsident der Handelskammer von Birmingham in Tokio, um eine Rotarier-Konferenz zur Anbahnung von Geschäftskontakten zu nutzen. Nachdem dort aber die Bilder der exzessiven Gewalt in den Medien auftauchten, erlosch jedes Interesse, wirtschaftliche Kontakte nach Birmingham zu knüpfen. War dies nur ein Einzelfall, so doch symptomatisch dafür, dass der Rassismus im Süden ein entwicklungshemmender Faktor war.

Showdown in Montgomery

Allerdings war der Rückzug der ersten Staffel der Freedom Riders nicht das Ende der Freiheitsfahrten. Denn aus Nashville machte sich Verstärkung auf den Weg. Die Studierenden trafen schon am 20. Mai 1961 in Birmingham ein und wurden von Bull Connor, einem glühenden Rassisten und lokalen Verantwortlichen für die öffentliche Sicherheit brutal empfangen. Die Eskalation in Alabama hatte solche nationalen und internationalen Auswirkungen, dass die Bundesregierung nicht mehr länger untätig bleiben konnte. Als sich der designierte Busfahrer weigerte, die Fahrt zu übernehmen, telefonierte ein aufgebrachter Bob Kennedy persönlich mit dem Geschäftsführer der Busgesellschaft in Birmingham. Schließlich konnte der Bus doch starten und wurde, gefolgt von zahlreichen Fahrzeugen mit Journalisten, von der Autobahnpolizei bis nach Montgomery eskortiert. Dort kam es zu einem déjà-vu. Die Polizei hatte kurz vor Ankunft des Busses den Busbahnhof verlassen. Eine Gruppe von Schlägern empfing die Freedom Riders und die Medienleute mit Bleirohren, Flaschen und Baseballschlägern bewaffnet. Die Reporter wurden verjagt, und wenn sie nicht flohen, genauso wie die Buspassagiere brutal zusammengeschlagen. Selbst ein Mitarbeiter des Justizministers, der vor Ort war, wurde schwer verletzt, als er versuchte, zwei Weiße Studentinnen zur Flucht zu verhelfen. Die Mitarbeiter des FBI vor Ort griffen nicht ein. Ein anderer Beobachter des Justizministeriums benachrichtigte unmittelbar Robert Kennedy, der so innerhalb von fünf Minuten über das Blutbad im Bilde war, noch bevor der Polizeichef mit seinen Leuten vor Ort erschien und vorgab, von nichts zu wissen. Die zum Teil erheblich Verletzten konnten nun in Krankenhäuser gebracht und versorgt werden.

Allmählich sammelten sich diejenigen, die fliehen konnten, und die aus dem Krankenhaus Entlassenen bei einem der Schwarzen Pfarrer, wo sie eine erst einmal sichere Unterkunft fanden. Am nächsten Tag, Sonntag, dem 21. Mai, flog King nach Montgomery, und für den Abend wurde eine Massenversammlung in Abernathys First Baptist Church angesetzt. Als eine immer größere Zahl Schwarzer zur Kirche kam, versammelte sich auch ein zahlreicher werdender Weißer Mob vor der Kirche. Die zunehmende Bedrohung war offensichtlich und nur ein paar Sicherheitskräfte der Bundesregierung waren zugegen. Die Versammlung begann. Als Ehrengast wurde Diane

Nash, die studentische Aktivistin aus Nashville begrüßt. Sie hatte schon die Sit-ins und jetzt die Beteiligung Studierender aus Nashville an der Freiheitsfahrt organisiert. Die Freedom Riders waren inkognito in der Kirche, um ihre Sicherheit nicht zu gefährden. Ihr Gastgeber, Pastor Seay, gab ihre traumatischen Erlebnisse wieder, zugleich aber auch ihre Entschlossenheit, die Freiheitsfahrt fortzusetzen.

Angesichts der Berichte über die wachsende Bedrohung durch den Mob, machte sich King selbst ein Bild von der Lage, obwohl ihn seine Berater zurückhalten wollten. Begleitet von einer kleinen Gruppe ging King nach draußen. Eine feindliche Stimmung schlug ihm entgegen und Steine und andere Wurfgeschosse flogen in seine Richtung. Ein Gespräch war nicht möglich und er ging in die Kirche zurück direkt auf die Kanzel. Die Lage drohte zu eskalieren, als erste Molotow-Cocktails flogen. In der Kirche sangen die Menschen derweil Spirituals und geistliche Lieder gegen die Hoffnungslosigkeit. Robert Kennedy gab nun den Marschbefehl für eine improvisierte Truppe, die aus verschiedenen Bundesbehörden in der Region zusammengezogen wurde und als Hilfspolizei des Bundes die Kirche zu schützen versuchte. Sie war zahlenmäßig der aufgebrachten Menge weit unterlegen, konnte diese aber mit Hilfe von Tränengas eine Weile in Schach halten. Darüber hinaus war es rechtlich ein riskantes Manöver, weil der Justizminister keine direkten exekutiven Zuständigkeiten in einer innerstaatlichen Angelegenheit Alabamas hatte, solange der Präsident keinen Notstand erklärte. Auf dieser Grundlage spielte der Gouverneur John M. Patterson, obwohl ebenso ein Demokrat wie Kennedy, sein Machtspiel. Er wollte auf alle Fälle den Eindruck vermeiden, dass er mit der Bundesregierung oder gar den Bürgerrechtlern kooperiere – auch wenn dies Menschenleben kosten sollte. Erst als schon Steine und weitere Molotow-Cocktails durch die Kirchenfenster geworfen wurden, griff die Polizei mit Unterstützung der unter dem Kommando von Patterson stehenden Nationalgarde ein. King begann seine Ansprache dann um 22 Uhr.

Die Hosianna-Rufe in der inzwischen mit Glassplittern übersäten Kirche verstummten bald wieder, als die Menschen darin feststellten, dass es keineswegs Bundestruppen waren, die die Kirche bewachten. Die Nationalgarde hatte zwar den Mob vertrieben, ließ aber nun auch die in der Kirche versammelten Menschen nicht heraus. Für die Freedom Rider konnte das zu einer direkten Bedrohung werden. Alle waren erschöpft und zunehmend frustriert.

Erst im Morgengrauen konnten die ersten Gruppen die Kirche verlassen und nach Hause gehen. Gouverneur Patterson bekam Glückwunsch-Telegramme aus dem ganzen Land für seinen Kampf für die Segregation und gegen die Einmischung der Bundesregierung.

Diese setzte nun alles daran, die Freedom Riders sicher durch Alabama und Mississippi zu bekommen. Mit einem enormen Aufgebot an Sicherheitskräften gelang das auch – bis alle in Jackson, Mississippi am 24. Mai wegen Verstößen gegen die Segregationsgesetze ins Gefängnis kamen. CORE, SNCC und die SCLC bildeten nun einen Verbund und organisierten zahlreiche weitere Freiheitsfahrten. Am Schluss waren über 400 Menschen in Jackson inhaftiert. Im Herbst desselben Jahres änderte die Kennedy-Regierung die Regularien für die Fernbusse und schaffte so die Segregation in diesem Bereich ganz ab.

An den Sit-ins und Freiheitsfahrten lassen sich einige entscheidende Aspekte der Situation erkennen: zum einen der abgrundtiefe, hasserfüllte und gewaltbereite Rassismus in einem großen Teil der Weißen Bevölkerung und staatlicher Institutionen – nicht nur – im Süden. Diese würden die Segregation und ihre Privilegien niemals aufgeben. Zum anderen die Schwierigkeit, wirksam dagegen vorzugehen. Der Busboykott in Montgomery hat ja zur Aufhebung der Segregation in den Bussen in Montgomery durch den Obersten Gerichtshof geführt. Fünf Jahre später gilt sie allerdings in den Terminals und Bussen der Fernverbindungen immer noch. Drittens kann man die schwierige politische Lage der Kennedy-Regierung erkennen.

Die Bundesregierung hatte tatsächlich begrenzte Kompetenzen. Sie war nur zuständig, wenn Bundesrecht oder die Verfügung eines Bundesgerichts direkt betroffen war. Zwar wollten die Kennedys die Bürgerrechte der Schwarzen fördern, aber auch Konflikte mit den Südstaatendemokraten vermeiden. Das ließ die politischen Vorgänge hinter der öffentlichen Bühne teilweise grotesk erscheinen. Wenn etwa Szenarien verabredet wurden, dass Bundestruppen mit Waffengewalt drohen sollten, damit die Staatsregierung ohne Gesichtsverlust einlenken konnte. Nicht nur bei der Freiheitsfahrt in Montgomery, sondern bei vielen lokalen Vorfällen, aber auch bei prominenteren Ereignissen wie der als Ole Miss Riot bekannt gewordenen erzwungenen Immatrikulation von James Meredith an der Universität von Mississippi 1962 führte dies dazu, dass zunächst viel zu wenige und schlecht ausgerüstete Bundesbeamte vor Ort waren, bevor dann umso massiver reguläres Militär eingesetzt wurde.[14]

Schließlich wird deutlich, dass sich die Bürgerrechtsbewegung inzwischen von einer lokalen Protestbewegung zu einer sozialen Bewegung entwickelt hatte, die im ganzen Süden aktiv war. Organisatorisch waren weder die Sit-ins noch die Freiheitsfahrten von King oder der SCLC initiiert oder gesteuert worden. Trotzdem war King der Inspirator für viele und wurde als Redner und Troubleshooter eingesetzt. Dadurch kam es zu Kooperationen der verschiedenen Schwarzen Bürgerrechtsorganisationen.

Levison, Jones, O'Dell und Hoover

Mit diesem Zugewinn an Bedeutung zog King nun auch das Interesse des berüchtigten J. Edgar Hoover, dem Direktor des FBI, auf sich.[15] Zwar gab es schon vorher in den Akten des FBI Meldungen über King. Aber erst, nachdem dieser in einem Presseartikel in der Zeitschrift »Nation« im Februar 1961 das FBI kritisiert hatte, ordnete Hoover eine Untersuchung an.[16]

Da sich nach der blutigen Niederschlagung des Volksaufstandes in Ungarn durch die Truppen der Sowjetarmee die Kommunistische Partei der USA faktisch in Auflösung befand, befürchtete Hoover, dass kommunistische Funktionäre versuchen könnten, in anderen Organisationen tätig zu werden.[17] Stanley Levison, der über die Jahre nicht nur ein Berater, sondern auch Freund Kings geworden war, wurde vom FBI schon länger verdächtigt, für die Kommunistische Partei zu arbeiten, da er sich für aus der Sicht des FBI linke Projekte und Opfer der Kommunistenparanoia engagierte. So war Hoovers Vermutung, dass Stanley Levison[18] gezielt auf King angesetzt sei, um diesen mit Ideen des internationalen Kommunismus zu beeinflussen. Ebenso verdächtigt wurden Jack O'Dell und Clarence B. Jones, die King vor allem von New York aus unterstützten.

Tatsächlich war Levison für King unverzichtbar geworden. Er war ein sehr erfolgreicher Geschäftsmann und insofern unabhängig, darüber hinaus durch sein politisches Engagement enorm gut vernetzt. Er hat nicht nur seit dem Busboykott in Montgomery erfolgreiches Fundraising für die Bürgerrechtsbewegung betrieben, sondern hat King auch mit Celebrities und Politikern in Verbindung gebracht. Am wichtigsten sollte Kings Verbindung, ja

Freundschaft mit Harry Belafonte werden.[19] Darüber hinaus hat Levinson – oft zusammen mit Bayard Rustin und Ella Baker – Strategien formuliert, aber auch Korrespondenz, Pressemeldungen, Artikel und Reden für King entworfen – ohne dafür etwas in Rechnung zu stellen. Auch Kings erstes Buchprojekt hatte er initiiert, einen Verlag dafür interessiert und King beim Schreiben unterstützt. King bezeichnete Levison als seinen besten Weißen Freund. Mit Sicherheit hat dieser einen erheblichen Anteil an der öffentlichen Karriere Kings und ist selbst dabei stets im Hintergrund geblieben. Hoovers Besessenheit von der Vorstellung, dass Levison ein kommunistischer Agent sei, führte in den nächsten Jahren dazu, dass dieser und ein anderer Berater Kings, Clarence B. Jones – und damit zunächst indirekt, später dann auch direkt King – ab 1962 umfassend abgehört wurden.

Im März 1962 wurden im Büro Levisons Abhörtechnologie installiert und ab da auch seine dienstlichen Telefone abgehört. Im November wurde dies auf seinen privaten Telefonanschluss ausgeweitet. Im Sommer 1963 wurde dann auch Jones' Telefon angezapft.[20] Am 10. Oktober 1963 hat der Justizminister Robert Kennedy erlaubt, Kings Telefone abzuhören. Eine Rund-um-die-Uhr-Überwachung der Telefone der SCLC und Kings privatem Telefonanschluss begann kurze Zeit später.[21]

Ab Januar 1964 wurden Kings Hotelzimmer regelmäßig verwanzt, zuerst bei seinem Aufenthalt im Willard-Hotel in New York, wo erstmals Aufnahmen von sexuellen Aktivitäten gemacht wurden.[22] Als der Justizminister diesen enormen Eingriff in die Privatsphäre zu genehmigen hatte, deutete Hoover wohl an, es gebe auch brisantes Material über den Präsidenten, etwa über dessen privates Verhalten in der Zeit als Marineoffizier. Spätestens ab diesem Zeitpunkt ist klar, dass die Abhöraktionen nicht (mehr) der Aufklärung des Verhältnisses zu Levison, Jack O'Dell oder Jones dienten, sondern um Material zu sammeln, damit man King in einer Schmutzkampagne als öffentliche Person zerstören konnte. Aus den Akten des FBI wird deutlich, welchen Hass nicht nur Hoover, sondern die beteiligten FBI-Agenten insgesamt gegen King entwickelten. Diese waren natürlich alle Weiß. Die Hotelüberwachung endete erst im Januar 1966 im Zusammenhang mit einer Untersuchung des Senates.[23] Aber es ist dem FBI gelungen, einen Mitarbeiter in der Buchhaltung der SCLC als Informanten zu gewinnen, der das FBI ab 1965 regelmäßig über die Interna und Kings Termine etc. unterrichtete.[24]

Ab Anfang des Jahres 1963 lagen dem FBI Informationen vor, dass Levison tatsächlich mit der CPUSA gebrochen hatte.[25] Dennoch betonte das FBI in den Berichten an das Weiße Haus weiter die Gefahr des kommunistischen Einflusses auf King. Nicht ohne Wirkung. Die Kennedys hatten Angst, sich durch den Kontakt mit King selbst verdächtig zu machen, unter kommunistischem Einfluss zu stehen. Sie drängten King auch, den Kontakt mit Levison abzubrechen. Dem kam King nur halbherzig nach. Hoover versuchte, nicht nur das Weiße Haus zu instrumentalisieren, er kontaktierte auch andere Institutionen und schwärzte King an, um Kooperationen mit King sowie Ehrungen und Unterstützung für ihn zu unterbinden.

Durch diese Kampagne Hoovers wurde Kings Arbeit als Bürgerrechtler erheblich behindert. Die Bereitschaft, zu seinen Gunsten in Konflikte einzugreifen, war auch deshalb begrenzt, weil man nicht zu sehr mit King in Verbindung gebracht werden wollte. Durch diese skandalöse Überwachung waren das FBI und das Weiße Haus oft im Detail über die Pläne der SCLC und Kings informiert. Selbst als die Betroffenen wussten, dass es Abhörmaßnahmen gab, wurde durch ihr Verhalten deutlich, dass sie deren Umfang nicht einmal ansatzweise erahnten.

Vor diesem Hintergrund ist es erstaunlich, dass es keine wissenschaftliche Biografie über Stanley Levison gibt und auch sonst kaum wissenschaftliche Literatur.[26] Die Autoren, die über Levinson und King schreiben, gehen einhellig davon aus, dass Levison zu dem Zeitpunkt, als er mit King in Kontakt kam, die Kommunistische Partei schon verlassen hatte und als unabhängiger Geschäftsmann den Schwarzen Freiheitskampf und insbesondere King unterstützte.

Gleichwohl ist es überraschend, dass Stanley Levison und sein Zwillingsbruder Roy schon früh zu eigenem erheblichem Wohlstand kamen. Es stellt sich hier die Frage, ob sie ggf. als Strohmänner für wirtschaftliche Aktivitäten der CPUSA (Communist Party USA) auftraten und nach der Auflösung der Partei die Unternehmen »in Obhut« nahmen.[27] Dafür spricht, dass das FBI zumindest für die Jahre 1960 und 1961 die Brüder gemeinsam als Spender für einen Fonds auflistet, der zur Finanzierung der CPUSA diente. Sie sollen 12.000 bzw. 8.000 US$ gespendet haben.[28] Vermutlich war Levison zumindest vor 1956 deutlich stärker in die CPUSA involviert, als er selbst jemals einräumte.[29] Wenn er tatsächlich einmal Kader war, ist sein lebenslanges Schweigen nicht überraschend. Vermeintliche Verräter wurden auch nach 1956 noch verfolgt.

Des Weiteren ist irritierend, dass der ehemalige Geschäftspartner Levisons, Jay Richard Kennedy, zeitweilig der Manager von Harry Belafonte war. Belafonte war wiederum einer der frühen Unterstützer und langjähriger Freund Kings. Hinzu kommt, dass Jay Richard Kennedy die erste Frau Levisons, Janet Alterman, nach deren Scheidung heiratete. Sie blieben in freundschaftlichem Kontakt. Noch sagenhafter ist der Umstand, dass Janet Alterman Kennedy wiederum zeitweilig die Psychotherapeutin Belafontes war. Belafonte war über diese Konstellation nicht im Bilde. Erst als er 1963 nach dem Marsch auf Washington im Fernsehen eine Podiumsdiskussion sah, die von Jay Richard Kennedy, von dem er sich schon lange im Unguten getrennt hatte, moderiert wurde, und er sich darüber wunderte, klärte Levison ihn im Nachgang auf. Jay Richard Kennedy arbeitete als Informant des FBI, so dass Belafonte befürchtete, dass auch die Inhalte seiner Therapiesitzungen verraten worden sein könnten.[30] Es gibt natürlich solche Zufälle im Leben – aber doch wohl sehr selten.

Es ist äußerst unwahrscheinlich, dass Levison, O'Dell und Jones Befehle einer kommunistischen Organisation bekamen, um die Bürgerrechtsbewegung zu beeinflussen. Zugleich ist es nicht von der Hand zu weisen, dass alle drei in irgendeiner Form Mitglied einer kommunistischen Organisation gewesen sind oder enge Verbindungen dazu hatten und dass Levison und Jones zum innersten Kreis um King gehörten, wichtige Berater, aber auch Organisatoren waren.[31]

6.
Rassismus als Sünde Gottebenbildlichkeit und Gotteskindschaft als Begründungen der Gleichheit aller Menschen[1]

Die hässliche Fratze des Rassismus, in welche die Schwarzen im Süden der USA über Generationen sehen musste, war für Martin Luther King, Jr. nicht nur ein moralisches und soziales Übel, sondern als Verweigerung der Gleichheit, Personalität und Würde aller Menschen eine Sünde. Beeinflusst vom Bostoner Personalismus war er der festen Überzeugung, dass die Personalität aller Menschen in der Personalität Gottes gründe. Die Gleichheit und Würde aller Menschen ist für ihn biblisch durch die Konzepte der Gotteskindschaft und Gottebenbildlichkeit (*imago Dei*) verbürgt. Neben diesen positiven Grundüberzeugungen über die Natur der Menschen hält er allerdings mit dem christlichen Realismus Reinhold Niebuhrs an der Realität der Sünde festhält. Mit dem Begriff der Sünde kann erklärt werden, wie das Böse in Menschen wirkt, so dass sie etwa rassistisch und ungerecht handeln.

Martin Luther King, Jr. wird in der Öffentlichkeit vor allem als Bürgerrechtler wahrgenommen. Oft wird daher übersehen, dass er mit der Entwicklung und Anwendung theologischer Konzepte zu einer Theologie der Gerechtigkeit, Gleichheit, Würde und Menschenrechte beigetragen hat. Er hat die biblischen Bilder der *Gotteskindschaft* und *Gottebenbildlichkeit* verwendet, um theologisch Gleichheit und Würde aller Menschen zu begründen. Die Metapher der *Gotteskindschaft* wird meist unhinterfragt akzeptiert. Allerdings ist ihre Verwendung als universales Konzept keinesfalls selbstverständlich. Denn in ihrem biblischen Gebrauch ist sie zunächst auf das biblische Volk Israel begrenzt. Deshalb soll hier nachgezeichnet werden, wie King sie als universelle und Gleichheit verbürgende Kategorie entfaltet. Es ist das Ziel dieses Kapitels, Kings Verwendung der Konzepte der Gotteskindschaft und der Gottebenbildlichkeit als theologische Begründung von Gleichheit, Würde und Menschenrechten zu analysieren. Dabei werden wir sehen, dass es eine entscheidende Wendung in Kings Gebrauch des Begriffs der *imago Dei* gab, die bedeutsam für die theologische Grundlegung der Menschenwürde und Menschenrechte ist.

Das Konzept der Gotteskindschaft in der afro-amerikanischen Tradition

Im Alten Testament begegnen die Begriffe Kind/Sohn/Tochter/Kinder Gottes in zwei unterschiedlichen Weisen. Einerseits wird die Gesamtheit des Volkes Israel als Gottes erstgeborener Sohn bzw. Kind bezeichnet.[2] Andererseits können die Bezeichnungen Kind/Sohn/Tochter/Kinder auf einzelne Glieder des Volkes Israel angewendet werden.[3] In beiden Fällen ist es also ein exklusives Konzept. Nicht alle Menschen sind in dieser Perspektive Kinder Gottes, sondern nur sein/ihr auserwähltes Volk Israel – individuell bzw. kollektiv. Hier ist das Konzept der Kinder Gottes nicht primär der Schöpfung zuzuordnen, sondern es ist die Konsequenz eines Aktes der Erwählung, des Bundesschlusses mit Israel. Auch im Neuen Testament ist es, wenn auch auf andere Weise, ein exklusives Konzept. Nur die Menschen, die wirklich an Jesus als Messias glauben und den Heiligen Geist empfangen haben, werden als Kinder Gottes angesehen: »Denn welche der Geist Gottes treibt, die sind Gottes Kinder.«[4] Dementsprechend wurde in der (Weißen) europäischen Theologie ganz überwiegend die Rede von der Gotteskindschaft entsprechend der neutestamentlichen Überlieferung ausgrenzend verstanden.[5]

Für die afro-amerikanische Alltagsreligion und Schwarze Theologie ist das Konzept der Gotteskindschaft eine zentrale theologische Begründung der Gleichheit und Würde aller Menschen und der Ablehnung von Rassismus und *White Supremacy*. Der Gebrauch der Metapher der Gotteskindschaft als einem inklusiven Konzept zur Begründung von Gleichheit und Würde setzt ein positives Verständnis von Gott als gütigem Vater und die Vorstellung universeller Erlösung voraus. Beides entstand im nordamerikanischen Kontext in der Zweiten Großen Erweckungsbewegung, in der in methodistischen und baptistischen Kirchen die calvinistische Lehre von der Prädestination, also der völligen göttlichen Vorherbestimmung, aufgegeben und Vorstellungen entwickelt wurden, dass alle Menschen durch ihren Glauben und ihr Handeln zum Heil kommen können.

Diese Entwicklungen beeinflussten die religiösen Vorstellungen sowohl der versklavten als auch der freien Schwarzen. Die traditionellen afro-amerikanischen Spirituals sind dafür eine wichtige Quelle, da sie die Metapher der Gotteskindschaft in universeller Bedeutung verwenden. In »Oh, Lord Have Mercy«, das auf Psalm 57,1 basiert, heißt es: »Oh Gott, sei gnädig. Ich bin Dein Kind.« In einer Adaptation von Psalm 23, »God Leads us Along«, besagt der Text: »Gott führt seine lieben Kinder aus dem Sumpf und aus dem Schlamm auf schattige grüne Auen, so reich und so süß.« In beiden Fällen enthält die biblische Vorlage den Begriff der Gotteskindschaft gar nicht. Psalm 23 ist in der Perspektive der ersten Person verfasst. Das Spiritual transformiert dies in eine kollektive Erfahrung, die mit der Situation der unterdrückten Schwarzen im Süden der USA identifizierbar ist. Im traditionellen Lied »Walk Together Children«, das auf dem 3. Johannesbrief 1,4 basiert, wird der neutestamentliche Text in einen alttestamentlichen Interpretationsrahmen gerückt: »Geht zusammen, Kinder, werdet nicht müde, da ist eine große Versammlung (camp meeting) im gelobten Land.«[6] Auf der einen Bedeutungsebene scheint dies Informationen über die Underground Railroad zu enthalten. Das *Camp Meeting* steht für eine sichere Station auf dem Weg in den Norden oder ggf. eine Maroon-Gemeinschaft.[7] Auf der theologischen Ebene wird die neutestamentliche Aussage, dass Gottes[8] »Kinder in der Wahrheit wandeln« (3. Joh 1,4), auf die hier angespielt wird, in den alttestamentlichen Horizont der Befreiung aus Ägypten gerückt. Die Wahrheit für die unterdrückten Schwarzen Kinder Gottes im Süden der USA wird entsprechend der Exodus-Erzählung also als Befreiung vorgestellt. Die versklavten Schwarzen identifizieren sich mit dem unterdrückten Volk Israel in Ägypten.[9] Sie erwarten, dass Gott ein befreiender Gott ist, und verstehen Jesus in der Tradition des Moses als Befreier.[10]

Christliche Afro-Amerikanerinnen und -Amerikaner[11] verstanden sich selbst als Gottes auserwähltes Volk in einem Land, in dem sich die Weiße Bevölkerung in der puritanischen Tradition als auserwählt verstanden hat. Die Vorstellung von der besonderen amerikanischen Berufung ist also doppelt codiert: Zum einen wird die ganze (Weiße) Nation als für eine spezielle Bestimmung auserwählt vorgestellt, zum anderen wird von christlichen Schwarzen ihre Rolle dahingehend interpretiert, dass sie die Aufgabe haben, die Weißen von den Sünden der Versklavung und des Rassismus zu befreien. Dies greift auch das Motto der von King geleiteten Bürgerrechtsorganisation, die Southern Christian Leadership Conference (SCLC) auf: »To Redeem the Soul of America!« (Die Seele Amerikas zu retten).[12]

Auf diese Weise sehen sich Afro-Amerikanerinnern und -Amerikaner als Kinder Gottes und identifizieren sich mit dem unterdrückten und auserwählten Volk Israel in Ägypten[13] und auch mit den Hebräern im Babylonischen Exil. So werden prophetische Aussagen auf das Leben der Schwarzen in den USA oft direkt übertragen.[14] Aber das Konzept der Gotteskindschaft wird noch umfassender interpretiert und als universelle, schöpfungstheologisch anthropologische Kategorie verstanden: Wenn Gott als Schöpfer der Vater aller Menschen ist, sind sie nicht nur seine Kinder, sondern Schwestern und Brüder. Das Konzept der Gotteskindschaft wird so eine zentrale theologische Grundlage für universelle Gleichheit und Würde aller Menschen. Es kann in allen Variationen in Spirituals, Flugschriften, Predigten und Reden vorkommen. Diese schließen sich nicht wechselseitig aus, sondern ergänzen und verstärken sich. Der Schwarze Abolitionist Frederick Douglass brachte es in einer berühmten Rede folgendermaßen zum Ausdruck:

»Die Schwarzen zu taufen und ihnen Mitgliedschaft in der christlichen Kirche zu gewähren, bedeutete, sie als Menschen, als Kinder Gottes, als Erben des Himmelreiches, erlöst durch das Blut Christi, als Tempel des Heiligen Geistes, als Wesen mit aufrechtem Gang und als Repräsentanten des Retters der Welt anzuerkennen, die, gemäß dem Apostel Paulus, nicht länger als Dienende behandelt werden dürfen, sondern als geliebte Geschwister.«[15]

Er kombiniert das neutestamentliche Verständnis der Gotteskindschaft der getauften Gläubigen mit der Anerkennung ihres universell verstandenen Menschseins und der damit einhergehenden Würde und entsprechender Rechte. Dabei stehen die getauften Schwarzen *pars pro toto* für alle Schwarzen Menschen. Christliche Geschwisterlichkeit und weltliches Bürgerrecht werden verbunden. Geistliche und politische Freiheit sind nicht getrennt.

In seiner grundlegenden Analyse der Schwarzen Spirituals benennt Howard Thurman das Konzept der Gotteskindschaft in einem universalen Verständnis als zentral für die afro-amerikanische Religiosität vor dem Bürgerkrieg: »Der Schwarze Prediger war überzeugt, dass jedes menschliche Wesen ein Kind Gottes ist.« In dieser Aussage liegt für Thurman die Kernbotschaft der Spirituals: »Aus dieser Einsicht, Kinder Gottes zu sein, ist der Geist der religiösen Folkmusik entstanden.«[16]

Martin Luther Kings Verständnis der Gotteskindschaft als Begründung von Gleichheit und Würde

Schon in seiner Abschlussarbeit für den Kurs »Christian Theology for Today«, den er 1950 am Crozer Theological Seminary belegte, verknüpft Martin Luther King, Jr. das Konzept der Gotteskindschaft mit der Vorstellung der Gleichheit und Würde aller Menschen. Es ist offensichtlich, dass er hier auf Material der afro-amerikanischen Tradition zurückgreift, obwohl die Aufgabenstellung auf einem bekannten liberalen theologischen Lehrbuch basierte.[17] Der Ausgangspunkt ist die Metapher von Gottes Vaterschaft aller Menschen und deren entsprechende Geschwisterlichkeit: »Die Vaterschaft Gottes und die Geschwisterlichkeit der Menschen ist der Ausgangspunkt der christlichen Ethik.«[18] Daran schließt sich bei King das Argument an, dass Menschen, die sich selbst als Kinder eines liebenden Gottes verstehen, Selbstwertgefühl entwickeln. Er beschreibt dies immer wieder als *Somebodyness*: »Wenn Christen darauf vertrauen, dass sie Kinder eines liebenden Vaters sind, fühlen sie, dass sie zählen und dazugehören.«

Die entscheidende hermeneutische Wendung Kings ist nun, das theologische Konzept der Gotteskindschaft mit dem Konzept der Würde zu verknüpfen. »Und dies bildete für sie den wahren Grund ihrer persönlichen Würde.« Schließlich begründet er mit dem Motiv der Gotteskindschaft auch die christliche Liebe (agape) als ethisches Grundprinzip für alle menschlichen Beziehungen: »Es ist unmöglich, zugleich Gott zu lieben, aber seine Geschwister zu hassen.«[19] Dies ist eine der sehr wenigen Gelegenheiten während seiner ganzen Ausbildung am theologischen Seminar, bei denen King sich ausdrücklich auf die Schwarze theologische Tradition bezieht.

Es ist naheliegend, dass King dieses Traditionsmotiv aus den Ansprachen und Predigten von Benjamin Mays kannte. Dieser war nicht nur der Präsident des Morehouse Colleges, an dem King sein Bachelor-Studium absolvierte, sondern auch Kings Mentor und mit dessen Familie befreundet. In einem seiner veröffentlichten Texte heißt es:

»Der Grundstein der christlichen Religion ist, dass wir alle Kinder Gottes sind, dass dieser Gott der Vater der ganzen Menschheit ist und alle Menschen Geschwister sind. [...] Entweder Gott ist der Vater aller Menschen, oder er ist der Vater von keinem. Entweder die Leben aller Kinder sind heilig, oder kein Leben eines Kindes ist heilig.«[20]

In Mays Ansprache finden sich noch weitere theologische Motive, die auch in Kings Reden und Schriften immer wieder auftauchen. Wir können davon ausgehen, auch wenn die hier zitierte Rede von 1950 ist, dass sie im Wesentlichen mit dem theologischen Denken übereinstimmt, das King kennenlernte, seit er Benjamin Mays bei seiner Immatrikulation im Herbst 1944 das erste Mal traf und das ihn in den folgenden Jahren am Morehouse College begleitete.[21] Vermutlich hat er es zuvor schon so oder ähnlich bei seinem Vater und anderen politisch engagierten Schwarzen Predigern gehört. Dies ist ein wichtiger Hinweis darauf, dass King die afro-amerikanische theologische Tradition in der spezifischen Gestalt des Black Social Gospel kennenlernte, in der die Aufgabe der Kirche nicht nur in der Verkündigung des Wegs zum Heil, sondern auch im Engagement für gerechte soziale Verhältnisse der oft benachteiligten Schwarzen gesehen wurde.[22]

Dieser Zusammenhang wurde hier so ausführlich rekonstruiert, weil – wie oben schon erwähnt – sich in Kings studentischen Arbeiten und späteren Publikationen direkte Bezüge zu theologischer Literatur in der afro-amerikanischen Tradition selten finden. Unabhängig davon, in welcher Version King dieses Konzept zum ersten Mal begegnete, ist es offensichtlich, dass er eine afro-amerikanische Perspektive in seine theologische Anthropologie und Ethik integrierte, welche als Grundlage für seine Forderung nach Gleichheit und Gerechtigkeit dienen wird. Schon in seiner ersten Buchpublikation verwendet er diese Metapher, die in seinem ganzen Werk mit dem Konzept der *Somebodyness* verbunden ist:

»Die Schwarzen haben begonnen zu spüren, dass sie vollwertige Personen sind. Ihre Religion offenbart ihnen, dass Gott alle seine Kinder liebt und dass das Wichtige an den Menschen nicht ihre ›Besonderheit, sondern ihr Fundament‹ ist – nicht die Beschaffenheit der Haare oder die Pigmentierung der Haut, sondern der ewige Wert für Gott.«[23]

Und es wird deutlich, dass wirklich alle Menschen gemeint sind, nicht nur das zuerst erwählte Volk Israel, auch nicht nur die Christinnen und Christen, sondern alle:

»Wir werden es schaffen, die Zeit zu beschleunigen, bis zu dem Tag, wenn alle Kinder Gottes, Schwarze und Weiße, jüdische und nichtjüdische Menschen, Protestanten und Katholikinnen sich die Hände reichen und zusammen mit den Worten des alten Spirituals singen: Endlich frei! Endlich frei!«[24] Vielleicht lag darin sogar das Entscheidende seiner I have a dream-Rede, dass er die universale Gleichheit nicht nur rechtlich, sondern religiös begründete.

Für King ist das Konzept der Gotteskindschaft wie in der Schwarzen Alltagsreligion ethisch grundlegend und begründet die Forderung nach Freiheit und Gerechtigkeit für alle Menschen. Und es ist das am häufigsten von ihm verwendete Konzept, um Würde, *Somebodyness* und Gleichheit theologisch zu begründen.[25] Aber es ist nicht das einzige. Die Metapher der Gottebenbildlichkeit wird in diesem Zusammenhang bei King zunehmend wichtig.

Kings Verständnis der Gottebenbildlichkeit als Begründung von Gleichheit und Würde

In seinen studentischen Arbeiten und den ersten Jahren als Prediger und politischer Redner hat King die reformatorische Auffassung ungeprüft übernommen, dass Gott zwar alle Menschen nach seinem Bilde geschaffen habe (1. Mose 1,26-28), dass aber die Ebenbildlichkeit durch die Ursünde verloren gegangen oder zumindest erheblich beschädigt worden sei. Dabei wird die Gottebenbildlichkeit nicht als physische Ähnlichkeit, sondern als Beziehungsgeschehen verstanden: Gott begründet eine Beziehung mit den Menschen, indem er sie nach seinem Bilde schuf. Zugleich sind dadurch alle Menschen in Beziehung miteinander. Menschen haben Gemeinschaft mit Gott und untereinander. Dies wird in dieser theologischen Perspektive durch die Ursünde grundlegend gestört.[26] In diesem Sinne begegnet dieses Motiv in mehreren studentischen Arbeiten und in seinen frühen Predigten und Reden. So verstanden ist die Gottebenbildlichkeit eine anthropologische und keine ethische Kategorie, sie sagt also etwas über die Beziehung des Menschen zu Gott und sein Verhältnis zur Welt aus, wird aber nicht als Begründung für richtiges Handeln angesehen.

Allerdings kommt das Motiv bei King am häufigsten in einem Zitat einer rassistischen Argumentation vor, die er immer wieder anführt, um ihre Absurdität zu demonstrieren: »Jemand hat folgendes Argument in Form eines aristotelischen Syllogismus formuliert, um die Unterlegenheit der Schwarzen zu begründen: Alle Menschen sind als Ebenbilder Gottes geschaffen. Da allgemein bekannt ist, dass Gott nicht schwarz ist, können Schwarze keine Menschen sein.«[27]

In den 1960er-Jahren verändert sich Kings Verwendung des Motivs der *imago Dei*. Zum einen erwähnt er die vermeintliche Beschädigung bzw. den Verlust der *Imago* nicht mehr, zum anderen verschränkt er nun die Schöpfung als Gottes Ebenbild mit der Konstitution von Würde und Wert der Person. Seine Rede »The Ethical Demands for Integration« (Die ethischen Forderungen für die Integration) im Dezember 1962 steht exemplarisch für diese Entwicklung. In früheren Predigten hat er regelmäßig den Wert der menschlichen Person in der Schöpfung als Gottes Ebenbild begründet gesehen, aber dies nie – soweit ich sehen kann – mit dem ethischen Konzept der Würde verbunden, obwohl beide Begriffe Teil der Menschenrechtsterminologie seit den 1940er-Jahren waren.[28] Zugleich ist es das erste Mal, dass er das Konzept der Würde mit der Gottebenbildlichkeit begründet. Kings erste ethische Forderung ist die Anerkennung der Heiligkeit der menschlichen Person:

»Die Heiligkeit der menschlichen Person muss anerkannt werden. Tief in unserem politischen und religiösen Vermächtnis wurzelt die Überzeugung, dass jeder Mensch Würde und Wert erbt. [...] Unsere jüdisch-christliche Tradition begründet diese dem Menschen innewohnende Würde mit dem biblischen Konzept der Gottebenbildlichkeit. Dieser angeborene Wert, auf den der Ausdruck ›Gottebenbildlichkeit‹ verweist, wird in gleicher Weise von allen Menschen geteilt. Es gibt keine Notenskala des essentiellen Wertes; es gibt kein göttliches Recht einer Ethnie, das vom göttlichen Recht einer anderen abwiche. Jedes menschliche Wesen hat den unverlierbaren Abdruck des Schöpfers in die Persönlichkeit eingeprägt.«[29]

Nach meinem Kenntnisstand ist dies das erste Mal, dass er die menschliche Würde mit dem Konzept der *imago Dei* begründet. Das ist insofern überraschend, als King das Konzept der Würde von Beginn seiner öffentlichen Wirksamkeit an und bis zu seinem Tod verwendet.

Die zweite Neuerung ist, dass King an keiner Stelle mehr erwähnt oder sogar nur andeutet, dass die Gottebenbildlichkeit durch die Ursünde beschädigt oder zerstört würde, obwohl er das zuvor regelmäßig gemacht hat. Beides zusammengenommen lässt darauf schließen, dass es hier tatsächlich eine Veränderung und konzeptionelle Weiterentwicklung in seinem theologischen Denken gegeben hat. Wenn die *Imago* beschädigt oder zerstört werden könnte, wäre sie keine wirklich gute Grundlage für die unverlierbare Würde aller Menschen. Offensichtlich gibt King die traditionelle Lehre des Verlusts der Gottebenbildlichkeit durch die Ursünde auf. Allerdings ist nicht ersichtlich, warum er sein theologisches Verständnis von Würde, Gleichheit und schließlich Rechten verändert und weiterentwickelt. Mit dieser Predigt erreicht Kings theologisches Verständnis von Würde und Gottebenbildlichkeit eine neue systematische Gestalt und Stimmigkeit.

Es ist auffällig, dass es später in dem Text einen Absatz mit der Überschrift »God and Human Worth« (Gott und der Wert des Menschen) gibt. Hier begründet King den Wert von Personen in einer anderen Terminologie: »Letztendlich fordert die christliche Ethik, dass alle Menschen verdienen, respektiert zu werden, weil Gott sie liebt. Der Wert eines Individuums liegt nicht in der Qualität seines Intellekts, seiner ethnischen Herkunft oder seiner sozialen Position. Der Wert der Menschen liegt in ihrer Verbundenheit mit Gott.«[30] Das ist das klassische personalistische Sprachspiel, das regelmäßig in Kings Schriften und Reden begegnet. Weder das Konzept der Würde noch das der Gottebenbildlichkeit werden hier erwähnt. Das unterstreicht, dass der oben zitierte Abschnitt tatsächlich etwas Neues darstellt. Es ist offensichtlich, dass King hier zwei unterschiedliche theologische Konzepte nutzt bzw. neu interpretiert.

Dies bestätigt sich auch in Kings bekannter Predigt »The American Dream«, die er in Atlanta in der Ebenezer Baptist Church am 4. Juli 1965, dem Unabhängigkeitstag, gehalten hat. Wiederum verbindet er ausdrücklich die Gottebenbildlichkeit mit den Konzepten der Würde und der Gleichwertigkeit aller Menschen:

»Was es [das Konzept der Gottebenbildlichkeit] bedeutet, ist, dass alle Menschen gleichen, ihnen innewohnenden Wert haben. Da sieht man, dass die Gründungsväter [der USA] wirklich von der Bibel beeinflusst waren. Das Konzept der *imago Dei*, wie es auf Latein heißt, die Gottebenbildlichkeit, fußt auf der Idee, dass alle Menschen etwas in sich tragen, das Gott ihnen gegeben hat. Nicht, dass sie eine ähnliche Beschaffenheit wie Gott haben, sondern dass alle Menschen die Gabe haben, in Beziehung zu Gott zu leben. Und das gibt den Menschen ihre Einzigartigkeit, gibt ihnen Wert, gibt ihnen Würde. Und wir dürfen das als Nation nicht vergessen: Es gibt keine Abstufungen der Gottebenbildlichkeit. Alle Menschen, ob strahlend weiß oder tiefschwarz, haben Bedeutung auf Gottes Klaviatur, weil alle Menschen als Gottes Ebenbilder geschaffen wurden. Eines Tages werden wir das lernen. Wir werden eines Tages verstehen, dass Gott uns geschaffen hat, um als Geschwister zusammenzuleben und die Würde und den Wert eines jeden Menschen zu respektieren.«[31]

In einer früheren Version dieser Ansprache, die King bei der Graduierungsfeier an der Lincoln University vier Jahre zuvor gehalten hat, verwendet er die Gotteskindschaft als theologische Begründung der Würde und Rechte.[32] Das Konzept der Gottebenbildlichkeit als Grundlage der Würde und der Gleichwertigkeit aller Menschen ist also neu in der jüngeren Version von 1965. Dies macht erneut deutlich, dass hier eine Änderung in Kings theologischem Denken stattgefunden hat.

King beginnt seine Predigt am Nationalfeiertag mit einem Zitat der Unabhängigkeitserklärung: »All men are created equal ...« (Alle Männer/Menschen sind gleich geschaffen ...). Er betont, dass der Ausdruck »All men ...« inklusiv zu verstehen sei und alle Menschen einschließe. Er führt weiter aus, dass grundlegende Rechte von Gott gegeben seien, wobei er den Ausdruck »Schöpfer« in der Unabhängigkeitserklärung – der auch als deistisches Konzept verstanden werden kann – mit dem christlichen bzw. biblischen Gott identifiziert. Daran anschließend setzt er die Bürgerrechte der Verfassung mit der Würde und dem Wert der Person in Beziehung, wobei dies eine interpretatorische Erweiterung ist, da diese Begriffe in der Unabhängigkeitserklärung gar nicht vorkommen. Im nächsten Schritt führt er das Konzept der *imago Dei* ein. In der zitierten Textpassage wiederholt King den Aspekt, dass die Gottebenbildlichkeit eine Beziehung mit Gott konstituiert. Dann fährt er fort: »Und das gibt den Menschen ihre Einzigartigkeit, gibt ihnen Wert, gibt ihnen Würde.«[33] Die in der Gottebenbildlichkeit begründeten Rechte, transzendieren die klassischen Bürgerrechte und werden zu Menschenrechten, einschließlich sozialer und wirtschaftlicher Rechte.[34] Es ist beachtenswert, dass King weiter das traditionelle theologische Motiv der Gotteskindschaft anführt, um die grundlegende Bedeutung der universellen Gleichheit zu betonen; beide können also nebeneinanderstehen.

Es ist allerdings auffällig, dass King das Konzept der Gottebenbildlichkeit in seinen berühmten öffentlichen Reden nur einmal als Grundlage für gleiche Würde und Rechte anführt. Weder in der legendären I have a dream-Rede von 1963 noch etwa in seiner Ansprache zum Abschluss des Marsches von Selma nach Montgomery im Frühjahr 1965 wird es verwendet. Auch in seinem weltbekannten »Letter from a Birmingham Jail« kommt das Motiv nicht vor, obwohl er darin ja gerade christliche Geistliche anspricht, so dass es in gewissere Weise nahegelegen hätte. Darüber hinaus findet sich auch in seiner allerletzten Ansprache »I've Been to the Mountaintop« in Memphis mehrfach das Motiv der Gotteskindschaft, aber nicht einmal das Konzept der Gottebenbildlichkeit.[35] Allein in seiner Nobelpreis-Rede verwendet er es.[36] Es bleibt unklar warum. Insbesondere, weil King sich in stärker konzeptionellen Texten bis zu seinem Tod immer wieder darauf bezieht. In seinem 1967 erschienenen Buch »Where do we go from here?« verwendet er beinahe wörtlich Textabschnitte aus seiner Ansprache »The Ethical Demands for Integration« von 1962.[37] Das Konzept der Gottebenbildlichkeit begegnet über das ganze Buch hinweg an verschiedenen Stellen als theologische Begründung für Würde, Gerechtigkeit und Gleichheit.[38]

Auch in seiner letzten, posthum erschienenen Publikation bezieht er sich auf diese Grundlegung. Am Weihnachtsabend 1967, wenige Wochen vor seiner Ermordung, führt er aus:

»Wenn wir Frieden auf Erden und Wohlgefallen unter den Menschen wollen, dann müssen wir uns um die gewaltfreie Bestätigung der Heiligkeit allen menschlichen Lebens kümmern. Jeder Mensch ist ›jemand‹, weil er oder sie ein Kind Gottes ist. Und wenn wir nun sagen ›Du sollst nicht töten‹, dann bringen wir eigentlich zum Ausdruck, dass menschliches Leben zu heilig ist, als es auf den Schlachtfeldern der Welt zu opfern. Menschen sind mehr als die Kapriolen schwirrender Elektronen oder Rauchschwaden einer unendlichen Glut. Menschen sind Kinder Gottes, geschaffen nach seinem Ebenbild, und deshalb müssen sie als solche respektiert werden.«[39]

In diesem Text verschränkt King die Metaphern der Gotteskindschaft und der Gottebenbildlichkeit, die beide als theologische Begründungen der Würde und Gleichwertigkeit aller Menschen in Anspruch genommen werden.[40] In vielen Fällen verwendet er sie synonym und wechselseitig austauschbar. Dieses späte Zeugnis liefert den hermeneutischen Schlüssel für sein anthropologisches und ethisches Verständnis: Alle Menschen verfügen über *Somebodyness.* Sie haben gleichen Wert und Würde[41] und haben Anrecht auf von Gott gegebene Bürger- und Menschenrechte, weil sie alle Kinder Gottes sind und gleichermaßen als Gottes Ebenbild erschaffen wurden. Dagegen zu verstoßen ist für King Sünde.

Auch wenn schon in der Pastoralkonstitution Gaudium et Spes des Zweiten Vatikanischen Konzils 1965 *imago Dei* und Würde in Verbindung gebracht wurden, hat das Konzept der Gottebenbildlichkeit als Begründungsfigur der Menschenwürde und Menschenrechte sowohl in der römisch-katholischen also auch im Mainstream der »westlichen« evangelischen Theologie nicht vor den 1970er-Jahren an Bedeutung gewonnen. Insofern ist Kings »Wende« nicht nur bedeutsam, um die Entwicklung seines theologischen Denkens zu verstehen, sondern auch, weil sie eine systematisch-theologische Argumentation vorweggenommen und damit vorbereitet hat, die erhebliche Bedeutung und Wirksamkeit vor allem im Kontext der bioethischen Debatten und der Menschenrechtstheologie erst seit den 1980er-Jahren entfaltet[42] und heute für eine rassismuskritische und auf Gerechtigkeit zielende theologische Perspektive grundlegend ist. Dem entspricht bei Martin Luther King, Jr. eine Spiritualität der menschlichen Würde, zu der er immer wieder zur Überwindung von Hass und Gewalt einlädt und ermutigt.[43]

7.
Bombingham
Die Birmingham-Kampagne und das öffentliche Gewissen

King und seiner Organisation fehlte eigentlich seit Montgomery ein vergleichbarer Erfolg. Obwohl mit John F. Kennedy ein Präsident amtierte, der Bürgerrechtsfragen gegenüber im Prinzip offen gegenüberstand, war er doch machtpolitisch im Kongress auf die Stimmen der Demokraten aus den Südstaaten angewiesen und hatte deshalb kein Interesse an eskalierenden Konflikten. Kennedys Zurückhaltung führte zur Enttäuschung in Kings Umfeld. Und die Initiativen zu den Sit-ins und Freedom Rides waren eben nicht von King oder der SCLC ausgegangen. Darüber hinaus geriet King mit seinem Bekenntnis zur Gewaltfreiheit und seiner Hoffnung auf Versöhnung von Schwarzen und Weißen auch innerhalb der Schwarzen Gemeinschaft unter Druck. Ein Faktor dafür war der Schwarze Nationalismus von Malcolm X, der eine Separierung von den Weißen und die Verteidigung der Würde der Schwarzen notfalls mit Gewalt forderte, was gerade für die Jüngeren aus dem Norden angesichts des Weißen rassistischen Widerstands zunehmend an Attraktivität gewann.[1]

Von Albany nach Birmingham

Eine in der Stadt Albany in Georgia 1961/62 durchgeführte Kampagne war ein ziemlicher Flopp gewesen. King war in dieses Engagement mehr oder weniger zufällig hineingeraten. Eigentlich war er nur als Redner eingeladen, konnte dann aber die Einladung, den Protestmarsch am nächsten Tag anzuführen, nicht ablehnen, ohne sein Gesicht zu verlieren. So wurde er in die Albany-

Kampagne hineingezogen, obwohl die SCLC gar nicht darauf vorbereitet war und es unterschiedliche Auffassungen in der Schwarzen Community und zwischen SNCC und SCLC gab. Darüber hinaus hatte sich Laurie Pritchett, der Polizeichef von Albany, die Strategie der Southern Christian Leadership Conference (SCLC) genau angeschaut. Er vermied jegliche unnötige Gewalt und Eskalation, inhaftierte aber eine große Zahl von Demonstrierenden, für die er Gefängniskapazitäten organisiert hatte. Durch Informanten unter den Schwarzen war er stets über deren Pläne informiert. So gab es keine sensationellen Bilder, die Medien verloren das Interesse, und King und seinen Protestorganisatoren gingen die Menschen aus, die bereit waren zu demonstrieren. Darüber hinaus mussten große Summen für Kautionen aufgewendet werden. Hinzu kamen Spannungen mit SNCC, der studentischen Protestorganisation, die schon länger in der Stadt aktiv war. King musste einen nicht sehr günstigen Kompromiss schließen, um gesichtswahrend die Kampagne zu beenden.[2]

Als nächsten Ort, an dem möglicherweise ein medienwirksamer Erfolg erreicht werden konnte, identifizierte Kings Stab Birmingham, Alabama, eine Industrie- und Bergbaustadt, die schon bessere Tage gesehen hatte. Gerade durch die sich verschlechternde wirtschaftliche Lage seit dem Kriegsende nahmen die Konflikte zwischen Schwarzen und Weißen hier zu. Wegen der zahlreichen Terroranschläge des Ku Klux Klans wurde die Stadt auch »Bombingham« genannt. Für King und die SCLC war günstig, dass hier Pastor Fred Shuttlesworth, ein erfahrener und unerschrockener Bürgerrechtsveteran, lange gewirkt hatte. Mit dem Alabama Christian Movement for Human Rights (ACMHR; Christliche Bewegung für Menschenrechte in Alabama) war er ein Gründungsmitglied der SCLC. Durch Shuttlesworth war der Kontakt zu und die Kooperation mit den entscheidenden Schwarzen Kirchen gesichert.

Am Neujahrstag 1963 feierte die afro-amerikanische Community den 100. Jahrestag des Inkrafttretens der Emanzipationserklärung Lincolns, mit der die Versklavten im Bereich der Konföderierten befreit wurden.[3] Die Vorbereitungen für eine große Kampagne in Birmingham, genannt »Project C«, liefen an. »C« stand für Confrontation. Generalstabsmäßig wurden die zukünftigen Demonstranten trainiert, die Logistik aufgebaut, die lokalen Akteure vernetzt. Es war die erste Aktion, an der Andrew Young von vornherein beteiligt war. Er war mit einem stiftungsfinanzierten Wahlregistrierungsprogramm zur SCLC gekommen, nachdem er vorher in verschiedenen Funktionen beim Nationalen Kirchenrat (National Council of Churches) tätig gewesen war. Er brachte also Erfahrungen aus einer großen Organisation mit, die landesweit operierte: Erfahrungen z.B. im Umgang mit der Presse, die vielen bei der SCLC fehlten. Neben Stanley Levison wurde Young in den kommenden Jahren zu einem wichtigen Berater Kings.

Allerdings blieben die Pläne nicht geheim. Bereits Ende 1962 hatte der Justizminister Robert Kennedy auf Drängen Hoovers dem FBI ja erlaubt, das Telefon in Stanley Levisons Büro zu überwachen und dort auch Wanzen zu installieren. So war die Kennedy-Administration zwar nicht über jedes Detail, aber doch über die Strategie sowohl in Birmingham und dann auch beim Marsch auf Washington informiert, ohne dass King und Levison zu diesem Zeitpunkt bewusst war, dass sie abgehört wurden.

Wegen anstehender Bürgermeisterwahlen verzögerte sich der Beginn der direkten Protestaktionen mehrfach. King wollte die Chancen des moderaten Kandidaten durch die Protestaktionen nicht verschlechtern. Der eigentliche Start erfolgte dann erst Anfang April 1963, als das »Ostershopping« schon fast vorbei war. Diese wichtige Einkaufsaison sollte eigentlich für Boykotte der segregierten Kaufhäuser genutzt werden. Der Start der Protestaktionen verlief dann eher holprig und brachte zunächst keine Resultate. Nach massenhaften Verhaftungen waren so viele Aktivistinnen und Aktivisten in Untersuchungshaft, dass die Freiwilligen für weitere Aktionen knapp wurden. Um dies zu verdecken, setzte Wyatt Walker, der Cheforganisator, die Märsche auf 12 Uhr an. Menschen, die in ihrer Mittagspause auf der Straße waren, waren von den Protestierenden nicht zu unterscheiden und die protestierende Menge schien dadurch größer zu sein, als sie es tatsächlich war. Eine Eskalationsmöglichkeit bestand zudem darin, dass King selber ins Gefängnis ging, denn erfahrungsgemäß erregte das die Aufmerksamkeit der überregionalen Medien.

Am Karfreitag, dem 12. April 1963, führte also King selbst eine Demonstration an. Allerdings waren nur wenige Menschen bereit, mitzumarschieren und mit ins Gefängnis zu gehen. Denn allen war bewusst, dass dieser Marsch mit großer Wahrscheinlichkeit zur Verhaftung führen würde. Und so geschah es dann auch. King musste die Ostertage in einem Gefängnis in Birmingham verbringen. Und er hasste es, im Gefängnis zu sein. Dort entstand sein berühmter »Letter from a Birmingham Jail«, den King handschriftlich niederschrieb und den Clarence B. Jones aus dem Gefängnis schmuggelte.

Brief aus dem Gefängnis von Birmingham

Eine Gruppe Weißer liberaler Geistlicher aus Birmingham hatte am 12. April 1963, dem Tag, an dem King festgenommen wurde, einen offenen Brief in einer der lokalen Zeitungen, den Birmingham News, veröffentlicht. Darin verurteilten sie die Proteste, weil sie zu Hass und Gewalt aufstacheln würden. Etliche dieser Geistlichen hatten sich erst kurz zuvor gegen den offenen Rassismus in der Antrittsrede des Gouverneurs Wallace gewandt. Aber sie hielten aktiven gewaltfreien Widerstand für den falschen Weg und forderten Mäßigung. In diesem Sinne äußerte sich auch der populäre Weiße Evangelist Billy Graham, der King aufforderte, die Proteste abzuschwächen.

King reagierte auf die unerbetenen Ratschläge mit seinem Gefängnis-Brief.[4] Es war für ihn eine geistliche Anfechtung, dass so wenige Weiße Geistliche und Weiße Kirchen den Kampf der Bürgerrechtsbewegung unterstützten und so den Rassismus, die Unterdrückung und Ausbeutung akzeptierten. Statt sich gegen das Problem und dessen Verursacher zu wenden, wurden diejenigen, die gegen die Ungerechtigkeit und für (ihre) verfassungsgemäßen Rechte kämpften, als die Störenfriede wahrgenommen. Ein Muster, das leider an Aktualität nichts verloren hat. Das Genre des Gefängnisbriefs bzw. Gefangenschaftsbriefs spielt dabei auf Paulus an, der etliche seiner Briefe (Epheserbrief, Philipperbrief, Kolosserbrief und den Brief an Philemon) aus dem Gefängnis geschrieben hat, bzw. deren Verfasser sich auf den gefangenen Paulus berufen.

King verleiht seinem Brief besondere Bedeutung, indem er betont, dass er selten auf Kritik reagiere, weil er sonst gar nicht zu seinen eigentlichen Projekten komme. Aber in diesem Falle mache er eine Ausnahme, da er ja bei den Verfassern davon ausgehen dürfe, dass sie die Kritik mit guter Absicht und wohlüberlegt vorgebracht hätten.

Zugleich bietet ihm diese Konstellation eine hervorragende Gelegenheit, mit seinem Brief die Weiße, liberale Öffentlichkeit anzusprechen und ihr die Motivation und Strategie der Proteste zu erläutern. Das macht diesen Gefängnisbrief zu einem besonderen Dokument, in dem die Analyse des Rassismus, die politische und theologische Motivation Kings und die Strategie der Bürgerrechtsbewegung zum Ausdruck kommen. Deshalb werde ich ihn hier ausführlich darstellen.

King begegnet gleich zu Beginn einem oft vorgebrachten Einwand, nämlich dem, dass es in den Städten eigentlich keine Probleme gebe, die man nicht vor Ort lösen könne, wenn nicht von außen Einfluss genommen würde. Dies ist ja ein Argument, das nicht nur die Aktivistinnen und Aktivisten der Bürgerrechtsbewegung damals in den USA immer wieder zu hören bekamen, sondern das überall dort vorgebracht wird, wo sich Menschen gegen den *status quo* für Gerechtigkeit und Freiheit einsetzen. King setzt dem entgegen, dass er auf Einladung des Alabama Christian Movement for Human Rights (ACMHR) in der Stadt sei, das Mitglied der überregionalen, von King gegründeten Bürgerrechtsorganisation SCLC sei. Er sei also nicht nur eingeladen, sondern verpflichtet, in Birmingham zu sein, wenn ein Mitglied der Organisation um Unterstützung bitte. Er deutet seine Anwesenheit in der Stadt in Analogie zu Paulus' Missionsreisen zu den Gemeinden, die ihn eingeladen haben, dort, wo es nötig ist, das Evangelium zu predigen.

King verweist dann auf die Vernetztheit der Orte und Staaten: »Ungerechtigkeit an irgendeinem Ort bedroht die Gerechtigkeit an jedem anderen.« (77).[5] Unrecht ist demnach kein lokales Problem, sondern ein die einzelnen Orte übergreifendes und es kann keine moralische Unzuständigkeit geben.

Im nächsten Schritt wendet er sich gegen Kritik an der Form des Protestes, indem er darauf aufmerksam macht, dass wohl eine Verwechselung von Ursache und Wirkung vorliege. Ja, es sei bedauerlich, dass die Demonstrationen stattfinden müssten, aber der Grund dafür seien die rassistischen Strukturen in der Stadt. Diese seien es, was man eigentlich bedauern und kritisieren müsste. Er erinnert an die unrühmlichen Zeichen des Rassismus in Birmingham, die von wirtschaftlicher, sozialer, kultureller und politischer Benachteiligung und Ausgrenzung bis zu offenem Terror durch Sprengstoffanschlägen reichten, gegen die sich die Schwarzen in Birmingham schon lange wenden würden. Die Gespräche und Verhandlungen, die schon im Jahr zuvor begannen, hätten zu keinem ausreichenden Ergebnis geführt und die wenigen Vereinbarungen, die man treffen konnte, würden nicht eingehalten. Er benennt den Paternalismus derjenigen, die selber von den Privilegien des Rassismus und der Segregation profitieren, sich aber berufen fühlen, den Unterdrückten und Benachteiligten zu sagen, wann der richtige Zeitpunkt für Veränderungen gekommen sei und in welcher Geschwindigkeit sich diese zu vollziehen hätten.

Den Einwand, die Protestaktionen würden die Spannungen nur erhöhen, pariert King mit dem Hinweis, dass im Gegenteil nur die vorhandenen Spannungen sichtbar gemacht würden und dass dies notwendig sei, um die Auswirkungen des Rassismus erkennbar zu machen und zu überwinden. Er habe keine Angst vor Spannungen. Denn das Ziel sei, mithilfe der Spannungen zu Verhandlungen und Veränderungen zu kommen.

Und es gab bislang keinerlei Fortschritt hinsichtlich der Bürgerrechte ohne juristischen und gewaltfreien Druck, denn die Privilegierten, so King mit Verweis auf Reinhold Niebuhr, gäben ihre Privilegien niemals freiwillig ab. Daran schließt sich eine Einsicht an, die für King in dieser Phase ganz zentral ist: »Durch schmerzhafte Erfahrung wissen wir, dass Freiheit niemals freiwillig von den Unterdrückern gewährt wird: Sie muss von den Unterdrückten gefordert werden« (80).

Immer wenn die Forderung sei: Wartet! Dann hieße das: Niemals! Wer fordere zu warten, habe niemals die Folgen des Rassismus und der Segregation am eigenen Leibe erfahren: die Lynch-Morde an den eigenen Vorfahren, die Polizeigewalt, das Unverständnis der Kinder, wenn sie nicht in die den Weißen vorbehaltenen Vergnügungsparks dürfen, das Übernachten im Auto, weil die Motels keine Schwarzen aufnehmen, der mangelnde Respekt gegenüber Männern und Frauen. Das Ganze ziele darauf, den Schwarzen das Gefühl zu geben, ein Niemand zu sein (nobodiness). Da sei es wohl verständlich, dass man ungeduldig werde, wenn einem seit 340 Jahren im eigenen Land die gottgegebenen Rechte vorenthalten würden. Und dies sei eine »legitime und unvermeidliche Ungeduld« (82).

Jetzt kann King auch auf den Vorwurf reagieren, dass die Protestierenden Gesetze brächen. Entscheidend für ihn ist die Unterscheidung von gerechten und ungerechten Gesetzen. »Jedes Gesetz, das die Personalität der Menschen fördert, ist gerecht. Aber jedes Gesetz, das die Personalität der Menschen erniedrigt, ist ungerecht« (82). Mit guten Gründen sieht er die rassistischen Segregationsgesetze in den Südstaaten als unmoralisch und ungerecht an. Deshalb dürfe gegen sie verstoßen werden, um sie zu überwinden. Dabei kann er sich auf das Urteil des Obersten Gerichtshofs berufen, das 1954 die Segregation in öffentlichen Schulen als verfassungswidrig erklärt und aufgehoben hatte. Darauf fußt der ganze Ansatz seit Montgomery, mithilfe des Bundesrechts gegen verfassungswidrige Gesetze der Einzelstaaten vorzugehen.

Nachdem er so dargelegt hat, dass die Proteste notwendig, dringlich und gerechtfertigt sind, kommt er zu seinem eigentlich zentralen Punkt: seiner Enttäuschung über die moderaten Weißen! Das eigentliche Hindernis für den Freiheitskampf der Schwarzen seien nicht die bekennenden Rassisten, sondern die liberalen Weißen, die zwar die rechtliche Segregation ablehnten, aber »sich mehr für die Aufrechterhaltung der Ordnung interessieren als für die Verwirklichung von Gerechtigkeit. Die einen negativen Frieden als Abwesenheit von Spannung gegenüber einem positiven Frieden als Verwirklichung von Gerechtigkeit vorziehen« (84). Und er erinnert seine Weißen Leserinnen daran, dass der Fortschritt nicht von allein komme, sondern dann, wenn Menschen aktiv mit Gott zusammenarbeiten.

Den Vorwurf des Extremismus weist er zurück. Er sieht seinen Weg der Liebe und Gewaltfreiheit im Gegenteil als Strategie, die das eine Extrem des Nichtstuns und das andere Extrem des Hasses und der Gewalt vermeidet. Aber er greift diesen Vorwurf kurz danach wieder auf, um einen gewaltfreien Extremismus für die Gerechtigkeit zu fordern, indem er rhetorisch fragt: »War nicht Jesus ein Extremist der Liebe? [...] War nicht Martin Luther ein Extremist: ›Hier stehe ich und kann nicht anders. Gott helfe mir‹. [...] Und Abraham Lincoln: ›Diese Nation kann nicht überleben, wenn die eine Hälfte versklavt und die andere Hälfte frei ist‹.[6] [...] Deshalb ist die Frage nicht, ob wir Extremisten sind, sondern welche Art von Extremisten. Sind wir Extremisten des Hasses oder der Liebe? Sind wir Extremisten, welche die Ungerechtigkeit erhalten wollen, oder Extremisten für Gerechtigkeit« (88).

In einem nächsten Schritt verleiht King seiner Enttäuschung in Bezug auf die Weiße Kirche[7] Ausdruck. Er kritisiert ihre Ignoranz gegenüber sozialen Herausforderungen, die auf einer Vertröstungstheologie (otherworldliness) beruhen. Die Kirchen seien mit die größten Verteidigerinnen des Status quo, aber – so dramatisiert er theologisch – sie würden sich dafür in Gottes Gericht verantworten müssen. Zugleich dankt er denjenigen aus den Weißen Kirchen, die sich solidarisiert hätten und mit den Schwarzen für Freiheit kämpften.

Inhaltlich kulminiert der Brief in einer Passage, in der King die Bürgerrechtler als »enterbte Kinder Gottes« bezeichnet, die nicht etwa nur für ihre Interessen, sondern für den Amerikanischen Traum und die jüdisch-christlichen Werte kämpften und damit die Nation zurückführten zu den Quellen der Demokratie, die von den Gründervätern mit der Unabhängigkeitserklärung und der Verfassung freigelegt wurden (94).

Der Brief fand als Flugschrift schnelle Verbreitung. Er stellt zu diesem Zeitpunkt auch den programmatischen und rhetorischen Höhepunkt in Kings Karriere dar. Viele Elemente tauchen zwar schon vorher auf, aber sie finden sich nirgends so umfassend und überzeugend ausgearbeitet. In dem Gefängnistext wird auch der Zusammenhang von Kings theologischer Überzeugung, seinen politischen Werten und den Zielen und Methoden des Protestes deutlich. Und diese weisen zugleich über Birmingham hinaus: Wenn alle Menschen Kinder Gottes sind, dann geht Ungerechtigkeit an einem Ort Menschen überall an.

Während King im Gefängnis saß, fanden an vielen Orten Solidaritätsaktionen statt. Harry Belafonte organisierte nicht nur 50.000 $ an Spenden, sondern telefonierte auch mit Justizminister Robert Kennedy. Der reagierte allerdings – wie zu erwarten – sehr zurückhaltend, weil er nicht nur prinzipiell gegen die Aktion in Birmingham war, sondern genau wusste, dass Kings Gefängnisaufenthalt in den Nachrichten weltweit Aufmerksamkeit fand. Was die Kennedys zu diesem Zeitpunkt am wenigsten wollten, war negative Publicity. Aber überall im Süden schien das Fass überzulaufen. Brutale Übergriffe bei den Wahlbildungsprogrammen in Mississippi, die Studierenden in Nashville setzten ihre Aktionen fort und jetzt drohte auch noch eine Eskalation in Birmingham. Durch die – übertriebenen – Berichte des FBI hatten die Kennedys zusätzlich Angst vor zu viel Nähe zu King. Denn sie wollten es sich mit den Südstaatendemokraten nicht noch weiter verderben, und sie befürchteten, dass durch eine Kooperation mit King sie selbst wegen Kings vom FBI als kommunistisch eingestuften Beratern in Verdacht geraten könnten, kommunistisch beeinflusst zu sein. Zwar war die Kuba-Krise gerade überstanden, aber die Systemkonkurrenz des Kalten Krieges war auf dem Höhepunkt.

Kinderkreuzzug

Am 20. April 1963 konnten Martin Luther King, Jr. und sein Freund und Stellvertreter Ralph Abernathy das Gefängnis von Birmingham nach 9 Tagen gegen Kaution verlassen. Die Protestaktion lief zu diesem Zeitpunkt nicht gut. Und es war klar, dass, wenn nicht bald weitere Aktionen stattfänden, die Medien das Interesse verlieren und Birmingham verlassen würden. Die Mitarbeiter Kings entwickelten die Idee, Schülerinnen und Schüler für die Aktion zu rekrutieren. King hatte Bedenken. Aber seine Mitorganisatoren nutzten seine Abwesenheit, um das Projekt voranzubringen.

Während Erwachsene es sich nicht leisten konnten, ihren Job zu verlieren oder ins Gefängnis zu gehen, mussten die Schülerinnen zwar Disziplinarmaßnahmen der Schulen fürchten, aber die materielle Versorgung der Familien war durch die Teilnahme an Protestaktionen nicht gefährdet. Hinzu kam, dass ein lokaler Football-Star früh die Bewegung unterstützte und dies für viele Jüngere ein Vorbild war. Hunderte Schüler meldeten sich und wurden für den Protest und einen möglichen Gefängnisaufenthalt vorbereitet.[8]

Am 2. Mai startete die neue Protestphase, die als Kreuzzug der Kinder (children's crusade) bekannt werden sollte.[9] Hunderte versammelten sich in der 16th Street Baptist Church, dem Hauptquartier der Kampagne, um in immer neuen Wellen in die Innenstadt zu strömen. Schon um 16 Uhr waren 600 Kinder und Jugendliche inhaftiert und die Gefängniskapazität war erschöpft. Dagegen war die Schwarze Community voll neuer Energie. Am nächsten Tag waren 1.000 Jugendliche bereit zu marschieren. Da er keine Möglichkeit mehr hatte, eine größere Zahl im Gefängnis unterzubringen, reagierte Bull Connor mit äußerster Brutalität. Zugleich war es in seinem Interesse, den Konflikt zu eskalieren, um sich seinen Unterstützern als Bewahrer der Segregation zu empfehlen. Insofern überlagerten sich hier sogar seine Interessen mit denen der SCLC.

Die Sicherheitskräfte setzten massiv Wasserwerfer und Hundestaffeln ein. Sie gingen mit äußerster Brutalität vor, was selbst die moderaten und kompromissbereiten unter den Schwarzen Honoratioren veranlasste, eine konfrontative Haltung einzunehmen. Vor allem aber liefen die Bilder über die Ticker in alle Welt und lösten Entsetzen und Empörung aus.

Die Proteste gingen weiter, aber schon am 4. Mai begann ein hochrangiger Vertreter des Justizministeriums, Burke Marshall, im Auftrag von Robert

Kennedy, Druck auf die Weißen Geschäftsleute auszuüben, um einen Kompromiss zu erreichen. Im Hintergrund setzten also Verhandlungen ein. Das Eingreifen des Justizministers hatte zur Folge, dass viele Menschen im Süden ihm unterstellten, aktiv die Interessen der Schwarzen zu vertreten, während die Bürgerrechtsaktivisten die Kennedys für viel zu passiv hielten.

Verhandlungen, Kompromiss und Rückzug

Nach schwierigen Verhandlungen wurde das Birmingham Truce Agreement (Waffenstillstandsabkommen) in einer Pressekonferenz am 10. Mai von Shuttlesworth und King gemeinsam präsentiert. Die Weißen Unterzeichner traten nicht öffentlich auf und bestanden darauf, dass ihre Namen nicht publik würden, da auch sie Angst vor Gewaltaktionen der radikalen Rassisten hatten. Diese Angst der moderaten Geschäftsleute und Politiker war ein wesentlicher Faktor, der die Aufhebung der Segregation verzögerte, auch wenn sie – etwa jüdische Geschäftsleute – ideologisch für Maßnahmen gegen rassistische Benachteiligung waren.[10] Dass diese Angst alles andere als unberechtigt war, zeigte sich unmittelbar.

Am Samstagabend explodierte eine Bombe in dem Zimmer, in dem King wohnte. Er war aber bereits abgereist, um am nächsten Tag in Atlanta zu predigen. Kurz zuvor zerstörte ein Sprengstoffanschlag das Haus der Familie von Kings Bruder. Obwohl die Bestimmungen des Abkommens eher moderat waren, wie etwa die Aufhebung der Segregation der Kaufhäuser in 90 Tagen, die Einstellung von Schwarzen, die Einrichtung eines gemischten Verhandlungskomitees für weitere Schritte etc., waren die Reaktionen des Ku Klux Klan massiv. Dies veranlasste Präsident Kennedy, Armeeeinheiten in der Nähe von Birmingham in Bereitschaft zu versetzen.

Die konkreten Ergebnisse des Protestzyklus in Birmingham enttäuschten auch viele der Schwarzen, die zugleich mit King unzufrieden waren. Dennoch waren die Aktionen in Birmingham für die Bürgerrechtsbewegung und die SCLC insgesamt ein wichtiger Erfolg, der wegen seiner medialen Präsenz Menschen in etlichen Städten des Südens zu ähnlichen Protesten inspirierte. Wenn in einem Bollwerk des Weißen Rassismus die Segregation zumindest teilweise in Frage gestellt werden konnte, so sollte das an anderen Orten auch möglich sein. Außerdem war das Thema der Bürgerrechte nun wieder in der Aufmerksamkeitshierarchie der überregionalen Medien nach oben gerutscht. King und andere führende Personen der großen afro-amerikanischen Organisationen konnten nun versuchen, den Druck auf die Kennedy-Regierung zu erhöhen, um ein umfassendes Bürgerrechtsgesetz auf den Weg zu bringen, das die Segregation insgesamt abschaffen würde.

Und das war für King das Entscheidende: einen neuen Civil Rights Act zu verabschieden, der die Bundesregierung ermächtigen würde, die Bürgerrechte in den Südstaaten auch gegen deren Willen durchzusetzen. Dies deutet eine nächste Konfliktkonstellation an, die sich an weiteren Orten wiederholen würde. King war mehr an seiner nationalen Strategie interessiert als an den Interessen der Schwarzen vor Ort. Denn lokale Vereinbarungen änderten für die Schwarzen vor Ort oft nur wenig, weil diese nur zögerlich umgesetzt wurden, zugleich aber die Atmosphäre in den Gemeinden aufgeheizt und gewaltgeladen blieb. Das verstärkte auch die Spannung mit SNCC und CORE, die auf langfristige Graswurzelarbeit (Organizing) orientiert waren. Die Ergebnisse solcher langsamen lokalen Projekte konnten durch die Mobilisierungsstrategie und Eskalationsdynamik der SCLC in kürzester Zeit zerstört werden. Aber für King und SCLC war diese Strategie nun leitend: kreative Spannung zu erzeugen, den Konflikt zu eskalieren, indem gewaltfrei Gewalt provoziert wird, um so die Aufmerksamkeit der nationalen und internationalen Medien zu erlangen, und auf diese Weise die Bundesregierung unter Druck zu setzen. Dafür wurden auch Opfer unter den lokalen Akteurinnen und Akteuren in Kauf genommen.

Deshalb kam von anderer Stelle viel beachtete Kritik. Malcolm X kommentierte die Strategie des Kinderkreuzzugs folgendermaßen: »Richtige Männer schicken ihre Kinder nicht in die Schusslinie.«[11]

Skulptur eines Polizeihundes, der einen Demonstranten angreift
Kelly Ingram Park, Birmingham; Alabama/USA
Foto: Adam Jones, Kelowna, BC/Kanada – Wikimedia Commons

8.
Die Rolle der Schwarzen Kirche und die Bedeutung der Musik in der Bürgerrechtsbewegung[1]

Wenn man Dokumentationen über die Bürgerrechtsbewegung sieht, dann darf eine Bild- und Toneinstellung nicht fehlen: Menschen, die in einer Kirche singen. Damit wird eine wichtige Botschaft transportiert. Die Kirchen waren bedeutend als Versammlungsräume. Die Musik war wichtig für den Freiheitskampf. Beim Busboykott in Montgomery, bei den studentischen Sit-ins in Nashville und bei den Demonstrationen in Birmingham und Selma waren es die Kirchen der Schwarzen Gemeinden, die als Versammlungsorte dienten. Es waren ehren- und hauptamtliche Mitarbeitende, die wichtige Aufgaben übernahmen; es waren überwiegend Mitglieder der Schwarzen Kirchengemeinden, welche für die Demonstrationen und Boykottmaßnahmen mobilisiert werden konnten. Und bei den Versammlungen und den Märschen waren die Lieder ein wichtiger Ausdruck der Gemeinschaft und zugleich ein Medium, das Kraft und Hoffnung gab. Im Folgenden soll deshalb zunächst untersucht werden, welche theologischen und gesellschaftlichen Faktoren dazu beigetragen haben, dass die Black Church eine so prominente Rolle in der Bürgerrechtsbewegung in den USA in den 1950er- und 1960er-Jahren eingenommen hat. Daran anschließend gehe ich auf die Bedeutung der Musik in der Schwarzen Frömmigkeits- und Protestkultur ein.

Die Entstehung der Black Church

Es gibt zahlreiche konfessionell unterschiedliche Kirchen der Schwarzen. Aber aufgrund der gemeinsamen historischen, politischen, sozialen und kulturellen Erfahrungen haben die Kirchen der Afro-Amerikanerinnen und Afro-Amerikaner eine ähnliche spirituelle, theologische und musikalische Kultur entwickelt. Deshalb werden sie zusammenfassend als Black Church bezeichnet, auch wenn die Gemeinden unterschiedlichen Denominationen angehören. Eine überwiegende Mehrheit gehört den baptistischen und methodistischen Konfessionsfamilien an, wobei Baptisten an Zahl überwiegen. Traditionell ist die christliche Prägung ein wichtiger und dominanter Faktor der Kultur der Schwarzen in den USA.

Da ein nicht unbeträchtlicher Teil der als Sklaven nach Amerika gezwungenen Afrikanerinnen und Afrikaner ursprünglich Muslime waren, andere zunächst noch ihre indigenen Religionen praktizierten, darüber hinaus die Versklavten auch unterschiedliche Kulturen und Sprachen hatten, führte erst die Evangelisation der Schwarzen während der Zweiten Erweckungsbewegung im frühen 19. Jahrhundert zu einer relativ einheitlichen christlichen Kultur der Schwarzen Bevölkerung.[2]

Die spezifische Ausprägung der religiösen Kultur der Black Church lässt sich auf die wechselseitige Durchdringung von mindestens drei kulturellen, sozialen und religiösen Prägungen zurückführen. Zum einen wurden afrikanische Traditionen durch Musik und Tanz tradiert, auch wenn die Sprachen und Symbolsysteme im Süden der USA verboten waren und in traditioneller Form spätestens mit den Erweckungsbewegungen weitgehend verloren gingen.[3] Zum anderen war die Erfahrung der erzwungenen Migration und des Leidens in der Versklavung entscheidend. Das Leiden und die Ungerechtigkeit sowie die Hoffnung auf deren Überwindung wurden zentrale Themen der religiösen Praxis. Besonderen Ausdruck fand dies in den Gospels, Spirituals und dem Blues, die wiederum afrikanische Traditionen aufnahmen und fortführten.[4] Die dritte wesentliche Prägung ist das Christentum, mit dem die Schwarzen im Süden vor allem durch die Kirchen der Sklavenhalter und Missionare in Kontakt kamen.

Allerdings beginnt im Baptismus schon im 18. Jahrhundert eine eigene Missionstätigkeit, die von den im Entstehen begriffenen Schwarzen christlichen Gemeinschaften selbst ausgeht. Durch Afro-Amerikaner, die nach dem Unabhängigkeitskrieg mit den unterlegenen britischen Truppen ziehen, entwickeln sich missionarische Aktivitäten durch Schwarze baptistische Missionare in Kanada, der Karibik und sogar in West-Afrika. Die Black Church entfaltet sich also schon zu einem sehr frühen Zeitpunkt wesentlich eigenständig, so dass eine theologische und spirituelle Prägung entsteht, die sich deutlich von den baptistischen und methodistischen Kirchen der Weißen Bevölkerung unterscheidet.[5] Anne und Anthony Pinn fassen das folgendermaßen zusammen:

»Die Menschen afrikanischer Abstammung entwickelten ihre besondere Ausdrucksform christlicher Praxis, indem sie ihr kulturelles Gedächtnis afrikanischer Praktiken, europäische Konzepte des christlichen Glaubens und ihre Erfahrungen des Elends der Versklavung in Nordamerika verbanden. Diese neue Form des christlichen Glaubens betont sowohl die spirituelle als auch die politische Freiheit und lehnt alle Glaubenslehren ab, welche die wechselseitige Verbundenheit dieser beiden Freiheiten verneinen.«[6]

Zunächst konnten die Schwarzen Versklavten sich auf den Plantagen nur heimlich zu eigenen Versammlungen treffen, da viele Plantagenbesitzer fürchteten, dass Konversionen zum Christentum in größerem Ausmaß die Sklaverei infrage stellen könnten. Denn Getaufte wurden als zumindest spirituell frei angesehen und konnten dann nicht weiter versklavt werden. Erst als dieses Bedenken in der Erweckungsbewegung ausgeräumt wurde, wurde in größerem Umfang unter den Schwarzen missioniert.

Trotz dieser schwierigen Bedingungen entstand eine »unsichtbare Kirche« (invisible church) der Schwarzen. Allerdings war die Zahl der offiziell zum Christentum konvertierten Schwarzen zunächst nicht sehr hoch. Erst mit den großen Erweckungsbewegungen, der Aufhebung der Sklaverei und dem Ende des Bürgerkrieges wurde das Christentum zum zentralen und verbindenden kulturellen Faktor in der Schwarzen Gemeinschaft. Jetzt konnten offiziell Schwarze Kirchengemeinden in den ländlichen Gebieten entstehen. Obwohl sie zu diesem Zeitpunkt nur über wenige Ressourcen verfügten, formten sie die einzigen einigermaßen funktionierenden sozialen Institutionen der Schwarzen im ländlichen Raum.

Mit der Urbanisierung und der massenhaften Abwanderung der Schwarzen in den Norden ab Beginn des 20. Jahrhunderts (Great Migration) veränderte sich die Lage der Black Church, die in den Städten zunehmend an Stärke gewann und zu der wichtigsten sozialen Institution der Schwarzen insbesondere im segregierten Süden wurde.[7] Waren die städtischen Schwarzen Gemeinden im Prozess der rasanten Urbanisierung zunächst vor allem mit der Selbstorganisation und der Bewältigung der sozialen Probleme beschäftigt, konnten sie nach ihrer Konsolidierung zunehmend die Probleme der Segregation und die Verwirklichung der Bürgerrechte für die Schwarzen in den Fokus ihrer Arbeit rücken. Viele urbane Schwarze Gemeinden wurden dann zu wichtigen Zentren der Bürgerrechtsbewegung. Aber längst nicht alle. Viele vermittelten weiterhin einen auf das Jenseits orientierten, selbstdisziplinierenden apolitischen evangelikalen Glauben.[8]

Wertschätzung der Demokratie und des Rechtsstaates

Die Schwarzen Kirchen standen und stehen mit ganz überwältigender Mehrheit der liberalen Demokratie und dem Rechtsstaat positiv gegenüber, wie überhaupt die meisten christlichen Kirchen in den USA. Dies scheint aus heutiger Perspektive vielleicht nicht überraschend. Aber wenn man bedenkt, dass die erste umfassende positive Äußerung des deutschen landeskirchlichen Protestantismus zum demokratischen Rechtsstaat nicht zufällig erst 1985 mit der Denkschrift »Evangelische Kirche und freiheitliche Demokratie. Der Staat des Grundgesetzes als Angebot und Aufgabe«[9] erfolgte, ist dies doch bemerkenswert. Diese Demokratieaffinität hat tiefe theologische und historische Wurzeln.

Ein oft übersehenes Motiv für den amerikanischen Unabhängigkeitskrieg waren die Auflehnung gegen die Einsetzung von Bischöfen durch die Church of England in den damaligen Kolonien und die Ablehnung einer Staatskirche (established church) durch die Mehrheit der Kolonialbevölkerung. Diese Ablehnung war unterschiedlich motiviert. Die einen, vermutlich die Mehrheit der Kolonisten, wollte sich überhaupt nicht durch eine religiöse Vereinigung vereinnahmen lassen, die anderen lehnten dies aus dezidiert theologischen Gründen ab. Es waren ja viele ursprünglich in die Kolonien ausgewandert, weil sie Religionsfreiheit für ihre puritanisch oder etwa baptistisch geprägten selbstverwalteten Gemeinden suchten, auch wenn dies im 18. Jh. keinesfalls die Mehrheit der Kolonialbevölkerung war.[10]

Diese Haltung der »Dissenter« war ekklesiologisch in einem bundestheologisch-kongregationalistischen Gemeindemodell begründet. Dem Bund Gottes mit seinem Volk entspricht der Bund der Gläubigen untereinander, die Gemeinschaft der Glaubenden. Zum einen entspricht diesem die Ablehnung jeglicher staatlicher Einmischung in Angelegenheiten des Glaubens und damit der gemeindlich-kirchlichen (Selbst-)Organisation, positiv gewendet also die Forderung nach Religionsfreiheit, wie sie dann – auch durch das Engagement der Baptisten – im ersten Verfassungszusatz festgeschrieben wurde.[11] Zum anderen geht dies mit einem gemeindlichen Selbstverständnis einher, das auf gemeinschaftlicher Selbstorganisation beruht. Damit verbinden sich die Vorstellung und Erwartung einer aktiven Mitgliedschaft und ein hohes Maß an Gleichheit.[12] In der äußeren Organisationsform entspricht dem die Selbstverantwortung der einzelnen Gemeinden in allen Belangen, die vereinsförmig bzw. genossenschaftlich gestaltet wird. Auch wenn es durchaus hierarchische Strukturen gab und gibt, bildeten sich hier demokratische Formen der gemeinschaftlichen Verantwortung und einer hohen Entsprechung von Partizipation und Repräsentation aus. Am deutlichsten wird dies in der souveränen Wahl des Pastors (oder heute auch der Pastorin) durch die Gemeinde. Es finden sich also, und zwar theologisch begründet, demokratische Strukturen in der Kirche, die in Entsprechung stehen zum US-amerikanischen Ideal der demokratischen Verfasstheit des politischen Gemeinwesens. Ja noch mehr: Die erfahrene und gelebte Demokratie in der Kirche bestärkte die Forderung nach demokratischer Teilhabe in der Gesellschaft.[13]

Grundlegend für den rechtlich-politischen Kampf gegen Ungleichheit und Rassismus war die Erfahrung, dass es die nationale Regierung – in Form von Lincolns Emanzipations-Proklamation 1863[14] – und das nationale Parlament mit der Verabschiedung der 13. bis 15. Verfassungszusätze waren, welche die Sklaverei gegen die Interessen und Politik der Staaten des Südens abschafften und prinzipiell die gleichen Rechte der Schwarzen etablierten. Die Verfassung wurde so die Grundlage für die Rechte der afro-amerikanischen Bevölkerung, auch wenn sie im Süden selbst nach dem Bürgerkrieg weiter eingeschränkt waren. Schon vor dem Bürgerkrieg war in der abolitionistischen Bewegung immer wieder auf die grundlegenden Aussagen der Unabhängigkeitserklärung verwiesen worden: »Folgende Wahrheiten erachten wir als selbstverständlich: dass alle Menschen gleich geschaffen sind; dass sie von ihrem Schöpfer mit gewissen unveräußerlichen Rechten ausgestattet sind [...].« Hier werden politisch die gleiche Würde und die gleichen Rechte aller Menschen postuliert. Da explizit schöpfungstheologisch argumentiert wird, sind theologische Deutungen anschlussfähig, welche die gleiche Würde der Menschen in der Gottebenbildlichkeit oder Gotteskindschaft aller Menschen begründet sehen.[15]

Lincoln selbst wurde wegen der Sklavenbefreiung beinahe als Heiliger, ja, als Messias angesehen, zumindest jedoch als Moses, der die Schwarzen aus der Sklaverei geführt hat – auch wenn bei ihm nicht nur ethische Überzeugung, sondern auch politisches Kalkül eine Rolle gespielt haben.[16]

Aufgrund dieser verfassungsrechtlichen Regelungen war lange Zeit im Kampf für die Bürgerrechte der juristische Weg dominant. Diese Wertschätzung des Rechts ist auch theologisch begründet. In der Tradition der Black Church spielten alttestamentliche Überlieferungen, insbesondere die Sozialkritik der sogenannten kleinen Propheten, eine große Rolle. Im Alten Testament sind viele normative Vorstellungen, gerade zum Schutz der Schwachen, nicht als moralische Appelle, sondern als Rechtssätze kodifiziert. Die prophetische Kritik bezog sich immer wieder darauf, dass manche Gläubige zwar kultische Vorschriften einhielten und so den Eindruck erweckten, fromm zu leben, aber die Rechte der Armen und Schwachen nicht beachteten. Dagegen argumentiert etwa auch Amos im 5. Kapitel, wo sich der von Martin Luther King immer wieder zitierte Vers findet: »Es ströme aber das Recht wie Wasser und die Gerechtigkeit wie ein nie versiegender Bach« (Amos 5,24). Darin kommt die theologische und politische Einsicht zum Ausdruck, dass Gerechtigkeit und Recht in einem Wechselverhältnis stehen und gesellschaftliche Gerechtigkeit durch Recht verwirklicht wird. Die Schwachen müssen durch verbindliche Regeln geschützt werden, moralische Appelle und das Wohlwollen der Mächtigen reichen nicht.[17] Letztlich ist das der Kern von Martin Luther Kings Strategie der Bürgerrechtsbewegung: Der aktive gewaltfreie Widerstand zielt zwar auch auf die Gewissen und die Umkehr der einzelnen rassistischen Weißen, aber garantiert werden die Rechte erst, wenn sie einklagbar und durchsetzbar sind.[18] Gerechtigkeit und Gleichheit durch Demokratie und Recht zu verwirklichen gehörte also zum theologischen Programm der Schwarzen Kirchen.

Liebe und Gerechtigkeit: Zur gesellschaftlichen Verantwortung der Kirche

In der Black Church gab es schon vor der Bürgerrechtsbewegung der 1950er-Jahre eine wichtige Traditionslinie, welche das gesellschaftliche Engagement der Schwarzen Kirchen theologisch ins Zentrum rückte. Dies umfasste sowohl soziale Gemeinwesenarbeit, die besonders durch die urbanen Schwarzen Gemeinden geleistet wurde, als auch gesellschaftspolitisches Engagement für Gleichheit und Gerechtigkeit. Diese Traditionslinie wird als Black Social Gospel bezeichnet.[19] Martin Luther King und die Gemeinden, welche die Bürgerrechtsbewegung aktiv unterstützten, standen in dieser Tradition. Bereits in der ersten improvisierten Rede zu Beginn des Busboykotts in Montgomery formuliert King den Zusammenhang von Liebe und Gerechtigkeit, der für seine Theologie und für sein Verständnis der Kirche entscheidend ist:

»Aber ich möchte Euch heute Abend sagen, dass es nicht genügt, von Liebe zu sprechen. Liebe ist einer der entscheidenden Aspekte des christlichen Glaubens. Da ist die andere Seite, die wir Gerechtigkeit nennen. [...] Gerechtigkeit ist Liebe, die das korrigiert, was gegen die Liebe rebelliert. [...]«[20]

Christliche Nächstenliebe zielt auf gesellschaftliche Gerechtigkeit, so kann man diese theologische Position programmatisch formulieren.[21] Dem entspricht ein Heilsverständnis, das nicht individuell verengt ist, sondern in dem persönliche und gesellschaftliche Erlösung zusammengedacht werden. Darin sind die ekklesiologischen Grundlagen für das gesellschaftliche Engagement der Schwarzen Kirche gelegt. Das gesellschaftliche Handeln ist in dieser Perspektive theologisch notwendig, wenn Kirche Kirche sein und bleiben will. Es verbindet sich darin das bundestheologische, kongregationalistische Gemeindemodell mit dem Auftrag der gesellschaftlichen Verantwortung für Gerechtigkeit.[22]

Aus dieser theologischen Orientierung folgten dann praktische ekklesiologische Schritte, wie sich exemplarisch an Kings eigener Gemeinde in Montgomery, der Dexter Avenue Baptist Church, erkennen lässt. Dort gab es bereits ein hohes Maß an Selbstverantwortung, Selbstorganisation, Engagement und Partizipation. Als King im Oktober 1954 in die Gemeinde kam, hat er dies noch weiter befördert. Er hat verschiedene funktionale Ausschüsse und

Arbeitsgruppen initiiert, u.a. einen diakonischen Besuchsdienst. Insbesondere aber etablierte er ein Komitee, das gesellschaftliche und politische Aufgaben der Gemeinde unterstützen sollte:

»Da das von Jesus verkündigte Evangelium sowohl eine gesellschaftliche wie eine persönliche Dimension hat und so den ganzen Menschen zum Heil bringen möchte, wird ein Ausschuss für gesellschaftliche Verantwortung eingerichtet, um die Gemeinde fortlaufend über die soziale, politische und ökonomische Situation qualifiziert zu informieren. [...] Dieses Komitee soll der Gemeinde die Bedeutung der NAACP vor Augen halten. Die Mitglieder sollten sich in einem Block mit dieser großen Organisation verbinden. Das Komitee soll ebenso in der Gemeinde die Notwendigkeit, sich in Wahlregister einzutragen, in Erinnerung rufen. Jedes Mitglied der Gemeinde muss im Wahlregister eingetragen sein.« [23]

Es ist in diesem Abschnitt deutlich geworden, dass die Unterstützung der Bürgerrechtsbewegung durch einen wichtigen Teil der Black Church in deren Theologie begründet ist. Diese Ekklesiologie wurde zur theologischen Voraussetzung für die entscheidende Rolle, welche die Black Church für die Bürgerrechtsbewegung übernahm.[24]

Die Black Church als organisatorisches Rückgrat der Bürgerrechtsbewegung

Schwarze Kirchgemeinden bildeten das organisatorische Rückgrat der Bürgerrechtsbewegung im Süden der USA von den 1950er- zumindest bis zum Ende der 1960er-Jahre. Die kirchlichen Netzwerke waren auch entscheidend für die Massenmobilisierung. King gelang es zwar nicht, die größte Vereinigung der Schwarzen Baptistischen Kirchen (National Baptist Convention) insgesamt für die Bürgerrechtsbewegung zu gewinnen. Aber eine kritische Masse vor allem städtischer Gemeinden setzte sich für das Anliegen der Bürgerrechtsbewegung ein.[25] Dass diese eine solch entscheidende Rolle wahrnehmen konnten und auch tatsächlich wahrnahmen, war weder selbstverständlich noch zufällig und hatte historische, theologische, politische, ökonomische und sozialstrukturelle Gründe, deren Zusammenhang im folgenden Abschnitt erhellt werden soll.

Zunächst sollen die gesellschaftsstrukturellen und politischen Voraussetzungen in den Blick genommen werden. Durch die Segregation war die Gesellschaftsstruktur im Süden der USA durch segmentäre Differenzierung gekennzeichnet. Es entstanden zwei parallele Gesellschaftsbereiche, in denen die gleichen sozialen Funktionen doppelt wahrgenommen werden mussten. Das stand der allgemeinen Entwicklungstendenz moderner Gesellschaften entgegen, die auf funktionaler Differenzierung beruhen. Dabei wird davon ausgegangen, dass durch Spezialisierung Subsysteme in der Gesellschaft entstehen, die bestimmte Funktionen wahrnehmen und ihre eigenen Systemlogiken ausbilden, etwa das Recht, die Wirtschaft, die Politik etc. Dadurch erhöht sich die Leistungsfähigkeit von Gesellschaften.[26]

Da segmentär differenzierte Gesellschaften weniger effizient sind, entstand ein erheblicher, auch ökonomisch bedingter Modernisierungsdruck auf den Süden. Dies begünstigte das politische Anliegen der Bürgerrechtsbewegung. Entscheidend ist aber, dass es für bestimmte Funktionen in der Teilgesellschaft der Schwarzen aus historischen Gründen keine institutionelle Infrastruktur gab. Da Schwarze weitgehend von Dienstleistungen »Weißer« Banken, Versicherungen, Wohnungsmakler, Sozialfürsorge etc. ausgeschlossen waren, wuchs der Black Church hier gesellschaftsstrukturell eine Aufgabe zu, die weit über die üblichen Aufgaben von Kirchen hinausging. Diese gesellschaftsstrukturelle Situation ist auch nicht beliebig reproduzierbar, was den späteren Bedeutungsverlust der Black Church miterklären kann, da durch die Überwindung der gesetzlichen Segregation sich auch die strukturelle Rolle der Schwarzen Kirche änderte. Dass sie in dieser Situation aber die Herausforderung theologisch annahm, organisatorisch bewältigte und geistlich prägte, gehört zu ihren großen Verdiensten.

Durch die große Wanderungsbewegung, die Great Migration, ist ein erheblicher Teil der Schwarzen Bevölkerung des Südens zum einen in die Städte im Süden, aber auch in die urbanen Zentren des Nordens abgewandert. Dies hat die Schwarzen Kirchengemeinden zunächst vor erhebliche Herausforderungen gestellt, sie insgesamt aber in ihrer zentralen sozialen Funktion gestärkt. So wurden sie einerseits Orte kommunikativer Verständigung im Habermas'schen Sinne innerhalb der Schwarzen Lebenswelt, andererseits hatten sie auch hinsichtlich der Weißen Machtstrukturen die Rolle einer intermediären, vermittelnden Institution.[27]

Diese gesellschaftliche Funktion wurde in den 1950er-Jahren noch dadurch gestärkt, dass die klassischen Bürgerrechtsorganisationen in verschiedenen Staaten des Südens in ihrer Arbeit behindert bzw. ganz verboten wurden. Dadurch fiel eine der anderen wichtigen sozialen Institutionen der Schwarzen aus und die Black Church wurde noch wichtiger. Das Entscheidende war, dass sie theologisch, politisch sowie ökonomisch frei und unabhängig war. Dabei verfügte sie – anders etwa als die NAACP – über eine Massenbasis über alle Schichten hinweg und konnte so entsprechend zu Aktionen wie dem Busboykott in Montgomery oder den Protesten in Birmingham, Selma und vielen anderen Orten mobilisieren. Dies war möglich, weil die Kirchenglieder bestimmte Werte wie Gerechtigkeit, Solidarität, Nächstenliebe, Gewaltfreiheit, Opferbereitschaft teilten und darauf ansprechbar waren.[28] Allison Calhoun-Brown betont, wie wichtig der Aspekt der Kultur der Black Church für die Mobilisierung war, wobei Kultur hier in einem umfassenden Sinn zu verstehen ist und die sozialen Beziehungen ebenso mit einschließt wie Musik, Spiritualität und eine auf Befreiung zielende Theologie:

»Die Schwarze Kirche stellte Ressourcen für die Bürgerrechtsbewegung bereit und hat einen Raum zur Verfügung gestellt, in dem die Bewegung wertgeschätzt und verstanden werden konnte. Einen großen Anteil daran hatte die Schwarze religiöse Kultur. Und es war diese Kultur, welche die Durchführung gewaltfreier Aktionen beeinflusste.«[29]

Die Schwarzen Kirchgemeinden verfügten nicht nur über materielle Ressourcen wie Räume, Vervielfältigungsgeräte, Telefone – was damals noch nicht selbstverständlich war –, Autos und Geld, sondern auch über soziale Netzwerke und erfahrene Führungskräfte. Das waren zum einen die Pastoren, die von der Weißen Machtstruktur unabhängig waren, aber auch die vielen Ehrenamtlichen, die Erfahrung in Organisation und Leitung hatten sowie über demokratische Kompetenzen verfügten. Insbesondere in den urbanen Zentren waren nun zunehmend jüngere, akademisch gut ausgebildete Geistliche aktiv, die eine wichtige Rolle einnahmen. Die Schwarzen Kirchen konnten also einen »Apparat« zur Verfügung stellen, der auch komplexe soziale, kommunikative, organisatorische und bürokratische Herausforderungen bewältigen konnte. Insofern wurde die Black Church zum organisatorischen Rückgrat des Civil Rights Movements.[30]

Die Pastoren als »organische Intellektuelle«

Die Kirchen ermöglichten aber nicht nur die Mobilisierung von Teilnehmerinnen und Teilnehmern für die Boykottbewegung und die anderen Formen des Massenprotests, sondern stellten auch in großer Zahl qualifiziertes Leitungspersonal für die Organisation der Protestbewegung zur Verfügung. Eine entscheidende Rolle bei der konkreten Durchführung der Aktionen hatten vielfach die ehrenamtlichen Mitarbeiterinnen und Mitarbeiter inne. Noch wichtiger aber war die Beteiligung der Pastoren der afrikanisch-amerikanischen Kirchengemeinden. Sie waren aufgrund der Konsolidierung der Black Church in ihrer beruflichen Stellung weitestgehend von den von Weißen dominierten politischen und ökonomischen Strukturen unabhängig.

Darüber hinaus verfügten sie in der Regel über eine gute Ausbildung, zumindest ein Collegestudium. Ihre Ausbildung und ihr Berufsfeld statteten sie mit einer hohen kommunikativen und organisatorischen Kompetenz aus. Dies prädestinierte sie für die Rolle des »community organizers«. Des Weiteren genossen sie in der Schwarzen Bevölkerung ein hohes Ansehen. Ihre Amtsautorität und ihr persönliches Charisma verbanden sich meist zur Begründung einer Führungsposition in den Kongregationen. Die Schwarzen, meist jungen und gut ausgebildeten Pastoren stellten die größte Zahl an Aktivisten in Leitungspositionen im Vergleich mit anderen Berufsgruppen. Dies führte auch dazu, dass die vielen Frauen in der Bewegung, auch diejenigen in entscheidenden Positionen, weniger beachtet wurden und werden.

Die Schwarzen Pfarrer waren in der Lage, die Menschen, welche die Massenbasis der Bewegung bildeten, anzusprechen und ihren Anliegen Ausdruck zu verleihen. Viele der Schwarzen Pfarrer, allen voran Martin Luther King, Jr., übernahmen die Funktion von »organischen Intellektuellen«[31], indem sie als Intellektuelle auf einer komplexeren Reflexionsebene die Lage analysierten, als die meisten Teilnehmerinnen und Teilnehmer selbst in der Lage gewesen wären, dies zu tun. Gleichzeitig waren sie aber mit der Basis durch dieselben Interessen und dieselbe kulturelle Prägung verbunden: »Der hochgebildete Pfarrer war zugleich ein unverwechselbares Produkt der Schwarzen Kirche. Eines der Talente Kings war, Metaphern zu verwenden, die sowohl die Kultivierten und Gebildeten als auch die Ungebildeten und Unterdrückten verstanden.«[32] Die gemeinsame Basis war die Tradition der Black Church, in der auch die ausgebildeten Pastoren standen. Diese organische Verbundenheit Kings und seiner Kollegen mit den unterdrückten Schwarzen, ihre Verwurzelung in der religiösen Tradition waren eine wesentliche Bedingung der Möglichkeit der Massenmobilisierung.

Vom Protest zur Politik

Wenn man nun – wie in den vorausgehenden Abschnitten – darlegt, warum die Kirchen eine so bedeutende Rolle für die Bürgerrechtsbewegung der Schwarzen hatten, müsste man im selben Argumentationsrahmen auch erklären können, warum spätestens ab dem Ende der 1960er-Jahre diese Rolle wieder abnahm und seither nicht wieder erreicht wurde.

Ein naheliegendes Erklärungsmodell für den Bedeutungsverlust der Schwarzen Kirchen ist der Tod von Martin Luther King, Jr. Durch dessen Ermordung sei die integrierende charismatische Führungsfigur verloren gegangen. Das Civil Rights Movement habe sich dann radikalisiert und zersplittert. Eine weitere Argumentation ist, dass nach der Aufhebung der Segregationsgesetze sowohl die traditionellen Bürgerrechtsorganisationen (NAACP, CORE) als auch die neu entstandenen, wie das Student Nonviolent Coordinating Committee (SNCC), wieder im Süden handlungsfähig waren und die Kirchengemeinden in dieser Funktion nicht mehr gebraucht wurden. Schließlich ist ein wichtiger Aspekt, dass in den Schwarzen Ghettos des Nordens die Kirchen, insbesondere bei den Jüngeren, nicht die zentrale soziale Funktion hatten, wie das im Süden der Fall war.

Diese drei exemplarischen Erklärungen sind wichtig, aber je für sich und auch zusammen noch nicht umfassend genug. Die Ursache der Veränderung liegt vielmehr in der sich wandelnden Gestalt sozialer Bewegungen selbst. Bayard Rustin hat dies bereits während der Bürgerrechtsbewegung analytisch erfasst und versucht, daraus strategische Konsequenzen zu ziehen. Rustin war nicht nur ein glänzender Organisator, sondern auch ein präziser Analytiker. So hat er, wie oben schon erwähnt, drei voneinander unterschiedene Phasen des Protestes rekonstruiert: Protestbewegung, soziale Bewegung und politische Bewegung.

Die Anfangsphase der Bürgerrechtsbewegung mit den Kampagnen etwa in Montgomery und Birmingham sah Rustin als *Protestbewegung* an. Es ging zunächst darum, die Hindernisse abzuschaffen, welche die Schwarzen in ihren Möglichkeiten einschränkten. Der Protest richtete sich konkret gegen bestimmte Gesetze und Maßnahmen. Es ging nicht primär darum, umfassend die Gesellschaft zu ändern, sondern bestimmte Missstände abzuschaffen. Man wird die Zeit von 1955 bis 1965, also das klassische Bürgerrechtsjahrzehnt, dafür als einschlägig ansehen können, wobei deutlich ist, dass sich schon in den frühen 1960er-Jahren die Entwicklung von der Protestbewegung zur *sozialen Bewegung* abzeichnete.

Diese zweite Phase ist dadurch gekennzeichnet, dass das Ziel sich erweiterte und die Rahmenbedingungen für umfassende Gleichheit angestrebt wurden. Es ging also nicht mehr nur darum, konkrete Missstände zu ändern, sondern gesellschaftliche Voraussetzungen zu schaffen, die Gleichheit ermöglichen. Deshalb werden die wirtschaftlichen Zusammenhänge genauer analysiert und ökonomische Strukturen infrage gestellt. Da die wirtschaftliche Ungleichheit arme Weiße und arme Schwarze gleichermaßen betrifft, kann in dieser Perspektive die rassistische Diskriminierung sogar an die zweite Stelle treten.[33] Die großen Bürgerrechtsorganisationen (NAACP, CORE, SCLC, SNCC) bekommen dabei eine zentrale Aufgabe, um die Protestbewegung professionell zu organisieren und überregional zu koordinieren. Sie werden zu den wichtigsten Akteurinnen des Protests. Die Kirchen rücken in dieser Funktion in den Hintergrund, wobei sie als lokale Basis wichtig bleiben. Diese Entwicklung lässt sich äußerlich etwa daran ablesen, dass King 1960 seine Pfarrstelle in Montgomery aufgibt und nach Atlanta übersiedelt, um seine Funktion als Präsident der SCLC besser wahrnehmen zu können. Als Schlüsselereignis dieser Phase kann der Marsch auf Washington 1963 angesehen werden, der ja bezeichnenderweise March on Washington for Jobs and Freedom hieß. Die Themen von Freiheit und wirtschaftlicher Gerechtigkeit sind hier also zusammen im Blick.[34] Darüber hinaus war der March on Washington die gemeinsame Aktion der wichtigsten Organisationen der Schwarzen Bevölkerung, von den Gewerkschaften bis zu den Kirchen.

Spätestens mit dem Versuch Kings und der SCLC, mit dem Chicago Freedom Movement ab 1965 die katastrophalen Wohn- und Lebensbedingungen der Schwarzen in den Slums der Großstädte des Nordens zu thematisieren, verschiebt sich auch die Agenda des Civil Rights Movements endgültig hin zu sozialen und ökonomischen Themen. Auch in Chicago werden breite

Bündnisse geschmiedet, so dass hier – auch wenn weiterhin Protestformen aus der frühen Phase aufgenommen werden – von einer sozialen Bewegung zu sprechen ist.

Doch gerade bei dem Ziel, die wirtschaftliche und soziale Lage der Afro-Amerikanerinnen und Afro-Amerikaner zu verbessern, wurde zunehmend deutlich, dass auch eine soziale Bewegung hier an ihre Grenzen kommt und politisches Handeln im klassischen Sinn, also Einflussnahme auf den politischen Prozess durch die Bündelung von Interessen und Macht, notwendig wird. Die Durchsetzung des Wahlrechts der Schwarzen im Süden war immer schon ein Ziel der Bürgerrechtsbewegung, gewinnt aber ab Mitte der 1960er-Jahre zunehmend an Bedeutung. Insofern kann der Voting Rights Act von 1965 als eigentlicher Beginn der politischen Phase angesehen werden. Wenn die schwarze Bevölkerung über Wahlen politische Macht ausüben kann, dann treten die Sozialgestalten des Protests und der sozialen Bewegung in den Hintergrund.

In einer politischen Analyse und der daraus abgeleiteten Strategie aus dem Jahr 1964 mit dem programmatischen Titel »From Protest to Politics« argumentiert Bayard Rustin, dass die Schwarzen weitere Erfolge nur erzielen können, wenn sie ihre politische Macht strategisch in Wahlen einsetzen.[35] Es ist erstaunlich, wie genau seine Analyse nach dem großen Wahlerfolg von Lyndon B. Johnson 1964 war, und bedrückend, wie präzise seine Vorhersagen eintrafen. Rustin führt aus, dass die notwendigen Reformen, um die Gleichstellung der Schwarzen zu erreichen und ihre ökonomische Benachteiligung zu überwinden, so grundlegend seien, dass dafür eine klare politische Mehrheit notwendig wäre:

»Die Zukunft des Kampfes der Schwarzen hängt davon ab, ob die Widersprüche dieser Gesellschaft von einer Koalition fortschrittlicher Kräfte gelöst werden können, welche die *tatsächliche* politische Mehrheit in den Vereinigten Staaten wird.«[36]

Für Rustin war klar, dass das nur geht, wenn sich die Schwarzen politisch so organisieren, dass sie Macht ausüben können. Schon die Wahl Kennedys 1960 war nur durch einen Wechsel von Schwarzen Stimmen von den Republikanern zu den Demokraten möglich geworden. Dieses Bündnis der Schwarzen mit der Demokratischen Partei ist inzwischen zu einem festen Bestandteil der amerikanischen Parteienkonstellation geworden. Damals war das aber eine tektonische Verschiebung, weil die südlichen Staaten traditionell in der Hand der »Dixiecrats« waren. Diese waren zwar Demokraten, aber unterstützten im Süden die Segregation und vertraten offen rassistische Positionen. Diese konservativen Demokraten des Südens sind in der Folge zu den Republikanern gewechselt (realignment), die einmal die Partei Lincolns waren und sich für die Rechte der Schwarzen eingesetzt hatten.[37] In den 1960er-Jahren war dies alles im Fluss, aber Rustin sah nur in dieser politischen Option eine Zukunft für die Anliegen der Afro-Amerikanerinnen und Afro-Amerikaner.[38]

Daran wird deutlich, dass schon Anfang der 1960er-Jahre in der Phase des Übergangs von der Protest- zur sozialen Bewegung die Frage der Macht im politischen Prozess eine Rolle spielt. Die drei Phasen und Dimensionen überlagern sich. Aber es ist ein Schwerpunkt hin zur Teilhabe an der politischen Macht zu erkennen.[39] Das ist auch empirisch an der Zunahme der registrierten Schwarzen Wähler im Süden zu erkennen. Im Zeitraum von 1950 bis 1965 hatte sich deren Anzahl von 900.000 auf über 2.250.000 mehr als verdoppelt. Hinzu kommt, dass durch die anhaltende Binnenmigration in den Norden auch dort die Black Vote (Mehrheit der Stimmen der Schwarzen) an Bedeutung gewann.[40]

Mit dieser Entwicklung in drei sich überlappenden Phasen veränderte sich aber auch die Rolle der Kirche. Zu Beginn der Protestbewegung haben die schon existierenden »indigenous institutions«, zu denen neben den Kirchen vor allem auch die Hochschulen gehören, eine zentrale Rolle als Initiatorinnen des Protests. Im Übergang zur sozialen Bewegung geht diese Rolle immer stärker auf die spezialisierten und professionalisierten Bürgerrechtsorganisationen (SCLC, CORE, NAACP, SNCC u.a.) über, die in der Lage sind, externe Ressourcen zu mobilisieren und Kräfte für bestimmte Aktionen vor Ort zu bündeln, sowie die komplexen logistischen und Führungsfunktionen wahrzunehmen. Dabei werden die lokalen Organisationen keineswegs bedeutungslos. Sie sind weiterhin für die Mobilisierung und Infrastruktur der Proteste absolut unverzichtbar. Aber sie haben nicht mehr die zentrale Führungsfunktion.

Allerdings ist der Höhepunkt der sozialen Bewegung bereits 1964/65 erreicht. Es wird jetzt nicht nur schwerer, die ökonomische und soziale Agenda mit den Mitteln einer Protestbewegung zu gestalten, auch die Unterstützung von außen nimmt seit diesem Zeitpunkt deutlich ab. Mit Sicherheit spielt hier der Vietnam-Krieg eine wichtige Rolle, weil die öffentliche Aufmerksamkeit darauf gerichtet ist, aber auch, weil die Spenden aus dem Weißen liberalen Milieu zunehmend in den Anti-Kriegs-Protest fließen. Außerdem schrecken die Radikalisierung erheblicher Teile der Protestbewegung und die seit 1964 zunehmenden Ghetto-Unruhen Weiße Unterstützer ab.

Deshalb gewinnt die politische Mobilisierung der Schwarzen Wählerinnen und Wähler an Bedeutung, um die Ziele der Protestbewegung zu erreichen. Mit der Wahl Nixons 1968 tritt allerdings eine Konstellation ein, welche das politische Gewicht der Black Vote verringert. Die enge Verbindung der Schwarzen und der Bürgerrechtsanliegen mit der Demokratischen Partei haben ehemals demokratisch wählende Weiße veranlasst, ins republikanische Lager zu wechseln. So entsteht für beide Parteien die Notwendigkeit, um die Stimmen der sozial eher konservativen Weißen Arbeiter zu konkurrieren, die 1968 den Rassisten Wallace gewählt hatten, um jeweils eine Mehrheit zu organisieren. Dadurch wird die Möglichkeit zur Einflussnahme für die politischen Kräfte der Schwarzen geringer. Mit der Wahl Nixons verändert sich auch die Rolle der Bundesregierung, da Nixon – anders als Kennedy und Johnson – sich den Schwarzen Wählerinnen und Wählern nicht verpflichtet fühlen muss. Diese Konstellation zeichnete sich seit den Kongress-Wahlen 1966 ab und bedeutete den Anfang des Endes der Bürgerrechtsbewegung.[41]

Mit dieser Verschiebung in den Bereich der Parteipolitik wird aber deutlich, dass die Rolle der Black Church sich wiederum verändert. Sie ist nun, selbst wenn bestimmte Gemeinden bestimmte Kandidatinnen und Kandidaten unterstützen sollten, nicht mehr die zentrale Institution, die Protest initiiert, sie ist auch nicht mehr das organisatorische Rückgrat einer von Protestorganisationen getragenen sozialen Bewegung. Hinzu kommt, dass es ein gestörtes Verhältnis der Demokratischen Partei zu den (liberalen) Kirchen gibt, obwohl sich die Mitgliederbasis bzw. politische Orientierung durchaus überschneiden.

Einerseits kann man in eher sozialwissenschaftlicher Perspektive erkennen, dass die jeweilige Rolle von Kirchen in Protestbewegungen von sehr spezifischen gesellschaftlichen Voraussetzungen abhängt, wie sie oben exemplarisch herausgearbeitet worden sind. Zum anderen wird sich die Rolle im Laufe eines Protestzyklus verändern.[42]

Theologisch ist andererseits als wichtig festzuhalten, dass die öffentliche Verantwortung, die sich aus dem Öffentlichkeitsanspruch des Evangeliums ergibt, der Auftrag, sich aus Nächstenliebe für gesellschaftliche Gerechtigkeit einzusetzen, ganz unterschiedliche gesellschaftliche Formen und soziale Gestalten annehmen kann. In besonderen Konstellationen können diese aussehen wie in Montgomery (oder Leipzig), in anderen gesellschaftlichen Kontexten sind andere Formen notwendig. Es gehört zum theologischen Auftrag, die angemessene Gestalt des Engagements für Gerechtigkeit und Frieden zu entwickeln.[43]

Theologische Perspektive

Es ist deutlich geworden, dass die Black Church eine erhebliche Bedeutung für das Entstehen der Bürgerrechtsbewegung im Süden der USA Mitte der 1950er-Jahre und für deren erfolgreiche Entfaltung bis Mitte der 1960er-Jahre hatte. Entscheidend dafür waren verschiedene Faktoren. Zum einen war die organisatorische Stärke und soziale Bedeutung der Schwarzen Kirchen wichtig, die sie seit den 1940er-Jahren vor allem in den Städten aufgebaut haben.

Diese Entwicklung steht im Zusammenhang der theologischen Orientierung auf soziale Gerechtigkeit. Durch die theologische Tradition der Schwarzen Kirchen vorgeprägt und durch das Social Gospel beeinflusst, herrschte in der Black Church ein Verständnis vom Auftrag der Kirche vor, das Evangelium für die Armen zu verkündigen (Lk 4/Jes 61; Lk 7; Mt 25). Das Verständnis von Heil und Nächstenliebe wird nicht individualistisch verkürzt, sondern in Aufnahme der prophetischen Kritik wird der Zusammenhang von Nächstenliebe und sozialer Gerechtigkeit, von individueller und sozialer Erlösung betont. Insofern sahen es die Schwarzen Kirchen als ihre ureigene Aufgabe an, sich um die sozialen Belange ihrer Mitglieder und die gesellschaftlichen Verhältnisse zu kümmern. Der Einsatz für Würde und Gleichheit bildete hier einen Schwerpunkt.

Deshalb wird die Analyse der gesellschaftlichen Situation zu einer theologischen Aufgabe. Erst durch eine angemessene Situationswahrnehmung und -deutung können die richtigen Handlungsperspektiven entwickelt werden. Daraus folgt, dass sich die Black Church und die Schwarzen Gemeinden als soziale Organisationen in der Zivilgesellschaft und damit als zivilgesellschaftliche Akteurinnen ihrem theologischen Selbstverständnis entsprechend angesehen haben.

Dass dies in unterschiedlichen Kontexten ganz verschiedene Formen annehmen kann, haben wir oben gesehen. Es kann also nicht darum gehen, die spezifische Gestalt in einer bestimmten historischen Konstellation nachzuahmen, sondern jeweils neu zu entdecken und zu entwickeln, wie die theologische Orientierung auf Gerechtigkeit gesellschaftlich wirksam werden kann.

Voraussetzung dafür ist innere und äußere Freiheit. Das kongregationalistische Kirchenverständnis setzt die Trennung von Staat und Kirche voraus. Die urbanen Schwarzen Gemeinden waren so politisch frei und wirtschaftlich unabhängig. Dies sind soziologisch notwendige Faktoren für ihre Rolle im Civil Rights Movement und zugleich entspricht dies zutiefst dem theologischen Selbstverständnis der Black Church. Als freie Kirche wird sie zum Ort, wo Freiheit geistlich und sozial erlebt werden kann, woraus das Engagement für politische Freiheit in der Gesellschaft wächst. »Endlich frei, endlich frei, dank Gott des Allmächtigen, wir sind endlich frei!«[44]

We Shall Overcome
Die Rolle der Musik in der Bürgerrechtsbewegung

Die Musik gehört zur Kultur der Schwarzen Kirchen. Sowohl in den Gottesdiensten als auch im Alltag spielen die Spirituals eine große Rolle. Von Anfang an gehörten diese Lieder auch zur Bürgerrechtsbewegung. Sie wurden bei der ersten Versammlung 1955 gesungen, sie wurden bei den Märschen, Sit-ins, in vielen Gefängnissen, bei Kundgebungen und auch Trauerfeiern gesungen. Sie gaben der Freude Ausdruck und in der Bedrängnis Hoffnung. So berichten es übereinstimmend viele der Beteiligten. Die Bürgerrechtsbewegung war eine singende Protestbewegung.[45]

Die naheliegenden musikalischen Assoziationen zur Bürgerrechtsbewegung sind wohl Gospel und Spirituals. Und das zu Recht, denn sie haben die großen Versammlungen und Protestmärsche im Süden in den 1950er-Jahren geprägt. Aber das ist noch nicht die ganze Wirklichkeit und auch ein Klischee. Zum einen wurde in den Kirchen, in denen Martin Luther King, Jr. Pastor war, kein Gospel gesungen. Die galten in den Mittelklassegemeinden als, wenn nicht zu vulgär, doch als zu populistisch. Und man hielt an den klassischen Spirituals fest. Zum anderen war insgesamt wohl der Jazz die verbreitetste und wirksamste Protestmusik. Aber alle haben eine gemeinsame Wurzel.

Im Hintergrund der Black Music der 1960er-Jahre stand die musikalische Tradition der Spirituals und des Blues. Die Spirituals entwickelten sich musikalisch von afrikanischen Traditionen inspiriert und in ihren Texten biblische Motive aufgreifend als Reaktion auf die Versklavung, Ausbeutung und Unterdrückung vor allem im Süden der USA. Es sind traditionelle Lieder, die im Alltag gesungen wurden. Es gibt keine individuellen Autorinnen, und alttestamentliche Motive herrschen vor. Dies liegt darin begründet, dass zu den Erzählungen von der Befreiung des versklavten Volkes Israel aus Ägypten oder der Rückführung aus dem babylonischen Exil direkte Parallelen zur Situation der versklavten Schwarzen gezogen wurden. Sie vertrauten auf die Verheißung, dass Gott Gerechtigkeit schaffen und sie befreien würde (Go down, Moses ...; Swing low, sweet chariot ...).

Dabei waren die Texte oft doppelt codiert: zum einen Ausdruck einer religiösen Hoffnung auf Befreiung, zum anderen aber dienten sie als verschlüsselte Kommunikation über konkrete Fluchtpläne, etwa in dem schon erwähnten Swing low:

»I looked over Jordan and what do I see? A band of angels coming after me; Coming for to carry me home.« Das kann als Allegorie auf den Tod gelesen werden; die Engel kommen, um die Person über den Jordan in die himmlische Heimat zu bringen. Es kann aber auch bedeuten: Auf der anderen Seite des Flusses habe ich Fluchthelferinnen der Underground Railroad, (einem Fluchthilfe-Netzwerk) gesehen. Und weiter: »If you get there before I do ... Tell all my friends I'm coming too«. Auch das könnte auf das Sterben und das Jenseits bezogen sein, aber auch so verstanden werden, dass die konkrete Person plant, so bald wie möglich zu fliehen. Flucht war von Anfang an die effektivste Form des Widerstandes für die Versklavten, sei es in die Wälder und Sümpfe, wo eigene Vergesellschaftungsformen von Indigenen und ehemals Versklavten entstanden, sei es über das abolitionistische Netzwerk der Underground Railroad in den Norden.

Der Blues entstand als eigenständig musikalische Form nach dem Ende der Versklavung. Die Aufhebung der Sklaverei hatte für die meisten Schwarzen im

Süden der USA keine wirkliche Verbesserung ihrer sozialen und wirtschaftlichen Situation gebracht, aber zumindest die Möglichkeit begrenzter eigenständiger Organisation eröffnet. Zum einen entwickeln sich nun zahlreiche eigenständige Schwarze Kirchengemeinden, zum anderen können sich aber auch kulturelle Formen außerhalb der Plantagenkontrolle und christlich geprägten Sozialformen entwickeln. In diesem Sinne ist der Blues zugleich Erbe der Spirituals und in gewisser Weise ihre Säkularisierung oder zumindest Entkirchlichung – denn religiöse Themen kommen weiter darin vor.

Im religiösen Raum entwickelt sich aus Blues und Spirituals der Gospel. Er ist expressiver, dynamischer als die Spirituals. Die Lieder sind individuell komponiert und bringen eine evangelikale Christusfrömmigkeit zum Ausdruck. Für die Bürgerrechtsbewegung im Süden der USA in den 1950er- und 1960er-Jahren bilden Spirituals und Gospel den Soundtrack. Von der ersten Versammlung in Montgomery, bei den Protesten in Birmingham und schließlich bis zum Großen Marsch auf Washington 1963 waren es diese (Kirchen-) Lieder, welche die Menschen motivierten und die ihre religiöse Haltung mit dem Protesthandeln verbanden. Ikonisch steht dafür Mahalia Jackson, die als große Gospelsängerin gilt, aber natürlich auch Spirituals sang. Martin Luther King, Jr. war mit ihr befreundet, und wenn er selber den Blues hatte, rief er sie an und sie sang ein Spiritual für ihn. Sie war es auch, die bei seiner Beerdigung sang: »Precious Lord, take my hand ...«

Auf Grundlage der Spirituals und zum Teil im Rückgriff auf Lieder der Arbeiterbewegung entstanden spezifische Freiheitslieder der Bürgerrechtsbewegung (Freedom Songs), indem etwa Texte umgedichtet oder neue Texte auf bekannte Melodien gesungen wurden.

Jenseits der vorwiegend von Schwarzen Kirchen getragenen Bürgerrechtsbewegung im Süden der USA wird man wohl vor allem den Schwarzen Jazz als die verbreitetste Protestmusik ansehen können. Und dies in mindestens drei Hinsichten: Zum einen war diese aus dem Blues entstehende Musik, insbesondere der Freejazz, ein Protest gegen die bestehenden Konventionen und Verhältnisse. Vielfach schlugen sich auch Ereignisse und Erfahrungen von Gewalt und Unterdrückung in den Stücken nieder. Zum anderen bot der Jazz eine kulturelle Identifikationsmöglichkeit für die aus der Mehrheitskultur ausgeschlossenen Schwarzen. Schließlich thematisierten die Titel und/oder die Texte der Jazzkompositionen zum Teil direkt die Segregation und den

Rassismus. Als frühes Zeugnis dafür kann der Song Strange Fruit von Billie Holiday von 1939 gesehen werden, der lange nicht veröffentlicht wurde, weil er den fortwährenden Terror des Lynchens in den Südstaaten thematisierte. Auch Max Roach, Charles Mingus, Archie Shepp u.a. griffen die Themen der Gewalt und des Rassismus immer wieder explizit auf. Allerdings sympathisierten sie oft mehr mit Malcolm X als mit Martin Luther King, Jr. Auch wenn King zu den Berliner Jazztagen 1964 ein Geleitwort beitrug, da er zur Eröffnung der Berliner Festwochen in Berlin war, ist von ihm keine besondere Nähe zum Jazz überliefert. Bei ihm zu Hause gab es vor allem Klassik und Spirituals.

Es ist deutlich, dass die Musik der Bürgerrechtsbewegung genuine Black Music war. Allerdings ist dann umso auffälliger, dass bei Veranstaltungen, die zumindest über die Medien ein Weißes Publikum erreichten, Protestmusiker aus der Folk-Szene auf der Bühne waren. So traten etwa Bob Dylan, Peter, Paul and Mary und Joan Baez beim Marsch auf Washington auf. Das improvisierte Duo von Dylan und Baez gibt eindrücklich die besondere Atmosphäre wieder. Die letzten vier waren auch bei dem von Harry Belafonte organisierten Konzert bei der Schlusskundgebung nach dem erfolgreichen Marsch von Selma nach Montgomery am 24. März 1965 dabei. Joan Baez nahm aktiv an weiteren Protestaktionen teil, nicht nur musikalisch.[46] Es ist nun ganz offensichtlich, dass diese Folk-Protest-Musikerinnen nicht Teil der Schwarzen Kultur waren. Die meisten Schwarzen Teilnehmenden in Washington werden sie zu Hause nicht gehört, wenn überhaupt gekannt haben. Gleichwohl haben sie in den Medien die Wahrnehmung der Bürgerrechtsbewegung mitgeprägt und die Weißen liberalen Unterstützerinnen zu Hause an den Fernsehgeräten angesprochen. Der Soundtrack der Bürgerrechtsbewegung war vielfältiger, als man zunächst vielleicht denkt. Dazu gehörte letztlich auch die populäre Musik von Harry Belafonte, Sammy Davis, Jr. und anderen, die nicht nur bei wichtigen Ereignissen der Bürgerrechtsbewegung auftraten, sondern auch bei zahlreichen Fundraising-Konzerten, die für das Überleben der Bewegung wichtig waren.

Gleichwohl gab es eine (lange) verbindende Hymne der Bewegung, der diese Hybridität auch eingeschrieben ist. We shall overcome … geht auf ein Spiritual zurück, wurde in der (Schwarzen) Protestbewegung der 1940er-Jahre abgewandelt und von Pete Seeger neu gefasst. Dessen Version wurde dann von Joan Baez populär gemacht und *das* Protestlied der Bürgerrechtsbewegung – und darüber hinaus. John Lewis erinnert sich: »Dieser Song wurde eines unserer Lieblingslieder. Es hat perfekt zu der Bewegung gepasst, von der wir ein Teil wurden.«[47] Die Kultur, Theologie und Musik der Schwarzen Kirchen bildeten so eine Gegenkultur der Befreiung zur Mehrheitskultur der Unterdrückung.

9. I have a Dream! Durch Versöhnung zur Geschwisterlichkeit

Nach dem wenigstens medialen und politischen Erfolg der Proteste in Birmingham war die Frage: Wie kann man den politischen Druck auf die Kennedy-Administration aufrechterhalten, um diese zu bewegen, ein wirksames Bürgerrechtsgesetz zu verabschieden? Denn das war nicht nur das Ziel von Kings SCLC, sondern auch der anderen nationalen Bürgerrechtsorganisationen. Dieses Gesetz sollte die Grundlage dafür schaffen, dass sich die Bundesregierung bei Verstößen gegen die Bürgerrechte vor allem der afro-amerikanischen Bevölkerung direkt für zuständig erklären und eingreifen konnte. Denn es war allen klar, dass die Bürgerrechte im Süden gegen den Widerstand der Weißen Rassisten und der Regierungen der Einzelstaaten durchgesetzt werden mussten.

Die Idee war eine Massendemonstration in der Hauptstadt Washington D.C. zu organisieren. Damit knüpfte man an ein Projekt aus dem Jahr 1941 an. Damals plante der Schwarze Gewerkschaftsführer A. Philip Randolph zusammen mit dem Aktivisten Bayard Rustin einen Protestmarsch nach Washington D.C., um auf die Benachteiligung und schwierige wirtschaftliche Lage Schwarzer Arbeiterfamilien aufmerksam zu machen. Präsident Roosevelt setzte aber den Fair Employment Act durch (Verordnung über faire Anstellung), so dass es nicht zu dem Marsch kam.

Randolph hatte diese Idee schon seit Längerem wieder aufgenommen. Denn die zunehmende Automatisierung industrieller Fertigung verschlechterte die wirtschaftliche Situation vieler Schwarzer. Als meist ungelernte Arbeitskräfte waren sie vom Maschineneinsatz für einfache Arbeiten durch den Wegfall ihrer Arbeitsplätze besonders betroffen. King hatte zunächst gezögert, unterstützte die Idee dann aber. Die Kombination von wirtschaftlichen und bürgerrechtlichen Zielen ist im Titel der Protestaktion erkennbar: Marsch nach Washington für Jobs und Freiheit (March on Washington for Jobs and Freedom). Schließlich gelang es, die fünf großen Schwarzen Bürgerrechtsorganisationen (Congress of Racial Equality, National Association for the Advancement of Colored People, National Urban League, Southern Christian Leadership Conference, Student Nonviolent Coordinating Committee) zur Kooperation zu motivieren. Weitere, auch integrierte Organisationen unterstützten das Projekt. Die Kennedy-Regierung war alles andere als begeistert, weil sie bei weitergehenden Maßnahmen zum Schutz der Bürgerrechte der Schwarzen den massiven, auch militanten Widerstand der Weißen Rassisten und Segregationsbefürworter befürchtete. Die Regierung war ja durch die Abhöraktion über die Pläne informiert.

Aber die Organisatoren ließen sich nicht beirren. Allen voran trug Bayard Rustin, ein Veteran der Bürgerrechtsbewegung und erfahrener, gut vernetzter Organisator, die Hauptlast der Vorbereitung. Er hatte zu Beginn von Kings Bürgerrechtsengagement auch diesen beraten, er war einer der ersten in Montgomery, die Beratung und Training im gewaltfreien, aktiven Widerstand anboten. Aufgrund seiner Homosexualität und früherer Verbindungen zur Kommunistischen Partei war er allerdings zu jener Zeit in den USA ein potenzielles Ziel von Diffamierungskampagnen, so dass sich King gezwungen sah, die direkte Kooperation mit ihm zu beenden.

Am 28. August 1964 kamen schließlich über eine Viertel Million Menschen auf die *Mall*, die Fläche zwischen Kapitol und Lincoln-Denkmal nach Washington. Über ein Viertel davon waren keine Schwarzen, so dass die Veranstaltung selbst ein Beispiel für Integration war. Auch wenn es wohl Zufall war, dass der Marsch auf den achten Jahrestag der bestialischen Ermordung Emmett Tills fiel, so wurden doch bewusst historische Reminiszenzen eingesetzt: Das

Lincoln-Denkmal als Ort erinnerte an die rechtliche Beendigung der Sklaverei durch Abraham Lincoln hundert Jahre zuvor. Die Wahl von Marian Anderson als Sängerin der Nationalhymne wies auf deren legendäres Konzert am selben Ort im Jahr 1939. Die seinerzeit schon international bekannte Schwarze Opernsängerin sollte damals eigentlich in der Constitution Hall auftreten. Das wurde aus rassistischen Gründen verweigert. Dagegen gab es erheblichen Protest, angeführt von der First Lady Eleanor Roosevelt, so dass Anderson auf der Mall auftreten durfte.[1] Sie stand auf den Stufen des Lincoln-Denkmals, so wie 24 Jahre später die Akteurinnen und Akteure des Marschs auf Washington. Schließlich war es King selbst, der am Beginn seiner Rede mit der Formulierung »five score years ago«, was soviel wie »vor einhundert Jahren« heißt, auf den Beginn von Lincolns Versöhnungsrede von 1863 auf dem Schlachtfeld von Gettysburg Bezug nahm. Lincoln hatte nach dieser verlustreichen und entscheidenden Schlacht mit der Formulierung »four score and seven years ago« (87 Jahre) auf die Unabhängigkeitserklärung von 1776 zurückverwiesen, um die Einheit der Union und eine versöhnte Zukunft zu beschwören.

Die Versammlung war aber nicht nur reich an historischen Bezügen, sondern auch an Programmpunkten. Insgesamt gab es achtzehn offizielle Beiträge, davon zehn Reden.

King sollte am Schluss sprechen. Aber zunächst gab es Aufregung wegen einer anderen Rede. Für das inzwischen radikalere SNCC sollte John Lewis sprechen. In seinem Redeentwurf wurde nicht nur die Regierung offen kritisiert, sondern hieß es auch: »Wir werden durch den Süden marschieren, durch das Herzen Dixies, so wie es Sherman gemacht hat.[2] Wir werden unsere eigene Politik der ›verbrannten Erde‹ durchführen und Jim Crow[3] niederbrennen – gewaltfrei.«

Diese Anspielung auf den Bürgerkrieg und den außerordentlich zerstörerischen Marsch der Nordstaatenarmee unter William T. Sherman durch die Staaten des Südens nach der Einnahme Atlantas im September 1864 wurde als Provokation empfunden und brachte alle Alarmglocken zum Schrillen. Mehrere Redner wollten ihre Mitwirkung aufkündigen, wenn die Rede nicht geändert würde. Während das Programm schon begann, wurde hinter den Kulissen noch beraten und umgeschrieben. Lewis hat schließlich eine moderatere Version vorgetragen.[4]

Alle Redner waren Männer. Frauen wirkten als Sängerinnen mit. Und es gab eine Ehrung für Schwarze Kämpferinnen für die Freiheit, darunter etwa Rosa Parks und die Witwen der ermordeten Aktivisten Medgar Evers und Herbert Lee – ein beschämender Ausdruck dafür, wie die Frauen, die oft an vorderster Linie im Kampf für die Freiheit standen, in der Führung und öffentlichen Sichtbarkeit zurückstecken mussten.

I have a Dream

Die Zeit an diesem heißen Augusttag war schon weit vorgerückt. Trotzdem warteten alle in der Sonne auf die letzte Rede. Vor King sprach Rabbi Joachim Prinz, der Präsident des American Jewish Congress, einer Organisation vor allem deutschstämmiger Jüdinnen und Juden. Prinz konnte 1937 aus Deutschland emigrieren und wurde Rabbi in New Jersey.[5] Diese Umstände werden gewöhnlich viel zu wenig beachtet, zumal es historisch einen paradoxen Zusammenhang gibt: Die sogenannten Nürnberger »Rassegesetze« der Nationalsozialisten von 1935 haben sich an Regelungen der Black Codes (rassistische Verhaltensregeln für Schwarze) der Südstaaten orientiert.[6] Jüdinnen und Juden, die aus Deutschland in die Südstaaten emigrierten, waren dort dann wieder mit strukturell denselben rassistischen Gesetzen konfrontiert, nur dass diese auf eine andere Bevölkerungsgruppe zielten. Viele haben sich deshalb gegen die Segregation engagiert – oder sind in den Norden gegangen.

Dann aber kam King.[7] Die drei großen Fernsehnetzwerke unterbrachen ihr Programm, um live zu berichten. Nach seiner oben zitierten Erinnerung an die Beendigung der Versklavung durch Lincoln hundert Jahre zuvor, nimmt King diesen Rückblick auf, um auf die Missstände hinzuweisen, die hundert Jahre später immer noch bestehen. Die Schwarzen seien immer noch nicht frei durch die »Handschellen der Segregation und die Ketten der Diskriminierung. Einhundert Jahre später leben die Schwarzen immer noch auf einer Insel der Armut in einem riesigen Ozean materiellen Wohlstands« (81).

Daran anschließend führt er das Bild des »ungedeckten Schecks« ein. Sie seien alle nach Washington gekommen, um diesen Scheck einzulösen. Denn die Unabhängigkeitserklärung habe allen Menschen unveräußerliche Rechte versprochen. Dieses Versprechen wurde gegenüber den Schwarzen nicht eingelöst. Aber, so King: »Wir weigern uns zu glauben, dass die Bank der Gerechtigkeit bankrott ist« (82). Und er macht deutlich, wie schon im Gefängnisbrief, dass weder weiteres Abwarten noch eine Zurücknahme der Proteste angemessen wäre: »Jetzt ist die Zeit, um für alle Kinder Gottes Gerechtigkeit Wirklichkeit werden zu lassen« (82). Zugleich beharrt er auf die Gewaltfreiheit der Proteste und macht deutlich, dass sie nicht aufhören würden, bis Rassismus, Ausbeutung und Unterdrückung überwunden seien. Dabei verknüpft er rhetorisch konkrete gesellschaftliche Missstände mit der biblischen Verheißung des Propheten Amos: »Wir werden nicht zufrieden sein, bis Recht fließt wie Wasser und Gerechtigkeit wie ein mächtiger Strom« (84).[8]

King wendet sich nun konkret an die Teilnehmenden auf der Mall, von denen viele durch den Rassismus und im Kampf dagegen gelitten haben:

»Ihr seid Veteranen des schöpferischen Leidens. Macht weiter mit dem Glauben, dass unverschuldetes Leiden erlösend und befreiend ist. Geht zurück [...] Lasst uns nicht suhlen im Tal der Verzweiflung«[9] (84). Denn ich habe einen Traum!

Er transformiert also die Missstände, die er bisher analysiert hat, und das Leiden der Betroffenen in seinen Traum von der Überwindung des Rassismus und der Ungerechtigkeit. Bis hierhin folgt seine Rede der Struktur einer Jeremiade, einer Klagepredigt in der Predigttradition der Schwarzen Kirche.[10] Der entscheidende rhetorische Kniff, das nun in einen Traum zu überführen, war im Redemanuskript gar nicht vorgesehen. King hat sich vom Flow der Situation und seines Auftritts tragen lassen. Das Motiv hatte er schon öfter verwendet und gar nicht so lange davor eine ganz ähnliche Passage in einer Rede vorgetragen. Mahalia Jackson, die große Gospelsängerin, war bei der Veranstaltung dabei gewesen und hatte ihrem Freund Martin zugerufen: »Martin, erzähl ihnen vom Traum ...«.[11]

Und nun entwickelt King eine Vision von der Überwindung des Rassismus, der Armut und Ungerechtigkeit für alle Amerikanerinnen und Amerikaner. Er spricht dabei sowohl die persönliche, die rechtliche, die gesellschaftliche und staatliche Ebene an. Da er jeweils eindrückliche Sprachbilder und Beispiele verwendet, fühlen sich alle angesprochen. Das gehört zu den simplen, aber sehr wirkungsvollen Methoden in Kings Reden und Predigten. Er hatte meist drei Beispiele, die auf unterschiedlichen Bildungsebenen angesiedelt waren, so dass jeder und jede etwas hörte, das für die Einzelnen zugänglich und überzeugend war.

Es werden nicht alle verstanden haben, was die juristischen Begriffe »interposition«[12] und »nullification«[13] genau bedeuten; aber Kings Traum, dass eines Tages die Kinder »nicht nach der Pigmentierung ihrer Haut, sondern nach ihrem Charakter beurteilt werden« (85), wird alle angerührt haben. Und die Forderung nach Überwindung des Rassismus wird von ihm mit einem Verweis auf die Verfassungsdokumente und biblische Bilder verwoben:

»Ich habe einen Traum, dass eines Tages jedes Tal erhöht wird und jeder Hügel und Berg erniedrigt wird.« (84f.)

Diese Verheißung steht bei Jesaja (40,4f.) dafür, dass so Gott selbst der Weg bereitet wird. Die Stelle wird bei Lukas (3,4-6) von Johannes dem Täufer als Einleitung seiner Bußpredigt zitiert, in der er Umkehr fordert und das Kommen des Heils ankündigt. Viele der Anwesenden werden diese Anspielungen verstanden haben, weil der Bezug auf diese biblischen Aussagen zum Kernbestand afro-amerikanischer Spiritualität gehört. Durch die Aufnahme in das Libretto von Händels Messias (1,1) wird diese Bezugnahme aber auch jene angesprochen haben, die nicht so bibelfest waren, da Händels Messias in der anglo-amerikanischen Tradition in etwa die Bedeutung zukommt, die im deutschen Protestantismus Bachs Matthäus-Passion hat.

Mit Samuel Francis Smiths Gedichtstrophe »My Country, 'Tis of Thee«[14] gelingt King dann eine Steigerung zur Schlusskadenz: »Let freedom ring ...« Lass die Freiheit erschallen ... – und nun folgt eine Aufzählung von Staaten, Regionen und Landschaften, die alle ansprechen. Und das sind die Orte, wohin sie zurückkehren sollen, um die Freiheit zu vollenden, denn dann werden

> »alle Kinder Gottes,
> Schwarze und Weiße,
> Juden und Heiden,
> Protestanten und Katholiken,
> in der Lage sein, sich die Hände zu reichen.
> Endlich frei, (ja) endlich frei« (87).[15]

Auch wenn nicht alle großen Religionen genannt werden, bringt King hier einen theologischen Universalismus zum Ausdruck, der allen Menschen als Kindern Gottes Würde und Rechte zuspricht. Das dürfte auch inhaltlich der zentrale Punkt für die Zuhörenden weltweit gewesen sein: Die Überzeugung, dass alle Menschen gleiche Rechte und Würde haben. Diese Position ist natürlich in den westlich geprägten Ländern in der Tradition der Aufklärung angelegt, in der Verfassung der USA festgeschrieben und seit 1948 auch in der Allgemeinen Erklärung der Menschenrechte. Aber für die meisten Menschen, die damals lebten, widersprach sie nicht nur ihrer Lebensrealität, sondern viele kannten diese Vorstellung gar nicht. In den USA herrschte Segregation, Großbritannien, Portugal, Spanien und Frankreich hatten noch Kolonien. Im Ostblock wurden vor allem kollektive Rechte betont. In Europa ist die volle Bedeutung der Menschenrechte eigentlich so richtig erst mit dem KSZE-Prozess in den 1970er-Jahren ins öffentliche Bewusstsein gedrungen.

Die Wahrnehmung des Unrechts und die Vision einer gerechteren Welt sprachen die Schwarzen an, die aus Protest nach Washington gekommen waren. Die Perspektive der Gewaltlosigkeit und Versöhnung war für viele Weiße in den USA und weltweit attraktiv, die gegen offenen Rassismus waren, zugleich aber auch Angst vor Gewalt und Verlust ihrer Privilegien hatten. Dies waren neben der bewegenden und authentischen Performanz wichtige Gründe für die Wirkung der Rede. Daneben aber gab es auch einen ganz banalen.

King wird zur globalen Ikone

Wenige Monate vor dem Marsch auf Washington hatte der Fernsehsatellit Telstar 2 seinen Platz im Orbit eingenommen. Als nun die großen Fernsehanstalten Kings Rede live übertrugen, hörten und sahen diese Rede nicht nur die auf der Mall versammelten Menschen, sondern weltweit Millionen. In den USA hatten damals schon über 90 % der Haushalte mindestens ein Fernsehgerät. Fernsehen war das gesellschaftliche und politische Leitmedium. Und sie sahen nicht nur King, sondern zugleich auch über eine Viertel Millionen überwiegend Schwarzer Menschen, aber eben auch eine beträchtliche Anzahl Weißer, die friedlich zusammen protestierten. Das lag auch daran, dass in den Bildeinstellungen der Fernsehnetzwerke überproportional viele Weiße zu sehen waren. Diese Bilder waren zu dieser Zeit ein unglaubliches Symbol für die Freiheitskämpfe weltweit und für die universale Gleichheit aller Menschen. Zugleich wird daran deutlich, dass man Ella Bakers berühmtes Diktum »Die Bürgerrechtsbewegung hat Martin erschaffen, mehr, als Martin die Bürgerrechtsbewegung geschaffen hat«[16] wohl ergänzen muss: Die Medien haben Martin hervorgebracht.

Allerdings war das den Fernsehverantwortlichen an diesem Tag noch gar nicht klar. Insgesamt hatte das neue Medium Fernsehen die Bürgerrechtsbewegung und King freundlich begleitet. Dabei war aber auch die eigene Agenda der Fernsehanstalten wirksam. Nicht nur in den Nachrichten, auch in den Unterhaltungsprogrammen wurden Menschen aus der Schwarzen Mittelklasse so dargestellt, dass sie von ihrem sozialen Status her die gleichen Rechte wie die Weißen verdient hätten. In gleicher Weise paternalistisch wurden Gewalt und Aggressivität abgelehnt. King eignete sich für dieses Klischee hervorragend und war zugleich telegen.

Weil das Weiße Establishment jede Militanz ablehnte, standen auch die Medien dem »March on Washington« zunächst allerdings kritisch gegenüber. Sie befürchteten Ausschreitungen und lehnten es ab, dass auf den Kongress Druck ausgeübt werde. Gleichwohl berichteten die drei großen Netzwerke koordiniert, so dass mehrere Hundert Mitarbeitende und Dutzende Kameras am 28. August im Einsatz waren. Dazu kamen noch weitere, auch internationale Medien. Eine solche Medienpräsenz bei einer Live-Veranstaltung war bis dahin ohne Vorbild.

Da King bei seiner Rede vom zuvor verteilten Manuskript abwich, kam dann der später berühmt gewordene Teil in den Kommentierungen zunächst gar nicht vor. Noch am Abend in einer Zusammenfassung bei CBS zur Prime Time wurden die später als so entscheidend wahrgenommenen Teile seiner Rede gar nicht erwähnt.

Die Fernsehanstalten machten vor allem die Harmonie zum Thema, in der die von Schwarzen und Weißen zusammen getragenen Veranstaltung stattgefunden hatte. King wurde dabei gar nicht hervorgehoben, und seine Rede wurde erst in der Folge zu einem als zentral wahrgenommenen Ausdruck der Ziele und der Vision der Bürgerrechtsbewegung.

Daran, dass King als Ikone dieser Bewegung wahrgenommen wurde, obwohl er nur relativ wenige wirkliche Erfolge vorweisen konnte und andere z.T. schon seit Jahrzehnten erfolgreich an der Spitze ihrer Organisationen standen, hatten die Medien ebenfalls großen Anteil. Allerdings durchaus aus zweifelhaften Gründen. King bediente das Klischee, das das Weiße Establishment und auch die Weißen Liberalen von einem »guten Schwarzen« hatten, und die Medien verstärkten dies.[17] Sein inklusiver Ansatz und seine integre Persönlichkeit wurden so auch gegen radikalere Strömungen des Schwarzen Emanzipationsstrebens instrumentalisiert. Zugleich wurden die tieferliegenden Ursachen der Segregation, nämlich die fortdauernde ökonomische Ausbeutung und der gewaltbereite Rassismus verdeckt.

Bronze-Skulptur von Joseph Stein, 1969
National Portrait Gallery, Smithsonian Institute, Washington, D.C.
https://npg.si.edu/object/npg_NPG.2000.3 Foto: Miriam Rose

Es waren diese globale mediale Präsenz und die damit verbundene Botschaft, die den größten Erfolg des Marsches darstellten. Denn konkrete Resultate erzielte dieser nicht. Die Leiter der großen Bürgerrechtsorganisationen wurden im Anschluss von Präsident Kennedy im Weißen Haus empfangen, was den Eindruck erweckte, die Kennedy-Administration unterstütze die Anliegen. Allerdings waren die Brüder Kennedy weiter sehr zurückhaltend, was die Bürgerrechte anging. Gleichwohl war es das erste Mal, dass Präsident Kennedy eine ganze Rede Kings gehört hatte, was ihn durchaus beeindruckte. Allerdings war nicht erkennbar, dass der Marsch nach Washington die Bereitschaft der Kennedys erhöht hatte, ein Bürgerrechtsgesetz durch den Kongress zu bringen, welches die Rechte des Bundes zur Verwirklichung der Bürgerrechte ausgeweitet hätte. Kennedy hätte ein solches Gesetz ja gegen die Gouverneure seiner eigenen Partei und gegen seine eigene Wählerbasis durchsetzen müssen. Die Vorbehalte gegen King und Levison blieben weiter stark, und Robert Kennedy erlaubte als Justizminister nur wenige Wochen später, King selbst abzuhören, obwohl die Abhöraktion gegen Levison nichts Substanzielles zutage gebracht hatte. Nach allen rechtsstaatlichen Kriterien hätte man also die Abhöraktion abbrechen müssen und keinesfalls ausweiten dürfen. Die Maßnahmen stellten einen schweren und unbegründeten Eingriff in die Bürgerechte der Beteiligten dar und erschwerten das strategische Handeln Kings und der SCLC.

Malcolm X bezeichnete den Marsch als »farce in Washington«, weil er es ablehnte, um Rechte zu betteln, die einem selbstverständlich zustehen, und er nicht glaubte, dass die Regierung aktiv werde. Er setzte dem Traum-Motiv von King das Schlagwort des Alptraums (nightmare) entgegen, unter dem die Schwarzen seit der Verschleppung nach Nordamerika litten.

10.
Erlösende Liebe und befreiendes Leiden

Die 16th Street Baptist Church in Birmingham ist ein schlichtes, aber imposantes Backsteingebäude. Schräg gegenüber befindet sich heute das Bürgerrechtsinstitut. Davor liegt der Kelly-Ingram-Park, in dem 1963 während der Bürgerrechtsproteste die brutalen Übergriffe auf die Jugendlichen stattgefunden haben. Heute erinnern Skulpturen an das Geschehen.

Nachdem der große Erfolg der Kampagne in Birmingham im Frühjahr und der triumphale Marsch auf Washington am 28. August 1963 Hoffnung auf Veränderung geweckt hatten, wurden am 15. September vier junge Mädchen Opfer eines rassistischen Bombenanschlags auf die 16th Street Baptist Church in Birmingham. Der gezielte Angriff auf Kinder zeigte, dass der Ku Klux Klan und andere rassistische Gruppen vor nichts zurückschreckten, um die Segregation aufrechtzuerhalten. Nicht nur für die betroffenen Familien, sondern für die Stadt und die Bürgerrechtsbewegung insgesamt markierte der Anschlag einen emotionalen Tiefpunkt. Hoffnungslosigkeit, Enttäuschung und Wut erfüllten die Menschen. Es war ein Stoß mitten ins Herz des Schwarzen Birmingham. Die Familien und die Mädchen waren vernetzt. Condoleezza Rice, die spätere Außenministerin, war mit einem der Opfer befreundet.[1] Auch Angela Davis, die spätere Black Panther-Aktivistin, gehörte zum Bekanntenkreis der Mädchen.

Da King Verantwortung dafür mittrug, dass bei den Protesten im Frühjahr auch Schülerinnen und Schüler beteiligt gewesen waren und diese Gruppe jetzt das Ziel des Terrors wurde, sah er es als seine Pflicht an, sich an der Trauerfeier für drei der Mädchen zu beteiligen.[2] In seiner Ansprache griff er das Motiv des »erlösenden und befreienden Leidens« (redemptive suffering) auf, um so dem Tod der Mädchen eine Sinndimension zu geben: »Meine Freunde, sie sind nicht umsonst gestorben. Gott hat immer noch die Möglichkeit, aus dem Bösen etwas Gutes zu machen. Und die Geschichte hat immer wieder gezeigt, dass unverschuldetes Leiden erlösend und befreiend ist. Das unschuldige Blut dieser kleinen Mädchen kann als befreiende Kraft wirken, die neues Licht in diese dunkle Stadt bringt.«[3]

Das Konzept des erlösenden Leidens ist eine ebenso zentrale wie umstrittene Kategorie in Kings Theologie. Er schließt damit an eine Tradition afroamerikanischer Spiritualität an, in der das unabwendbare Leiden, etwa unter den Bedingungen der Versklavung, als Nachfolge Christi angesehen wurde, das im Jenseits belohnt werde (otherworldiness). Diese Position ist dafür kritisiert worden, dass sie die Unterdrückung der Schwarzen noch religiös überhöhe. King gibt dieser Deutung aber eine entscheidende Wendung.

»Unearned suffering is redemptive.« Diesen und ähnliche Sätze finden wir in den Reden und Schriften Martin Luther Kings immer wieder.[4] Was ist aber damit gemeint? Ist alles Leiden erlösend? Ist Leiden eine notwendige Bedingung, um erlöst zu werden? Will King damit die Frage der Theodizee bearbeiten, also die Frage danach, wie ein liebender und allmächtiger Gott in der Welt oft furchtbares Leiden zulassen kann? Oder ist das etwa eine Aufforderung an die Schwarzen in den USA, die schon eine lange Leidensgeschichte haben, weiter zu leiden? Bietet er also eine Rechtfertigung des Leidens und damit der ungerechten Verhältnisse? Diese und mehr Fragen stehen im Raum, wenn man versucht, Kings Konzept des »redemptive suffering« zu verstehen. Keines seiner theologischen Konzepte ist wohl so kritisiert – und so missverstanden worden.

Wichtig ist, das Bedeutungsfeld von »redemptive« in der englischen Sprache zu beachten. Das Wortfeld »redemption/to redeem/redemptive« hat im Englischen, insbesondere im amerikanischen Englisch und in der afro-amerikanischen Kultur, einen weiteren Bedeutungsraum als das deutsche »Erlösung/erlösen«. Im Englischen klingt viel stärker »auslösen« im Sinne von »loskaufen« mit, etwa mit Blick auf den Freikauf einer Geisel. Insbesondere in den Texten der Gospels und Spirituals schwingt die Bedeutung der Befreiung mit. Für das eine deutsche Wort »Erlösung« sind mehrere Übersetzungen möglich und üblich: »salvation«, »redemption«, »deliverance«. Hingegen werden alle drei in der Regel im Deutschen mit »Erlösung« wiedergegeben. Während »salvation« eine stark religiöse Konnotation hat, klingt bei »deliverance« stärker der Aspekt der Befreiung mit. Der Bedeutungsumfang von »redemption« umfasst beides. Die Vorstellungen von religiöser Erlösung und physischer bzw. politischer Befreiung sind so in diesem Wortfeld semantisch ineinander verwoben. Man kann das exemplarisch bei Bob Marley sehen bzw. hören. In seinem bekannten Lied »Redemption Song« werden »redemption song« und »freedom song« synonym verwendet. »Redemptive suffering« kann also sowohl »erlösendes« Leiden im theologischen Sinn, als auch »befreiendes« Leiden in einem ethisch-politischen Sinn meinen.

Wenn King von »redemptive suffering« spricht, dann meint er nicht jegliche Form von Leiden. Es geht nicht um arbiträr erfahrenes Leid wie Krankheit und durch Unfall.[5] Auch Leiden, das durch Unterdrückung und Ungerechtigkeit passiv erfahren wird und erduldet werden muss,[6] ist bei King nicht im Fokus, wenn er von »redemptive suffering« spricht. Dies ist insofern entscheidend, als es ja über lange Zeit der historischen Erfahrung der versklavten und unterdrückten Schwarzen entsprach, dass der Zustand des Leidens nicht unmittelbar zu überwinden war, weil die Machtverhältnisse so eindeutig waren. Daran schloss die religiöse, christliche Deutung an, welche die Überwindung des Leidens und die Belohnung für das Leiden in die Zukunft bzw. das Jenseits projizierte (otherworldliness). In diesem Kontext konnte auch das Ertragen des Leidens als »redemptive« interpretiert werden. Besonderes Zeugnis geben hiervon die Spirituals und Gospels.

Im Unterschied dazu ist zu beachten: Nicht alles Leiden ist im Verständnis Kings erlösend/befreiend. Vielmehr geht es um das Leiden, das durch an der Agape orientiertes, gewaltfreies, auf Gerechtigkeit gerichtetes Handeln verursacht wird.[7] Dabei lehnt King die bisherige Tradition nicht ab, geht aber mit seiner theologischen Interpretation über sie hinaus. Es geht beim »redemptive suffering« um eine der Gottesbeziehung entsprechende und an der auf Gerechtigkeit zielenden Agape-Liebe ausgerichteten Gestaltung der Beziehungen zwischen den Menschen. Dieses aktive Ausrichten auf Gerechtigkeit kann es mit sich bringen, Opfer erbringen und leiden zu müssen. Für King ist der Ausgangspunkt also die Beobachtung und Erfahrung, dass Leiden im Kampf für Gerechtigkeit oftmals unvermeidlich ist – auch wenn es weder von den handelnden Menschen noch von Gott gewollt wird. Dieses Leiden hat aber per se keine ontologische oder ethische Qualität. Diese kommt ihm nur in der Verbindung mit dem Agape-Handeln zu.

Die Frage der Theodizee steht dabei nicht im Mittelpunkt, auch wenn sie offensichtlich mit berührt ist. Kings Verständnis des »redemptive suffering«

ist in jüngster Zeit vor allem unter der Perspektive der Theodizee verhandelt worden. Die entsprechenden Publikationstitel sind in diesem Sinne sprechend: »Why, Lord?« (Warum, Gott?) von Tony Pinn[8] etwa, oder der Untertitel des jüngsten Buches zum Thema von Mika Edmondson »The Roots and Implications of Martin Luther King, Jr.'s Theodicy.« (Die Wurzeln und Implikationen von Martin Luther Kings Theodizee).[9] Im Folgenden will ich allerdings versuchen, »redemptive suffering« nicht primär unter der Perspektive der Theodizee zu analysieren, sondern als Entsprechung des Handelns aus Liebe.

Die verändernde Kraft der Liebe

Der Zusammenhang von Agape-Liebe, aktivem gewaltfreiem Widerstand und Leiden wird immer wieder in Kings Texten deutlich. Theologisch grundlegend ist die Agape: »Im Zentrum unserer Bewegung stand die Philosophie der Liebe. [...] Agape ist verstehender, kreativer, erlösender und befreiender guter Wille für alle Menschen. Bibelgelehrte würden sagen, es ist die Liebe Gottes, die im Bewusstsein der Menschen wirkt.«[10]

Schon in den frühen Texten der zweiten Hälfte der 1950er-Jahre ist für King eine Einsicht zentral, die sich immer wieder in diesen Texten findet: Aktiven gewaltfreien Protest kann man nur durchführen, wenn man bereit ist, Leiden auf sich zu nehmen. So heißt es etwa in dem kurzen Text »An Experiment in Love« von 1958, in dem er die Methode und Philosophie des aktiven gewaltfreien Widerstandes erläutert, in einem typischen und auch in anderen Texten immer wieder begegnenden Gedanken: »Ein vierter Aspekt, der den gewaltfreien Widerstand charakterisiert, ist die Bereitschaft, Leiden ohne Vergeltung zu akzeptieren, Schläge zu akzeptieren, ohne zurückzuschlagen.«[11] King sieht das Leiden als Folge der Bereitschaft, aus Liebe gewaltlos gegen die Ungerechtigkeit vorzugehen. Gerade das hat ihm die Kritik des gewaltbereiten Flügels der Bürgerrechtsbewegung, etwa von Malcolm X[12] oder Stokely Carmichael[13] eingetragen, er sei ein Feigling und Schwächling. Es geht also nicht um das Leiden an sich oder die Frage, warum Gott Leiden zulassen könne, sondern darum, wie das menschliche Leiden im Kampf für Befreiung und Gerechtigkeit sinnhaft verstanden werden kann.

Freilich wird man beachten müssen, dass die Agape in Kings theologischem Denken nicht losgelöst werden kann von dem Bild eines mächtigen, in der Geschichte handelnden, personalen Gottes. Im selben Text – und an vielen anderen Stellen – weist er darauf hin, dass er davon überzeugt sei, dass die Bürgerrechtsbewegung im Kampf für Gerechtigkeit den Beistand Gottes habe: »Da gibt es etwas im Universum, das sich in Richtung Gerechtigkeit entwickelt. In Montgomery haben wir in unserem Kampf gespürt, dass wir kosmische Unterstützung haben. Und eines der Dinge, welche die Menschen bei der Stange gehalten haben, ist der Glaube, dass das Universum auf der Seite der Gerechtigkeit steht.«[14]

Schon hier ist die Grundstruktur der theologischen Argumentation, die er immer wieder aufnimmt und variiert, gut erkennbar: Die Unterdrückung der Schwarzen ist eine Ungerechtigkeit. Christliche Liebe zielt auf Gerechtigkeit. Die Agape hat verändernde Kraft durch gewaltfreies Handeln. Agape und Gerechtigkeit sind untrennbar aufeinander bezogen.[15]

Ich habe bewusst dieses Beispiel ausgesucht, bei dem die Frage von Opfer und Leiden zwar angesprochen wird, aber nicht im Mittelpunkt steht. Der Fokus ist vielmehr der konstitutive Zusammenhang von Liebe, Gerechtigkeit und Gewaltfreiheit. Das Leiden kommt dann erst in den Blick als möglicherweise nicht vermeidbare Konsequenz dieses Handelns. Das Konzept der »transformative love«, die auf Gerechtigkeit zielt, ist meines Erachtens grundlegend für das angemessene Verständnis des »redemptive suffering« bei King. »Redemptive suffering« setzt Handeln aus Liebe voraus, das auf Gerechtigkeit zielt.[16] Von der Grundstruktur dieser Argumentation her lässt sich das Konzept des »redemptive suffering« weiter erschließen.

»Redemptive Suffering« als nicht intendierte, aber akzeptierte Folge gewaltfreien Engagements für Gerechtigkeit

Ausgangspunkt ist also, dass der Weg der Liebe als Weg der Gewaltfreiheit oftmals Leiden mit sich bringt. Das ist ja ein Gedanke, der in der biblischen Überlieferung vorgegeben ist und in der christlichen Tradition immer wieder auftaucht, nämlich dass die Nachfolge Christi bedeuten kann, selbst das Kreuz bzw. Leiden auf sich zu nehmen. Am prominentesten ist dies wahrscheinlich immer noch in Dietrich Bonhoeffers »Nachfolge« formuliert, die ja in der Erstübersetzung im Englischen auch den Titel trägt: »The Cost of Discipleship« (Der Preis der Nachfolge); allerdings ist mir nicht bekannt, dass King sich auf Bonhoeffers Ansatz bezieht, obwohl eine englische Übersetzung von Bonhoeffers Werk schon früh vorlag.[17]

Bei King handelt es sich jedoch nicht um diesen generellen Gedanken über die christliche Existenz im Allgemeinen, der aber durchaus im Hintergrund mitgedacht werden muss, sondern spezifischer um das Leiden, das im gewaltfreien Kampf für Gerechtigkeit unvermeidlich sein kann. Es wird in Kings Schriften deutlich, dass diese Spezifizierung durch Gandhis Philosophie der Gewaltlosigkeit beeinflusst ist. Dort ist der Gedanke, dass man im gewaltfreien Widerstand bereit sein müsse, selbst Leiden auf sich zu nehmen, prominent. Es ist hier nicht der Ort, das Verhältnis von christlicher Liebesethik und Gandhi'scher Philosophie bei King differenzierter zu entfalten. Wichtig ist aber, an diese Korrespondenz zu erinnern.[18]

Wenden wir uns nun dem Verständnis und der Deutung des unverschuldeten Leidens bei King zu. In seiner »Eulogy for the Martyred Children« lässt sich in zugleich eindrücklicher wie dramatischer Weise erkennen, wie King die Erfahrung des ungerechtfertigten Leidens, die mit dem gewaltfreien Handeln aus Liebe einhergeht, deutet.

Am Anfang steht der Widerspruch gegen das Leiden und die Anklage des Verbrechens. Dann deutet er das Leiden der Kinder als Folge des systemischen Unrechts. Und so kann der Tod der Mädchen als Konsequenz des Kampfes für Gerechtigkeit verstanden werden.[19] Sie werden als Märtyrerinnen eines Kreuzzuges für Freiheit und Menschenwürde gedeutet indem sie nicht nur als »victim«[20] angesehen, sondern als »sacrifice«[21] interpretiert werden. Sie haben weder das Leiden gesucht, noch hat es sie rein zufällig getroffen, sondern in der Interpretation Kings war ihr Leiden die nicht intendierte, aber mögliche Folge des Handelns des Kollektivs der Bürgerrechtsbewegung. Hier wird deutlich, dass King »redemptive suffering« und auch die Akzeptanz des Leidens nicht rein individuell versteht, weil das Unrecht systemisch ist. In der naturrechtlich geprägten Ethik, etwa bei Thomas von Aquin, wird dieser Zusammenhang als Doppelwirkung bezeichnet: Eine Handlung intendiert eine Folge nicht, aber die Folge ist kausal mit der Handlung verbunden und wird als Nebenwirkung in Kauf genommen.[22] (Etwa wenn das obere Stockwerk eines Hauses brennt, ist es das Ziel des Feuerwehreinsatzes, das Feuer zu beenden. Es wird aber in Kauf genommen, dass durch das Löschwasser weiter unten liegende Wohnungen beschädigt werden).

Vielleicht hilft das Modell der Doppelwirkung, das Konzept des »redemptive suffering« besser zu verstehen. Es ist eine nicht intendierte, aber nicht immer vermeidbare Folge des Einsatzes für Gerechtigkeit. Es geht also im Kern nicht um das Leiden, sondern um das Handeln für Gerechtigkeit. Insofern ist es auch nicht präzise, davon zu sprechen, dieses Leiden sei gewählt (chosen), wie es etwa Burrow vorschlägt.[23] Vielmehr wird es, wenn es als Folge des Handelns aus und in Liebe unvermeidlich ist, akzeptiert.[24]

Das Konzept des »redemptive suffering« ermöglicht es, angesichts des brutalen Todes der Mädchen einen Sinnhorizont zu eröffnen, indem der Tod als Opfer gedeutet wird, das Teil der Bewegung für Erlösung/Befreiung ist. Dabei wird nicht gesagt, dass dieses oder andere Opfer notwendig seien, um Erlösung zu gewinnen. Aber die um der Befreiung und Gerechtigkeit willen erbrachten Opfer werden als Teil eines Befreiungsprozesses gedeutet.

Als Beleg für die Sinnhaftigkeit des Opfers bzw. des Leidens postuliert King, dass in der Geschichte ablesbar sei, dass unverschuldetes Leiden Befreiung ermögliche. Es handelt sich also zum einen um eine Deutungsperspektive; zum anderen wird bei King nicht behauptet, dass jedes unverschuldete Leiden auch tatsächlich zum »redemptive suffering« wird. Es *kann* zur Erlösung/Befreiung beitragen.[25] Wenn das so verstanden wird, dann hat diese Interpretation sowohl tröstendes als auch motivierendes Potenzial. Darüber hinaus werden an dem ungerechtfertigten Leiden die systematische Ungerechtigkeit und das Böse des Handelns entlarvt und offenbar.[26] Darin liegt der Keim zu ihrer Überwindung.

In diesem Gedankengang werden individuelle und soziale Aspekte der Erlösung miteinander verknüpft. Im individuellen Horizont wird Trost darin angeboten, dass der Tod nicht vergeblich war; denn durch das erlösende Leiden als Opfer – die christologischen Entsprechungen und die Identifikation mit dem Lamm Gottes am Kreuz sind unübersehbar – könne die Gesellschaft von der Sünde der Segregation und des Rassismus erlöst werden.[27] Bei dieser Identifikation mit dem Leiden Jesu ist zu beachten, dass King das Kreuzesgeschehen nicht im Sinne eines stellvertretenden Sühnopfers versteht, also dass

Jesus als Gottes Sohn am Kreuz als Opfer eintritt, um die Sünden aller zu sühnen. Dabei war es vor allem die Vorstellung, dass jemand anderer für einen eintreten kann, was King befremdete. Für ihn steht das Kreuz für die Offenbarung der Liebe Gottes und der exemplarischen Überwindung des Todes, was nun jedem Einzelnen Motivation für ein Leben gibt, um die Sünde(n) zu überwinden. Eine Identifikation bedeutet also nicht, dass der Anspruch erhoben wird, dass Menschen am stellvertretenden Erlösungswerk Christi mitwirken. Vielmehr geschieht die Identifikation in der Hoffnung, dass die Liebe Gottes auch im »redemptive suffering« der Menschen wirksam wird.

Auf der anderen Ebene des Beispiels ist erkennbar, dass individuelle und soziale Befreiung hier in theologischer Perspektive dialektisch miteinander verknüpft sind, ja, man könnte sagen, die individuell-soteriologische Dimension wird in die soziale Erlösung/Befreiung aufgehoben.[28] Das Ziel ist weder Leiden noch Opfer, sondern die Befreiung. In einem späteren Text Kings heißt es ausdrücklich: »Freiheit wird nicht durch passives Hinnehmen des Leidens gewonnen. Freiheit wird durch Kampf *gegen* das Leiden gewonnen.«[29]

Das Leiden der Schwarzen und das Leiden Christi

Es gibt in der Schwarzen Theologie eine starke Tradition, die das Leiden der Schwarzen mit dem Leiden Christi in Beziehung setzt. Eindrücklich entfaltet dies James Cone unter dem programmatischen Titel »The Cross and the Lynching Tree« (Das Kreuz und der Lynch-Baum)[30]. Er zeigt dabei auf, dass insbesondere in der Zeit nach dem Ende der Reconstruction, als der Terror gegen die Schwarze Bevölkerung zunahm, um die Machtpositionen der Weißen nach dem Ende der Sklaverei und des Bürgerkrieges wieder zu installieren, die unglaubliche Grausamkeit des Lynching mit der Kreuzigung Jesu identifiziert wurde. Gerade in künstlerischen Ausdrucksformen ist dies reichhaltig belegt. Der entscheidende Aspekt ist hier, dass das ungerechtfertigte Leiden, dem man unter den gegebenen Umständen nicht widerstehen oder entkommen kann, mit dem ebenso ungerechtfertigten Leiden Christi identifiziert wird, der – so die naheliegende Entsprechung – von einem Mob gelyncht werde. Die Auferstehung Christi ist dann das Trost- und Hoffnungssymbol, dass auch das Leiden der Schwarzen dereinst beendet sein wird. Das

Leiden wird als Vorstufe zur Auferstehung verstanden, ohne dass der Tod Christi mit dem Konzept des stellvertretenden Sühnopfers verbunden wird. In dieser Identifikation des Lynching mit der Kreuzigung wird von Cone das Leiden der Schwarzen als zentrale theologische Kategorie entwickelt und in Abgrenzung zu Entwürfen Weißer Theologen mit der Theodizee-Frage in Beziehung gesetzt.[31]

Cone unternimmt es, auch Kings Theologie des Leidens mit der Identifikation des Kreuzes mit dem Lynching Tree zu verknüpfen. Dafür führt er die starke Identifikation Kings mit dem Leiden Christi an. »Bearing the cross« (Das Kreuz tragen)[32] ist bei King ein immer wiederkehrendes Motiv, ebenso wie der Slogan: »Freedom is not for free!« (Freiheit gibt es nicht umsonst). King war sich sehr bewusst, dass der Kampf gegen die Segregation, den er als Nachfolge Christi verstehen konnte, Leiden, ja den Tod mit sich bringen kann. Insofern ist Cone zuzustimmen, dass bei Kings Verständnis des Leidens immer auch das jesuanischen Leiden bis ans Kreuz als Symbol für das Leiden der Schwarzen mitgedacht werden muss, auch wenn ich eine explizite Identifikation der Kreuzigung mit dem Lynching bei King nicht entdecken kann und, wenn ich richtig sehe, Cone dafür auch keine eindeutigen Belege anführt.[33]

Die Identifikation des »redemptive suffering« mit dem Leiden Christi am Kreuz wird bei King aber nicht erlösend im Sinne der stellvertretenden Sühne verstanden, sondern das Gerechtigkeits-Handeln aus Liebe und das damit verbundene Leiden kann soteriologisch gedeutet werden, weil Gott im Leiden am Kreuz seine Liebe und seine Identifikation mit den Leidenden offenbart. Die Menschen selbst wirken nach Kings Verständnis am individuellen und sozialen Heil bzw. an der Befreiung durch ihr Handeln mit, wenn sie aus Liebe für Gerechtigkeit eintreten. Die christologische Voraussetzung ist, dass die das Leiden überwindende Liebe Gottes offenbar wird und durch Jesus exemplarisch Leiden und Tod überwunden werden. Die Erlösung wird dann aber nicht durch das Leiden erwirkt, sondern durch das Liebes-Handeln, das durch Gottes zuvorkommende Liebe und das Beispiel von Jesus erst möglich wird.

Diese Verwobenheit des Liebes-Handelns mit der Erlösung/Befreiung wird bei ihm immer wieder explizit, etwa wenn er betont, dass es beim Widerstand gegen Unrecht und Rassismus eben auch darum geht, die Weißen Täter und

Rassisten zu transformieren. Dies kommt ganz explizit im Motto der von ihm geführten Bürgerrechtsorganisation Southern Christian Leadership Conference zum Ausdruck, das den hohen Anspruch formuliert: »To Redeem the Soul of America« (Die Seele Amerikas erlösen)[34].

Das innovative Potenzial von Kings Konzept des »redemptive suffering«

Nachdem in einigen der frühen Arbeiten zur intellektuellen Entwicklung Kings die Einflüsse durch »westliche« (also Weiße) Autoren überbetont und die Prägung durch die afro-amerikanisch kulturelle, spirituelle und theologische Tradition weitgehend übersehen wurden,[35] hat inzwischen eine Gegenbewegung eingesetzt. Es ist Usus geworden, in Abhandlungen zu King zunächst und besonders zu betonen, dass seine Theologie im Wesentlichen durch seine Sozialisation in der Familie sowie im kirchlichen und sozialen Umfeld Atlantas präfiguriert sei.[36] Nun steht außer Frage, dass Kings theologisches Verständnis des Leidens durch die besondere Erfahrung der meisten Afro-Amerikanerinnen und Afro-Amerikaner als Opfer der Versklavung, der Ausbeutung und Unterdrückung und die traditionelle Reflexion dieses Leidens in der Schwarzen Kultur und Kirche geprägt ist.

Gospel, Spirituals, Blues und Jazz zeugen von dieser Leidenserfahrung und Leidenstheologie genauso wie die geprägten Formen der afro-amerikanischen Frömmigkeit.[37] Die traditionelle Schwarze Theologie betont in einer Situation, in der das Leiden nicht änderbar scheint, sowohl die zukünftige Überwindung des Leidens als auch die zukünftige Belohnung der Leidenden. Das Leiden wird zwar nicht prinzipiell akzeptiert, aber im Blick auf die zukünftige Überwindung muss und kann es in der Gegenwart ertragen werden. Die Tradition des Exodus, des leidenden Gottesknechtes[38], die prophetischen Heilsansagen und das Leiden Jesu sind Motive, die zunächst dazu dienen, das Leiden in der Gegenwart dadurch erträglich zu machen, dass auf die Überwindung und Belohnung in der Zukunft verwiesen wird, sei es in einer irdischen Zukunft, sei es einer eschatologischen. Diese Figur ist oft als »otherworldliness«, als Jenseitigkeitstheologie beschrieben und als Vertröstung kritisiert worden.[39] Aber mit dem Ansatz der »otherworldliness« hat nicht nur Vertröstung stattgefunden, er war meist mit prinzipiellem Widerspruch gegen das Unrecht verbunden. So konnte die Hoffnung auf eine gerechtere Welt wachgehalten werden.[40]

In Kings Ansatz des »redemptive suffering« geht es aber weder um Vertröstung, noch (primär) um Kraft, um im Leiden durchzuhalten, sondern es geht darum, aktiv, und zwar gewaltfrei gegen Ungerechtigkeit Widerstand zu leisten. Cone führt dazu aus: »Aber Leiden, das im Zusammenhang mit dem Freiheitskampf entsteht, ist befreiend. Dieses Leiden, zu dem wir berufen wurden, ist kein passives Erleiden der Kränkungen durch Weiße, sondern vielmehr eine Form, für unsere Freiheit zu kämpfen.«[41] Das theologische Konzept des »redemptive suffering« kann deshalb, so meine ich, eben nicht ausschließlich aus der älteren Tradition der Schwarzen Kirche abgeleitet werden, sondern es ist eine innovative Fortentwicklung dieser Tradition, die aus ihr selbst nicht vollständig erklärt werden kann. Seine Kraft und theologische Attraktivität liegen gerade darin, dass das passive Erleiden des Unrechts überwunden und zum aktiven Kampf dagegen aufgefordert wird. Damit wird der Zusammenhang von individueller und sozialer Erlösung/Befreiung betont. King nimmt hier also Motive und Konzepte aus der Schwarzen Theologie, aus Gandhis Philosophie und dem Social Gospel auf und synthetisiert sie zu einem innovativen Konzept. Auffällig ist, dass King sich bei seinen Aussagen zum »redemptive suffering« nicht auf *einen* spezifischen biblischen Referenztext bezieht, wie er es bei anderen Themenbereichen tut.[42] Dies spricht dafür, dass sein Verständnis von »redemptive suffering« über die Tradition der Schwarzen Bibelrezeption und Theologie hinausgeht und ein eigenständiges theologisches Konzept darstellt.[43]

Kreative Liebe und kreatives Leiden als Interpretationskategorien

Dass sich Kings Konzept des »redemptive suffering« nicht primär auf die abstrakte Frage der Theodizee bezieht, sondern vielmehr eine Interpretationskategorie hinsichtlich des gerechten Handelns ist, wurde oben schon herausgearbeitet. In diesem Abschnitt soll nun gezeigt werden, wie bedeutsam der Aspekt der Kreativität für Kings Verständnis der *Agape* und daraus resultierend des »redemptive suffering« ist.[44] Für ihn war die Interpretation des Leidens als einer kreativen, erlösenden und befreienden Kraft die Alternative zu Quietismus und Verbitterung. Er hat darauf selbst immer wieder in biografischer Perspektive hingewiesen. In einem Text für die Zeitschrift Christian Century führt er aus:

»Meine persönlichen Prüfungen haben mich den Wert unverschuldeten Leidens gelehrt. Als meine Leiden zunahmen, habe ich früh verstanden, dass es zwei Möglichkeiten gibt, auf meine Situation zu reagieren: entweder mit Bitterkeit, oder zu versuchen, das Leiden in eine schöpferische Kraft zu verwandeln. Da ich die Unausweichlichkeit des Leidens eingesehen habe, habe ich versucht, daraus eine Tugend zu machen. Und wenn es nur dazu half, mich selbst vor Bitterkeit zu bewahren, habe ich versucht, meine persönlichen Beschwernisse als eine Gelegenheit zu sehen, mich selbst zu verwandeln und Menschen zu heilen, die in die tragische Situation verwickelt sind, die derzeit andauert. Ich habe die letzten Jahre mit der Überzeugung gelebt, dass unverschuldetes Leiden erlösend und befreiend ist. Es gibt Menschen, die das Kreuz als ein Ärgernis wahrnehmen, und andere sehen es als Torheit an,[45] aber ich bin mehr als jemals überzeugt, dass es die Kraft Gottes für unsere soziale und individuelle Erlösung ist.«[46]

Zum einen wird in diesem Zitat noch einmal der oben schon rekonstruierte Zusammenhang von Liebe, Leiden und Opfer deutlich. Zum anderen wird sehr klar, dass das Konzept des »redemptive suffering« eine Interpretation im Horizont des subjektiven christlichen Glaubens ist. Diese Interpretation kann anderen angeboten, aber nicht normativ vorgegeben werden. Bei King wird es in Form einer Glaubensüberzeugung formuliert. In diesem Sinne hat es auch Eingang in die berühmte »I have a dream«-Rede von 1963 gefunden: »Ihr seid Veteranen des schöpferischen Leidens. Macht weiter mit dem Glauben, dass unverschuldetes Leiden erlösend und befreiend ist.«[47]

Beide Aspekte kommen hier vor: zum einen die Dimension der Kreativität des Leidens, zum anderen die Interpretation der erlösenden/befreienden Dimension des Leidens als Glaubensvollzug. Entscheidend ist, dass die Agape-Liebe und das aus ihr folgende Leiden ein kreatives, veränderndes Potenzial haben. Diese schöpferische Dimension kann Veränderung hervorbringen. Sie kann die Leidenden selbst, das Gegenüber, das Leiden und die Welt verändern. Im Grunde ist das die zentrale theologische Grundannahme Kings. Wenn ich richtig sehe, können hier »creative« und »transformative« synonym stehen.

Damit würde in dem Attribut »redemptive« die soteriologische Konnotation abgeblendet und das befreiende Moment gestärkt. Im Grunde könnte dann auch »liberating suffering« synonym verwendet werden. Diese Perspektive kann niemandem vorgegeben werden; sie kann sich nur im kontextuellen Horizont erschließen.

Wird das Leiden verharmlost?

Kritikerinnen und Kritiker werfen Kings Konzept des »redemptive suffering« vor, es würde zur Aufrechterhaltung des Status quo beitragen.[48] Dabei stehen zwei Aspekte im Vordergrund: Zum einen trage – wie die traditionellen Deutungen des Leidens – auch Kings Ansatz zu einem Quietismus bei, d.h. die »positive« Deutung des Leidens hätte Anteil daran, das Leiden zu rechtfertigen und Unrecht einfach hinzunehmen. Dies werde in womanistischer Perspektive[49] besonders auf das Leiden Schwarzer Frauen bezogen, das durch eine Leidenstheologie gerechtfertigt und perpetuiert worden sei.

Dass der Quietismus-Einwand gegen Kings Ansatz nicht zutreffend ist, sollte deutlich geworden sein und wird auch in der jüngeren Forschung zurückgewiesen. James Cone bringt dies markant zum Ausdruck: »Unabhängig davon, wie wir die Begrenztheit von Kings Verständnis des Kreuzes und des erlösenden Leidens beurteilen, er hat Leiden nicht legitimiert.«[50]

Ein weiterer Einwand ist grundlegender, wenn mit Blick auf das unvorstellbare Leiden der Schwarzen in den USA die Theodizee-Frage gestellt wird: Wie kann es Gott zulassen, wenn er kein Weißer Rassist ist, dass Schwarze so unerträgliches Leid erfahren müssen, und dann auch noch von ihnen erwarten, dass sie nicht nur um ihrer Befreiung, sondern auch um der Befreiung/Erlösung der Weißen willen weiteres Leid auf sich nehmen? Tony Pinn formuliert das klar:

»Ich muss eine alternative Antwort suchen, die uneingeschränkt das Leiden der Schwarzen als Ausdruck des Bösen bekräftigt – zu jedem Preis, und wenn es die Ablehnung solcher Vorstellungen wie das christliche Verständnis von Gott zur Konsequenz hat. Ich bin davon überzeugt, dass die Befreiung der Menschen wichtiger ist als die Erhaltung jeglichen religiösen Symbols, Zeichens, Kanons oder Bildes. Sie muss verwirklicht werden – sowohl psychisch als auch physisch – unabhängig von dem Schaden der an vertrauten religiösen Prinzipien und Traditionen entstehen mag.«[51]

Für Pinn bedeutet dies in der Konsequenz, jegliche christliche Deutung des Leidens abzulehnen, weil ein liebender und zugleich allmächtiger bzw. in der Geschichte handlungsfähiger Gott es den Schwarzen nicht zumuten dürfe solches Leid tragen und noch zusätzlich zu ihrer Befreiung Leid auf sich nehmen zu müssen. Für Pinn bedeutet dies den Schritt vom Christentum zum Black Humanism. Delores Williams zieht eine ähnliche Konsequenz hinsichtlich des Kreuzes als christliches Symbol.[52]

Das ist selbstverständlich eine legitime Sicht. Sie konfrontiert jegliche christliche Interpretation des menschlichen Leidens mit der Realität und Perspektive der Opfer. Sie gemahnt alle Theologinnen und Theologen, die eigene Kontextualität mitzureflektieren und letztendlich mit einer post-kolonialen Perspektive zu hinterfragen. Ob man dann das christliche Paradox des aus Liebe am Kreuz leidenden Gottes, der aus Liebe durch das Leiden[53] hindurch Befreiung verheißt, für überzeugend hält, kann allerdings nicht akademisch entschieden, sondern nur in einer existenziellen Glaubensperspektive vollzogen werden.

Das Niveau der von Anthony Pinn theologisch gestellten Frage sollte allerdings in der theologischen Deutung nicht unterschritten werden. Auch hier gibt es keine »billige Gnade« und keinen, wenn man so will, »billigen« Glauben. Denn die Infragestellung des Christentums durch die vermeintlich »christliche« Rechtfertigung von Versklavung, Kolonialismus und Rassismus ist noch lange nicht wirklich aufgearbeitet.

Transformative Love

In der hier eingenommenen Perspektive lässt sich Kings Konzept des »redemptive suffering« als ein Korrelat zur als »transformative love« verstandenen Agape rekonstruieren. Es geht um das Handeln, das aus dem Glauben folgt. Es zielt auf Gerechtigkeit und ist insofern in individueller wie sozialer Hinsicht transformativ bzw. befreiend. Dieses Handeln aus Liebe mit dem Ziel der Gerechtigkeit ist gewaltfrei. Der oder die so Handelnde kann im gewaltfreien Einsatz für Gerechtigkeit selber Leiden erfahren. Dieses Leiden ist nicht intendiert. Es wird aber willentlich in Kauf genommen, also akzeptiert. Das Leiden ist nicht gut, ihm soll widerstanden werden, um es zu überwinden.

Es ist also nicht jede Form von Leiden »erlösend« oder transformativ. Sondern allein dieses spezifische Leiden, das im gewaltfreien Handeln aus Liebe für Gerechtigkeit erfahren wird, ist gemeint. Dieses unverschuldete Leiden wird so verstanden, dass es wiederum die Realität des Leidens verändern kann. In dieser Perspektive kann es als »sinnvoll« interpretiert werden. Die dadurch hervorgebrachte Veränderung zielt primär auf die Realisierung von Gerechtigkeit als sozialer Realität, ohne die individuelle Dimension auszublenden.[54] Diese Interpretation blendet allerdings die in der afro-amerikanischen Tradition und auch bei King noch vorhandene soteriologische Dimension der Identifikation des eigenen menschlichen Leidens mit dem Leiden Christi am Kreuz ab und geht damit über King hinaus. Umgekehrt hilft sie m.E. jedoch, das Konzept des »redemptive suffering« bei King besser zu verstehen und zu begründen.[55] Dieses Konzept des »transformierenden Leidens« bringt eine Realität der verändernden Kraft der Liebe auf dem Weg der Nachfolge zur Sprache, die daran erinnert, dass die verheißene Gerechtigkeit nicht ohne Konflikte, Leiden und Opfer zu verwirklichen sein wird – und daran, dass der Weg der Gerechtigkeit der einzig mögliche ist angesichts der gegenwärtigen schreienden Opfer der Ungerechtigkeit.

11.
Politischer Triumph und private Tragödie

Es war von Anfang an das Ziel der SCLC, den Zugang zu den Wählerverzeichnissen für die Schwarzen im Süden zu erleichtern. In bestimmten Regionen des Deep South gab es Kreise, in denen faktisch keine Schwarzen als Wähler oder Wählerinnen registriert waren. Anders als etwa in Deutschland kennen die USA keine Meldepflicht und kein Melderegister, in dem die an einem Ort lebenden Menschen verzeichnet und damit zugleich als Wähler und Wählerinnen kenntlich sind. Es gibt auch keinen Ausweis im eigentlichen Sinne. Als Identifikationsdokumente werden der Führerschein oder die Sozialversicherungsnummer verwendet. Deshalb müssen sich die Menschen, um wählen zu können, in das Wahlregister eintragen. An vielen Orten im Süden war die Abhängigkeit und die auch mit Gewalt durchgesetzte soziale Kontrolle der Schwarzen so stark, dass sie gar nicht erst versuchten, sich registrieren zu lassen. Diejenigen, die sich darum bemühten, wurden durch extrem limitierte Öffnungszeiten der Behörden, Begrenzung der Antragszahl pro Öffnung und andere Schikanen behindert. Sollten es jemand doch bis zur entsprechenden Stelle geschafft haben, wurde ihm oder ihr ganz überwiegend durch willkürlich gestaltete, nicht zu bestehende Zulassungstests die Registrierung verweigert. So kam es, dass in Kreisen aber auch Staaten mit zum Teil erheblicher Schwarzer Mehrheit die politische Macht fest in den Händen der Weißen Elite lag, was die Segregation und Ausbeutung der Schwarzen auf Dauer stellte.

Wahlregistrierungskampagnen im Süden

Schon Kings Großvater und Vater hatten die Ebenezer-Gemeinde genutzt, um Wählerregistrierung zu fördern und voranzubringen. King hatte bei seinem Amtsantritt in Montgomery erklärt, dass jedes Mitglied der Dexter-Gemeinde für die Wahlen registriert sein sollte. Und die erste Aktion der SCLC zielte auf das Wahlrecht. Mit einem »Kreuzzug für die volle Staatsbürgerschaft« (crusade for citizenship) wollte die SCLC neue Wählerinnen und Wähler für die Zwischenwahlen 1958 mobilisieren und zugleich die Wirksamkeit des 1957 unter Eisenhower verabschiedeten Bürgerrechtsgesetzes testen. Wählerregistrierung gehörte quasi zu Kings Bürgerrechts-DNA.

Aber das Programm verlief schleppend, da die SCLC nicht die Ressourcen hatte, um wirklich in der Fläche Registrierungstrainings durchzuführen.[1] Nachdem Ella Baker als Geschäftsführerin abgesetzt war, fehlte wohl auch die nötige Expertise. Allerdings hatte die SCLC Glück im Unglück. 1961 wurde die Highlander Folk School geschlossen. Dort wurden in den 1950er-Jahren »Citizenship-Programme« durchgeführt. Diese Bezeichnung mit »Staatsbürgerkunde« zu übersetzen weckt für deutsche Ohren ungute Assoziationen, gab es doch ein – Schulfach mit gleicher Bezeichnung in der DDR. Wie auch immer: An der Highlander Folk School wurde praktische und politische Bildung angeboten – von Lese-Schreib-Kursen für die Menschen, die oft funktionale Analphabeten waren, über Wahlregistrierungskurse bis hin zu Trainings für Aktivistinnen. Rosa Parks war etwa dort zu einem Training und etliche der später bei der SCLC und SNCC Aktiven hatten die Kaderschmiede besucht. Es war einer der wenigen Ort im Süden, an dem Schwarze und Weiße sich begegnen und zusammenarbeiten konnten. Nun wurde das Bildungszentrum, das den Weißen Rassisten schon lange ein Dorn im Auge war, also geschlossen und die SCLC als Trägerin für ein Wahlregistrierungsprogramm ausgesucht. So kamen die erfahrene Septima Clark[2] und der jugendlich dynamische Andrew Young zur SCLC und sie brachten eine beachtliche Fördersumme der Field Stiftung mit. Unter der Leitung von Septima Clark, die auch respektvoll »Mother of the Movement« (Mutter der Bewegung) genannt wurde, konnte so unter der Ägide der SCLC das Citizenship Education Program (CEP; Bürgerschaftsbildungsprogamm) fortgeführt werden, das Hunderte Aktivistinnen trainierte, die dann vor Ort arbeiteten.[3]

Auch SNCC wandte sich der Wählerregistrierung und entsprechenden Bildungsprogrammen zu. Dies entsprach der von Ella Baker unterstützten Philosophie, die Menschen an der Basis zu befähigen, sich für sich selbst einzusetzen. Die Zustände, die beide Organisationen vorfanden, waren unglaublich: bittere Armut, quasi-feudale Verhältnisse, in denen die Schwarzen weitgehend der Willkür der Weißen ausgeliefert waren, minimale Bildungsmöglichkeiten, so dass viele funktionale Analphabetinnen blieben, und eine brutale Gewaltkultur von Seiten der Weißen, die bereit waren, die rassistische Ordnung mit jedem Mittel zu erhalten. So wurden mehrere Mitarbeiter ermordet, die provisorischen Büros und Seminarräume, oft in einfachen Kirchen, niedergebrannt oder willkürlich beschossen. Diejenigen, die sich registrieren wollten, wurden häufig verprügelt, aus ihren Jobs entlassen oder von dem Land, das sie gepachtet hatten, verjagt.[4]

Es ist tief bewegend und beeindruckend zu sehen, wie viele trotzdem den Mut aufbrachten, sich diesen lebensbedrohlichen Schikanen entgegenzustellen. Für viele Schwarze war es eine neue Erkenntnis, dass sie überhaupt Rechte hatten.[5] Fannie Lou Hamer, die zur wichtigen Aktivistin in Mississippi wurde, erinnert sich in einem Interview 1966, dass die »Kids« von SNCC die Ersten waren, die sie überhaupt menschlich behandelten, egal, ob die Mitarbeitenden Weiß oder Schwarz waren.[6] Diese Erfahrungen haben ihnen Kraft und Leidensbereitschaft verliehen.

Die Kennedy-Regierung bevorzugte Wahlregistrierungsprojekte gegenüber anderen Bürgerrechtsprotesten, weil sie diese für weniger konfliktträchtig erachtete. Dabei zeigte sich wieder einmal, dass die Kennedys und ihre engeren Berater keine Ahnung vom Süden hatten. So ist Jackson in Mississippi etwa 2.282 km von Boston, wo die Kennedys aufwuchsen, entfernt. Persönliche Erfahrung mit Schwarzen, außer mit Service-Personal, hatten sie kaum.[7] Erst bei einem Besuch als Senator im Mississippi-Delta 1967 hat Robert Kennedy das Ausmaß der Armut, Unterdrückung und Gewalt im eigenen Land verstanden und war zutiefst irritiert.[8] Die vielen Gewalttaten gegen Freiwillige und Registrierungswillige zeigten zwar schon damals, dass Wahlregistrierung alles andere als harmlos war; gleichwohl regten die Kennedys 1962 die Gründung eines gemeinnützigen Voter Education Projects (VEP; Wählerbildungsprojekt) an, das dann durch steuerbegünstigte Spenden durch mehrere der Regierung nahestehende Stiftungen finanziell nicht unerheblich unterstützt wurde. Um insbesondere in Mississippi die Wählerbildung und -registrierung zu koordinieren, und auch, um eine Konkurrenzsituation gegenüber den Geldgeberinnen zu vermeiden, schlossen sich die großen Bürgerrechtsorganisationen 1962 zum Council of Federated Organizations (COFO; Rat der vereinigten Organisationen) zusammen. So entstand eine kampagnenfähige Struktur, von der die zahlreichen jungen Freiwilligen von SNCC profitieren konnten.

King selbst war rastlos unterwegs, um zum einen Freiwillige für das CEP zu gewinnen, zum anderen, um vor Ort im Süden die Menschen zu motivieren und sie zu unterstützen. Er verbrachte jeweils einige Tage vor Ort in einem Bundesstaat. Dem schloss sich meist wieder eine Vortragsverpflichtung im Norden an.[9] Auch wenn man in Rechnung stellen mag, dass King in den Reden möglichst viel Effekt erzielen wollte und deshalb ggf. etwas dramatisiert haben mag, so wird doch deutlich, dass selbst er von den Zuständen in manchen Bereichen noch schockiert war. Ursprünglich wollte King im Frühjahr 1962 alle zehn Südstaaten jeweils für mehrere Tage bereisen und unter dem Motto »People to People« (Von Mensch zu Mensch) möglichst viele Orte besuchen und Leute treffen, um sie als Freiwillige für die Wählerprogramme oder gar als Aktivistinnen zu gewinnen. Von seinen ersten Besuchen erzählte er in seiner 14-tägigen Kolumne in der Zeitung New York Amsterdam News. Am 2. März berichtet er etwa, dass auf einer der großen Plantagen 95 % der Erwachsenen Analphabeten seien. Es waren über 1.000 Pächterfamilien allein auf dieser Plantage mit vermutlich über 3.000 Arbeitskräften beschäftigt. Neben dem Problem der wirtschaftlichen Ausbeutung benennt er die ständige Bedrohung durch willkürliche Gewalt als Herausforderung. Aber er sieht in den Ergebnissen seiner und anderer Rekrutierungsbemühungen den Ansatz von Veränderungen, ja den Beginn einer sozialen Revolution im Süden, die mit der Selbstermächtigung der Schwarzen grundgelegt wird.[10]

Die Arbeit vor Ort blieb gefährlich. Internationale Aufmerksamkeit erlangte die Ermordung von Medgar Evers in Jackson, Mississippi. Selbst in Mississippi geboren war Evers Veteran des Zweiten Weltkrieges und arbeitete als erster Regionalsekretär der NAACP für Mississippi an der Aufhebung der Segregation. Am 12. Juni 1963 wurde er vor seinem Haus hinterrücks erschossen. Mit seinem Lied »Only a Pawn in Their Game« (Nur eine Schachfigur in ihrem Spiel) hat Bob Dylan Medgar Evers nicht nur ein musikalisches Denkmal gesetzt, sondern die Mechanismen des Rassismus in den Südstaaten aufgedeckt. Den armen Weißen erzählte man die rassistische Geschichte ihrer biologischen Überlegenheit, damit sie den Status quo auch mit Gewalt aufrechterhielten, von dem vor allem eine Oberschicht profitierte. Die sozial schwachen Weißen sind auch nur Schachfiguren – allerdings gefährliche – in der Hand der Eliten und schaden letztlich sich selbst. Eine Analyse, wie sie zunehmend auch von King vertreten wurde.

Den Höhepunkt dieser Aktionen bildete der Freedom Summer (Sommer der Freiheit) 1964. Bob Moses, ein SNCC-Aktivist und Direktor der COFO, initiierte ein groß angelegtes Wählerbildungs- und Registrierungsprogramm im ländlichen Mississippi, für das in erheblicher Zahl Weiße Studierende aus dem Norden gewonnen wurden. Sie wurden für den Einsatz in integrierten Teams gründlich geschult. Ab Mitte Juni waren über 1.000 Freiwillige, die Mehrheit Weiße, im Einsatz. Über 19.000 Schwarze wurden beim Versuch, sich für die Wahlen zu registrieren, unterstützt. Es gab aber nur ca. 1.600 erfolgreiche Registrierungen. An 41 Freiheitsschulen wurden über 3.000 Schwarze Schülerinnen und Schüler unterrichtet, um die Defizite des staatlichen Bildungssystems auszugleichen.

Doch schon am 21. Juni kamen drei Aktivisten nicht mehr von einem Einsatz zurück. Sie hatten den Ort Longdale besucht, wo die Kirche in Brand gesetzt worden war, in der Treffen für die Wählerregistrierungskampagne stattgefunden hatten. Es handelte sich um ein integriertes Team. Der Afro-Amerikaner James Chaney stammte selbst aus Mississippi, Andrew Goodman und Michael Schwerner waren jüdische Studenten aus New York City. Erst Wochen später wurden ihre Leichen gefunden. Die Entführung erzeugte erhebliche Verunsicherung unter den Freiwilligen, so dass Bob Moses Martin Luther King bat, zu einem Solidaritätsbesuch zu kommen. King begann zusammen mit Harry Belafonte und anderen seinen fünftägigen Besuch am 21. Juli in Greenwood. Zu diesem Zeitpunkt waren die Leichen noch nicht entdeckt. Er ging von Tür zu Tür, hielt Treffen ab und sprach abends bei Versammlungen, um die Einwohner genauso wie die Freiwilligen zu ermutigen, sich durch die Gewalt nicht davon abschrecken zu lassen, für ihre grundlegenden Rechte einzutreten.

Der Triumph des Bürgerrechtsgesetzes von 1964

In der ersten Hälfte der 1960er-Jahre fanden die bislang beschriebenen Aktionsformen parallel zueinander statt: *direkte Protestaktionen* vor Ort, um die Aufhebung der Segregation durchzusetzen, sei es durch Sit-ins in Lokalen, durch Boykotts gegen Kaufhäuser oder Freiheitsfahrten in den öffentlichen Verkehrsmitteln. Gleichzeitig gab es Grassroots-Projekte zur Wählerbildung (Organizing). Gezielt wurden Massenproteste (Mobilizing) wie in Birmingham nicht nur durchgeführt, um lokale Missstände anzugehen, sondern um zugleich den öffentlichen Druck auf die Regierung durch die Medien zu erhöhen, die rechtlichen Grundlagen für größere Eingriffsmöglichkeiten der Bundesbehörden zu schaffen. Dabei riss der Gesprächskontakt mit der Regierung nie ab, um durch Lobbying und Verhandlungen Fortschritte zu erzielen. Schließlich waren King und viele andere kontinuierlich unterwegs, um durch Vorträge, Interviews und Workshops ideelle und finanzielle Unterstützung vor allem im Norden zu generieren. Es waren also mindestens diese sechs Formen und Dimensionen der Bürgerrechtsbewegung, die nicht zentral gesteuert wurden, aber vernetzt waren. Wenn es gut lief, ergänzten und verstärkten sie sich wechselseitig. Aber sie standen teilweise auch in Konkurrenz zueinander.

King wurde von den Medien zunehmend zum Anführer der Bürgerrechtsbewegung stilisiert. Dies löste Eifersüchteleien nicht nur bei den Vorsitzenden der etablierten Bürgerrechtsorganisationen aus. Auch die Verantwortlichen bei SNCC sahen ihren eigenständigen Beitrag nicht angemessen gewürdigt. Es konnte sein, dass SNCC in einem Ort langfristig mit viel Mühe versuchte, die Wählerregistrierung voranzubringen. Wenn dann zu einem besonderen Anlass King für eine Rede eingeladen wurde, konzentrierte sich die ganze Aufmerksamkeit auf ihn. Er war dann aber genauso schnell wieder weg wie der Medienzirkus, und die Basisarbeiter von SNCC mussten dann oft die Konsequenzen ausbaden, wenn die Weißen nach dem Auftritt Kings zeigen wollten, wer immer noch die Macht hatte. Die ihm zugeschriebene Sprecherrolle und seine pastorale Rhetorik der Gewaltfreiheit trugen King zwar die ironisierende Bezeichnung »de lawd« (the Lord; der Herr/Gott) ein, allerdings war er wohl tatsächlich von der Birmingham-Kampagne 1963 bis zur Verabschiedung des Wahlrechtsgesetzes 1965 der wohl medial und politisch einflussreichste Repräsentant der Schwarzen. Und sein Ziel war eindeutig, die Bürgerrechtsgesetzgebung auf Bundesebene zu stärken.

Präsident Kennedy war schon während des Birmingham-Protests entsetzt über das Verhalten von George Wallace, dem Gouverneur von Alabama. Als nur kurze Zeit nach den Ereignissen in Birmingham Wallace die Immatrikulation von Schwarzen Studierenden an der University of Alabama in Tuscaloosa im wahrsten Sinne des Wortes blockierte, indem er sich in die Tür zum Verwaltungsgebäude stellte, sandte Kennedy nicht nur die Nationalgarde, um die Einschreibung durchzusetzen – was vorher mit Wallace so abgesprochen war –, sondern wandte sich am Abend dieses 11. Juni 1963 an die amerikanische Öffentlichkeit und kündigte ein Bürgerrechtsgesetz an.[11]

Während King und seine Leute der Meinung waren, möglichst viel Druck, unter anderem mit dem Marsch auf Washington, würde die Verabschiedung des Gesetzes im Kongress begünstigen,[12] war die Kennedy-Administration anderer Meinung. Sie befürchtete den Widerstand der Südstaaten-Demokraten. Es ist die Frage, ob Kennedy mit seiner Ankündigung auf den Druck der Bürgerrechtsbewegung reagiert hat oder aus wahlstrategischen – oder vielleicht auch emotionalen – Gründen. Im nächsten Jahr stand seine Wiederwahl an. Konnte er es sich da leisten, gegenüber einem aufmüpfigen Südstaatenregionalpolitiker schwach auszusehen? Ohne eine andere Rechtslage konnte er immer wieder in solche Situationen kommen. Und der »Preis« war allenfalls symbolisch. Die Immatrikulation von zwei Schwarzen Studierenden war nun kein Generalangriff auf den Southern Way of Life, die Südstaatenlebensart, wie der Rassismus oft verharmlost wurde.[13]

Doch das tödliche Attentat auf Präsident Kennedy am 22. November des Jahres änderte alles. Das Land stand unter Schock. Mit dem jugendlichen Präsidenten war so viel Hoffnung verbunden, die sich jetzt in Verzagtheit wandelte. King selbst war tief irritiert. Ihm war immer klar, dass auch er bedroht sei. Aber angesichts des realen Todes war er der Verzweiflung nahe.

Der bisherige Stellvertreter Kennedys, Lyndon B. Johnson, der noch im Flugzeug zurück von Dallas, Texas nach Washington, D.C. seinen Amtseid als 36. Präsident der USA ablegte, erklärte das Bürgerrechtsgesetz zu Kennedys politischem Vermächtnis. Es gelang ihm, in wenigen Monaten ein substanzielles Gesetzespaket durch den Kongress zu bekommen. Auch hier zeigt sich wieder die Ironie der Geschichte: 1957 war es Johnson als Mehrheitsführer im Senat, der das vorangegangene Bürgerrechtsgesetz Präsident Eisenhowers entscheidend verwässerte. Schon im Juni, ein gutes Jahr nach Kennedys Ankündigung, wurde der Civil Rights Act im Senat trotz erheblichen Widerstandes und einer Verzögerungstaktik seitens seiner Gegner[14] verabschiedet. Am 2. Juli stimmte das Repräsentantenhaus mit großer Mehrheit zu, wobei bis auf Texas alle Staaten der ehemaligen Südstaaten-Konföderation dagegenstimmten. Die beiden Senatoren aus Texas, Präsident Johnsons Heimatstaat, den er zwölf Jahre lang im Senat vertreten hatte, stimmten gespalten, also einer für und einer gegen das Gesetz. Diese Ablehnung in den Südstaaten programmierte weitere Konflikte und im Prinzip die bis heute anhaltende politische Konstellation vor.

Das Bürgerrechtsgesetz besteht technisch aus Änderungen vorhandener Vorschriften und ist dadurch sehr formal. Es verbietet Diskriminierung in der Öffentlichkeit und auf dem Arbeitsmarkt, schreibt die Integration von Schulen und anderen öffentlichen Einrichtungen verbindlich vor und stärkt das Recht zu wählen.[15] Es war damit die weitreichendste Bürgerrechtsgesetzgebung seit der Zeit der Rekonstruktion.

Noch am Tag der Verabschiedung unterschrieb Präsident Johnson das Gesetz in einer öffentlichen Zeremonie. Auffällig ist, wie wenige Schwarze in den Filmaufnahmen zu sehen sind, die während dieser Veranstaltung gemacht wurden. King steht etwas verloren in der zweiten Reihe. Johnson benutzt 72 Federhalter zur Unterschrift, um sie hinterher als Erinnerungsstücke an die Beteiligten zu verteilen. Bobby Kennedy schaut noch rat- oder fassungsloser als King, als Johnson ihm gleich mehrere Stifte überreicht. Im Vordergrund stehen die Mehrheitsführer und – wieder eine Ironie der Geschichte – J. Edgar Hoover, der sich offensichtlich über seinen Federhalter freut. Es ist deutlich, dass Johnson nicht den Eindruck erwecken möchte, das Gesetz hätte mit den Protesten der Schwarzen zu tun. Es soll so aussehen, als sei es von einer großen Mehrheit der Abgeordneten verabschiedet worden, um die verfassungsgemäßen Rechte für alle zu realisieren. Seine Rede leitet Johnson denn auch mit einem Verweis auf die Kämpfe und Kriege ein, welche die USA für ihre Freiheit hätten führen müssen. Dieser Bogen reichte vom Unabhängigkeitskrieg bis Vietnam.[16] Der Versuch, neue Wähler zu gewinnen, ohne bisherige Unterstützerinnen und

Unterstützer zu verprellen, scheint zumindest bei seiner Wahl im November des Jahres gelungen zu sein. Im Wahlkampf hatte er sein Konzept der »Great Society« (Großartige Gesellschaft) und sein Programm zur Armutsbekämpfung vorgestellt. Damit erzielte Johnson einen Erdrutschsieg. Er erhielt mit 61,1 % die größte Zustimmung eines Präsidentschaftskandidaten in der Geschichte der USA. 95 % der Schwarzen hatten für ihn gestimmt. Auch im Kongress erreichten die Demokraten eine komfortable Mehrheit. Damit verbanden sich große Hoffnungen, die allerdings bald im Morast des Vietnam-Krieges untergehen sollten.

Berlin: Über Mauern und Grenzen

Im September 1964 war King auf Einladung des Regierenden Bürgermeisters Willy Brandt in Berlin (West) zur Eröffnung der Berliner Festwochen.[17] In der Waldbühne hielt er im Beisein von Willy Brandt und Bischof Dibelius eine Predigt vor 20.000 Menschen. King war auch von der Ost-CDU in die Hauptstadt der DDR eingeladen worden, denn er galt als Repräsentant des »anderen Amerika«, der im Vokabular der kommunistischen Machthaber in der DDR gegen »Imperialismus« und »Kapitalismus« kämpfte.[18] Auch andere Vertreterinnen und Vertreter des Schwarzen Freiheitskampfes wurden immer wieder in die DDR eingeladen und kamen auch. Etwa Paul Robeson, Angela Davis und später auch Ralph Abernathy.[19] King hatte diese Einladungen immer abgelehnt, um nicht für staatlich-kommunistische Propaganda benutzt zu werden. Das war auch bei diesem Besuch die größte Angst der US-Behörden, so dass sie seinen Pass bei der Einreise nach West-Berlin einbehielten. Jedoch fuhr King während seines Besuches und außerhalb des offiziellen Programms auf kirchliche Einladung hin in den Ostteil der Stadt. Propst Grüber, der selbst nicht mehr nach Ost-Berlin einreisen durfte, hatte dies arrangiert. Grüber hatte während der Zeit des Nationalsozialismus Menschen, die von den Nationalsozialisten wegen ihrer jüdischen Abstammung verfolgt wurden, Schutz gewährt und zur Ausreise verholfen und war deswegen selbst in einem KZ inhaftiert. Aufgrund dieser Tätigkeit genoss er nach dem Ende der NS-Herrschaft in der Ökumene großes Vertrauen und es war ihm gelungen, King in die Marienkirche einzuladen.

Als amerikanischer Staatsbürger hatte King das Recht, alle Sektoren Berlins zu betreten. Allerdings hätte er dafür einen Ausweis gebraucht. Den hatten die US-Behörden ja genau aus diesem Grund einbehalten. Der DDR-Grenzbeamte am Checkpoint Charlie aber erkannte King und ließ ihn nach Rückfrage bei seinem Vorgesetzten mit seiner American Express-Karte – von Grenzbeamten im Bericht als »Scheckausweis der USA«[20] bezeichnet – als Ausweisdokument passieren. Obwohl nicht öffentlich für Kings Reden in Ostberlin geworben wurde, war die Marienkirche bereits vor seiner Ankunft überfüllt. Die Menschen wurden in die nahegelegene Sophienkirche geschickt, wo King im Anschluss die Rede noch einmal vor einem großen Publikum hielt.[21]

Im Grunde war es dieselbe Predigt, die er in der Waldbühne gehalten hatte. An einigen Stellen pointierte er sie aber im Hinblick auf die besondere Situation. Nach der Einleitung mit dem Hinweis auf seinen Namensgeber überbringt er Grüße auch von den Schwestern und Brüdern in West-Berlin und denen aus den USA und unterstreicht dies mit einem Zitat aus dem bekannten Kirchenlied »In Christus gilt nicht Ost, noch West, es gilt nicht Süd, noch Nord«.[22] Damit hat er den Kontext erschlossen und den Christinnen und Christen hinter dem Eisernen Vorhang Mut zugesprochen. Diese haben sich mit den Unterdrückten in den USA angesichts des anti-kirchlichen Kurses des SED-Regimes drei Jahre nach dem Mauerbau identifiziert. In einem kurzen Verweis auf die Erfahrung in der Bürgerrechtsbewegung in den USA betont er, dass es »ein Freiheitskampf in den Vereinigten Staaten auf der Basis christlicher Freundschaft« ist. »Deshalb kämpfen wir mit den Mitteln der Gewaltfreiheit und Liebe«, erläutert King. Dann geht er auf die besondere Herausforderung in der geteilten Stadt ein: »Auf beiden Seiten der Mauer sind Gottes Kinder und kein menschengeschaffenes Hindernis kann diese Tatsache auslöschen.« King führt weiter aus, dass unabhängig von Ethnie, Herkunft, Glauben, Weltanschauung und Nationalität die Menschheit als eine Einheit verbunden ist: »Es ist eine gemeinsame Menschlichkeit, die uns empfindsam macht für die jeweiligen Leiden der anderen. Und für viele von uns ist es ein Gott, ein Glaube und eine Taufe, die uns miteinander zu einer gemeinsamen Geschichte, einer gemeinsamen Berufung und einer gemeinsamen Hoffnung auf die Rettung der Welt verbinden.«

Auch wenn King betont, dass er zu wenig von der Situation vor Ort weiß, werden viele seine Ausführungen genau auf diesen Kontext bezogen haben, wenn King von der Verheißung der Versöhnung spricht und berichtet, dass sich die Schwarzen im Süden der USA die »Freiheit genommen haben anzunehmen, dass sie als Arbeiter für Gottes Versöhnung dienen.« Und da Berlin der Ort sei, wo die Gegensätze im Kalten Krieg aufeinanderträfen, sei hier auch die Aufgabe der Versöhnung besonders gegeben.

Nachdem er die verschiedenen Stationen der Bürgerrechtsbewegung abgeschritten hat, gibt King einen Ausblick auf die Zukunft. Seine Zukunftsvision »Wir werden Schulbeamte wählen, die unsere Kinder fair erziehen« wird bei den Zuhörenden besondere Aufmerksamkeit hervorgerufen haben, nachdem in den Jahren zuvor die kirchliche Jugendarbeit direkt vom SED-Staat angegriffen und verfolgt worden war. In der Schule wurde nicht nur das sogenannte »wissenschaftliche Weltbild« vermittelt, sondern christliche Schülerinnen und Schüler, welche zur Christenlehre, in den Konfi-Unterricht oder zur Jungen Gemeinde gingen, wurden verunglimpft. Die Entscheidung zwischen Konfirmation und Jugendweihe war für viele eine Belastung des Gewissens, denn die Verweigerung der Jugendweihe konnte erhebliche Nachteile bringen. Für Eltern und Kinder war das eine große Herausforderung.

King schließt mit der Ermutigung, dass der Glaube zur Freiheit führen werde: »Dies ist ein Glaube, den ich Euch Christinnen und Christen hier in Berlin empfehle. Ein lebendiger, aktiver, kraftvoller öffentlicher Glaube, der den Sieg Jesu Christi über die Welt bezeugt, egal ob eine östliche Welt oder eine westliche Welt. [...] Mit diesem Glauben werden wir in der Lage sein, aus einem Berg der Verzweiflung einen Stein der Hoffnung zu formen.[23] [...] Mit diesem Glauben sind wir in der Lage, gemeinsam für die Freiheit aufzustehen, denn wir haben die Gewissheit, dass wir eines Tages frei sein werden.«

Die Reaktion der Menschen war in der Marienkirche und anschließend in der Sophienkirche überwältigend. Für manche wurde Kings Auftritt ein bleibender Impuls für ihr ganzes Leben. Etwa für Markus Meckel, den späteren Bürgerrechtler und letzten Außenminister der DDR, der als Jugendlicher selbst anwesend war, oder auch für Joachim Gauck, den späteren Bundespräsidenten, dessen Onkel Gerhard Schmitt als Superintendent King begrüßte. Vieles von dem, was King sagte, wurde von ihnen auf ihre Situation bezogen. Da es ja in den 1950er- und 1960er-Jahren eine offen, zum Teil aggressiv kirchenfeindliche Politik der SED gab, ist es durchaus verständlich, dass die Christinnen und Christen sich mit den Unterdrückten und ihrer Sehnsucht nach Freiheit identifizierten. Diese beiden Reden hatten eine enorme Wirkung für die evangelische Kirche in der DDR, die ihren Ort in der sozialistischen Gesellschaft noch finden musste. Kings Botschaft der Gewaltfreiheit hat zu einer besonderen Rezeption Kings im Osten Deutschlands beigetragen und bis in die Friedliche Revolution von 1989 fortgewirkt. Da er vom Staat als Kämpfer gegen den Imperialismus hofiert wurde, konnten sich auch die Kirchen auf ihn berufen – wenn auch ganz anders. So gibt es eine offizielle King-Rezeption bis zum Ende der DDR, die vor allem den Kapitalismuskritiker erinnerte, und eine Rezeption in der Kirche und in kirchlichen Gruppen, die vor allem seinen gewaltfreien Kampf für die Freiheit wahrnahm. Es gab gewaltfreie Trainings, deren Methoden dann in die entstehenden alternativen kritischen Gruppen der 1980er-Jahre bis hin zur Friedlichen Revolution fortgewirkt haben.[24]

Erstaunlich ist, dass der Berlinbesuch Kings in den großen Biografien und den Darstellungen der Geschichte der Bürgerrechtsbewegung kaum wahrgenommen wird. Oft wird er gar nicht oder nur als Teil einer Europareise und Zwischenstopp vor der eigentlich interessanten Papstaudienz einige Tage später erwähnt. Wobei auch diese wenig gewürdigt wird. Allerdings scheint dieser Besuch auch jenseits eines deutschen Sonderinteresses bedeutsam zu sein. Es war das einzige Mal, dass King den Eisernen Vorhang durchschritten hat. Er hat sich dabei nicht von staatlicher Seite vereinnahmen lassen, sondern die bedrängten Mitchristen unterstützt. Dies kann man in einer Linie mit dem traditionellen baptistischen Engagement für Religionsfreiheit sehen. Wenn er im geteilten Berlin, wo sich zu diesem Zeitpunkt im Kalten Krieg die Blöcke und Systeme wie an keinem anderen Punkt der Welt gegenüberstanden, zur Befreiung durch Entkolonialisierung, zur Schaffung von Gerechtigkeit durch Gewaltfreiheit, zur Überwindung von Mauern und Grenzen aufruft, bekommt sein Auftritt eine weltpolitische Dimension. Und so ist es in den Medien auch wahrgenommen worden. Diese Internationalisierung seines Ansatzes sollte sich noch im selben Jahr mit der Verleihung des Friedensnobelpreises fortsetzen.

Nobelpreis: Von Oslo in die Welt

Als ihn die Nachricht von der Verleihung des Friedensnobelpreises am Morgen des 14. Oktober 1964 erreichte, lag King in Atlanta im Krankenhaus. Beinahe regelmäßig musste King wegen Erschöpfungszuständen stationär behandelt werden. Heute würde man es wohl Burnout nennen. Und wie oft beim Burnout war dieser auch bei King mit depressiven Stimmungen verbunden.

King legte Wert darauf, dass er den Preis stellvertretend für die vielen Menschen in der Bürgerrechtsbewegung empfange. Um dem symbolisch Ausdruck zu verleihen, teilte er das Preisgeld als Spenden unter die großen Bürgerrechtsorganisationen auf. Daran werden zwei Verhaltensmuster Kings deutlich. Zum einen hatte er während der ganzen Jahre immer wieder Selbstzweifel, ob er es denn wert sei, die ganze Aufmerksamkeit zu bekommen und als Held stilisiert zu werden. Zu diesem Selbstzweifel trugen auch sexuelle Eskapaden bei. Zum anderen achtete er äußerst sorgfältig darauf, dass er und seine Familie keine besonderen Zuwendungen bekamen oder in den Verdacht gerieten, sich persönlich zu bereichern. So hat King – zum Leidwesen seiner Frau, die sich um das Wohl der Kinder sorgte –, die Honorare, die er für Reden oder Artikel bekam, an die SCLC oder andere Bürgerrechtsorganisationen gespendet. Wenn Harry Belafonte nicht eine Lebensversicherung für ihn abgeschlossen hätte, wäre seine Familie nach seinem Tod nahezu mittellos gewesen.[25]

Eigentlich wollte King nicht mit großer Entourage nach Oslo reisen; aber es ließ sich dann nicht verhindern, dass ihn zahlreiche Menschen begleiteten. Während des Aufenthaltes gab es allerhand Turbulenzen. Abernathy war eifersüchtig, weil er wegen des Protokolls nicht im selben Wagen mit den Kings zum offiziellen Empfang fahren durfte. Eine Gruppe um Kings Bruder hat wohl exzessiv mit Prostituierten gefeiert. Bayard Rustin hatte einige Mühe zu verhindern, dass daraus ein Skandal wurde.[26] Nach der Verleihungszeremonie und der Dankesrede am 10. Dezember hielt King am folgenden Tag an der Universität Oslo die eigentliche Nobelpreis-Rede.[27]

Zu Beginn betont er noch einmal, dass er den Preis als Ehrung für alle sehe, die sich für die Bürgerrechte einsetzten, weil es besser sei, »in Würde zu leiden, als die Segregation in Erniedrigung zu akzeptieren.« Er macht darauf aufmerksam, dass trotz allem wissenschaftlichen und technischen Fortschritts die Menschen unter spiritueller Armut litten und nicht gelernt hätten, als Geschwister zusammen zu leben. Aus diesem »ethischen Infantilismus« ergäben sich für ihn die drei großen, miteinander vernetzten Probleme der rassistischen Ungerechtigkeit, der Armut und des Krieges.

Die rassistische Diskriminierung in den USA zeichnet er in die weltweite Entwicklung der De-Kolonialisierung ein: »Überall auf der Welt, verbreitet sich die Freiheitsbewegung wie ein Fieber und wird zur größten Befreiung in der Geschichte. Die Massen der einfachen Leute sind entschlossen, die Ausbeutung ihrer Ethnie und ihres Landes zu beenden.« Diesen Kampf für die Freiheit interpretiert King in Analogie zum Exodus aus Ägypten. Er betont die Bedeutung der Gewaltlosigkeit auf diesem Weg und dass die Aktivistinnen und Aktivisten bereit seien, selber Leiden zu ertragen, anstatt anderen Leid zuzufügen. Das Motiv des Leidens kommt hier also vor – aber ohne es mit dem Gedanken zu verbinden, dass es erlösend sei. Und King beharrt auf seinem Standpunkt: »Wir wenden gewaltfreie Methoden an, weil unser Ziel eine Gemeinschaft im Frieden mit sich selbst ist.«

King leitet den zweiten Teil seiner Rede mit dem Hinweis ein, dass fast Zweidrittel der Menschheit unter Armut litten, deshalb unterernährt seien und über keine angemessene Wohnung verfügten. Zur medizinischen Versorgung merkt er an: »Die meisten dieser mit Armut gestraften Kinder Gottes haben nie eine Ärztin oder einen Zahnarzt gesehen.« Hier wird wiederum deutlich, dass seine Perspektive jetzt weit über die USA hinausgeht und dass er alle Menschen, wie schon in der I have a dream-Rede, als Kinder Gottes mit gleichen Rechten sieht. Dem stellt er den fast obszönen, wenn auch ungleich verteilten Reichtum der USA entgegen und macht deutlich, dass Armut nicht vom Himmel falle: »Sie sind alle gleicherweise arm als Ergebnis jahrelanger Ausbeutung und Unterentwicklung.« Da es auf der Welt genug Ressourcen gebe um die Armut zu beseitigen, seien es strukturelle und politische Gründe, die weiterhin Armut hervorbrächten. Und wieder setzt er eine universalistische biblische Norm ein, um die Notwendigkeit der Umverteilung zu begründen: »In die Textur unserer religiösen Tradition ist die Überzeugung eingraviert, dass die Menschen als Ebenbilder Gottes[28] geschaffen wurden, dass sie über Seelen von unschätzbarem metaphysischem Wert verfügen, Erben eines Vermächtnisses der Würde und des Wertes. Wenn wir dies als grundlegende moralische Tatsache empfinden, können wir nicht zufrieden sein, solange wir Menschen hungrig sehen.«

Beim dritten Übel, dem Krieg, stellt King vor allem die Gefahr der wechselseitigen Vernichtung und damit die Auslöschung der Menschheit in den Mittelpunkt. Wegen dieser Gefahr müssten Alternativen zum Krieg gefunden und müsse dieser überwunden werden. Das Ziel sei mehr als die Abwesenheit von Gewalt: »Wir dürfen aber unseren Blick nicht nur auf die negative Zurückdrängung des Krieges, sondern auf die positive Bejahung des Friedens richten.« Und für eine Welt, in der der positive Frieden real wird, entwickelt er das Bild des Welthauses: ein großes Haus, in dem alle in ihrer Unterschiedlichkeit Platz haben.[29]

In Kings Auffassung legen alle Religionen Zeugnis von der göttlichen Liebe ab, die menschliche Liebe ermögliche, die Frieden schaffe und Ungleichheit und Ungerechtigkeit bezwinge. Darin sieht er auch die Aufgabe der Religionen, mit ihrem Zeugnis und ihrem Handeln für Frieden und Gerechtigkeit einzutreten.[30] Und insofern habe auch jede Religion etwas aus ihrer Perspektive zur Wahrheit und zum wahren Glauben, der ein Leben in Liebe ermögliche, beizutragen. Das steht hinter seinem Konzept des »Welthauses«: »Wir haben ein großes Haus geerbt, ein großes Welthaus, in dem wir gemeinsam leben müssen – Schwarze und Weiße, Westler und Ostler, Heiden und Juden, Katholiken und Protestanten, Muslime und Hindus, eine Familie, die in übertriebener Weise getrennt ist hinsichtlich des Denkens, der Kultur und Interessen, die – weil wir niemals mehr ohne einander leben können – nun lernen müssen, irgendwie miteinander in dieser großen Welt zu leben.«[31]

Dies geht nach King nur, wenn der Hass durch Liebe überwunden werde, denn: »Die Liebe ist der Schlüssel zur Lösung der Probleme der Welt.«

King hat die Bürgerrechtsbewegung von Anfang an als Teil der weltweiten anti-kolonialen Freiheitsbewegungen gesehen. Mit den Reden in Berlin und Oslo wird deutlich, dass diese internationale Dimension für ihn eine wichtige Perspektive ist und seine Freiheitsbotschaft global und universal gilt. Der Kampf für Bürger- und der Kampf für Menschenrechte ist für King nicht zu trennen.[32] Den Friedensnobelpreis sah er auch als eine Verpflichtung an, sich verstärkt für die Unterdrückten in anderen Ländern einzusetzen. Sein Engagement gegen die Apartheid und gegen den Krieg in Vietnam sind beredtes Zeugnis davon. Aber trotz des Civil Rights Acts waren auch in den USA die

Probleme noch lange nicht behoben. Denn nun verstärkte sich der Weiße Widerstand, und eine neue Dimension des Kampfes für die Bürgerrechte wurde eröffnet.

Das Drama von Selma und der Triumph des Wahlrechtsgesetzes von 1965

Gegen die Umsetzung des Civil Rights Acts von 1964 leisteten an vielen Orten des Südens die Weißen Eliten Widerstand. Insbesondere das Wahlrecht für alle wurde von ihnen vehement abgelehnt. Sie versuchten, durch minimale Änderungen der diskriminierenden Wahlzulassungsregelungen den Prozess zu verschleppen, da die Rechtswidrigkeit der Veränderung jeweils auf dem Rechtsweg festgestellt werden musste. Die Möglichkeiten für die Bundesregierung, direkt exekutiv einzugreifen, waren auf dem Hintergrund des Föderalismus weiterhin begrenzt. Nach zwei Jahren intensiver Wählerbildungs- und -registrierungsaktionen, die mehrere Todesopfer gefordert hatten, war der Anteil der Schwarzen in Mississippi, die wählten, gerade einmal von unter 5 auf knapp 7 % gestiegen – in einem Staat, der eine Schwarze Mehrheit hatte.[33]

Dagegen entwickelte sich aber an vielen Orten massiver Protest, der nun auch die Unterstützung der Öffentlichkeit und der Johnson-Administration bekam. Der Präsident selbst ermunterte King, eine Protestkampagne durchzuführen, die mediale Aufmerksamkeit erreichen würde. Dies werde eine weitergehende Gesetzgebung ermöglichen. Auch hier ist also wieder die Ironie der Geschichte offenbar. Während die Kennedys versuchten, öffentliche Protestaktionen und Konflikteskalation zu vermeiden, sah sich King nun einem Präsidenten gegenüber, der ihn dazu ermutigte. Mehr noch als bei Kennedy wird bei Johnson sein Machtinstinkt eine Rolle gespielt haben. Als langjähriger Mehrheitsführer der Demokraten im Kongress und Repräsentant eines Südstaates wusste er, dass er als Präsident keine Insubordination durch Gouverneure dulden durfte. In diesem Falle war also Kings Strategie nützlich für ihn, zumal er das ganze Machtkapital seines Erdrutschsieges im November 1963 nutzen konnte.

Auch in Selma, einem Ort in Alabama, waren 99 % der Stimmberechtigten Weiße, obwohl sie nicht einmal die Hälfte der Einwohnerschaft ausmachten –

und dies, obwohl SNCC schon seit 1963 eine Wählerregistrierungskampagne durchführte. Die örtliche Bürgerrechtsorganisation, die Dallas County Voters League (DCVL), lud die SCLC ein, um sie zu unterstützen. Für King also eine nahezu ideale Voraussetzung, um nach dem Muster von Birmingham vorzugehen. Und der Polizeichef des Dallas County, Jim Clark, war ein Hardliner wie Bull Connor in Birmingham. Er war für das Gerichtsgebäude des Kreises zuständig, wo die Wählerregistrierungen stattfanden. Zahlreiche Polizeiverantwortliche waren dazu übergegangen, Gewaltexzesse zu vermeiden. So auch der örtliche Polizeichef in Selma. Aber seine Zuständigkeit erstreckte sich eben nicht auf die Einrichtungen des Dallas County.

Schon die Präsenz der SCLC-Mitarbeitenden war faktisch ein Test des Bürgerrechtsgesetzes. King und seine Entourage waren die ersten Schwarzen Gäste im Albert Hotel. Gleich beim Einchecken wurde King von einem Weißen Suprematisten angegriffen, was sofort für nationale Nachrichten sorgte.

Als King zusammen mit John Lewis die ersten 400 Antragsteller zum Gerichtsgebäude führte, griff der örtliche Polizeichef Wilson Baker nicht ein. Sheriff Clark inhaftierte allerdings in den nächsten Tagen über 200 Demonstrierende im Bereich des Gerichtsgebäudes. Dabei misshandelte Clark persönlich vor laufenden Kameras die örtliche Aktivistin Amelia Boynton, die in der Schwarzen Community eine Führungsrolle einnahm und Respekt genoss. In den nächsten Tagen ließ Clark weiter massenhaft Demonstrierende verhaften, so dass Selma im Interesse der Medienberichterstattung blieb.

Am 1. Februar führten King und Abernathy eine Demonstration mit 260 Teilnehmenden an und wurden verhaftet. Und wie in Birmingham marschierten am Nachmittag 500 Schülerinnen und Schüler und wurden verhaftet. In dieser Zeit hielt Malcolm X am Tuskegee Institute, das ganz in der Nähe lag, eine Rede und nutzte dies für einen Abstecher nach Selma. Er hoffte, King zu treffen. Bislang waren sich die beiden nur einmal am Rande einer Anhörung im Kongress kurz begegnet. Inzwischen hatte sich Malcom von der Nation of Islam gelöst. Nach seiner Pilgerreise nach Mekka, wo er die universalistische Prägung des Islam erlebte, war er offener für eine Kooperation mit King. Da dieser in Haft war, konnte er nur mit Coretta Scott King sprechen und versicherte, er sei zur Unterstützung gekommen, nicht als Konkurrent. Zu einer weiteren Annäherung konnte es dann nicht mehr kommen, da Malcom schon am 21. Februar von Auftragsmördern der Nation of Islam ermordet wurde.[34]

Obwohl eine Verfügung des zuständigen Bundesgerichts die Bedingungen für die Registrierung wesentlich verbesserte, entschied King – gegen Andrew Young und die lokalen Repräsentanten –, die Demonstrationen fortzuführen, bis die vollständige Umsetzung garantiert sei. King musste zwischenzeitlich in Atlanta wieder einige Tage im Krankenhaus verbringen, während in Selma die Situation weiter eskalierte. Die Polizei behinderte die Arbeit der Medien und trug zu dem Eindruck eines totalitären Regimes bei. In der Nachbarstadt Marion, aus der zufälligerweise sowohl Kings als auch Youngs Ehefrau stammten und in der Young am Anfang seiner Karriere Pfarrer gewesen war, wurden die Teilnehmenden eines Protestmarschs von Sheriff Clarks Polizeikräften schwer misshandelt. Im Anschluss wurde der 26-jährige Jimmie Lee Jackson aus nächster Nähe von einem Polizisten erschossen, als er seine Mutter schützen wollte.

Dieser Willkürakt führte zu einem öffentlichen Aufschrei. Da es sich bei dem Schützen um einen Angehörigen der Landespolizei (state trooper) handelte, für die der Gouverneur verantwortlich war, entstand die Idee, von Selma zum Regierungssitz in Montgomery zu marschieren und so den lokalen Protest auszuweiten. Während des mehrtägigen Marsches würde es mit Sicherheit eine intensive Berichterstattung geben.

Der Marsch wurde für Sonntag, den 8. März, geplant. Am Tag zuvor entschied SNCC, als Organisation nicht an dem Protestzug teilzunehmen. Hier zeigten sich schon Tendenzen zur Radikalisierung. Eine einflussreicher werdende Gruppe stellt den Ansatz der Gewaltfreiheit infrage. Einzelne Mitglieder nahmen aber als Privatpersonen teil. So ging John Lewis an der Spitze der ordentlich auf den Gehwegen marschierenden Kolonne. King wurde von seinen Mitarbeitern gedrängt, nicht an dem Marsch teilzunehmen, weil nach Warnungen aus dem Justizministerium das Risiko für einen Mordanschlag zu hoch schien. Von entsprechender Seite wurde ihm das als Feigheit ausgelegt.

Um Gewaltausbrüche durch Weiße Suprematisten zu verhindern, plante Gouverneur Wallace, den Protestzug am Rande Selmas zu stoppen, bevor der Highway 80 durch ländliche und schwer zu überwachende Gegenden führte. Er hatte den Kommandeur der Landespolizei, Albert J. Lingo, angewiesen, Clark während des Vormittags festzusetzen, um eine Gewalteskalation wie in Marion zu vermeiden.

Als aber Hosea Williams und John Lewis den Scheitelpunkt der Edmund Pettus-Brücke erreichten, über die der Weg des Demonstrationszuges führte, eröffnete sich ihnen ein martialischer Anblick. Da der Marsch mit erheblicher Verspätung begann, befand sich Clark inzwischen mit einem berittenen Trupp von Ku Klux Klans-Leuten bei den Statetroopers auf der südlichen Seite, die nicht mehr zum Stadtgebiet von Selma gehörte. Das war Jim Clark-Territorium. Und er versperrte den Weg.

Eine Verhandlung mit Hosea Williams wurde abgelehnt. Die Protestierenden wurden aufgefordert, innerhalb von zwei Minuten umzukehren. Als es keine entsprechende Reaktion gab, griffen die Sicherheitskräfte brutal an. Die Berittenen preschten in die Menge und schlugen mit ihren Knüppeln um sich, Tränengas wurde eingesetzt. Es entstand Panik und es gab zahlreiche Verletzte. Auch John Lewis wurde am Kopf getroffen. Er zählte zu den über 80 Verletzten. Allmählich sammelten sich die Demonstranten wieder in der Brown Chapel, dem zentralen Versammlungsort und Hauptquartier.

Andrew Young hatte alle Mühe, etliche Männer davon abzuhalten, ihre Gewehre zu holen und Vergeltung zu üben. In diesem Falle verließ er sich nicht auf philosophische Argumente, sondern machte ihnen klar, dass sie den Sicherheitskräften hoffnungslos an Feuerkraft unterlegen und nur noch mehr Opfer zu erwarten seien.

ABC unterbrach sein Abendprogramm, in dem der Spielfilm The Judgement at Nuremberg (Das Urteil von Nürnberg) lief, der sich auf den sogenannten Juristen-Prozess vor dem Nürnberger Tribunal bezog, in dem die Mitverantwortung von Staatsanwälten und Richtern thematisiert wurde. Die aktuellen Nachrichten aus Selma schienen auf diesem Hintergrund aus einem Polizeistaat zu stammen. Dies triggerte bei vielen, die bislang untätig blieben, die Frage nach ihrer Verantwortung für Menschenrechtsverletzungen im Süden der USA. Der Tag ging als Blutsonntag, Bloody Sunday, in die Geschichte der USA ein.[35] Der öffentliche Druck, weitreichende gesetzliche Grundlagen für die aktive De-Segregation insbesondere zur Garantie des Wahlrechts zu schaffen, nahm immens zu. King rief landesweit dazu auf, zur Unterstützung nach Selma zu kommen. Insbesondere sprach er die Geistlichen an. Der Aufruf war überaus erfolgreich. Es kamen Tausende nach Selma und oft tatsächlich Pfarrer mit einem Minibus voller Gemeindeglieder oder Theologiestudierender.

Trotz der Bitte des Präsidenten, zunächst weitere politische Verhandlungen mit Kongressführern abzuwarten, wurde der nächste Versuch für Dienstag, den 10. März, angesetzt. King stand unter enormem Druck von SNCC und anderen Aktivisten, sich nicht durch die Weiße Machtstruktur beeinflussen zu lassen. Da aus dem ganzen Land Freiwillige angereist waren, führte King dieses Mal selbst 2.000 Menschen an. Als sie wieder den entscheidenden Punkt erreichten, machten die Sicherheitskräfte sogar die Straße nach der Brücke frei. King begann, mit anderen zu beten und zu singen, drehte zur Überraschung aller aber um und führte den Protestzug wieder zurück. Nach dem Bloody Sunday wurde dies der Turnaround Tuesday.

Es ist vielfach spekuliert worden, was ihn dazu bewog. Hatte er Angst, in eine Falle gelockt zu werden? Oder hatte er sich doch Johnsons Erwartung gefügt? King war in einer Zwickmühle. Es lief ein Verfahren beim zuständigen Bundesrichter, dem Staat Alabama zu verbieten, den Protest zu behindern. Der Richter erwartete aber, dass, während dieses Verfahren lief, keine weiteren Protestmärsche stattfänden. Hätte King den Marsch abgesagt, hätte er aber erheblich an Glaubwürdigkeit verloren. Zugleich beruhte ja die ganze Strategie darauf, mit Hilfe von Bundesgerichten und der Bundesregierung die rassistischen Regelungen und Praktiken in den Südstaaten aufzuheben. So gab es ein Arrangement hinter den Kulissen, das durch einen Beauftragten Johnsons vermittelt worden war, wonach die Sicherheitskräfte nicht einschreiten würden, wenn King sich verpflichtete umzudrehen. Da Wallace nach dem Bloody Sunday außer sich war, bestand eine gewisse Wahrscheinlichkeit, dass Lingo und Clark sich auch an die Abmachung halten würden. Ein riskantes Spiel, das zwar gut ausging, aber den Preis hatte, dass der militantere Teil der Protestbewegung Kings Entscheidung angriff und ihm offen entgegentrat. Die Stimmung war extrem angespannt. Und die Ereignisse überschlugen sich weiter.

Schon am Abend vor dem zweiten Marsch war ein Weißer Geistlicher aus dem Norden bei einem Angriff von Segregationisten schwer verletzt worden. Er starb am 11. März. Dies löste einen nationalen Aufschrei aus. Präsident Johnson persönlich kondolierte der betroffenen Familie telefonisch. Was allerdings keineswegs nur Zustimmung fand, weil allzu offenbar wurde, dass der Tod eines Weißen aus dem Norden eine andere Reaktion auslöste als wenige Wochen vorher die Ermordung von Jimmie Lee Jackson.

Am 13. bestellte Johnson Gouverneur Wallace ins Weiße Haus ein und machte ihm klar, dass der Kampf um das Wahlrecht legitim sei. In einer anschließenden Pressekonferenz sprach er dies in aller Deutlichkeit aus: »Es ist falsch, Amerikanern das Recht zu wählen zu verweigern. Es ist falsch, irgendjemandem die volle Gleichheit aufgrund der Hautfarbe zu verweigern.«[36] Am 15. März hielt der Präsident eine Rede in einer gemeinsamen Sitzung beider Kammern des Kongresses und kündigte ein starkes Wahlrechtsgesetz an. Dies ist umso beachtlicher, wenn man bedenkt, dass Johnson parallel damit befasst war, den Luftkrieg gegen Nordvietnam zu genehmigen und schließlich Marines zum Schutz der Flughäfen zu entsenden. Es war klar, dass beides zur Eskalation des Krieges und der amerikanischen Beteiligung führen würde. Darüber hinaus war für den 17. März eine weitere sowjetische Weltraumexpedition zu erwarten, die schließlich im ersten »Spaziergang« eines Menschen im All ihren Höhepunkt erreichte. Johnson hatte also viele wichtige Baustellen – umso eindrücklicher, dass er sich nun in der Bürgerrechtsfrage so klar positionierte.

King sah der live übertragenen Rede von Selma aus zu. Er wurde Zeuge, wie Johnson zugab, dass es ein Fehler gewesen sei, im Bürgerrechtsgesetz von 1964 den ursprünglich vorgesehenen Passus zum Wahlrecht zu streichen. Es gehe nicht um die Rechte der Einzelstaaten und des Bundesstaates, sondern um den Kampf für die Menschenrechte. Und es gebe keinen Grund, irgendeinem Amerikaner das Wahlrecht zu verweigern. Als Johnson in seine Ansprache die Worte der Bürgerrechtshymne »We shall overcome!« aufnahm und die Rede standing ovations bekam,[37] hatte King – so berichteten seine Mitarbeiter – Tränen in den Augen.

Gleichsam als Reaktion auf Johnsons Ankündigung kam es am nächsten Tag in Montgomery zu brutalen Übergriffen der Polizei auf Mitarbeitende von SNCC. Diese stellten zunehmend den Sinn der Gewaltfreiheit infrage. Am 17. März erlaubte nun der zuständige Bundesrichter den Marsch von Selma nach Montgomery. Zwar mit strengen Auflagen, aber der Weg war frei. Getroffen hatte die Entscheidung ein Richter, der auch an der Entscheidung zur Aufhebung der Segregation in den Bussen Montgomerys beteiligt gewesen war.

In einem Bericht im New Yorker mit dem Titel »Brief aus Selma« fragte die Journalistin Renata Adler, warum der Marsch denn dann überhaupt noch notwendig sei. Er wäre doch rein »ceremonial« (zeremoniell). Dahinter steht vermutlich ein bestimmtes Verständnis von Ritualen und Zeremonien.[38] Aber diese sind zur Symbolisierung und Legitimierung der Macht grundlegend. Es war also weniger ein Protestmarsch als vielmehr eine Demonstration im wahrsten Sinne des Wortes. Als am 21. März mehrere Tausend Menschen von Selma aufbrachen, wurde sichtbar, dass das System der Segregation im Süden dem Ende entgegenging. Und King war es wichtig, dass Schwarze nicht nur als Opfer, sondern als Subjekte ihrer Befreiung medial sichtbar wurden.

Es waren Menschen aus allen Teilen der USA angereist. Darunter über 1.000 Geistliche und Ordensschwestern. Eine Frau war extra aus England gekommen. Kings Freund Rabbi Abraham J. Heschel marschierte in der ersten Reihe. Es wurde das sichtbar, was Kings Ziel war: eine integrierte Gesellschaft, eine Beloved Community. Die Marschierenden wurden von Landes- und Bundespolizei sowie der Nationalgarde beschützt. Gleichwohl kam es auf dem Weg kontinuierlich zu Schmähungen und Beschimpfungen durch Weiße Rassistinnen und Rassisten. Auf einem Abschnitt, wo der Highway 80 nur zweispurig war und durch Sumpfwälder führte, durften nur 300 Menschen marschieren. Das Wetter war eine Herausforderung; Regen und Sonne im Wechsel. Die Zeltplätze entlang des Weges waren zum Teil völlig verschlammt, die Nächte noch kalt. King selbst hatte an einem Tag eine auswärtige Verpflichtung, war aber rechtzeitig wieder zurück, um die letzten Etappen mitzugehen und schließlich nach vier Nächten und fünf Tagen mit über 25.000 Menschen in Montgomery Arm in Arm mit Coretta einzuziehen.

Direkt vor dem Capitol, der Wiege der Südstaaten-Konföderation, fand die Schlusskundgebung statt. Als King auf dem Podium stand, mit dem Rücken zum Capitol, den Blick auf die Dexter Avenue, schlossen sich zwei Kreise.

Schaute er ein wenig nach links, dann sah er den Dachreiter der Dexter Avenue Baptist Church, seiner ersten Pfarrstelle. Und wenn er geradeaus blickte, sah er auf den Court Square, den ehemaligen Sklavenmarkt. Dort war es, wo zehn Jahre zuvor, im Dezember 1955, Rosa Parks den Bus bestiegen hatte, aus dem heraus sie dann verhaftet wurde. Hier hatte der Protest begonnen, und hier fand nun der symbolische Sieg statt, auch wenn die Verabschiedung des Wahlgesetzes erst noch erfolgen musste. Deshalb war diesmal auch Rosa Parks mit unter den Rednern, um ihre Geschichte zu erzählen.

So schloss sich der Kreis, der in Montgomery begann und über Washington zurückführte. Ein Ziel des Marsches auf Washington war es, Druck auszuüben, um das Bürgerrechtsgesetz durch den Kongress zu bekommen. Mit dem Wahlgesetz wurde dieses nun vollendet. Und es war wie ein kleiner

Marsch auf Washington. Einige der Redner waren wieder mit dabei. Etwa John Lewis. Und Harry Belafonte hatte eine Künstlergruppe organisiert, die zum Teil auch schon am Vorabend auftrat: Joan Baez – diesmal ohne Bob Dylan – Peter, Paul und Mary, Odetta und Sammy Davis, Jr. als Veteranen von 1963. Leonard Bernstein und Nina Simone kamen hinzu, Letztere, obwohl sie einen militanten Schwarzen Nationalismus vertrat. Renata Adler berichtet trotzdem, dass die Stimmung eher verhalten war, viele waren müde. Dann kam King mit seiner Rede.[39]

Er begann erwartbar, indem er auf den Busboykott Bezug nahm. King rief die Aussage einer Teilnehmerin am Busboykott, Schwester Pollard, in Erinnerung und dürfte damit emotional die Stimmung der Anwesenden getroffen haben: »Meine Füße sind müde, aber meine Seele ist ausgeruht.« Auch seine Feststellung, dass alle entscheidenden Protestaktionen in Alabama stattgefunden hätten, wird man noch als captatio benevolentiae, als Mittel, um sich der Sympathie der Zuhörenden zu versichern, ansehen dürfen. King streicht deutlich die Diversität der Versammelten heraus und den Erfolg, dass ein aus dem Süden stammender Präsident sich so nachdrücklich für die Menschenrechte aller ausspreche. Die Segregation läge auf dem Sterbebett. King ruft in Erinnerung, wie sie überhaupt entstanden sei: Die Plantagenbesitzer hatten nach dem Ende der Versklavung weiter ein Interesse an billiger Arbeitskraft und setzten Gesetze durch, welche zunächst Weiße und Schwarze Arme weitgehend von den Wahlen ausschlossen. Als sich dagegen Widerstand formierte, spalteten sie die Gruppe der Armen, indem sie durch die Segregation die Weißen Armen etwas privilegierten auf Kosten der Schwarzen. Das stabilisierte das System und verhinderte höhere Löhne, weil jeweils eine Gruppe gegen die andere ausgespielt werden konnte.[40]

Es wird hier wieder einmal deutlich, dass King soziologisch bewandert war und die ökonomischen Interessen verstand, die hinter dem strukturellen Rassismus standen. Dass er das in dieser Rede so ausführlich analysierte, deutet darauf hin, dass er die Zuhörenden, unter denen auch viele Weiße waren, darauf vorbereiten wollte, dass mit dem Erreichen des Wahlrechts für alle der gesellschaftliche Rassismus noch nicht beendet sein würde. Deutlich wird daran auch, dass diejenigen, die davon ausgingen, dass King die ökonomische Dimension der Unterdrückung erst spät entdeckt habe, falsch lagen.

Den Triumph in Selma/Montgomery deutet er als Erfolg: »Wir bewegen uns in Richtung des Landes der Freiheit.« Und nutzt dies als Motivation, auf dem Weg weiterzumarschieren und die nächsten Ziele in den Blick zu nehmen, die sich aus dem American Dream ergäben: »Lasst uns also unseren Triumphmarsch fortsetzen, um den amerikanischen Traum zu verwirklichen« (126). Und er zählt nun die verschiedenen Ziele auf, die immer wieder mit dem rhythmischen Aufruf eingeleitet werden: »Let us march ...« (Lasst uns marschieren ...). Und er reiht die Aspekte aneinander, die auf der Agenda der SCLC ganz oben stehen: gegen rassistisch segregierte Wohnviertel, gegen gesellschaftliche und ökonomische Unterdrückung und gegen Armut. King gelingt es so, an der aktuellen Erfahrung anzuknüpfen und die Menge für seine Vision zu begeistern.

Im nächsten Schritt bindet er dies an die biblische Tradition zurück, um die Ziele moralisch zu legitimieren: Das Wahlrecht soll für alle Kinder Gottes gelten.

Dann bezieht er sich auf die biblische Geschichte von der Einnahme Jerichos. Die nach biblischem Bericht aus der Sklaverei Ägyptens in die Freiheit des gelobten Landes wandernden Israeliten stießen auf die befestigte Stadt Jericho,[41] die es zu erobern galt. Nach Josua 6 zogen sieben Tage lang jeden Morgen sieben Priester Trompete spielend um die Stadt. Am siebten Tag unterstützen die Israeliten die Trompeten mit ihrem Geschrei und die Mauer fiel. Das Geschehen wurde in dem beliebten Spiritual »Joshua fit the Battle of Jericho ... and the Walls came tumbling down« tradiert, das King in Erinnerung ruft. Er überträgt nun die Mauer Jerichos auf die Barrieren der Segregation, die schon gefallen seien und noch fallen würden. Er ruft die Opfer durch rassistische Gewalt in Mississippi, Birmingham und Selma in Erinnerung als Verpflichtung, den Weg weiterzugehen: »The battle is in our hands« (Der Verlauf der Schlacht liegt in unseren Händen) (128).

In vielen Reden zuvor hatte King auf die Exodusgeschichte Bezug genommen. Dabei hat er die Versklavung mit Ägypten assoziiert und die Zeit der Segregation mit der Wüstenwanderung. In dieser Rede kommt die nächste Etappe in den Blick: die Landnahme. Und in nicht allzu ferner Zukunft wird er predigen: »Ich bin auf dem Gipfel des Berges gewesen und habe das gelobte Land gesehen.« So wie Moses, der das Volk Israel aus Ägypten und durch die Wüste geführt hat, aber selbst nicht mehr mit einziehen kann in das Land, in dem Milch und Honig fließen.

Nachdem er bisher eher analytisch argumentiert hat, vermutlich auch, um diese Zusammenhänge den anwesenden Weißen zu kommunizieren, ist diese Metaphorik für die meisten zugänglich, auf alle Fälle für die Mitglieder der Schwarzen Kirchen. Aber die Symbolik ist nicht ganz ohne. Im biblischen Text vollstrecken die Israeliten auf Gottes Geheiß hin den sogenannten Bann an den Bewohnern Jerichos, d.h. bis auf Rahab und ihre Familie werden alle Menschen und Tiere getötet. Diesen Aspekt lässt King natürlich weg. Das würde nicht gerade dem Ideal einer Beloved Community entsprechen.[42]

Aber mit diesem starken Bild der fallenden Mauern veranschaulicht King in einer weiteren Aufzählung, was sich noch alles ändern muss. Da er ja selbst am Anfang der Rede darauf aufmerksam gemacht hat, dass die Menschen auf Grund des Unrechts und des Kampfes dagegen müde sind, stellt er die Frage, wie lange es noch dauern wird, bis Gerechtigkeit realisiert ist. Er motiviert dabei das Publikum, in einen rhetorischen Wechselsprechgesang einzustimmen:[43] How long? Not long! (Wie lange wird es dauern? Nicht lange!). In diese suggestiv rhythmische Selbstvergewisserung webt King nun die Gründe dafür ein: Es wird nicht mehr lange dauern, denn keine Lüge kann für immer bestehen, denn Du wirst ernten, was Du säst, denn der Bogen des moralischen Universums wölbt sich zur Gerechtigkeit hin ... Denn »His truth is marching on.« (Seine [Gottes] Wahrheit ist nicht aufzuhalten). Spätestens mit dieser Variation des beliebten Gospels »Oh when the Saints go marching in ...« hat King die Menge begeistert. Damit endet die Rede mit einem finale furioso: »His truth is marching on« – und großem Beifall.

Die Abreise der Menschen aus Montgomery gestaltete sich chaotisch und tragisch. Chaotisch, weil sich etliche Fahrer der für den Rücktransport nach Selma gecharterten Busse kurzfristig krankgemeldet hatten. Tragisch, weil eine der freiwilligen Fahrerinnen, Viola Gregg Liuzzo aus Chicago, vom Ku Klux Klan erschossen wurde, als sie nochmals von Selma nach Montgomery fuhr, um weitere Teilnehmende zurückzutransportieren. Sie wurde von einem jungen Schwarzen Freiwilligen begleitet. Das erregte wohl den Zorn der Rassisten. Da in der Gruppe ein Informant des FBI war, konnten die Täter schnell gestellt werden.

Am 6. August unterschrieb Präsident Johnson den Voting Rights Act, der den Bundesbehörden erhebliche Aufsichts- und Eingriffsmöglichkeiten bei den Wahlen gab und zu einer deutlich höheren Registrierung Schwarzer Wählerinnen und Wähler führte.[44] Auch der Großvater des ermordeten Jimmie Lee Jackson, Cager Lee, der mit seinem Enkel auf der Demonstration in Marion gewesen war, konnte sich nun zu den Wahlen 1966 im Alter von 84 Jahren das erste Mal in seinem Leben registrieren.

Mit dem Wahlrechtsgesetz von 1965 war juristisch die Segregation abgeschafft. Formal waren Schwarze nun einhundert Jahre nach dem Bürgerkrieg gleichgestellt. Deshalb wird die Dekade von 1954/55-1965 oft als die klassische Zeit der Bürgerrechtsbewegung bezeichnet. Das Civil Rights Movement hat allerdings eine längere (Vor-)Geschichte. Deshalb gibt es in den Deutungsdiskursen zur Bürgerrechtsbewegung immer wieder den Hinweis, dass man die Darstellungen weder personell auf King noch zeitlich auf diese Dekade verengen dürfe.[45] Zugleich ist aber dieser genannte Zeitraum doch von der Zeit davor und danach signifikant unterschieden. Nicht nur wegen der Massenversammlungen und der erfolgreichen Bürgerrechtsgesetzgebung, sondern auch, was den Einfluss der von King repräsentierten Bewegung und ihre öffentliche Zustimmung sowie finanzielle Unterstützung, die nie wieder so groß sein werden, betrifft.[46] Ohne die Vor- und weitere Geschichte und die wichtigen Beiträge vieler anderer abzublenden, wird man die Jahre 1963-1965 als Höhepunkt der Bürgerrechtsbewegung oder als eine besondere Periode in den vielen Schwarzen Freiheitskämpfen bezeichnen und auch Kings Beitrag als herausragend ansehen können.[47]

Kings Tragödie: Affären, Alkohol und Depression

Der Nobelpreis und die beiden wichtigen Bürgerrechtsgesetze markieren den Höhepunkt von Kings öffentlicher Wirksamkeit. Persönlich dagegen fand er sich immer öfter an einem Tiefpunkt. Sein Alkoholkonsum nahm seit Beginn der 1960er-Jahre zu. Er litt offensichtlich an ernsten depressiven Phasen, die nicht nur eine vorübergehende Erschöpfung darstellten, obwohl seine Krankenhausaufenthalte meist mit diesem Befund (fatigue) begründet wurden. Neben den äußeren Belastungen litt King aber auch an sich selbst und dabei vor allem an seinem sexuellen Verhalten, was seine Selbstzweifel noch verstärkte.

King hatte zahlreiche außereheliche Affären und zumindest eine feste Beziehung mit einer Mitarbeiterin der SCLC, die ihn auch auf Reisen begleitete. In Atlanta unterhielt er eine Zweitwohnung, um Zeit mit ihr verbringen zu können. Seine Aufenthalte dort wurden sogar mit einem Codewort in seinen Kalender eingetragen. Darüber hinaus hatte er auf seinen Reisen zahlreiche amouröse Abenteuer oder traf sich wiederholt mit bestimmten Frauen in Städten, in denen er regelmäßiger zu Gast war. Dies stand nicht nur im Gegensatz zu den damaligen bürgerlichen Moralvorstellungen, sondern auch zu seinen Erwartungen an sich selbst als Geistlichen und moralisches Vorbild. Zu fragen ist sicher auch, ob bei dieser Art der Beziehungen noch der Aspekt der Personalität des anderen Menschen gewahrt blieb, der zentral für Kings theologisches Verständnis war, oder ob King hier Frauen nicht zu bloßen Objekten degradierte.[48]

Allerdings gibt es von keiner der Frauen, mit denen er Affären hatte, – zu Sonderfällen kommen wir gleich noch – irgendwelche öffentlichen oder anders dokumentierten Vorwürfe gegen King. Nur eine Frau hat sich selbst später geoutet, ohne etwas an Kings Verhalten zu monieren,[49] obwohl sicher mit der Me too-Bewegung ab 2017 dazu ein entsprechendes Umfeld bestanden hätte. Freilich ist nicht auszuschließen, dass bei möglichen Vorwürfen von King oder seinen Erben Schweigegeld bezahlt wurde. Hinweise gibt es darauf aber nicht. Seine Frau wusste wohl von Affären, hat dazu aber nie Stellung genommen.[50] Gleichwohl wird das Verhalten Kings sie enttäuscht und verletzt haben. Das Verhältnis der beiden war bisweilen ziemlich angespannt. Kings häufige Abwesenheit, selbst wenn er in Atlanta war, dürfte auch für die Kinder problematisch gewesen sein.

Außer den indirekten Auswirkungen für die Kinder bewegt sich das aber alles im Rahmen des Verhaltens von Erwachsenen. Ein Verhalten, das sexuellen oder geistlichen Missbrauch dargestellt hätte, ist nicht offensichtlich. Ob durch die große Popularität Kings, seine faszinierende Stimme und sein mitreißendes Sprechen so etwas wie emotionaler Missbrauch gegenüber den Frauen, die sich zu ihm hingezogen fühlten, vorlag, muss spekulativ bleiben.

Über die Gründe für Kings Verhalten lässt sich letztlich auch nur spekulieren. Der übermächtige Vater, der auch Affären hatte, wurde als Argument ins Feld geführt sowie eine Parallele zu John F. Kennedy gezogen. Das Anerkennungsbedürfnis des an Wuchs kleinen Kings wie auch die Einsamkeit populärer öffentlicher Personen, die permanent auf Bestätigung angewiesen sind, wird genannt. Dazu kommt der sozio-kulturelle Kontext der sexuellen Revolution. Vermutlich hat King in der Mischung von Alkohol und sexuellen Affären Entlastung und Entspannung erleben können, was sonst für ihn kaum mehr möglich war.

In seinem Umfeld war das bekannt; es kursierten allerhand Gerüchte. Erstaunlich ist, dass die Medien nicht darüber berichteten, obwohl das FBI verschiedenen Reportern und Herausgebern belastendes Material angeboten hatte. Das alles ist seit über 40 Jahren bekannt. Die grundlegenden Informationen finden sich in David Garrows Auswertung der FBI-Unterlagen über King von 1981[51] und sind seither in den Biografien über King und den historischen Darstellungen der Bürgerrechtsbewegung verarbeitet. Gleichwohl scheint das in der deutschen Öffentlichkeit noch nicht wirklich angekommen zu sein.[52]

Allerdings gibt es auch Hinweise in den Unterlagen des FBI, welche – sollten sie wahr sein – die Beteiligung bzw. Billigung von sexuellem Missbrauch durch King dokumentieren. In einem Falle gibt es eine Akte, die bis 2027 gesperrt ist, in deren Inhaltsangabe aber von der Vergewaltigung einer Frau aus der Gemeinde eines anderen Pastors durch diesen im Beisein Kings berichtet wird. D.h. diese Behauptung beruht bislang auf einer Zuordnung des FBI, ohne dass es dafür Beweise gibt. Neben den gesperrten Unterlagen wäre es ja auch naheliegend, dass die betroffene Frau und andere aus der Gemeindegruppe zumindest später davon berichtet hätten. Weiterhin berichtet das FBI, dass eine Tänzerin in Las Vegas von einer Freundin Kings Geld für gemeinsamen Sex bekommen habe.[53] Es sei ihr aber unangenehm gewesen und sie sei gegangen.[54] Auch in diesem Fall ist ohne weitere Informationen eine Bewertung schwierig. Eine öffentliche Stellungnahme oder gar Anklage von Seiten der Frau liegt nicht vor.

Da das FBI nicht an einer objektiven Darstellung interessiert war, sondern Hoover darauf aus war, belastendes Material gegen King zu bekommen, müssen die Angaben quellenkritisch geprüft werden. Ob die Darstellungen also angemessen waren, lässt sich ohne weitere Prüfung nicht sagen. Es lässt sich aber auch nicht ausschließen. Ob die Dokumente, die 2027 veröffentlicht werden, oder verfeinerte Analysemethoden mit KI in Zukunft mehr Klarheit bringen, wird sich zeigen müssen. Aber auch ohne diese Fälle bleibt Kings Verhalten zumindest irritierend. Insbesondere dann, wenn man ein idealisiertes Bild von ihm hat. Es erinnert daran, dass Menschen eben fehlbar bleiben und nicht perfekt sind, auch wenn sie in gewissen Bereichen Außergewöhnliches leisten.

Am 5. Januar 1965 öffnete Coretta Scott King ein Päckchen mit Tonbandaufnahmen. Es war vom FBI schon im Jahr zuvor am 21. November auf den Weg gebracht worden, aber durch die Reise nach Oslo und die Weihnachtszeit war es liegen geblieben. Coretta mochte es, Tonbandaufnahmen von den Reden ihres Mannes zu hören. Deshalb hat Kings Büro solche Sendungen regelmäßig an sie weitergeleitet. Dieses Tonband war aber anders. Ein kleiner Kreis von Vertrauten hörte das Band ab. King wusste offensichtlich sofort, dass es Aufnahmen aus dem Willard-Hotel waren, da auch ein Beisammensein des Inner Circle mit Frotzeleien dokumentiert war. Ein Teil waren eindeutig Aufnahmen von sexuellen Aktivitäten. Coretta gab vor, nicht zu erkennen, dass ihr Mann beteiligt war.[55] Der Brief, der dem Päckchen beilag, machte das Ganze noch bedrohlicher. Es wurde King nahegelegt, innerhalb einer Frist – die inzwischen schon abgelaufen war – Suizid zu begehen, sonst würde das Material an die Öffentlichkeit gelangen. Es war klar, dass solches Material nur vom FBI stammen konnte. King fühlte sich in seiner ganzen Existenz bedroht: »Sie wollen mich fertig machen«; »Sie wollen mich kriegen, schikanieren und meinen Willen brechen«, vertraute er Freunden an.[56] Und mit dieser Einschätzung lag er genau richtig.

Die Energie, mit der das FBI Kings außereheliche sexuelle Affären verfolgte, kann rein rational nicht erklärt werden. Einige der Agenten, zum Teil selbst durch und durch puritanisch geprägt, hielten sein Verhalten für unmoralisch. Sie waren völlig irritiert, dass Kings Frau, nachdem sie das inkriminierende Tonband abgehört hatte, nicht mit ihm brach. Der Puritanismus verknüpfte sich mit Rassismus und Stereotypen über das sexuelle Verhalten insbesondere Schwarzer Männer. Manche, wohl auch im Weißen Haus, hatten voyeuristisches Interesse an den Bändern. Bei Hoover werden seine öffentlich unterdrückte Homosexualität und Rassismus eine Rolle gespielt haben. Insbesondere sexuelle Aktivitäten zwischen Schwarzen und Weißen waren für ihn unvorstellbar, übten offensichtlich aber auch einen gewissen Reiz auf ihn aus.[57] Peter Ling zitiert Andrew Young in diesem Zusammenhang: »Bei der Kampagne gegen Martin und die Bewegung ging es weniger um Sex, sondern um die Angst vor Sexualität, besonders Schwarzer männlicher Sexualität.«[58]

Auch wenn sich das Interesse der Abhöraktionen des FBI deutlich auf das Privatleben Kings verlagert hatte, hielt es wider besseres Wissen an der Behauptung des kommunistischen Einflusses fest. Da es für aktuelle kommunistische Verstrickungen seiner Berater keine Hinweise gab und das Sexualleben nicht von öffentlichem Interesse sein sollte, waren beide Begründungen für eine Fortsetzung der Abhörmaßnahmen hinfällig, die Aktionen mithin illegal. Das störte aber das FBI nicht daran, beides zu benutzen, um King nicht nur im Weißen Haus, sondern auch bei Kooperationspartnern und Unterstützerinnen zu diskreditieren. Bei der Europareise 1964 versuchten sie, die Papst-Audienz zu verhindern, ebenso die Galaveranstaltung zu seinen Ehren nach der Rückkehr aus Oslo in Atlanta. Römisch-katholische Würdenträger in Chicago, die King für seine Kampagne gewinnen wollte, wurden mit Blackmail versorgt.

Das ungerechtfertigte Vorgehen des FBI hat King in mehrfacher Hinsicht geschadet. Zum einen hatten das FBI und damit die Regierung quasi als Nebenprodukt immer aktuelle Informationen über die Pläne und Strategie der SCLC. Zum anderen wurde die Arbeit, wie gerade geschildert, konkret gestört. Schließlich musste King spätestens ab Januar 1965 mit dem Wissen leben, dass das FBI aktiv versuchte, ihn als Bürgerrechtsführer zu beschädigen, und damit rechnen, dass das FBI kompromittierendes Material öffentlich machen könnte.

King war in einer Situation, in der sich zunehmender Druck, Alkoholkonsum, sexuelle Eskapaden und seine Depressionen wechselseitig verstärkten. In seinem Umfeld waren vor allem die depressiven Zustände und die damit verbundenen Krankenhausaufenthalte sichtbar. Deshalb gab es ernsthafte Sorgen hinsichtlich seiner psychischen Gesundheit. Für King verstärkte all dies die Selbstzweifel, die ihn schon immer plagten, da er hinter seinen eigenen Erwartungen zurückblieb. Stanley Levison versuchte, King Mut zu machen, seine Unvollkommenheit zu akzeptieren. Man müsse kein perfekter Mensch sein, um ein perfekter Anführer sein zu können.[59] Aber die Probleme wurden nicht weniger.

12.
Vom Luther zum Loser?[1] Vom Reformer zum Radikalen? (1966–1968)

Am 3. Januar 1964 bildete das Titelblatt des Time Magazine King als Mann des Jahres ab. Seine Beliebtheitswerte waren sehr hoch, seine politische Macht wohl auf dem Höhepunkt. Das Bild verkehrte sich bis zu seinem frühen Tod ins Gegenteil. King stand am Ende ganz unten auf der Popularitätsskala. Was war passiert?

Angriff auf das White Privilege[2]

Nur fünf Tage nachdem Präsident Johnson den Voting Rights Act unterschrieben hatte, brach in Los Angeles im Stadtteil Watts der bis dahin schlimmste Ghetto-Aufstand aus. Schon 1964 war es in Harlem, einem Stadtteil von New York, und anderen Städten zu Gewaltausbrüchen gekommen, die die Spannungen und die Unzufriedenheit in den Schwarzen Ghettos des Nordens sichtbar machten. Watts stellte eine neue Qualität dar. Es kam zu bürgerkriegsähnlichen Zuständen, die durch unangemessene Polizeigewalt bei einer Festnahme ausgelöst worden waren. Zehntausende beteiligten sich und Tausende Sicherheitskräfte einschließlich der Armee waren im Einsatz. Man zählte schließlich 34 Tote und zahllose Verletzte. King lehnte zwar die Gewalt ab, versuchte aber, der Öffentlichkeit die strukturellen Ursachen deutlich zu machen, die zur Gewalt führten und wesentlich in den ökonomischen Folgen des Rassismus bestanden.

King hatte von Anfang an die ökonomische Dimension des Rassismus mit im Blick. So forderte man von Anfang an, Busse, Kaufhäuser und Restaurants nicht nur für Schwarze zugänglich zu machen, sondern Anstellungsmöglichkeiten zu schaffen. Um den Rassismus zu überwinden, wollte King nach der rechtlichen Abschaffung der Segregation im Süden die ökonomische und soziale Situation der Schwarzen in den Ghettos der großen Städte im Norden angehen.[3] Denn nun hatten die Schwarzen zwar das Recht, in jeder Imbissbude und in jedem Restaurant bedient zu werden. Aber was nütze ihnen das, wenn sie nicht das Geld für einen Burger hätten, fragte King. Sein jüngerer Weggefährte, der spätere Kongressabgeordnete John Lewis, hat dies noch viel drastischer zum Ausdruck gebracht. Er sagte, wenn sie bei den ersten Sit-ins in Restaurants in Nashville bedient worden wären, hätte er gar nicht das Geld gehabt, etwas zu bezahlen.[4] Es ging also nicht mehr nur um die formale Gleichbehandlung, sondern um das Erreichen von gleichen Chancen auf Teilhabe.

King hatte nach wie vor die Vorstellung, dass es eine landesweite Bewegung zur Überwindung des Rassismus geben könnte. Bei weiter eskalierenden Spannungen in den Städten des Nordens würde seine gewaltlose Kampagne an Unterstützung verlieren. Sowohl unter den Schwarzen, von denen viele nicht davon überzeugt waren, dass gewaltlose Maßnahmen ausreichten, als auch unter den Weißen, die befürchteten, King und andere integrationistische Führungskräfte könnten die Kontrolle verlieren und die Tendenzen hin zu einem gewaltbereiten Schwarzen Nationalismus könnten sich verstärken. Um dies zu verhindern, war es für die SCLC und King auch strategisch notwendig, die Situation in den urbanen Ghettos anzugehen, denn hier lebte die Mehrheit der Schwarzen, nachdem zwischen 1940 und 1960 ihre Anzahl von 4 auf 9 Millionen in den Städten des Nordens angestiegen war.[5]

Schon 1962 hatte die SCLC die Operation Breadbasket (Aktion Brotkorb) zunächst im Süden gestartet, um neben der Verwirklichung der Bürgerrechte auch die sozialen und ökonomischen Bedingungen der Schwarzen, insbesondere durch Schaffung von Arbeitsplätzen zu verbessern. Dabei wurde Läden und Kaufhäusern sowie Lebensmittel- und Konsumgüterproduzenten mit Boykott und Blockaden durch die Schwarzen Kunden gedroht, wenn diese Firmen keine fairen Anstellungsmöglichkeiten für Afro-Amerikanerinnen schafften. Jetzt sollten weitere Projekte entwickelt werden.

Nach der Prüfung verschiedener Faktoren wurde entschieden, Chicago ins Visier zu nehmen. Die Entscheidung, die Aktivitäten in den Norden auszuweiten, war innerhalb der SCLC aus verschiedenen Gründen umstritten. Zum einen gab es Stimmen, die nun nach dem Wahlrechtsgesetz die Wählerregistrierung im Süden intensivieren wollten[6], zum anderen gab es finanzielle Probleme, da die Zuwendungen zwar 1965 einen Höhepunkt erreicht hatten, danach aber drastisch zurückgingen, so dass die SCLC – wie die meiste Zeit davor – immer wieder von der Insolvenz bedroht war. Trotz des erheblichen Spendenaufkommens und der Mittel aus Förderprogrammen blieben die Fundraisingauftritte Kings eine wichtige Säule der Finanzierung und machten zeitweise über die Hälfte der gesamten Einnahmen aus.[7]

Als die Entscheidung für Chicago fiel, wurde Jesse Jackson der Verantwortliche, um dort den lokalen Ableger der Operation Breadbasket aufzubauen. Dies gelang erstaunlich gut und erfolgreich. Neben den wirtschaftlichen Problemen waren die Lebensbedingungen in den Ghettos eine große Herausforderung. Die große Mehrheit der Schwarzen lebte in Ghettos, weil in den Weißen Mittelschichtswohnvierteln an sie kein Wohnraum vermietet oder verkauft wurde. Das war zwar nicht verboten, wurde aber von Maklern und Hausbesitzern einfach nicht gemacht. So entstand de facto eine Segregation der Wohnorte. Wegen der z.T. unzumutbaren hygienischen Verhältnisse in den Slums – Rattenbefall war endemisch –, war es vor allem für Kinder gesundheitsgefährdend, dort zu leben. Darüber hinaus war die Infrastruktur deutlich schlechter als in Weißen Gegenden. Dies betraf Schulen, medizinische Einrichtungen, Einkaufsmöglichkeiten etc. In der Regel waren die Lebensmittel in den Ghettos dabei sogar teurer als außerhalb.

King sprach mehrfach von »innerer Kolonisierung« (domestic colony) und meinte damit, dass Menschen aufgrund ihrer Hautfarbe und Herkunft ökonomisch ausgebeutet, sozial benachteiligt und politisch ausgegrenzt werden, um für andere Profite zu ermöglichen.[8] Diese Missstände wollte die SCLC durch Mietergewerkschaften, Protestmärsche und Direct Action-Maßnahmen angehen. King selber bezog mit seiner Familie zeitweise ein heruntergekommenes Haus in einem Ghetto in Chicago.

Insbesondere die Proteste gegen die Benachteiligung auf dem Wohnungsmarkt, die es Schwarzen fast unmöglich machte, aus dem Ghetto wegzuziehen, lösten erheblichen Widerstand aus. King wusste, dass Rassismus mehr ist als die irregeleiteten Einstellungen einiger Provinzler, sondern vielmehr ein gesellschaftlicher Mechanismus zur ungleichen Verteilung von Ressourcen in der

Gesellschaft, der die Weiße Arbeiterklasse und die Weiße Mittelschicht dazu brachte, ein System zu unterstützen, von dem vor allem die Weiße Oberschicht auf Kosten aller anderen profitierte. Während viele liberale Weiße Kings Kampf gegen die vermeintlich zurückgebliebenen Rassisten im Süden unterstützten, wandten sie sich von der Bürgerrechtsbewegung ab, als ihre eigenen – letztlich auf Rassismus beruhenden – Privilegien infrage gestellt wurden. King hat in einer Analyse die Mechanismen klar benannt. »Wenn die Schwarzen weiter vorangehen, um ihre Lebensbedingungen grundlegend zu ändern, wird bittere Weiße Opposition zwangsläufig wachsen, sogar in Gruppen, die vorher einer oberflächlichen Verbesserung[9] gegenüber positiv reagiert haben. Konflikte sind unvermeidbar, denn es ist ein Stadium erreicht, in dem wirkliche Gleichheit weitreichende Veränderungen im Leben von etlichen der Weißen Mehrheit notwendig macht. Viele unserer bisherigen Unterstützer werden auf der Strecke bleiben, sobald die Bewegung Druck auf die finanziellen Privilegien ausübt. Andere werden sich zurückziehen, wenn lange geltende kulturelle Privilegien bedroht werden. In dieser Phase werden wir uns auf die kreative Minderheit der wahren Glaubenden stützen müssen.«[10]

Am 10. Juli 1966 mobilisierte die SCLC für eine Massenkundgebung, um ihre Ziele im Detail bekannt zu machen. Statt der erwarteten 100.000 Teilnehmenden kamen allerdings nur 30.000. 5.000 zogen dann mit King zum Rathaus, wo er dem Bürgermeister den Forderungskatalog übergeben wollte. Als dieser nicht erschien, befestigte King das Schriftstück an der Eingangstür. Das wurde als Analogie zu Luthers Thesenanschlag gedeutet, obwohl es so gar nicht geplant war.[11]

Als King einen Protestmarsch durch eines der berüchtigten Weißen Wohngebiete anführte, gab es gewalttätige Ausschreitungen und Ausbrüche von Hass, von denen King sagte, so etwas habe er selbst im Süden kaum erlebt.[12] Der nächste Marsch musste mit Hunderten Sicherheitskräften abgesichert werden.

In Chicago trat nun das gleiche Problem auf, wie bei der Wählerregistrierung im Süden. Um die angestrebten Ziele zu erreichen, hätte es einer langfristigen und umfangreichen Organisation der Gemeinwesenarbeit bedurft. Dafür reichten aber die Ressourcen der SCLC bei nachlassenden Spenden nicht aus. Und die Mehrheit der Mitarbeitenden war nach wie vor im Süden beschäftigt. Auch die Organisationen und Kirchen der Schwarzen waren nicht so kooperativ, wie King erhofft hatte. Sie hatten ihre eigene Agenda und waren zum Teil in Bürgermeister Daleys politischen Apparat integriert. In den Ghettos kam es zu Gewaltausbrüchen, obwohl King das Gespräch mit den Gangs gesucht hatte. Die Armutsbekämpfung in den Slums war faktisch gescheitert.

Der Fokus richtete sich nun auf die Wohnsegregation, bzw. das Ziel des »Open Housing«, also der freien Wahl des Wohnortes, obwohl dies ursprünglich nicht das primäre Ziel war. Hier konnten die Schwarzen Organisationen zwar einen Kompromiss mit Stadtverwaltung und Maklern erarbeiten, aber das nützte der großen Mehrheit der in Armut lebenden Schwarzen nichts. Bürgermeister Daley war auch deshalb an einem Kompromiss interessiert, weil er sah, dass die eskalierenden Proteste die Demokraten Stimmen kosten würden. Und wie fast überall in den USA war es auch in Chicago so, dass mit den politischen Ämtern die Möglichkeit verbunden war, Jobs und Ressourcen an die eigene Klientel zu vermitteln. Der Verlust der Mehrheit im für Chicago zuständigen Landkreisparlament an die Republikaner kostete die Demokraten die Kontrolle über 18.000 solcher Arbeitsplätze, was sich wiederum auf die Möglichkeit auswirkte, mehr Stellen an Schwarze zu vergeben.

Dies macht deutlich, dass die Situation und die Mechanismen im Norden grundlegend anders waren als im Süden. Da die Schwarzen hier weitgehend uneingeschränkt wählen konnten, kam die Bürgerrechtsbewegung als soziale Bewegung an die Grenzen ihrer Möglichkeiten, und es war – nach dem oben eingeführten Schema – die Phase angebrochen, in der es um die Organisation *politischer* Mehrheiten ging.

Auch wenn der wesentliche Teil von Kings Agenda nicht erreicht werden konnte und die Chicago-Kampagne als gescheitert angesehen werden muss, so sollte man doch die Teilerfolge nicht übersehen. Wie schon erwähnt, war die Operation Breadbasket äußerst erfolgreich darin, Arbeitsplätze zu schaffen, Werbeanzeigen in Schwarze Zeitungen zu bekommen und auch die Banken, die Kredite an Schwarze vergaben, durch Einlagen der in den Ghettos präsenten Firmen zu stärken. Dies waren reale Verbesserungen für viele Schwarze. Und Operation Breadbasket war auch nach dem Rückzug der SCLC und Kings Tod weiter erfolgreich. Nicht in Chicago, aber in Cleveland wurde 1967 mit Unterstützung der SCLC der erste Schwarze Bürgermeister gewählt. Und schließlich war es das Ghetto der South Side, wo Barack Obama seine politische Karriere als Community Organizer begann.

Allerdings hat King durch die Chicago-Kampagne an Zustimmung verloren. Für viele Weiße Liberale war King nun nicht mehr der »Schwarze Gandhi«, der gegen die hinterwäldlerischen Südstaatler, die man als peinlich empfand, für die bürgerlichen Grundrechte kämpfte und mit seinem Bekenntnis zur Gewaltfreiheit zugleich die radikaleren Kräfte und Forderungen einhegte. Nein, Kings Protest und die politischen Forderungen der Bürgerrechtsbewegung zielten nun auf die Privilegien der Weißen Mittelschicht, die ihren relativen Wohlstand auch der strukturellen Ausbeutung von Schwarzen und Weißen im eigenen Land, aber auch weltweit verdankten. Damit war er in ihren Augen nicht mehr der Apostel der Gewaltlosigkeit, sondern fast schon ein »Kommunist«.[13]

Für die Aktivisten von SNCC war das Scheitern in Chicago demgegenüber ein Zeichen für das Scheitern der Gewaltlosigkeit und dafür, dass ihre Sache von King an die Weißen Machtstrukturen verkauft wurde. Es ist kein Zufall, dass in diesem Sommer die Rufe nach Black Power laut wurden.

Black Power statt Freedom now!

Die Kritik an King und der Methode der Gewaltfreiheit durch SNCC-Aktivisten nahm seit 1964 beständig zu. Ein wesentlicher Grund dafür war die Erfahrung während des Freedom Summer in Mississippi, der Gewalt des Ku Klux Klans und der Weißen Machtstrukturen hilflos ausgeliefert zu sein. Einige der Einheimischen hatten es da schon vorgezogen, auf Angriffe des Klans nicht gewaltlos, sondern mit gezielter bewaffneter Gegenwehr oder gar Vergeltung zu reagieren – in einigen Fällen recht erfolgreich.[14] Darüber hinaus vertrauten die jüngeren Aktivisten nicht darauf, dass wirkliche Veränderungen in Kooperation mit der Regierung zu erzielen seien.

In diesen Zusammenhang gehört die Gründung der Mississippi Freedom Democratic Party (MFDP) 1964. Die Demokraten ließen in Mississippi rechtswidrig nur Weiße zu den parteiinternen Vorwahlen zu. Entsprechend waren auch alle Delegierte auf dem Nominierungsparteitag Weiße. Für die im November anstehende Präsidentenwahl sollte die Nominierung auf der National Convention Ende August stattfinden. Um nun auch Schwarze Delegierte nach Atlantic City schicken zu können, wurden parallele Vorwahlen von der

MFDP organisiert und eine entsprechende Delegation zum Parteitag entsandt. Dort ergab sich nun das Problem, wie mit den konkurrierenden Delegationen umzugehen sei. Die Prüfung oblag dem Beglaubigungsausschuss (Credential Committee), der vor dem eigentlichen Parteitag tagte.

Johnson autorisierte, ja, beauftragte das FBI, beim Parteitag umfangreiche Abhörmaßnahmen durchzuführen, um ihn über die Strategie der MFDP, Kings und anderer Akteure auf dem Laufenden zu halten. Denn für ihn war es wichtig, die Stimmen der Südstaatendelegierten für seine Nominierung zu bekommen. King unterstützte im Ausschuss den Anspruch der MFDP-Delegierten, als legitime Repräsentantinnen für Mississippi am Parteitag teilzunehmen. Am eindrücklichsten war allerdings das Zeugnis Fannie Lou Hamers, der stellvertretenden Parteivorsitzenden. Sie hatte die Gewalt des Rassismus am eigenen Leib erfahren und schilderte die wirtschaftlichen, sozialen und politischen Zustände im ärmsten Bundesstaat anschaulich. So eindrücklich, dass mitten in ihrer Rede der Präsident eine spontane Pressekonferenz ansetzte. Das führte dazu, dass die Live-Übertragung aus dem Ausschuss unterbrochen wurde, um die Ausführungen des Präsidenten zu übertragen. Auf diese Weise wollte Johnson verhindern, dass die MFDP weiter an Unterstützung gewann. Der Beglaubigungsausschuss schlug schließlich einen Kompromiss vor, der für die MFDP eine symbolische Präsenz vorsah, aber mit der Zusage verbunden war, für den nächsten nationalen Wahlparteitag keine segregierten Vorwahlen mehr zuzulassen. Obwohl King und andere Schwarze Repräsentanten diesen Vorschlag schließlich unterstützten, da sie mit Johnson nicht brechen wollten, lehnten die Delegierten der MFDP diese Vertröstung ab. Bei vielen war das der Moment, wo sie den Glauben verloren, das System nach seinen eigenen Regeln ändern zu können, und in dem sie sich radikalisierten.[15] John Lewis beschreibt dies als den Wendepunkt der Bürgerrechtsbewegung. Für viele der Aktivistinnen, die unter Lebensgefahr in Mississippi arbeiteten, führte das Verhalten der Demokratischen Partei zu tiefer Enttäuschung und Kränkung. Es stellte sich die Frage, ob den politischen Repräsentanten und den moderaten Schwarzen Anführern wie King überhaupt noch zu trauen sei.[16] Dieser Dissens und Konflikt wurde dann ja auch in Selma deutlich, wo etliche SNCC-Aktivisten, wie John Lewis, zwar mitmachten, aber SNCC als Organisation nicht auftrat.

Im Sommer 1966 unternahm der Aktivist James Meredith, der 1962 mit militärischem Schutz an der Universität von Mississippi immatrikuliert worden war, einen Freiheitsmarsch durch den Süden, um zu zeigen, wie präsent der Rassismus auch nach Verabschiedung der Bürgerrechtsgesetze noch war. Schon am zweiten Tag wurde er angeschossen, und es kamen Freiwillige aus dem ganzen Land, um an seiner Stelle den Marsch fortzusetzen. Auch King und die SCLC beteiligten sich, ebenso wie SNCC. Die Spannungen waren nicht zu übersehen. John Lewis war im Frühjahr von Stokely Carmichael als Vorsitzender von SNCC abgelöst worden. An einem der Abende setzten die SNCC-Leute dem bisherigen gemeinsamen Slogan »Freedom now« den Kampfruf »Black Power!« entgegen, der sich zunehmend durchsetzte. Darin drückte sich die Enttäuschung der jüngeren und radikaleren Aktivisten aus und zugleich wurde damit die Hoffnung verbunden, tatsächlich mit bewaffneten Aufständen wie in Algerien oder Kuba das herrschende System überwinden zu können.[17] Sie kamen zwar alle am 26. Juni in Jackson, Mississippi gemeinsam an, aber faktisch hatte sich die Bürgerrechtsbewegung gespalten, denn King lehnte gewaltsame Mittel weiterhin kategorisch ab.[18]

Über Vietnam hinaus
Pazifismus und anti-kolonialer Kampf

Schon 1964 formierte sich der Protest gegen die amerikanische Beteiligung am Krieg in Vietnam und nahm mit der Entsendung von Truppen 1965 zu. King hat diesen Krieg sehr früh abgelehnt, aber ist erst 1967 mit seiner Kritik an die breitere Öffentlichkeit getreten. Die Spannung zwischen dem Engagement gegen den Krieg und weiter für die Bürgerrechte einzutreten prägte Kings letzte drei Lebensjahre und trug wesentlich dazu bei, dass er in der Beliebtheitsskala weit nach unten rutschte. Von Anfang an hat King die Menschenrechte als universal angesehen. Spätestens seit der Verleihung des Friedensnobelpreises hat die internationale Perspektive für ihn noch einmal an Bedeutung gewonnen und er sieht seine Mission nicht auf die USA begrenzt an:

»Und ja, wenn in der Menschenrechtsrevolution nicht bald etwas getan wird, um die Völker des globalen Südens aus der jahrelangen Armut, Verletzung und Zurücksetzung zu befreien, dann wird die ganze Welt verloren sein.«[19]

Alle Menschen sind nach Kings Auffassung Gottes Kinder und haben deshalb die gleiche Würde und die gleichen Rechte. Beim Busboykott im Montgomery ging es um die Civil Rights der Schwarzen in den USA. Doch schon früh sah King das Civil Rights Movement im Zusammenhang mit dem weltweiten Freiheitskampf der People of Color, der auch ein Kampf für die universalen Menschenrechte war. Im Civil Rights Movement wurde der aktive gewaltfreie Widerstand als Mittel zur Erreichung der Rechte eingesetzt. Und aktiven gewaltfreien Widerstand hat King auch für den anti-kolonialen Kampf gefordert. Aber wie hat er sich hinsichtlich der gewaltsamen Freiheitskämpfe verhalten? Hat King im Blick auf den Kampf um die Menschenrechte und Freiheit der unterdrückten Völker einen prinzipiellen Pazifismus vertreten? Wegen seines Engagements gegen den Vietnam-Krieg wird King meist als prinzipieller Pazifist auch in Hinsicht auf die internationalen Beziehungen angesehen. Aber ist das zutreffend?

King hat sich sehr früh gegen den Krieg als soziale Institution ausgesprochen, und zwar mit einer nuklear-pazifistischen Begründung, d.h. er lehnte Krieg als Mittel der Politik deshalb ab, weil jeder Krieg zu einem Nuklearkrieg eskalieren und in der Verwüstung der Erde enden könnte. Thomas A. Mulhall widerspricht mit seiner Studie »A Lasting Prophetic Legacy« überzeugend der immer wieder vertretenen Meinung, King hätte erst spät eine pazifistische Position eingenommen.[20] Er hat vielmehr zu einem frühen Zeitpunkt den Zusammenhang zwischen dem Problem der sozialen Gerechtigkeit und dem des Krieges hergestellt. Bei einer Ansprache bei der War Resisters League am 2. Februar 1959, unmittelbar vor seiner Abreise nach Indien, kommt dies zum Ausdruck:

»Kein Mensch, der bei Verstand ist, kann es sich leisten, für soziale Gerechtigkeit in einem Land zu arbeiten, wenn er/sie nicht zugleich Krieg ablehnt und sich eindeutig zur Gewaltfreiheit in den internationalen Beziehungen bekennt. Was wäre gewonnen, wenn das Ziel der Verwirklichung sozialer Gerechtigkeit erreicht wäre, unter den Umständen, dass alle Menschen, Schwarz wie Weiß, nur die Freiheit haben, der Auslöschung durch Strontium 90 oder einen Atomkrieg entgegenzusehen.«[21]

Meines Erachtens kommen also schon früh – acht Jahre vor seiner berühmten Anti-Vietnamkriegsrede in der Riverside Church – zwei grundlegende Aspekte der Kriegskritik Kings zur Geltung. Zum einen begründet er seine

Ablehnung der Institution des Krieges nuklearpazifistisch, zum anderen verweist er auf die sozialen Kosten, die wiederum die Ärmsten treffen.[22] Auch Coretta Scott King hat schon weit vor 1967 das amerikanische Engagement in Vietnam abgelehnt und ihren Mann bei Veranstaltungen – etwa der berühmten Großveranstaltung am 8. Juni 1965 in New York mit Hans J. Morgenthau als Hauptredner – vertreten und zunehmend ihr eigenes Profil entwickelt.

Aber es gibt auch Äußerungen Kings, in denen er etwa den Eintritt der USA gegen die Anti-Hitler-Koalition für gerechtfertigt hält. Er vertritt also keine prinzipiell pazifistische Haltung,[23] aber eine absolut nuklear-pazifistische. Für ihn kann jeder Krieg, an dem die Großmächte beteiligt sind, zu einem Atomkrieg werden. Dies ist auch ein wichtiger, vielleicht sogar der wichtigste Grund für seinen faktischen Pazifismus.

Es ist auffallend, dass er schon früh beabsichtigte, den Ansatz des gewaltfreien Widerstandes auf die internationale Politik zu übertragen, was ja nicht selbstverständlich und kategorial eine Herausforderung ist. So war dies während seiner Indienreise eines seiner Hauptanliegen im Gespräch mit Premierminister Nehru, der aber offensichtlich auf Kings Anliegen, dass Indien auf eine Armee verzichten solle und so zum Vorbild der Gewaltfreiheit auch im zwischenstaatlichen Bereich werden könne, zurückhaltend reagierte.[24] Wenn ich richtig sehe, ist dieser Übertragung des aktiven gewaltfreien Widerstandes als Instrument des sozialen Wandels innerhalb einer Gesellschaft auf den zwischenstaatlichen Bereich bei King, bisher wenig systematische Beachtung geschenkt worden. Denn es ist ja alles andere als trivial, eine Methode, die innerhalb eines bestimmten gesellschaftlichen Rahmens funktioniert, auf das internationale System zu übertragen, zumal ja eine der oben markierten Voraussetzungen, nämlich ein Minimum an Rechtsstaatlichkeit oder zumindest Rechtlichkeit, im internationalen System gerade während des Kalten Krieges nicht gegeben war. Nach meinem Wissen findet sich auch bei King keine systematische Begründung und Konkretisierung für diese Übertragung. Vermutlich war sie im Wortsinn idealistisch.[25]

Genau ein Jahr vor seiner Ermordung, am 4. April 1967, hielt King seine berühmte Rede »Beyond Vietnam«[26] in der ebenso berühmten Riverside Church in New York. Der Ort war bewusst gewählt. Soziales und gesellschaftliches Engagement gehören zu den Grundprinzipien der 1922 gegründeten überkonfessionellen Kirche. King sprach auf Einladung der Clergy and Laymen Concerned About Vietnam, der wohl wichtigsten inter-religiösen Anti-Vietnamkriegs-Organisation. Entsprechend prominent und zahlreich war die Kirche besucht. Unter den dreitausend Teilnehmenden war Rabbi Heschel ebenso wie John C. Bennett, der Präsident des Union Theological Seminary.

In der Regel wird der Titel mit »Jenseits von Vietnam« übersetzt. Das ist zwar die wörtliche Übersetzung, ergibt aber nicht wirklich Sinn. Was für ein Jenseits sollte gemeint sein?[27] Vielmehr bietet es sich an, den Titel mit »Die andere Seite von Vietnam« zu übersetzen. King versucht, eine andere Sichtweise auf den Vietnam-Krieg und die gesellschaftlichen Auswirkungen, die dieser hat, zu entfalten.

Er beginnt mit der Begründung, warum er dieses Thema nun öffentlich anspricht. Denn ihm ist klar, dass es viel Kritik geben wird, und zwar auch aus dem eigenen Lager. Zum einen waren viele Schwarze genauso patriotische Amerikanerinnen und Amerikaner wie andere auch. Und es gehörte zur historischen DNA, dass man für die Freiheit kämpfen muss, wie es viele afroamerikanische Soldaten vom Unabhängigkeits- und Bürgerkrieg an getan hatten. Zum anderen befürchteten viele – zu Recht –, dass die Verknüpfung von Bürgerrechtsbewegung und Friedensbewegung vor allem dem Kampf um die Bürgerrechte schaden würde.

Wohl deshalb setzt King an den Anfang seiner sieben ethischen Hauptargumente die sozialpolitische bzw. Ressourcen-Argumentation. King und andere haben früh erkannt, dass die Kosten des Vietnam-Kriegs die Ressourcen aufbrauchen würden, die in den USA im Kampf gegen die Armut notwendig waren, und so der Krieg wiederum vor allem für die Schwarze Bevölkerung, aber auch andere unterprivilegierte Gruppen verheerende Folgen haben würde. Das Great Society-Programm Johnsons wurde so zu einem der ersten Opfer des Krieges.

Auch das zweite Argument betrifft direkt die Ungleichheit zwischen Schwarzen und Weißen in den USA. King weist darauf hin, dass insbesondere in den Kampftruppen Schwarze Amerikaner überrepräsentiert waren und auch dementsprechend überproportional getötet oder verwundet wurden. Das war der erste amerikanische Krieg, bei dem dies der Fall war. King hinterfragt weiter, warum junge Schwarze Männer in Südostasien für Rechte kämpfen sollen, die ihnen zu Hause versagt werden:

»Wir waren vor den Fernsehgeräten immer wieder mit der grausamen Ironie konfrontiert, Weiße und Schwarze Jungen zu sehen, die gemeinsam im Namen einer Nation töten, die nicht in der Lage war, sie in dieselben Schulen zu schicken.«[28]

Das dritte ethische Argument bezieht sich auf den Zusammenhang der Gewalt in Vietnam mit der Gewalt in den amerikanischen Städten, wo in den Sommern davor gewalttätige Proteste stattgefunden hatten. Wie kann man von den Benachteiligten in den Städten angesichts der Not erwarten, friedlich zu bleiben, so fragt King, wenn sie sehen, wie skrupellos in Vietnam Gewalt angewendet und als legitim angesehen wird?

Mit dem vierten Argument antwortet er auf die Frage, warum er sich als Bürgerrechts-Aktivist mit Fragen der Außenpolitik beschäftigt, indem er auf das Motto der SCLC verweist: »Die Seele Amerikas retten.«[29] King macht deutlich, dass die USA mit ihrem Vorgehen in Vietnam bleibende Schuld auf sich lüden und so die amerikanische Seele vergiftet werde. Daraus folge, dass wirklich um die USA besorgte Amerikanerinnen und Amerikaner gegen den Krieg in Vietnam sein müssten.

Der fünfte Aspekt ist eine persönliche moralische Verpflichtung, die King durch die Verleihung des Friedensnobelpreises 1964 empfindet, für die Geschwisterlichkeit aller Menschen einzutreten, jenseits aller nationaler Begrenzungen.

Erst an sechster Stelle führt er ein spezifisch christliches Argument ein. Da die Gute Nachricht Jesu allen Menschen gelte, sei auch allen Menschen in Liebe zu begegnen.

Und schließlich verweist er darauf, dass es ein zentrales christliches Gebot sei, sich für die Schwachen einzusetzen:

»Wir sind berufen, für die Schwachen zu sprechen, für die Sprachlosen, die Opfer unserer Nation, für diejenigen, die ›Feinde‹ genannt werden. Denn kein menschliches Dekret kann diese Menschen zu etwas Geringerem machen als zu unseren Geschwistern.«[30]

Diese letzte Begründung dient King zugleich als rhetorisches Mittel, in den weiteren Ausführungen die Perspektive der Menschen in Vietnam einzunehmen. Er stellt ausführlich die Geschichte seit der französischen Kolonisierung dar und kommt zu der Wahrnehmung des Vietnam-Krieges als antikolonialer Unabhängigkeitskampf.[31]

Von Anfang an hat King die schwarze Bürgerrechtsbewegung im Süden der USA im direkten Zusammenhang mit den antikolonialen Befreiungskämpfen seiner Zeit in Afrika und Asien gesehen. Unter diesem Blickwinkel erscheinen ihm die US-amerikanische Intervention als Fortsetzung der französischen Kolonialherrschaft und der Kampf der Nationalen Befreiungsarmee und Nordvietnams gegen den Süden als Unabhängigkeitskrieg. Allein deshalb schon sei in Kings Augen die Intervention in Südostasien illegitim gewesen. Die verheerende Kriegführung, die vor allem das einfache Volk treffe, komme hinzu. Deshalb fordert King eine sofortige, auch einseitige Einstellung aller Kampfmaßnahmen.

Denn für King stehen die USA nicht nur in Vietnam auf der falschen Seite einer Weltrevolution, mit der er die antikolonialen Bewegungen bezeichnet. Er sieht die Gefahr, dass unter dem Vorwand des Antikommunismus eine neokoloniale Politik legitimiert werde.

King geht in seiner politischen Analyse noch einen Schritt weiter und verbindet seine Kolonialismus- mit einer Kapitalismuskritik. In den post-kolonialen Ausbeutungsstrukturen und der damit verbundenen Armut und Ungerechtigkeit sieht er eine doppelte Ursache für Krieg: Zum einen seien diese Strukturen Ursache für Befreiungskriege vonseiten der Unterdrückten, um diese ungerechten Verhältnisse zu überwinden. Zum anderen veranlassten diese Strukturen die Profiteure dieser Ausbeutungsstruktur, diese militärisch abzusichern. Er verbindet hier also systematisch die Frage des Friedens mit der Frage der Gerechtigkeit. Dabei betont er den Vorrang der Gerechtigkeit als Voraussetzung des Friedens.[32] Er sieht genau – und das gilt damals nicht weniger als heute –, dass der Wohlstand der USA und des globalen Nordens auf diesen ökonomischen Ausbeutungsstrukturen beruht, also auch eine strukturelle Veränderung des Lebensstils hin zu weniger Konsum und Ressourcenverbrauch notwendig sei. Das geht in Kings Perspektive nicht ohne eine grundlegende Veränderung gesellschaftlicher Werte, die er in der christlichen Liebe begründet sieht:

»Diese Forderung nach einer weltweiten Gemeinschaft, welche die Sorgen der Anderen höher wertet als die des eigenen Stammes, der Ethnie, Klasse und Nation ist in Wahrheit ein Aufruf zur allumfassenden und unbedingten Liebe der ganzen Menschheit.«[33]

Und für diese Welt sieht King eine klare Alternative: entweder gewaltfreie Koexistenz oder gewaltsame wechselseitige Auslöschung. Deshalb müssen neue Wege zum Frieden und für Gerechtigkeit für den globalen Süden entwickelt werden. Die Rede endet und mündet in die bei King immer wieder verwendete Verheißung des Amos, dass eines Tages Recht fließen werde wie Wasser und Gerechtigkeit wie ein mächtiger Strom!

Es ist auffällig, dass King in dieser grundlegenden Rede zu Vietnam gar nicht im engeren Sinne pazifistisch argumentiert. Dies ist umso überraschender, da der Mennonit Vincent Harding den Entwurf der Rede geschrieben hat.[34] Er argumentiert vor allem politisch und weist in detailreicher Schilderung nach, warum die US-Politik in Vietnam falsch und aussichtslos und die Kriegführung unmenschlich sei.[35] Er spricht aber an keiner Stelle die Nationale Befreiungsarmee oder die Führung Nordvietnams an, ihre militärischen Aktivitäten einzustellen. Dies wäre bei einer prinzipiell pazifistischen Haltung jedoch zu erwarten gewesen. Dies deutet darauf hin, dass für King Gewaltanwendung im antikolonialen Freiheitskampf zumindest tolerabel gewesen sein muss.

Es ist weiter überraschend, dass sein Nuklearpazifismus nur an der einen erwähnten Stelle auftaucht, obwohl durch die faktische oder potenzielle Involvierung Chinas und der UdSSR eine nukleare Eskalation nicht ausgeschlossen und auf dem Höhepunkt des Kalten Krieges unter dem Eindruck der Kuba-Krise sogar als nicht unwahrscheinlich angesehen werden konnte.

Darüber hinaus ist verwunderlich, dass in dieser Rede der Aspekt, dass von einem überwiegend »Weißen« Staat ein »nicht-Weißes« (colored) Volk zum Opfer gemacht wird, fehlt, vermutlich, weil sie an ein überwiegend Weißes Publikum gerichtet ist.[36]

Zusammenfassend lässt sich die Begründung von Kings pazifistischer Position als dialektisch kennzeichnen. Es gibt zum einen die Begründungsdimension der generellen Ablehnung des Krieges, zum anderen aber auch Begründungen, die durchaus kontextbezogen sind. Und sie sind nicht voneinander zu lösen, sondern wechselseitig aufeinander bezogen.

Verdeutlichen kann man diese Dialektik hinsichtlich seiner Haltung zu Südafrika. King hat sich intensiv mit der Apartheid auseinandergesetzt und in ihr die Entsprechung zur Segregation in den USA gesehen. Er hat sich national und international gegen die Apartheid engagiert. Besondere Bedeutung kam dabei seinem Kontakt mit Chief Albert Luthuli, dem damaligen Präsidenten des ANC, zu, der vier Jahre vor King den Friedensnobelpreis für den aktiven gewaltfreien Widerstand gegen das Apartheidregime bekommen hatte. Da King Einreise- und Luthuli Ausreiseverbot hatte, konnten sie nur korrespondieren bzw. über Boten kommunizieren. Luthuli war wie King ein Vertreter des aktiven gewaltfreien Widerstandes, ohne dabei prinzipieller Pazifist zu sein. Er hat immer deutlich gemacht, dass er für sich das Recht auf Selbstverteidigung in Anspruch nehmen würde.

Luthuli wurde aber zu Beginn der 1960er-Jahre von jüngeren Aktivisten faktisch entmachtet. An ihm vorbei wurde 1961 als Reaktion auf das Sharpville-Massaker (1960) der bewaffnete Arm des ANC »Umkhonto we Sizwe« (MK), »Speer der Nation«, von keinem Geringeren als Nelson Mandela gegründet. Zunächst wurden vom MK Sabotageaktionen durchgeführt, mit der Zeit aber eskalierte die Gewalt und es kam zu Terrorangriffen und kriegerischen Auseinandersetzungen mit den südafrikanischen Sicherheitskräften.[37] Obwohl King eindeutig den gewaltlosen Ansatz Luthulis unterstützt hat, ist mir nicht bekannt, dass er sich gegen den bewaffneten Kampf Mandelas ausgesprochen hätte. Dies könnte als pragmatischer Ausdruck der Dialektik von prinzipieller und kontextueller Gewaltlosigkeit aufgefasst werden.[38] King selber fasst seine pazifistische Haltung folgendermaßen zusammen:

»Ich bin kein prinzipieller Pazifist. Ich habe versucht, einen realistischen Pazifismus zu unterstützen. Darüber hinaus sehe ich die pazifistische Position auch nicht als ohne Sünde an, aber unter den Umständen als geringeres Übel. Deshalb nehme ich auch nicht in Anspruch, von den moralischen Dilemmata frei zu sein, mit denen nicht-pazifistische Christen konfrontiert sind. Aber ich bin der Überzeugung, dass die Kirche nicht still bleiben kann, während die Menschheit mit der Gefahr konfrontiert ist, in den Abgrund nuklearer Auslöschung gestürzt zu werden.«[39]

Ein weiterer Beleg dafür ist, dass King anlässlich des Sechs-Tage-Kriegs 1967 nur zwei Monate nach seiner Anti-Vietnamkriegsrede das Existenzrecht Israels einschließlich des Rechts auf Selbstverteidigung betonte. Damit wich er nicht nur von einer prinzipiell pazifistischen Haltung ab, sondern positionierte sich auch gegen andere Kräfte der Bürgerrechtsbewegung, die sich schon damals mit den Palästinenserinnen und Palästinensern solidarisierten, was bis heute in die Black Lives Matter-Bewegung nachwirkt.[40]

Vor diesem Hintergrund wäre es m.E. auch zu kurzschlüssig, wenn man nach dem Beitrag Kings für die gegenwärtige Friedensdiskussion fragt, pauschal auf seine prinzipielle pazifistische Haltung zu verweisen, obwohl sich dafür auch Belegstellen anführen ließen. Allerdings spiegelt sich darin die Sehnsucht nach Eindeutigkeit, die aber gerade in Konfliktsituationen oft gar nicht gegeben ist. Martin Luther King, Jr. kann uns unsere eigene friedensethische Urteilsbildung nicht abnehmen und wir können uns – so meine These – nicht pauschal auf prinzipielle Positionen zurückziehen. Aber das theologische und ethische Konzept Martin Luther Kings kann uns bei unserer eigenen Urteilsbildung unterstützen.

Vom Sommer 1965 bis zum Frühjahr 1967 hat King wesentliche Unterstützer verloren: Zunächst viele liberale Weiße aus der Mittelschicht und den Kirchen durch seine Infragestellung des White Privilege, das ihren eigenen Lebensstil in Frage stellte. Dann die jüngeren und radikaleren Schwarzen, die nicht länger auf Gewaltfreiheit setzten und für die King zu sehr mit dem Weißen Establishment kooperierte. Und schließlich viele Schwarze, die sich als Patrioten fühlten und Kings Kritik am Vietnam-Krieg ablehnten. Entsprechend wandten sich auch die Medien zunehmend gegen King, wurden kritischer und aggressiver. Die Spenden für die SCLC und ihre Projekte gingen dramatisch zurück. Bei den Zwischenwahlen 1966 konnten die Demokraten zwar ihre Mehrheit in beiden Kammern bewahren, aber die Republikaner gewannen deutlich hinzu, insbesondere bei den parallel stattfindenden Gouverneurswahlen. Ein unglaublicher Absturz innerhalb nur weniger Monate.[41] Aus dem Traum war ein Alptraum geworden.[42] Aber King hielt an seiner Vision fest.

13.
»Ich bin auf dem Gipfel des Berges gewesen!«

Das zentrale Thema war für King ab 1966 die Armut. Er kannte die Armut des Südens und war doch immer wieder entsetzt darüber. Die Kampagne in Chicago brachte ihm auch die Armut und das Elend in den Slums des Nordens persönlich nahe. Auch wenn überwiegend Schwarze von Armut betroffen waren, so waren eben doch nicht ausschließlich Schwarze arm. Armut traf indigene Amerikanerinnen genauso wie Weiße im Süden und in der Appalachen-Region.

In seinen Ansprachen und Predigten in dieser Zeit bezieht King sich immer wieder auf zwei Analysen der damaligen US-Gesellschaft. Zum einen auf das Buch »The Other America« (Das andere Amerika) von Michael Harrington, der die immensen Ausmaße der Armut in den superreichen USA vor Augen führte.[1] Es wird vermutet, dass auch Präsident Johnson sein Konzept des War on Poverty (Krieg gegen die Armut) aufgrund von Harringtons Analyse entwickelt hat. Zum anderen hat sich King auf das Dokument »The Triple Revolution« bezogen, das eine Expertengruppe vorgelegt hatte. Dieses analysiert die Megatrends der Digitalisierung (Cybernation) und Automatisierung, der Waffenentwicklung hin zu Massenvernichtungswaffen und schließlich der Menschenrechtsrevolution der 1960er-Jahre.[2]

Arme Leute-Bewegung (Poor People's Campaign; PPC)

Für King waren die Einsichten, die er aus diesen Texten gewann, für sein Engagement in seinem letzten Lebensjahr leitend. Er versuchte, die Poor People's Campaign auf den Weg zu bringen. Die Mobilisierung der Armen zu einem Marsch nach Washington und die Errichtung eines Camps in der Hauptstadt sollte Druck auf die politisch Verantwortlichen ausüben, um die Situation von 40 Millionen Armen – bei einer Bevölkerung von knapp 200 Millionen – zu verbessern.

Bereits im April 1967 hielt er an der Universität Stanford eine Rede mit dem Titel »Das andere Amerika«[3], in der er den Skandal der Armut in einem reichen Land thematisierte und zugleich deutlich machte, dass ohne ökonomische Reformen weder das Problem der Armut noch der Slums und der gewalttätigen Aufstände gelöst werden könnten. In unterschiedlichen Varianten hielt er diese Rede im Laufe des folgenden Jahres an vielen Stellen, um Menschen zur Teilnahme an der Arme Leute-Bewegung zu motivieren.[4]

In seiner letzten Rede als Präsident der SCLC zum zehnten Jubiläum der Organisation im August 1967 stimmt King die Mitglieder auf die Kampagne ein. Im ersten Teil rekapituliert er noch einmal die Erfolge der letzten zehn Jahre, einschließlich der noch laufenden Projekte des Citizen Education Programs und der Operation Breadbasket. In einem Zwischenteil grenzt er sich vom Ansatz der Black Power Bewegung ab und betont den Vorrang der Liebe, die gewaltfrei auf Gerechtigkeit zielt. Obwohl es nun um ganz andere Projekte und politische Ziele als in der ersten Phase der Bürgerrechtsbewegung geht, ist die theologische und spirituelle Grundierung bei King unverändert und klar:

»Es ist notwendig einzusehen, dass Macht ohne Liebe rücksichtslos und missbräuchlich sein kann und dass Liebe ohne Macht sentimental und blutleer ist. [...] Macht ist dann am besten, wenn sie Liebe ist, welche die Forderungen der Gerechtigkeit verwirklicht. Und Gerechtigkeit ist dann am besten, wenn sie Liebe ist, die das korrigiert, was gegen die Liebe steht. Und das müssen wir vor Augen haben, wenn wir nun weitermachen.«[5]

Es geht also weiter um Gerechtigkeit aus Liebe, um Gleichheit für alle Kinder Gottes. Aber das Ziel ist jetzt nicht mehr die Durchsetzung der fundamentalen Bürgerrechte, sondern die Durchsetzung der Rechte auf existenzsichernde Arbeit, angemessene Ernährung, Bildung und medizinische Versorgung, also um soziale, wirtschaftliche und kulturelle Menschenrechte. Darauf hatte er sich auch schon früher bezogen, jetzt aber waren sie aktuell in der Debatte: 1966 hatte die Generalversammlung der Vereinten Nationen den Internationalen Pakt über wirtschaftliche, soziale und kulturelle Rechte (Sozialpakt) verabschiedet,[6] der die Allgemeine Erklärung der Menschenrechte und den Internationalen Pakt über bürgerliche und politische Rechte (Zivilpakt) für die Vertragsstaaten im Bereich der Ökonomie flankierte.[7] King erkannte darin einen Kontext, der seinem Ziel, die Armut in Amerika zum Thema zu machen, entgegenkam.

Für King war die Armutsbekämpfung mit Fragen nach der Verteilung des Reichtums und nach den Strukturen des kapitalistischen Systems verbunden. Es ging darum, »die Frage der Restrukturierung der amerikanischen Gesellschaft in Gänze« anzugehen – angesichts der tatsächlichen Situation der SCLC im Sommer 1967 ein nicht gerade bescheidenes Unterfangen.

Seine weitreichenden Forderungen ergänzt er sogleich mit dem Hinweis, dass sie nicht kommunistisch motiviert seien, und entfaltet eine Kritik des Kommunismus, wie er sie etwa schon in der Predigt »How should a Christian view Communism« zehn Jahre zuvor dargelegt hatte.[8]

Und in der Tat sind die Forderungen, die dann im Laufe der PPC erhoben werden, nach amerikanischem Verständnis zwar Ausdruck eines »Democratic socialism«, in europäischer Perspektive aber eher Grundelemente des Sozialstaates, die inzwischen auch weit über die Sozialdemokratie hinaus als selbstverständlich gelten: Mindesteinkommen/Sozialhilfe, sozialer Wohnungsbau, Krankenversicherung, Mindestlohn etc.[9]

In seiner letzten Sonntagspredigt, am 31. März 1968 in der Nationalkathedrale der episkopalen Kirche[10] in Washington, schaut King auf die Mühen der letzten Monate zurück und wirbt zugleich für den Marsch der Armen nach Washington, wo sie so lange im Regierungsviertel campieren sollen, bis die politisch Verantwortlichen ausreichende Maßnahmen ergreifen. Er motiviert die Zuhörenden mit seiner Einsicht, dass sozialer Fortschritt nicht von alleine komme, sondern durch »die unermüdlichen Mühen und die beharrliche Arbeit von treuen Menschen, die bereit sind, mit Gott zusammenzuarbeiten.«[11]

King beschreibt eindrücklich, warum diese Kampagne notwendig ist. Er schildert seinen Besuch in Marks, Mississippi, im ärmsten Landkreis des ärmsten Bundesstaates. Die Kinder dort seien hungrig, hätten keine Schuhe. Die Möglichkeiten, Bildung zu erwerben, seien minimal. Er habe geweint, als er das gesehen habe. Und er ruft seine Erfahrung in den Slums im Norden in Erinnerung, die er wieder als inländische Kolonien bezeichnet. Mit den Gleichnissen vom reichen Mann und armem Lazarus (Lukas 16,19-31) und vom

Weltgericht (Matthäus 25,31-46) belegt er biblisch die Verpflichtung, den Armen zu helfen.

Ganz schlicht kündigt er an, was geplant ist und welches Ziel damit verbunden wird: »Wir kommen nach Washington mit einer Kampagne der Armen Leute. [...] Wir kommen, um zu fordern, dass die Regierung sich mit dem Problem der Armut beschäftigt.«[12]

Allerdings lief die Umsetzung der Kampagne eher schleppend. Nicht wenige Mitarbeitende der SCLC und der Berater Kings standen nicht wirklich hinter ihr und rieten ab. Es gab weder genug Ressourcen noch ausreichend Unterstützung. Auch die Rekrutierung engagierter Unterstützerinnen und Unterstützern hatte, obwohl King sich bis zur Selbstausbeutung einsetzte, nicht die erhofften Erfolge. King war schließlich am Rande seiner Leistungsfähigkeit und der Verzweiflung nahe.

In Memphis beim Streik der Müll- und Kanalarbeiter

Im Januar 1968 machten heftige Regenfälle im Memphis, Tennessee, es unmöglich, die üblichen Routinearbeiten am Abwassersystem durchzuführen. Die Schwarzen Arbeiter bekamen in dieser Situation nur Schlechtwettergeld, während den wenigen Weißen Kollegen und Vorgesetzten der volle Lohn ausgezahlt wurde. Das sorgte für Unmut. Dann kamen zwei Müllarbeiter in ihrem eigenen Müllfahrzug zu Tode. Sie hatten im Laderaum vor dem Regen Schutz gesucht, weil sie sich nicht unter die Vordächer der von Weißen bewohnten Häuser stellen durften. Unabsichtlich, aber durch mangelnde Sicherheitsvorkehrungen begünstig, wurde der Pressvorgang ausgelöst. Die Familien der einfachen Hilfsarbeiter bekamen nicht einmal eine Entschädigung. Die afro-amerikanischen Arbeiter traten daraufhin in den Streik. Dieser eskalierte und es kam zu Konfrontationen mit der Polizei. King wurde von seinem langjährigen Freund und Mitstreiter James Lawson eingeladen, bei einer Veranstaltung zur Unterstützung der Streikenden zu sprechen. Er machte auf seiner Werbetour für die PPC am 18. März Stopp in Memphis und hielt vor mehreren Tausend Menschen eine Ansprache, die sehr positiv aufgenommen wurde – was zu dieser Zeit nicht mehr immer der Fall war. Als er in dieser Situation gebeten wurde, den nächsten Protestmarsch anzuführen, konnte und wollte er nicht nein sagen. Er meinte sogar, dass die PPC in Memphis beginne.

Ähnlich wie gut sechs Jahre zuvor in Albany ließ sich King völlig ungeplant und unvorbereitet auf eine Kampagne ein, deren Details er nicht kannte. Eigentlich wurde er an anderer Stelle gebraucht. Die PPC verlief immer noch holprig und die SCLC hatte akute Finanzprobleme, so dass in den Regionalbüros manchmal Strom und Telefon abgestellt wurden.

Am Rande des Protestmarsches am 28. März gab es dann gewalttätige Ausschreitungen, insbesondere weil eine Gruppe junger Aktivisten nicht in die Planung einbezogen worden war und sich nicht an das Prinzip der Gewaltfreiheit hielt. Der massive Einsatz von Polizei und Nationalgarde führte zu bürgerkriegsähnlich anmutenden Szenen auf den Straßen von Memphis. King musste evakuiert werden. Das Medienecho war verheerend und Kings öffentliche Wahrnehmung auf dem Tiefpunkt. Wie immer verstärkte das FBI, das immer noch das Telefon Levisons abhörte, die Angst vor Unruhe und Umsturz im politischen Raum noch.

Während King andere Termine wahrnahm – unter anderem, wie oben schon beschrieben, in der Nationalkathedrale predigte –, versuchten seine Mitarbeiter, mit den verschiedenen Gruppen im Memphis eine Übereinkunft für einen zweiten Anlauf zu einem friedlichen Protestmarsch zu erzielen. Dies zu erreichen war für Kings Reputation enorm wichtig. Er befürchtete, sonst aus dem Spiel zu sein. Der zweite Protestmarsch wurde für den 8. April angesetzt. King war bereit, mit seiner Teilnahme die Verfügung eines Bundesgerichtes zu brechen, welche den Marsch zunächst verbot. Er und seine engsten Mitarbeitenden kamen am 3. April wieder nach Memphis. Am Abend waren trotz eines schweren Schneesturms wieder mehrere Tausend Menschen im Bishop Charles Mason Temple versammelt und warteten auf King, der verspätet eintraf.[13]

Er begann seine Ansprache mit einem Gedankenexperiment, nämlich mit der Frage, in welcher Zeit er am liebsten leben würde: »In meinem Gedankenflug würde ich über Ägypten fliegen und die Kinder Gottes bei ihrem wunderbaren Marsch aus den dunklen Kerkern Ägyptens durch oder besser über das Rote Meer durch die Wildnis hin zum gelobten Land sehen. Trotz seiner Pracht würde ich aber dort nicht anhalten.«[14] Im Gang durch die Vergangenheit beschreibt King die Geschichte als fortschreitende Befreiung.

Deshalb sei er auch froh, in der Gegenwart zu leben, weil jetzt so entscheidendes passiere.

Im ursprünglichen Kontext verweist der Ausdruck »Kinder Gottes« auf das Volk Israel. So wie Schwarze Versklavte sich mit den unterdrückten Hebräern identifizieren und sich nach dem Exodus aus der Versklavung gesehnt haben, so nimmt King dieses Motiv in Anspruch, um auszudrücken, dass die unterdrückten Schwarzen in Memphis als Gottes Kinder befreit und das verheißene Land erreichen werden.[15] »Denn das Problem ist Ungerechtigkeit. Das Problem ist die Weigerung von Memphis, sich fair und ehrlich in seinem Umgang mit seinen Bediensteten zu verhalten, die zufällig Kanal- und Müllarbeiter sind.«[16] King spielt hier gekonnt mit der Mehrdeutigkeit des Wortes Memphis, das zum einen die Stadt in den USA bezeichnet, aber auch für viele Jahrhunderte der Name der Hauptstadt Ägyptens war.

Um diese Ungerechtigkeit sichtbar zu machen, müsse man noch einmal marschieren. Auch wenn es eine einstweilige Verfügung gebe, würden sie sich von dieser nicht aufhalten lassen.[17] Zur Bekräftigung führt er sein Lieblingsbibelzitat von Amos an, dass Gerechtigkeit fließen werde wie ein mächtiger Strom. Und das Gleichnis vom barmherzigen Samariter, der sich aus Nächstenliebe für den Schwachen und Verwundeten einsetzt.

Er versichert der Gemeinde, dass er trotz der Schwierigkeiten, die vor ihnen lägen, nicht besorgt sei. Denn er wolle nur den Willen Gottes tun: »Er hat mir erlaubt, auf den Gipfel des Berges zu gehen. Und ich habe hinübergeschaut und das Gelobte Land gesehen. Es kann sein, dass ich nicht mit Euch dorthin gelange, aber ich möchte, dass Ihr darauf vertraut: Wir als Gemeinschaft werden in das Gelobte Land einziehen. Und deshalb bin ich heute Abend glücklich. [...] Meine Augen haben die Herrlichkeit der Wiederkunft Gottes gesehen.«[18]

Wenn man diese letzte Rede und seine Ansprache am ersten Abend des Busboykotts in Montgomery vergleicht, wird man feststellen, dass die theologischen Grundlinien und die spirituelle Kraft dieselben sind: Gerechtigkeit als Folge der Liebe. Alle Menschen als Kinder Gottes sind gleich. Deshalb steht allen Freiheit und Gerechtigkeit zu. Die Verweise auf Amos und Lukas. Und das unerschütterliche Vertrauen, dass Gott Gerechtigkeit für alle schaffen wird.

Am nächsten Tag wurde Martin Luther King ermordet. Im ganzen Land brachen gewalttätige Unruhen aus. Für den 7. April rief Präsident Johnson einen Tag der Trauer aus. Am 8. April führte Coretta Scott King in Memphis einen friedlichen Gedächtnismarsch an. Am 9. April fand Kings Beerdigung in Atlanta unter großer öffentlicher Anteilnahme statt.

Am 12. Mai begann die PPC mit einem Protest für wirtschaftliche Rechte, der von Coretta Scott King angeführt wurde und an dem 5.000 Menschen teilnahmen. Ein Hüttendorf der PPC entstand in Washington unter dem Namen Auferstehungsstadt (Resurrection City). Einige tausend Menschen aus dem ganzen Land campierten dort, um ihrem Protest Ausdruck zu verleihen. Regen und schlecht organisierte Infrastruktur führten zu erheblichen Schwierigkeiten. Der Mord an Robert Kennedy am 5. Juni kam wie ein Schock. Auf den demokratischen Präsidentschaftskandidaten hatten viele ihre Hoffnung gesetzt. Am 19. Juni – Juneteenth, dem Gedenktag zur Befreiung aus der Versklavung – fand der Tag der Solidarität mit einer Großkundgebung mit ca. 50.000 Teilnehmenden statt. Das war der Höhepunkt und faktisch auch das Ende der PPC. Die Schwierigkeiten im Camp wurden größer, es kam zu Übergriffen, immer weniger Menschen blieben. Am 24. Juni wurde das Camp geräumt.[19]

Aber über 100 Teilnehmende aus Marks, Mississippi, die vier Wochen lang mit fünfzehn Maultier-Wagen unterwegs waren, kamen noch rechtzeitig zum Solidarity Day an.[20]

14.
Das Vermächtnis Martin Luther Kings als Zumutung und Herausforderung

Nachdem King in den letzten Jahren seines Lebens an Beliebtheit verloren hatte, änderte sich die Wahrnehmung seiner Person und seines Lebens schlagartig mit seinem Tod. Dabei konnte die Erinnerung ganz verschiedene Formen annehmen und mit unterschiedlichen Interessen, sogar mit Vereinnahmung, verbunden sein.[1] Von der Gegenwart des Gedenkens an ihn zeugen das Denkmal in Washington und der Nationale Gedenktag jeweils am Montag nach seinem Geburtstag im Januar. Beides machte ihn zu einem Bestandteil der amerikanischen Zivilreligion.[2] Angesichts der Gedenkindustrie und besonders am Ende eines Buches über King mag die Frage überraschen, aber sie sollte doch am Anfang der Überlegungen zu einer angemessenen Erinnerung stehen:

Sollte man an Martin Luther King, Jr. erinnern?

Angesichts seiner sexuellen Affären werden manche ihn für moralisch disqualifiziert halten und der Meinung sein, dass er zum Vorbild nicht mehr tauge. In ähnlicher Weise hat sich einmal ein Kollege geäußert, der meinte, er wisse nicht, ob es klug sei, angesichts des fortgesetzten und schwerwiegenden Plagiarismus, King als Vorbild in Schule und Hochschule zu behandeln.[3] Beide Positionen sind nachvollziehbar. Auf alle Fälle ist klar, dass man King nicht als unfehlbaren Helden erinnern sollte, sondern als einen mutigen Menschen, der viel für die Gesellschaft bewirkt hat, auch wenn er fehlbar und nicht perfekt war.

Gibt es überhaupt einen originalen King, an den man sich erinnern kann?

Da King nicht nur in seinen Texten, sondern auch in seinen Reden und Predigten vielfach Anleihen bei anderen genommen hat und nicht nur Pressestatements und -artikel, sondern auch etliche seiner großen Reden von anderen geschrieben oder vorbereitet wurden, stellt sich die Frage, ob es überhaupt so etwas wie einen »originalen« King gibt. Dagegen wird angeführt, er habe sich sowohl in seinen (wenigen) akademischen theologischen Schriften als auch in seinen Predigten und Ansprachen vor allem Versatzstücke aus der theologischen Literatur angeeignet und diese lediglich situativ – wenn auch rhetorisch brillant – verschmolzen.

Keith D. Miller schlägt vor, hier zwischen »Originalität« und »Kreativität« zu unterscheiden. Ein Kapitel seines Buches trägt die Überschrift »Die Verwandlung von Eisen in Gold«.[4] Damit ist der Verarbeitungsprozess bei King treffend beschrieben. Denn er verband vorgefundenes Material nicht nur eigenständig zu einer kohärenten theologischen Argumentation, sondern entwickelte so auch innovative theologische Narrative.[5] Dabei ist ein zweiter Aspekt bedeutsam, den Miller als »Voice Merging«, Verschmelzen von Stimmen, bezeichnet. King war in der Lage, unterschiedliche Kulturen und Milieus zu erreichen. Nicht nur Schwarz und Weiß, sondern auch unterschiedliche Bildungsgrade und soziale Schichten. In vielen seiner Predigten kann man das daran sehen, dass es verschiedene Beispiele gibt, die für unterschiedliche Gruppen zugänglich waren. Deshalb ist es angemessen, King als kreativen Theologen und Intellektuellen zu erinnern.[6]

Darüber hinaus war er ein authentischer Redner. Beides überschneidet sich. Denn King war vor allem in seinen Reden und Predigten Theologe. Oftmals sind die Texte, die uns heute vorliegen, sekundäre Verschriftlichungen von Reden und Predigten. Und gerade als Redner profitierte er von seiner Kreativität und dem Voice Merging. Auch wenn andere die Vorlagen schrieben, waren es seine Reden. Im Zweifelsfall vertraute er seinem Instinkt und ignorierte die Entwürfe und Redemanuskripte. Clarence Jones, der zusammen mit Stanley Levison und Andrew Young etliche Vorlagen für Reden Kings schrieb, sagte: »Aber die Reden kamen aus Martins Mund, und nur weil sie von ihm kamen, haben sie Geschichte geschrieben.«[7] Eine große Rolle spielte und spielt dabei seine Stimme. Ein angenehmer, aber auch durchdringender Bariton. King war ein guter Sänger mit Gefühl für Rhythmus und Kadenz. Aber das Entscheidende war die Stimme. Bernard Lafayette erinnert sich an seine erste Begegnung mit King: »Ich war überrascht, dass er nicht größer war, als er war. Aber seine Stimme war gigantisch.«[8]

Stimme und Rhetorik wären allerdings wirkungslos geblieben, wenn man King nicht als authentisch wahrgenommen hätte. Seine Person und seine Stimme waren authentischer Ausdruck des Kampfes für Freiheit und Gerechtigkeit. Als organischer Intellektueller[9] war er in der Lage, nicht nur die Emotionen und Bedürfnisse der Schwarzen und anderen Benachteiligten anzusprechen, sondern ihnen auch mit guten Gründen Gehör zu verschaffen und eine Perspektive auf Veränderung zu eröffnen. Cornel West hat dies in großer Klarheit formuliert: »Seine Predigten waren Aufführungen, die eine alternative Wirklichkeit gegenüber dem gegenwärtigen Zustand der Welt ermächtigten.«[10] Dies wirkte als Veränderung der Realität, woran John Lewis eindrücklich erinnert: »Dieser Mann – dieser Sohn des amerikanischen Südens, dieser Weltbürger – hatte die Fähigkeit, Licht an dunklen Orten leuchten zu lassen. Er hatte die Fähigkeit, Hoffnung in Zeiten der Hoffnungslosigkeit zu geben. Wenn er sprach, dann wussten die Massen durch seine Worte, dass sie Würde hatten.«[11]

King war also ein *kreativer Theologe* und eine *authentische Stimme* des Protests.

An welchen King sollen wir uns erinnern?

Das King-Gedenken orientiert sich überwiegend an einem Narrativ, das sich in die kollektive Erinnerung eingeprägt hat und sich mit der globalen Ikone des gewaltfreien Freiheitskämpfers verbindet: King als der Schwarze Gandhi, der sich mit seiner I have a dream-Rede in das weltweite Bewusstsein eingebrannt hat. Diese Gedenkperspektive wird vor allem mit der inzwischen als klassisch bezeichneten Periode der Bürgerrechtsbewegung verbunden. Vom Busboykott in Montgomery 1955 über Birmingham und Washington 1963 bis nach Selma und zum Voting Rights Act 1965, mit dem rechtlich die Segregation in wichtigen Bereichen aufgehoben war. Höhepunkt dieser Periode, die unsere Erinnerung an King prägt, sind ohne Zweifel der Marsch auf Washington 1963 und die Verleihung des Friedensnobelpreises 1964, aus deutscher Perspektive auch sein Besuch in Berlin in jenem Jahr.

In diesem klassischen Erinnerungstopos werden die Jahre 1966-68 meist abgeblendet, in denen King zunehmend verzweifelt versucht hat, die strukturelle, vor allem ökonomische Benachteiligung der Schwarzen und die soziale Segregation, etwa durch Ausschluss aus Mittelschichtswohngebieten, anzugehen. Durch dieses Engagement verlor er deutlich an Popularität.

Mit der Fokussierung auf die Zeit bis 1965, vor allem auf die I have a dream-Rede 1963, geht oft eine Idealisierung einher, die fast einer Heiligsprechung gleicht und King auch bei den konservativen ehemaligen Gegnern inzwischen hoffähig macht. Indem man seinen integrationalistischen Ansatz und sein Insistieren auf Gewaltlosigkeit fokussierte, schliff man das Unbequeme seiner Analysen und seiner Ziele glatt wie den Stein seines Denkmals in Washington. Cornel West spricht von der Santa Clausification, der »Nikolausierung«, also einer völligen Inhaltsentleerung Kings.[12]

Diese Konzentration auf den ikonischen King birgt die Gefahr der Verzerrung in sich. Zum einen droht die Historisierung des Rassismus und der sozialen Ungerechtigkeit, d.h. diese werden als Probleme der Vergangenheit und nicht der Gegenwart wahrgenommen. Diese Strategie verfolgen auch konservative Kräfte nach dem Motto: Es mag Rassismus und Ungerechtigkeit gegeben haben. Aber durch den heroischen Einsatz Kings wurde das geändert. Und dann wird die I have a dream-Rede zum Zeugnis dafür, dass formale Chancengleichheit bestehe, und sogar argumentiert, dass darum jegliche Sonderbehandlung für Minderheiten abzulehnen sei. Dies ist das gängige Argument gegen Affirmative Action, dem Versuch, Teilhabegerechtigkeit über besondere Förderung zu schaffen.[13]

Aus deutscher Perspektive kommt hier noch die Gefahr hinzu, die Fragen von Rassismus und Ungerechtigkeit zu externalisieren. Rassismus wird als Problem der anderen, in diesem Fall der USA, wahrgenommen. Rassismus in der eigenen Gesellschaft wird dann weniger deutlich erkannt und die strukturellen Ursachen, ökonomischen Mechanismen und vor allem die eigene Kolonialgeschichte und die Nachwirkungen des Nationalsozialismus werden ausgeblendet. Nicole Hirschfelder belegt dies eindrücklich, indem sie darauf hinweist, dass sich bei den Protesten gegen den rassistischen Anschlag in Hanau im Jahr 2020, bei dem neun Menschen mit migrantischem Hintergrund

und die Mutter des Attentäters ermordet wurden, weniger Menschen beteiligten als bei den Solidaritätskundgebungen anlässlich der Ermordung von George Floyd drei Monate später.[14]

In der Debatte um die King-Rezeption in den USA wird deshalb gefordert, die letzte Phase Kings, also die ab 1966, mit- oder besonders zu berücksichtigen. Das hat auch mit der Beobachtung zu tun, dass zwar eine kleine Mittelschicht von der Gleichstellung profitiert hat, sich die wirtschaftliche Situation für die Mehrheit der Schwarzen während der Bürgerrechtsjahre aber sogar verschlechtert hat.[15] Von der Automatisierung v.a. in der Automobilindustrie waren überproportional Schwarze betroffen. Durch die massiven Wanderungsbewegungen in den Norden hat sich dort in den Ghettos die Situation verschlechtert. Durch den Vietnam-Krieg fehlte Geld für den Krieg gegen die Armut, und Drogen aus Südostasien fanden vermehrt ihren Weg in die amerikanischen Städte. Deshalb finden sich auch seit einiger Zeit Buchtitel wie die von Cornel West besorgte Textauswahl »The Radical King« oder die Monographie Michael Dysons mit dem Untertitel »The True King«[16]. Hier wird der Reduktion auf den früheren King eine besondere Betonung der Spätphase entgegengesetzt. Verbunden ist damit die These einer Radikalisierung Kings und die Wahrnehmung, dass nur der späte King der wahre King sei.

Es ist völlig offensichtlich, dass sich die Aktivitäten der SCLC und die Reaktionen der Gesellschaft darauf mit der Wendung nach Norden verändern. Man kann dies aber statt als Radikalisierung auch als konsequente Weiterentwicklung der Positionen Kings deuten. Zumindest seine theologische Grundorientierung und spirituelle Motivation sind sehr konstant. Die meisten der theologischen Motive, mit denen King die Poor People Campaign begründet, sowie das Konzept der Gewaltlosigkeit und etliche seiner ökonomischen Analysen und Forderungen finden sich schon in der Predigt, die John Lewis, den »Boy from Troy«, fasziniert hatte, nämlich dem »Brief des Paulus an die Amerikanische Christenheit« von 1956.[17] Mit verändertem Kontext ändern sich auch die Ziele und Methoden. Das Fortschreiten seines Engagements für die Bürgerrechte hin zu Menschenrechten ist bei King konsequent auf einer Denk- und Argumentationslinie angelegt. Es ist darum nicht etwa so, dass beim späten King die Menschenrechte neu hinzukommen, sondern so, dass sie nur stärker hervortreten.[18] Eine Radikalisierung, wie etwa bei vielen Mitgliedern von SNCC, ist bei King in keiner Weise zu verzeichnen. Dies schließt freilich nicht aus, dass King nicht desillusionierter und verzweifelter wurde. Die Konsequenz für das Erinnern ist dann, wirklich den *ganzen King* zu erinnern, also die Zeitspanne von 1954/55 bis 1968 und sie als Zusammenhang zu sehen, zu der eben auch seine zunehmende Infragestellung der Ungleichverteilung und des White Privilege gehören.[19]

Erinnern und Aktualisieren statt Enteignen und Aneignen

Wenn in Deutschland Menschen Martin Luther King, Jr. erinnern, dann sind dies immer noch überwiegend weiße, aus der Mittelschicht stammende Europäerinnen und Europäer[20], insbesondere, wenn das Gedenken im Kontext der deutschsprachigen Kirchen geschieht. Warum beschäftigen diese sich eigentlich mit einem afro-amerikanischen Baptistenpfarrer aus dem Süden der USA? Warum übt er eine so starke Faszination aus und lädt zur Identifikation ein?

Wenn man diesen Fragen nachgeht, dann können wir der Debatte über kulturelle Aneignung und Enteignung nicht ausweichen. Es ist ja eine Grunderfahrung der Schwarzen, dass sie sozial, politisch und wirtschaftlich diskriminiert werden, aber sich der Weiße Mainstream zugleich Teile ihrer Kultur aneignet. Vom Blues und Jazz bis zu Rasta-Locken und Hiphop. Und wenig erstaunlich sind es dann oft die Weißen, die daran verdienen oder kulturelles Kapital daraus schlagen.[21]

2017 zeigte die Künstlerin Dana Schutz auf der New Yorker Kunstausstellung Whitney Biennial ihr Gemälde »Open Casket« (Offener Sarg). Sie nimmt darin Bezug auf die rassistisch motivierte Folterung und Ermordung des 14-jährigen Emmet Till 1955. Seine Mutter hatte darauf bestanden, dass der Sarg bis zur Trauerfeier offen bleibt, damit die Brutalität, mit der ihr Sohn umgebracht wurde, öffentlich sichtbar wurde. Das hat damals einen gesellschaftlichen Aufschrei bewirkt. Es ist kein Zufall, dass wenige Monate später der Busboykott in Montgomery begann. Dana Schutz verstand ihr Kunstwerk als Beitrag zur Black Lives Matter-Bewegung. Da Schutz europäischer Abstammung ist, wurde sie jedoch wegen kultureller Aneignung kritisiert, weil sie – wenn auch mit guter Absicht – als Weiße das Leid Schwarzer ausbeute.

Dies hat wiederum eine heftige Debatte zwischen »Schwarzem Essentialismus/Kulturalismus« und »Universalismus« ausgelöst. Cornel West hat immer wieder daran erinnert, dass man zugleich den gesellschaftlich-kulturellen als auch den wirtschaftlich-strukturellen Rassismus wahrnehmen und bekämpfen muss. Man kann Rassismus weder nur als eine Frage individueller Einstellungen betrachten, noch darauf vertrauen, dass er allein durch Verbesserung der wirtschaftlichen Lage verschwindet. Rassismus, Sexismus und strukturelle Armut sind gesellschaftlich strukturell induziert und kulturell unterfüttert.[22] Das gilt nicht nur für die USA.

Ich frage mich zunehmend, warum Weiße in der Komfortzone des globalen Nordens Martin Luther King für die Orientierung ihrer eigenen Spiritualität, Theologie und Sozialethik in Anspruch nehmen, und schließe mich selbst dabei nicht aus. Als Unterdrückte dürften die meisten dieser Gruppe sich selbst ja wohl nicht stilisieren. Ist diese Inanspruchnahme Ausdruck einer Sehnsucht nach Eindeutigkeit? Der Suche nach einem Messias, der uns sagen kann, was richtig und falsch ist? Aber King für einen links-liberalen Fundamentalismus zu instrumentalisieren wäre genauso falsch, wie die Frage nach strukturellem Rassismus und kultureller Enteignung zu umgehen.

Zentral für einen angemessenen Umgang ist m.E. neben der Debatte um die kulturellen und strukturellen Ursachen und Mechanismen der White Supremacy (Weiße Vorherrschaft/Überlegenheit)[23] vor allem das Konzept des White Privilege: »White Privilege ist die Fähigkeit, für Weiße Menschen einen erhöhten Status in der Gesellschaft aufrechtzuerhalten und dabei die rassistische Ungleichheit zu verdecken«, so lautet eine der Definitionen. Die kulturelle, auch theologische Identifizierung mit Schwarzer Kultur kann eben nicht nur deren Enteignung bedeuten, sondern auch einen Mechanismus darstellen, die Muster gesellschaftlichen Rassismus zu überdecken, und das gilt nicht nur für die USA.

Auch wenn die Auseinandersetzung um die deutsche Kolonialgeschichte durch Straßenumbenennungen in einigen Städten und die Rückführung von Gebeinen nach Namibia und Tansania zunehmend eine gewisse öffentliche Aufmerksamkeit erhält, ist das nur die Spitze des Eisberges. Schiffe deutscher Werften waren daran beteiligt, die Vorfahren Martin Luther Kings von Afrika in die Amerikas zu verschleppen; deutsche Handelshäuser profitierten wirtschaftlich vom Kolonialismus und von der Sklaverei, auch wenn Deutschland politisch nur kurz selbst Kolonialmacht war. Afrikanische und asiatische Kunstwerke aus der Kolonialzeit werden in vielen deutschen Museen immer noch als Kunsthandwerk ausgestellt; die Bilder, die europäische Maler davon inspiriert gemalt haben, gelten aber als Kunst.[24]

Zwar haben einige Missionsgesellschaften angefangen, ihre eigene Verstrickung in koloniale Strukturen aufzuarbeiten, aber die Aufdeckung der Verflechtung des Protestantismus mit dem Kolonialismus in der preußisch-deutschen Gesellschaft steht noch am Anfang. King hat in Chicago nicht zufällig von »innerer Kolonialisierung« gesprochen, weil er in der Kolonialpolitik entsprechende Mechanismen am Werk sah. Wir können die Geschichte von innerer und äußerer Kolonialisierung nur überwinden, wenn wir eine postkoloniale Perspektive[25] einnehmen, auch in Theologie und Kirche.[26]

Wenn sich Christinnen und Christen nach der Beteiligung an Mustern der Exklusion fragen, dann brauchen sie nicht in die Ferne zu schweifen, um kulturelle und soziale Segregation zu entdecken. Ich meine nicht nur viele unserer Gottesdienste, bei denen die Weiße Mittelschicht meist unter sich bleibt. Wenn ich an einer Universität über den Campus gehe, dann sehe ich inzwischen eine doch erhebliche kulturelle Vielfalt. Sobald ich dann in die Theologischen Fachbereiche oder Institute komme, betrete ich die am meisten segregierten Zonen der Universität. Die meisten jungen Theologinnen und Theologen haben mit Menschen anderer kultureller, religiöser und weltanschaulicher Prägung oft nur außerhalb ihres Faches zu tun, und meistens gehören mit Ausnahme anglo-amerikanischer Ansätze nicht-deutsche theologische Perspektiven nicht zum konstitutiven Kern des theologischen Diskurses.[27]

An Martin Luther King, Jr. erinnern hieße dann, sich von seiner Spiritualität, seiner Theologie und seinen politischen Analysen inspirieren zu lassen, Rassismus und Ungerechtigkeit in unserem eigenen Kontext zu analysieren, unsere eigene Verstricktheit anzuerkennen und gegen Rassismus und Ungerechtigkeit aktiv zu werden. Es geht also weder um Heroisierung und Nachahmung, sondern um die Aktualisierung im gegenwärtigen Kontext, die Entwicklung eigener Urteilsfähigkeit und Motivation zum Handeln, auch wenn es auf Widerstand stößt.

Was können wir dann von Martin Luther King, Jr. lernen?

Wenn wir King nicht zur harmlosen Ikone vernikolausen, sondern seine radikale Zumutung, uns aus Nächsten- und Feindesliebe für Freiheit und Gerechtigkeit einzusetzen, ernst nehmen, was könnte das für uns heißen?

Jedenfalls nicht, davon bin ich fest überzeugt, nach dem Motto »Was würde Martin Luther King heute sagen?« immer schon zu wissen, was richtig ist. King hat immer wieder um den richtigen Weg gerungen. Er kannte das Ziel und war bereit, auch einen steinigen Weg zu gehen. Aber er musste immer wieder neu in komplexen Situationen Orientierung gewinnen. Das kann man nicht einfach übertragen. Wir müssen heute vielmehr fragen: Was würden *wir* dazu sagen? Wie können *wir* verantwortlich urteilen und handeln? Von Altenburg bis Augsburg, von Bautzen bis Berlin, von Cottbus bis Köln. Das können wir von King lernen – aber das kann er uns auch nicht abnehmen.

Der wohl wichtigste theologische Grundgedanke Kings ist so einfach wie stringent: Liebe zielt auf Gerechtigkeit. Für King hat Nächstenliebe in Entsprechung von Gottes Liebe zu den Menschen schöpferische und verändernde Kraft. Und: Liebe ist stärker als Hass. Nur mit Liebe lässt sich Hass überwinden. Das ist immer wieder neu zu lernen.

Er hat persönliche und soziale Erlösung, Liebe und Gerechtigkeit untrennbar miteinander verbunden. Das können wir von ihm lernen.

Er war ein fehlbarer Mensch, der verzweifelt und auch depressiv war, und der doch aus der spirituellen Kraft der Hoffnung und Liebe handelte. Das können wir von Martin Luther King, Jr. lernen.

Er hatte charismatische Begabung und einen meist sicheren Instinkt, aber dahinter stand intellektuelle und theologische Arbeit, die Dinge zu verstehen, um verantwortlich urteilen und wirksam handeln zu können. In seinem Engagement hat er beides vereint: Eine fundierte gesellschaftliche Analyse und eine durchdachte und existenziell errungene Theologie. Das können wir von King lernen: Dass wir uns anstrengen müssen, intellektuell und persönlich. Dass gesellschaftliche Komplexität zunächst durchdrungen werden muss, bevor sie elementarisiert werden kann. Dass wir raus müssen aus der geistigen, geistlichen und sozialen Wohlfühlzone ... und ich sage nicht, dass mir selbst das leicht fällt ... Auch das könnten wir wieder von Martin Luther King, Jr. lernen.

Das politische Handeln Kings hatte eine theologische Grundlegung, eine von ihm erarbeitete Theologie, die persönliche Konversion mit gesellschaftlicher Transformation verband, in der die Kirche eine wichtige Rolle spielte. Das können wir von Martin King lernen.

Und in tiefer Verzweiflung hat er auf die spirituelle Kraft der Gegenwart des Gottes der Liebe und der Gerechtigkeit vertraut und sie erfahren. Auch das könnten wir versuchen zu lernen.

Es scheint mir offensichtlich, dass ein allzu glorifizierendes Gedenken, das den integrationistischen Ansatz Kings und die gewaltfreie Taktik idealisiert, nicht angemessen ist. Zum einen wird King verharmlost, zum anderen wird begünstigt, dass der damalige Ansatz unreflektiert und in unangemessener Weise auf andere gesellschaftliche Sachverhalte und Konfliktfelder übertragen wird. Vermutlich dient diese Form des Gedenkens eher einer Sehnsucht nach Selbstvergewisserung und Eindeutigkeit, die es heute oft nicht gibt. Solches Gedenken kann leicht die Form eines links-liberalen Dogmatismus annehmen, der über die Form moralisch-politischer Romantik nicht hinauskommt.

Wenn sich das King-Gedenken ernsthaft auf das Problem der White Supremacy und des White Privilege einlässt, dann wird auch die historische Rekonstruktion nicht umhin können, deren strukturelles Fortwirken bis heute und hier bei uns als Kontextanalyse mit in den Blick zu nehmen.

Heinrich Grosse hat dies in der Einleitung zu der von ihm besorgten und posthum erschienen Neuedition von King-Texten treffend formuliert:

»Die Erinnerung an das, was [King] gesagt und getan hat, kann uns inspirieren zu mutiger Zeitgenossenschaft inmitten der bedrängenden Probleme unserer Gegenwart.

Die Erinnerung an Martin Luther King kann uns sensibilisieren für die *zusammenhängenden Übel von Rassismus, Armut und Krieg.* [...]

Das eindrucksvolle Lebenszeugnis Martin Luther Kings ermutigt uns, in den Konflikten unserer Gegenwart der Versuchung zu Anpassung oder Schweigen zu widerstehen und stattdessen schöpferische Unangepasstheit zu wagen und Zivilcourage zu zeigen.«[28]

Und wir können von King lernen, dass jetzt die Zeit der Veränderung ist. Die Verteidigerinnen des Status quo werden die Forderungen immer als zu umfänglich und den angestrebten Wandel als zu schnell ansehen, also von den Betroffenen Mäßigung und Geduld einfordern. Dem setzt King in seiner großen Rede entgegen: »Dies ist nicht die Zeit, sich den Luxus zu leisten, die Konflikte abklingen zu lassen oder das Beruhigungsmittel des Gradualismus zu nehmen. Jetzt ist die Zeit, um die Versprechen der Demokratie einzulösen. [...] Jetzt ist die Zeit, um Gerechtigkeit für alle Kinder Gottes Wirklichkeit werden zu lassen.«[29]

Wenn man die Dokumente aus den 1950er- und 60er-Jahren liest, die King und andere zu Geduld und Mäßigung auffordern, während immer noch Schwarze gelyncht wurden, nur eine kleine Gruppe von Afro-Amerikanern im Süden zu den Wahlen zugelassen wurde, die ökonomische Abhängigkeit von den Grundbesitzern seit der Zeit der Versklavung geblieben war, Schwarze im Bereich der Bildung, Gesundheit und Kultur massiv benachteiligt wurden und viele in einem reichen Land in bitterer Armut unter ständiger Drohung von Gewalt lebten, ist man frappiert, wie angesichts dieser gravierenden Missstände, die offensichtlich der Verfassung widersprachen, viele Menschen davon ausgingen, dass das nur sehr langsam änderbar sei.

Diese Struktur der Argumentation findet sich immer wieder in Zusammenhängen, in denen Menschen ihre ungerechtfertigten Privilegien verlieren. Diese werden offensichtlich subjektiv als gerechtfertigt wahrgenommen und die Kosten für andere werden ausgeblendet bzw. idealisiert. Immer wieder ist das Argument zu lesen, dass die rassistische Segregation für beide Seiten gut sei und die meisten Schwarzen das auch so wollten. Es seien dann Krawallmacher von außen, welche die eigentlich zufriedenen Afro-Amerikanerinnen vor Ort aufwiegelten.

Wenn man gegenwärtig etwa auf die Debatten zur Klimakatastrophe schaut, scheinen ähnliche Muster erkennbar zu sein. Obwohl zur Erreichung des 1,5-Grad-Zieles, dem doch in der politischen Öffentlichkeit die meisten zustimmen, radikale Maßnahmen notwendig wären, werden dann einzelne Gesetze, die eine gewissen Veränderung mit sich bringen, nicht nur hinsichtlich praktischer Details kritisiert, sondern prinzipiell diffamiert. Die Zahl der Kreuzfahrten ist wieder auf dem Niveau wie vor der Pandemie und der Boom geht weiter. Wenn es an die eigenen Privilegien geht, dann werden die massiven Auswirkungen, die ja nun auch in Europa spürbar werden, aber für andere heute schon existenzbedrohend sind, offensichtlich moralisch ausgeblendet.

Es liegt nahe, hier den Begriff des White Privilege als analytisches Konzept zu nutzen. Wie es in den USA die Weißen waren, die aufgrund der Ausbeutung der Schwarzen und anderer Minderheiten, privilegiert leben konnten und leben, ist es mit Blick auf die Klimakatastrophe vor allem die Bevölkerung des globalen Nordens, die für den bisherigen CO_2-Ausstoß verantwortlich ist bzw. davon profitiert, wohingegen die Auswirkungen überproportional die Menschen im globalen Süden zu spüren bekommen. Das können wir von King lernen, sich diesen Zusammenhängen zu stellen.

Denn er würde wohl auch heute noch in Aufnahme der Worte des Propheten Amos sagen: »Nein. Nein. Wir sind nicht zufrieden und werden nicht zufrieden sein, bis Gerechtigkeit fließt wie Wasser und Recht wie ein mächtiger Strom.«

Abkürzungsverzeichnis

ACMHR:	Alabama Christian Movement for Human Rights
BU:	Martin Luther King, Jr. Archive, Boston University, Mugar Memorial Library, Special Collections, Boston, Mass.
CDU:	Christlich-Demokratische Union Deutschlands (Ost)
CEP:	Citizenship Education Program
COFO:	Council of Federated Organizations
CORE:	Congress of Racial Equality
DCVL:	Dallas County Voters League
MFDP:	Mississippi Freedom Democratic Party
MIA:	Montgomery Improvement Association
MLKP:	Martin Luther King Papers
NAACP:	National Association for the Advancement of Colored People
NUL:	National Urban League
PPC:	Poor People's Campaign
SCLC:	Southern Christian Leadership Conference
SED:	Sozialistische Einheitspartei Deutschlands
SNCC:	Student Nonviolent Coordinating Committee
VEP:	Voter Education Project

Literatur

Abernathy, Ralph D.: And the Walls Came Tumbling Down. An Autobiography, New York: Harper & Row 1989.

Ackerman, Susan Ellen: Amos 5:18-24, in: Interpretation: A Journal of Bible and Theology 57 (2) 2003, 190-193.

Ad Hoc Committee: The Triple Revolution. An Appraisal of the Major US Crises and Proposals for Action, in: International Socialist Review 24 (3) 1964, 85-89.

Albert, Peter J./Hoffman, Roland (eds): We Shall Overcome. Martin Luther King, Jr. and the Black Freedom Struggle, New York: Da Capo Press 1993 (1990).

Alexander, Michelle: The New Jim Crow. Masseninhaftierung und Rassismus in den USA, München 2016.

Ansbro, John J.: Martin Luther King, Jr. The Making of a Mind, Maryknoll: Orbis Books 3rd ed. 1990 (1982).

Arnold, Martin: Gütekraft. Ein Wirkungsmodell aktiver Gewaltfreiheit nach Hildegard Goss-Mayr, Mohandas K. Gandhi und Bart de Ligt (Religion – Konflikt – Frieden Bd. 4), Baden-Baden 2011.

Azaransky, Sarah: This Worldwide Struggle. Religion and the International Roots of the Civil Rights Movement, New York: Oxford University Press 2017.

Baker-Fletcher, Garth: Somebodyness. Martin Luther King, Jr., and the Theory of Dignity, Minneapolis: Fortress Press 1993.

Baldwin, James: Go Tell It on the Mountain, New York: Knopf 1953.

Balzer, Jens: Ethik der Appropriation, Berlin 2022.

Baldwin, Lewis V.: There Is a Balm in Gilead. The Cultural Roots of Martin Luther King Jr., Minneapolis: Augsburg Fortress Press 1991.

Baldwin, Lewis V.: The Voice of Conscience. The Church in the Mind of Martin Luther King, Jr., New York 2010.

Baldwin, Lewis V./Burrow Jr., Rufus (eds): The Domestication of Martin Luther King Jr.: Clarence B. Jones, Right-Wing Conservatism, and the Manipulation of the King Legacy, La Vergne: Wipf and Stock Publishers 2013.

Barton, John: Ethics in Ancient Israel, Oxford: Oxford University Press 2014.

Baumann, Gerlinde: Gewalt im Alten Testament. Grundlinien der Forschung – hermeneutische Überlegungen – Anregungen, in: Fischer, Irmtraud (Hg.): Macht – Gewalt – Krieg im Alten Testament. Gesellschaftliche Problematik und das Problem ihrer Repräsentation (Quaestiones disputatae 254), Freiburg i. Br./Basel/Wien 2013, 29-52.

Belafonte, Harry/Shnayerson, Michael: My Song. A Memoir, New York: Knopf 2011.

Bennett, John C.: Social Salvation. A Religious Approach to the Problems of Social Change, New York: Scribner's 1935.

Berg, Manfred: »What we are fighting for ...« Die Bedeutung der Bürgerrechtsbewegung für die amerikanische und internationale Politik, in: Haspel, Michael/Waldschmidt-Nelson, Britta (Hg.): Martin Luther King. Leben, Werk und Vermächtnis, Weimar 2008, 55-66.

Berg, Manfred: The Ticket to Freedom. Die NAACP und das Wahlrecht der Afro-Amerikaner, Frankfurt a. M. 2000.

Berg, Manfred: Lynchjustiz in den USA, Hamburg 2014.

Binter, Julia (Hg.): Der blinde Fleck. Bremen und die Kunst in der Kolonialzeit, Berlin 2017.

Bleisch, Barbara/Strub, Jean-Daniel (Hg.): Pazifismus. Ideengeschichte, Theorie, Praxis, Bern 2006.

Bodroghkozy, Aniko: Equal Time. Television and the Civil Rights Movement, Urbana/Chicago/Springfield: University of Illinois Press 2013.

Brackney, William H.: Die Geschichte der Baptisten in Nordamerika, in: *Strübind, Andrea/Rothkegel, Martin* (Hg.): Baptismus. Geschichte und Gegenwart, Göttingen 2011, 47-68.

Branch, Taylor: Parting the Waters. America in the King Years 1954-63, New York: Simon and Schuster 1988.

Branch, Taylor: Pillar of Fire. America in the King Years 1963-65, New York: Simon and Schuster 1998.

Branch, Taylor: At Canaan's Edge. America in the King Years 1965-68, New York: Simon and Schuster 2007 (2006).

Braune, Andreas (Hg.): Ziviler Ungehorsam. Texte von Thoreau bis Occupy, Stuttgart 2017.

Broecking, Christian: Jazz und die afroamerikanische Protestkultur, in: Haspel, Michael/Reif-Spirek, Peter (Hg.): »Hier stehe ich und kann nicht anders!«, Leipzig 2017, 45-57.

Bundesarchiv, Stasi-Unterlagen-Archiv, MfS AP, Nr. 20721/92.

Burrow, Jr., Rufus: God and Human Dignity. The Personalism, Theology and Ethics of Martin Luther King, Jr., Notre Dame: University of Notre Dame Press 2006, 89-123.

Burrow Jr., Rufus: Martin Luther King, Jr., and the Theology of Resistance, Jefferson, NC: McFarland 2014.

Calhaoun-Brown, Allison: Upon This Rock. The Black Church, Nonviolence, and the Civil Rights Movement, in: Political Science & Politics 33, 2000, 168-174.

Carpenter, Delores/Williams, Nolan E. (eds): African American Heritage Hymnal. 575 Hymns, Spirituals and Gospel Songs, Chicago: Gia Publication 2001.

Carson, Clayborne: Martin's Dream: My Journey and the Legacy of Martin Luther King Jr.: A Memoir, New York: Palgrave Macmillan 2013.

Cone, James H.: The Spirituals and the Blues. An Interpretation, New York: Seabury Press 1972.

Cone, James H.: God of the Oppressed, New York: HarperCollins 1975.

Cone, James H.: Martin Luther King, Jr., Black Theology – Black Church, in: Theology Today 40, 1984, 409-421.
Cone, James H.: The Theology of Martin Luther King, Jr, in: Union Seminary Quarterly Review 40, 1986, 21-39.
Cone, James H.: A Black Theology of Liberation. (Twentieth Anniversary Edition), Maryknoll, NY: Orbis Books 1990 (1970).
Cone, James H.: Martin and Malcolm and America. A Dream or a Nightmare?, Maryknoll, New York: Orbis Books 1992.
Cone, James H.: The Cross and the Lynching Tree, Maryknoll, New York: Orbis, 8th ed. 2017 (2011).
Cothran, Tilman C./Phillips, Jr., William: Negro Leadership in a Crisis Situation, in: Phylon 22, 1961, 107-118.
Coulter, Dale M.: How God became America's Father. Civil Religion and the Fatherhood of God, https://www.firstthings.com/blogs/firstthoughts/2014/06/the-fatherhood-of-god.
Dorrien, Gary: Breaking White Supremacy. Martin Luther King, Jr. and the Black Social Gospel, New Haven: Yale University Press 2018.
Dorrien, Gary: New Abolition. W.E.B. Du Bois and the Black Social Gospel, New Haven/London: Yale University Press 2015.
Douglass, Frederick: The Race Problem (1890), in: Daley, James (ed.): Great Speeches by Frederick Douglass, Mineola: Dover Publications 2013, 88-104.
Dowd Hall, Jacquelyn: The Long Civil Rights Movement and the Political Uses of the Past, in: Journal of American History 92 (4) 2005, 1233-1263.
Du Bois, W.E.B: The Souls of Black Folks, Centenary Edition, ed. by Gates Jr., Henry Louis/Hume Oliver, Terre, New York/London: W.W. Norton & Company 1999
Dyson, Michael Eric: I May Not Get There with You. The True Martin Luther King, Jr., New York, London: Free Press 2000.
Dziewas, Ralf: Martin Luther King, Jr. Ein Visionär der Liebe, in: Zeitschrift für Theologie und Gemeinde 23, 2018, 191-212.
Edmondson, Mika: The Power of Unearned Suffering. The Roots and Implications of Martin Luther King, Jr.'s Theodicy (Religion and Race), Lanham: Lexington Books 2017.
Eig, Jonathan: The Life of Martin Luther King, London/New York: Simon & Schuster 2023.
Evangelische Kirche in Deutschland: Die soziale Sicherung im Industriezeitalter, in: GR 2/2: Soziale Ordnung, Wirtschaft, Staat, Gütersloh 1978, 115-161.
Evangelischen Kirche in Deutschland: Evangelische Kirche und freiheitliche Demokratie. Der Staat des Grundgesetzes als Angebot und Aufgabe. Eine Denkschrift, hg. vom Kirchenamt im Auftrag des Rats der EKD, Gütersloh 1985.
Erskine, Noel Leo: King among the Theologians, Cleveland Ohio: Pilgrim Press 1994.
Fager, Charles E.: Selma 1965, New York: Charles Scribner's Sons 1974.
Fairclough, Adam: Martin Luther King, Jr. and the War in Vietnam, in: Phylon 45, 1984, 19-39.

Fairclough, Adam: To Redeem the Soul of America: The Southern Christian Leadership Conference and Martin Luther King, Jr., Athens: University of Georgia Press 1987.

Forgacs, David (ed.): An Antonio Gramsci Reader. Selected Writings 1916-1935, New York: Schocken Books 1988.

Frazier, E. Franklin: The Negro Church in America, New York: Schocken Books 1966 (1964).

Gandhi, Mohandas Karamchand: Gewaltfreiheit. Auszüge aus Reden und Schriften, hg. v. Gita Dharampal-Frick, Stuttgart 2014.

Garrow, David J.: The FBI and Martin Luther King, Jr., Harmondsworth Middlesex, England/New York, New York: Penguin Books 1983 (1981).

Garrow, David. J.: The Intellectual Development of Martin Luther King, Jr., Influences and Commentaries, in: Union Seminary Quarterly Review 40, 1986, 5-20.

Garrow, David J.: Bearing the Cross. Martin Luther King, Jr., and the Southern Christian Leadership Conference, New York: Vintage Books 1988 (1986).

Gautier, Dominik: »The Cross and the Lynching Tree«. Die Kreuzestheologie James H. Cones, in: ÖR 64, 2015, 198-206.

Gautier, Dominik: Was tun, um den weißen Christus loszuwerden? Rassismuskritisches Lernen mit dem jungen Dietrich Bonhoeffer, in: ZThG 23, 2018, 128-130.

Geldbach, Erich: Zur Anfangsgeschichte schwarzer Baptisten in Nordamerika, in: Strübind, Andrea/Rothkegel, Martin (Hg.): Baptismus. Geschichte und Gegenwart, Göttingen 2011, 95-108.

Gillespie, Deanna M.: The Citizenship Education Program and Black Women's Political Culture, Gainesville: University Press of Florida 2021.

Götting, Gerald: Ein Leben für Menschlichkeit und Brüderlichkeit. Gedenkansprache auf einer zentralen Veranstaltung der Christlich-Demokratischen Union Deutschlands, des Friedensrates der DDR und des Komitees zum Schutze der Menschenrechte am 10. April 1968 in Berlin, in: Sekretariat des Hauptvorstandes der Christlich Demokratischen Union Deutschlands (Hg.): Martin Luther Kings Vermächtnis, Berlin 1968, 5-13.

Gräb, Wilhelm: Ein Herrnhuter – höherer Ordnung. Die Spiritualität Friedrich Daniel Ernst Schleiermachers (1768-1834), in: Zimmerling, Peter (Hg.): Handbuch Evangelische Spiritualität, Bd. 1: Geschichte, Göttingen 2017, 529-548.

Gramsci, Antonio: Gefängnishefte. Kritische Gesamtausgabe, Bd. 6, Hamburg/Berlin 1994.

Grosse, Heinrich: Absolute Gewissensbindung und mutige Unangepasstheit. Was Martin Luther King und Martin Luther bei aller Verschiedenheit verbindet, in: Pastoraltheologie 105, 2016, 500-519.

Grosse, Heinrich: The March on Washington and the American Civil Rights Movement as an Inspiration for Social Protest Movements in West and East Germany, in: Waldschmidt-Nelson/Chatelain/Monteith (eds): Staging a Dream. Untold Stories and Transatlantic Legacies of the March on Washington, 65-80.

Grosse, Heinrich: Die Macht der Armen. Martin Luther Kings Kampf gegen Rassismus, Armut und Krieg, in: Haspel/Waldschmidt-Nelson: Martin Luther King, 13-34.

Hall, Prince: A Charge delivered to the Brethren of the African Lodge (1792), in: Porter: Early Negro Writing, 63-69.

Hall, Prince: A Charge delivered to the African Lodge (1797), in: Porter: Early Negro Writing, 70-78.

Harnisch, Walter/Schmidt, Paul (Hg.): Fünfter Baptisten-Welt-Kongress. Deutscher Bericht des in Berlin vom 4. bis 10. August 1934 gehaltenen Kongresses, Kassel 1934.

Harrrington, Michael: The Other America. Poverty in the United States, New York: Macmillan Publishing Company 1962.

Haspel, Michael: Politischer Protestantismus und gesellschaftliche Transformation. Ein Vergleich der Rolle der evangelischen Kirchen in der DDR und der schwarzen Kirchen in der Bürgerrechtsbewegung in den USA, Tübingen/Basel 1997.

Haspel, Michael: Sozialethik in der globalen Gesellschaft. Grundlagen und Orientierung in protestantischer Perspektive, Stuttgart 2010.

Haspel, Michael: Theology and International Justice. The Image of God and a comprehensive Understanding of Human Rights, in: Hansen, Len/Koopman, Nico/Vosloo, Robert (eds): Living Theology, Wellington (RSA): Bible Media 2011, 554-568.

Haspel, Michael: Gottebenbildlichkeit und Menschenwürde. Implikationen für Bildung und Öffentlichen Diskurs in Martin Luther King, Jr.'s Konzeption »Öffentlicher Theologie«, in: Zeitschrift für Pädagogik und Theologie 64, 2012, 251-264.

Haspel, Michael: Die ethische Beurteilung der Tötung von Zivilpersonen in militärischen Konflikten in der Lehre vom gerecht(fertigt)en Krieg, in: Gillner, Matthias/Stümke, Volker (Hg.), Kollateralopfer: Die Tötung von Unschuldigen als rechtliches und moralisches Problem, Münster 2014, 97-111.

Haspel, Michael: Martin Luther King Jr.'s Reception as a Theologian and Political Activist in Germany – East and West, in: Waldschmidt-Nelson/Chatelain/Monteith: Staging a Dream, 49-63.

Haspel, Michael: Das »Große Welthaus«. Martin Luther Kings Bedeutung für die Friedensdiskussion, in: EvTh 75, 2015, 341-357.

Haspel, Michael: Das »Große Welthaus«. Martin Luther Kings Bedeutung für die Friedensdiskussion (1929-1968), in: Hofheinz, Marco/Oorschot, Frederike van (Hg.): Christlich-theologischer Pazifismus im 20. Jahrhundert (Studien zur Friedensethik, Bd. 56), Baden-Baden 2016, 253-276.

Haspel, Michael: Die Quellen von Martin Luther Kings theologischer Konzeption der Menschenrechte und sozialen Gerechtigkeit, in: ZThG 21, 2016, 290-315.

Haspel, Michael/Reif-Spirek, Peter (Hg.): »Hier stehe ich und kann nicht anders!«. Martin Luther, Martin Luther King und die Musik, Leipzig 2017.

Haspel, Michael: »Redemptive Suffering« in Martin Luther Kings Theologie, in: ZThG 23, 2018, 213-233.

Haspel, Michael: Martin Luther King, Jr.'s Theologie der Freiheit und Gerechtigkeit. Schwarze Kirche, Südstaatenbaptismus und Bostoner Personalismus, in: Theologisches Gespräch 49, 2019, 3-16.

Haspel, Michael: Freie Kirchen und der Kampf um politische Freiheit. Die Rolle der Black Church in der Bürgerrechtsbewegung in den USA, in: Rothkegel, Martin/Assmann,

Reinhard (Hg.): Eine freie Kirche in einer freien Gesellschaft. Freikirchliche Perspektiven auf das Verhältnis von Kirche und Staat (Schriftenreihe des Berliner Instituts für vergleichende Staat-Kirche-Forschung 30), Berlin 2019, 171-198.

Haspel, Michael: Das Vermächtnis Martin Luther Kings als Zumutung und Herausforderung. Überlegungen zu einem angemessenen Gedenken, in: Pastoraltheologie 108, 2019, 17-28.

Haspel, Michael: Martin Luther King, Jr.'s Usage of the Concepts of Children of God and imago Dei as Theological Foundation of Equality, Human Dignity and Human Rights, in: Journal of Black Religious Thought 1, 2022, 60-87.

Haspel, Michael: »I have a dream« – 60 Jahre Marsch auf Washington, https://www.uni-erfurt.de/forschung/aktuelles/forschungsblog-wortmelder/i-have-a-dream-60-jahre-marsch-auf-washington#jump (gepostet 27.08.2023)

Haspel, Michael: Theologische Konzepte zur Kritik der Sklaverei bzw. Begründung von Gleichheit und Menschenwürde im anglo-amerikanischen Abolitionismus. Eine theologiegeschichtliche Untersuchung in systematischer Absicht, in: Kerygma und Dogma 69, 2, 2023, 52-78.

Haspel, Michael: We shall overcome ... Die Rolle der Musik in der Bürgerrechtsbewegung, in: gewagt! gewaltlos leben (Themenheft 2023 – 500 Jahre Täuferbewegung), Frankfurt a.M. 2023, 30-31.

Haspel, Michael: Image of God and Immediate Emancipation. David Walker's Theological Foundation of Equality and the Rejection of White Supremacy, in: Harvard Theological Review 117 (1) 2024, 138-160.

Haspel, Michael: Human Dignity and Human Rights from David Walker to Martin Luther King, Jr.; erscheint in einem Themenband ›Civil Rights – Human Rights – Social Justice: Legacies of Black Freedom Struggles in the Transatlantic World‹ der Amerikastudien/American Studies (Amst) 2024.

Hempton, David N.: What Is a Multireligious Divinity School? Five Questions to Consider, in: Harvard Divinity Bulletin, 2017, 17-20.

Heschel, Abraham Joshua: What is Man?, in: ders., Between God and Man. An Interpretation of Judaism, ed. by Rothschild, Fritz A., New York: Simon & Schuster 1959, 233-241.

Heschel, Abraham Joshua: The Prophets, New York: Harper & Row, 1962; repr., 5th impr. edition, Vol.2, Peabody, Mass.: Hendrickson Publishers, 2017.

Heschel, Susannah: Theological Affinities in the Writings of Abraham Joshua Heschel and Martin Luther King, Jr., in: Chireau, Yvonne/Deutsch, Nathaniel (eds): Black Zion: African-American Religious Encounters with Judaism, New York/Oxford: Oxford University Press 2000, 168-186.

Hirschfelder, Nicole: Oppression as Process. The Case of Bayard Rustin (American Studies Vol. 254), Heidelberg 2014.

Hirschfelder, Nicole: Deconstructing the Prevalence of the White-Dominated German Gaze. Specific Challenges for Scholarship on the Civil Rights Movement, in: KZG 33, 2020, 37-58.

Hochgeschwender, Michael: Amerikanische Religion. Evangelikalismus, Pfingstlertum und Fundamentalismus, Frankfurt a. M./Leipzig 2007.

Hochgeschwender, Michael: Erweckte und Verschreckte. Die religiöse Umwelt Abraham Lincolns, in: Nagler, Jörg/Haspel, Michael (Hg.): Lincoln und die Religion. Das Konzept der Nation unter Gott (scripturae 2), Weimar 2012, 55-86.

Huber, Wolfgang/Tödt, Heinz Eduard: Menschenrechte. Perspektiven einer menschlichen Welt, Stuttgart/Berlin 1977.

Hudson, Winthrop S.: Religion in America. An Historical Account of the Development of American Religious Life, New York: Scribner, 2nd ed. 1973.

Höhn, Maria/Klimke, Martin: A Breath of Freedom: The Civil Rights Struggle, African American GIs, and Germany, New York: Palgrave Macmillan, 2010.

Howard-Pitney, David: The African American Jeremiad. Appeals for Justice in America, Philadelphia: Telmple University Press rev. ed. 2005 (1990).

Jackson, Thomas F.: From Civil Rights to Human Rights. Martin Luther King, Jr. and the Struggle for Economic Justice, Philadelphia: University of Pennsylvania Press 2007.

Jacoby, Jeff: »MLK embraced Israel. Does BLM embrace Hamas?« Boston Globe. 25 October 2023. Web. 8 November 2023. https://www.bostonglobe.com/2023/10/25/opinion/arguable-newsletter-hamas-black-african-american-israel-jewish-liberal-progressive-palestine-physician-assisted-suicide-beacon-hill/.

Jones, William R.: Is God A White Racist? A Preamble to Black Theology, Garden City, New York: Anchor Press 1973.

Johnson, Lyndon B.: »Special Message to the Congress: The American Promise«, March 15, 1965. https://www.lbjlibrary.org/object/text/special-message-congress-american-promise-03-15-1965.

Kamin, Ben: Dangerous Friendship. Stanley Levison, Martin Luther King Jr., and the Kennedy Brothers, East Lansing: Michigan State University Press 2014.

Kant, Immanuel: Zum ewigen Frieden, Königsberg 1795/1796.

Kant, Immanuel: Metaphysik der Sitten, Königsberg 1797.

Kastner, Jens: Von Black Power bis Ta-Nehisi Coates. Schwarze Identitätspolitik in den USA, in: APuZ 68 (12) 2018, 1-36.

Kelsey, George D.: Racism and the Christian Understanding of Man, New York: Scribner 1965.

Kennedy, Randall: Martin Luther King's Constitution. A Legal History of the Montgomery Bus Boycott, in: The Yale Law Journal 98 (6) 1989, 999-1067.

Kessler, Rainer: Kinder Israels und Gottes Kinder – Geschwisterlichkeit in der Hebräischen Bibel und im Neuen Testament, in: Schneider, Ulrike/Völkening, Helga/Vorpahl, Daniel (Hg.): Zwischen Ideal und Ambivalenz. Geschwisterbeziehungen in ihren soziokulturellen Kontexten, Frankfurt a. M. 2015, 105-116.

Kessler, Rainer: Der Weg zum Leben. Ethik des Alten Testaments, Gütersloh 2017.

King, Jr., Martin Luther: Recommendations to the Dexter Avenue Baptist Church for the Fiscal Year 1954-1955, in: MLKP II, 287-294.

King, Jr., Martin Luther: A Comparison of the Conceptions of God in the Thinking of Paul Tillich and Henry Nelson Wieman (1955), in: MLKP II, 339-548.

King, Jr., Martin Luther: Pilgrimage to Nonviolence, in: Stride, 90-107.
King, Jr., Martin Luther: Stride Toward Freedom. The Montgomery Story, New York: HarperCollins Publishers 1986 (1958).
King, Jr., Martin Luther: Address at the Thirty-sixth Annual Dinner of the War Resisters League (02.02.1959), MLKP V, 120-125.
King, Jr., Martin Luther: Notes for Conversation between King and Nehru, (10.02.1959), in: MLKP V, 130.
King, Jr., Martin Luther: Pilgrimage to Nonviolence, in: Christian Century 77, 1960, 439-441.
King, Jr., Martin Luther: Suffering and Faith (1960), in: Testament, 41-42.
King, Jr., Martin Luther: People in Action: Pathos and Hope (03.03.1962), in: MLKP VII, 419-421.
King, Jr., Martin Luther: Letter from Birmingham Jail (1963), in: Why, 76-95.
King, Jr., Martin Luther: Strength to Love, Philadelphia: Fortress Press 1981 (1963).
King, Jr., Martin Luther: Eulogy for the Young Victims of the Sixteenth Street Baptist Church Bombing, (18.09.1963), in: Call, 95-99.
King, Jr., Martin Luther: Why We Can't Wait, New York: Harper and Row Publishers 1964.
King, Jr., Martin Luther: Letter from Birmingham Jail, in: Why, 76-95.
King, Jr., Martin Luther: Nobel Lecture. https://www.nobelprize.org/prizes/peace/1964/king/lecture/
King, Jr., Martin Luther: Sermon Held at St. Mary's Church (13.09.1964). https://digitales-archiv.aacvr-germany.org/.
King, Jr., Martin Luther: The Un-Christian Christian, in: Ebony 20, August 1965, 77-80.
King, Jr., Martin Luther: Address at the Conclusion of the Selma to Montgomery March (1965), in: King: Call, 119-132.
King, Jr., Martin Luther: I've Been to the Mountaintop (1968), in: Call, 207-223.
King, Jr., Martin Luther: The Other America. April 14, 1967, Stanford University, online unter https://blogs.baruch.cuny.edu/evolution/files/2020/06/MLK-The-Other-America.pdf.
King, Jr., Martin Luther: »My dream has ›turned into a nightmare‹«. Interview by Sander Vanocur, NBC, May 8, 1967, https://www.nbcnews.com/nightly-news/video/king-my-dream-has-turned-into-a-nightmare-41107011940.
King, Jr., Martin Luther: A Christmas Sermon on Peace (1967), in: Trumpet, 67-78.
King, Jr., Martin Luther: Ein neuer Richtungssinn (1967), in: King, Martin Luther: Testament der Hoffnung. Letzte Reden, Aufsätze und Predigten, hg. v. Grosse, Heinrich, Gütersloh, 6. Aufl. 1989 (1974), 41-62.
King, Jr., Martin Luther: Racism and the White Backlash, in: Where, 67-101.
King, Jr., Martin Luther: Where Do We Go From Here: Chaos or Community?, Boston: Beacon Press 1968 (1967).
King, Jr., Martin Luther: Beyond Vietnam (1967), in: Call, 139-164.
King, Jr., Martin Luther: Where Do We Go From Here? Presidential Address at the SCLC Annual Conference, Atlanta, August 16, 1967, in: Radical, 161-180.

King, Jr., Martin Luther: The Other America (March 10, 1968), in: Radical, 235-244.
King, Jr., Martin Luther: Remaining Awake Through a Great Revolution (1968), in: Knock, 205-224.
King, Jr., Martin Luther: The Trumpet of Conscience: San Francisco: Harper and Row Publishers 1987 (1968).
King, Jr., Martin Luther: A Testament of Hope. The Essential Writings and Speeches of Martin Luther King, Jr., ed. by Washington, James M., San Francisco: Harper Collins 1991 (1986).
King, Jr., Martin Luther: The Papers of Martin Luther King, Jr., ed. by Carson, Clayborne et al., (MLKP) Vol. I-VII, Berkeley/Los Angeles/London/Oakland: University of California Press 1992ff.
King, Jr., Martin Luther: A Knock at Midnight. Inspiration From the Great Sermons of Reverend Martin Luther King, Jr., ed. by Carson, Clayborne/Holloran, Peter, New York: Little, Brown & Company 1998.
King, Jr., Martin Luther: A Call to Conscience. Landmark Speeches of Dr. Martin Luther King, Jr., ed. by Carson, Clayborne/Shepard, Kris, New York/Boston: Grand Central Publishing 2001.
King, Jr., Martin Luther: The Radical King, ed. by West, Cornel (King Legacy 11), Boston, Mass.: Beacon Press 2015.
King, Martin Luther: Ich habe einen Traum. Ein Lesebuch, hg. v. Heinrich Grosse, Ostfildern 2018.
King, Sr., Martin Luther/Riley, Clayton: Daddy King. An Autobiography, New York: Morrow 1980.
Kraft, Marion: Black German Transnational Perspectives and the Emergence of a New Movement; erscheint in einem Themenband ›Civil Rights – Human Rights – Social Justice: Legacies of Black Freedom Struggles in the Transatlantic World‹ der Amerikastudien/American Studies (Amst) 2024.
Laurent, Sylvie: King and the Other America. The Poor People's Campaign and the Quest for Economic Equality, Oakland, California: University of California Press 2018.
Lawson, Steven F.: Freedom Then, Freedom Now. The Historiography of the Civil Rights Movement, in: The American Historical Review 96 (2) 1991, 456-471.
Lebacqz, Karen: Redemptive Suffering Redeemed, in: Green, Ronald M./Palpant, Nathan J. (Hg.), Suffering and Bioethics, Oxford: Oxford University Press 2014, 262-274.
Lewis, John/D'Orso, Michael: Walking with the Wind. A Memoir of the Movement, New York et al.: Simon & Schuster Paperback 1998.
Lincoln, Abraham: A House Divided. (18.06.1858), in: The Collected Works of Abraham Lincoln, Bd. 2, New Brunswick, NJ: Rutgers Univ. Press 1953, 462-469.
Lincoln, C. Eric/Mamiya, Lawrence H.: The Black Church in the African American Experience, Durham/London, 5th ed. 1992 (1990).
Ling, Peter J.: Martin Luther King, Jr., London/New York: Routledge 2002.
Ling, Peter J./Duffy, Johannah: Backing Dr King. The Financial Transformation of the Southern Christian Leadership Conference in 1963, in: The Sixties: A Journal of History, Politics and Culture 5 (2) 2012, 147-165.

Ling, Peter J.: Martin Luther King, Jr., London/New York: Routledge, 2nd ed. 2015.
Ling, Peter J.: Does the Movement Need a King?, in: Journal of American Studies 50 (2) 2016, 465-470.
Lischer, Richard: The Preacher King. Martin Luther King, Jr. and The Word That Moved America, New York: Oxford University Press 1995.
Luhmann, Niklas: Die Gesellschaft der Gesellschaft, 2 Bde., Frankfurt a.M. 1997.
Mantena, Karuna: Showdown for Nonviolence: The Theory and Practice of Nonviolent Politics, in: Shelby, Tommie/Terry, Brandon M. (eds): To Shape a New World. Essays on the Political Philosophy of Martin Luther King, Jr., Cambridge, Mass.: Belknap Press 2018, 78-104.
Martin, Sandy Dwayne: Die Entstehung und frühe Entwicklungsphase des afro-amerikanischen Baptismus im globalen Kontext (1750-1930), in: Strübind, Andrea/Rothkegel, Martin (Hg.): Baptismus. Geschichte und Gegenwart, Göttingen 2011, 109-138.
Martin-Luther-King-Zentrum für Gewaltfreiheit und Zivilcourage (Hg.): »Fels der Verzweiflung – Stein der Hoffnung«. Martin Luther King und die DDR, Leipzig 2020.
Mays, Benjamin: Religion and Racial Tensions (1950), in: Colston, Freddie C. (Hg.): A Long Journey: Dr. Benjamin E. Mays: Speaks on the Struggle for Social Justice in America, Bloomington: Xlibris 2011, 90-99.
McAdam, Doug: Political Process and the Development of Black Insurgency 1930-1970, Chicago/London: University of Chicago Press, 2nd ed. 1985 (1982).
Meusel, Georg: Der Thesenanschlag von Chicago. Martin Luther und Martin Luther King, Jr., in: Haspel/Reif-Spirek: »Hier stehe ich und kann nicht anders!«, 39-44.
Mezu, Leon Yezenia: Freiheit im Jetzt! Martin Luther King, James Cone und ihre Bedeutung für Rassismuskritik heute, in: ZThG 23, 2018, 279-287.
Miller, Keith D.: Voice of Deliverance. The Language of Martin Luther King, Jr., and Its Sources, Toronto: Maxwell Macmillian 1992.
Miller, Keith D.: Martin Luther King's Biblical Epic: His Final, Great Speech (Race, Rhetoric and Media), Mississippi: Univ. Press of Mississippi 2011.
Morris, Aldon D.: The Origins of the Civil Rights Movement. Black Communities Organizing for Change, New York: Free Press; London: Collier Macmillan Publishers 1986 (1984).
Moye, J. Todd: Ella Baker. Community Organizer of the Civil Rights Movement, Lanham, Maryland: Rowman & Littlefield Publishers Inc. 2013.
Mulhall, Thomas A.: A Lasting Prophetic Legacy. Martin Luther King Jr., the World Council of Churches, and the Global Crusade against Racism and War, Eugene: Wipf and Stock 2014.
Murray, Pauli: Selected Sermons and Writings, ed. by Pinn, Anthony B., Maryknoll, N.Y.: Orbis Books 2006.
Nagler, Jörg: Abraham Lincoln. Amerikas großer Präsident, München 2009.
Nagler, Jörg/Haspel, Michael (Hg.): Abraham Lincoln und die Religion. Das Konzept der Nation unter Gott (scripturae 2), Weimar 2012.

Niebuhr, Reinhold: Moral Man and Immoral Society. A Study in Ethics and Politics, New York: Charles Scribner's Sons 1960.

Parr, Patrick: The Seminarian: Martin Luther King Jr. Comes of Age, Chicago: Lawrence Hill Books 2018.

Pinn, Anne H./Pinn, Anthony B.: Fortress Introduction to Black Church History, Minneapolis: Fortress Press 2001.

Pinn, Anthony B.: Varieties of African Religious Experience, Minneapolis: Fortress Press 1998.

Pinn, Anthony B.: Why, Lord? Suffering and Evil in Black Theology, New York: Continuum 1995.

Porter, Dorothy (ed.): Early Negro Writing. 1760-1837, Baltimore: Black Classic Press 1995.

Potter, Ralph B.: War and Moral Discourse, Richmond, Va.: John Knox, 3rd ed. 1973 (1969).

Powers, Richard: The Time of Our Singing. A Novel, New York: Farrar Straus and Giroux 2003.

Raboteau, Albert J.: Slave Religion. The »Invisible Institution« in the Antebellum South, Oxford: Oxford University Press 2004 (1978).

Raboteau, Albert J.: African-Americans, Exodus, and American Israel, in: Johnson, Paul E. (ed.): African-American Christianity. Essays in History, Berkeley: University of California Press 1994, 1-17.

Reddick, Lawrence Dunbar: Crusader Without Violence. A Biography of Martin Luther King, Jr., Montgomery, AL: NewSouth Books 2018 (1959).

Roberts, J. Deotis: Bonhoeffer and King. Speaking Truth to Power, Louisville, KY: Westminster John Knox Press 2005.

Robinson, Jo Ann Gibson: The Montgomery Bus Boycott and the Women Who Started It, Knoxville, Tennessee: The University of Tennessee Press 1987.

Rothkegel, Martin: Freiheit als Kennzeichen der wahren Kirche. Zum baptistischen Grundsatz der Religionsfreiheit und seinen historischen Ursprüngen, in: Strübind, Andrea/Rothkegel, Martin (Hg.): Baptismus. Geschichte und Gegenwart, Göttingen 2011, 201-228.

Rustin, Bayard: Time on Two Crosses. The Collected Writings of Bayard Rustin, ed. by Carbado, Devon W./Weise, Donald, New York: Cleis Press 2015.

Rustin, Bayard: From Protest to Politics. The Future of the Civil Rights Movement (1964), in: ders.: Time on Two Crosses. The Collected Writings of Bayard Rustin, ed. by Carbado, Devon W./Weise, Donald, New York: Cleis Press 2015, 116-129.

Schipper, Jeremy: Denmark Vesey's Bible. The Thwarted Revolt That Put Slavery and Scripture on Trial, Princeton: Princeton University Press 2022.

Schleiermacher, Friedrich Daniel Ernst: Brief an Georg Reimer. Gnadenfrei, den 30. April 1802 (Nr. 1220), in: KGA, Abt. 5, Bd. 5, Briefwechsel 1801-1802, Göttingen 1999, 393.

Schubert, Maria: »We Shall Overcome«. Die DDR und die amerikanische Bürgerrechtsbewegung (Sammlung Schöningh zur Geschichte und Gegenwart), Paderborn 2018.

Scott King, Coretta: Mein Leben mit Martin Luther King, Gütersloh 2. Aufl. 1979.

Sekretariat des Hauptvorstandes der Christlich Demokratischen Union Deutschlands (Hg.): Martin Luther Kings Vermächtnis, Berlin 1968.

Shelby, Tommie/Terry, Brandon M. (eds): To Shape a New World. Essays on the Political Philosophy of Martin Luther King, Jr., Cambridge, Mass.: Belknap Press 2018.

Silber, Stefan: Postkoloniale Theologien. Eine Einführung (UTB 5669), Tübingen/Basel 2021.

Smith, Ervin: The Ethics of Martin Luther King, Jr. (Studies in American Religion), New York/Toronto: Edwin Mellen Press 1981.

Smith, Karen E.: Kirche als Gemeinschaft der Gläubigen. Der Bundesgedanke in der frühen Ekklesiologie des Baptismus, in: Strübind, Andrea/Rothkegel, Martin (Hg.): Baptismus. Geschichte und Gegenwart, Göttingen 2011, 23-46.

Smith, Kenneth L./Zepp, Ira G.: Search for the Beloved Community. The Thinking of Martin Luther King, Jr. Valley Forge, Pennsylvania: Judson Press 1974.

Strübind, Andrea/Rothkegel, Martin (Hg.): Baptismus. Geschichte und Gegenwart, Göttingen 2011.

Strübind, Andrea: Die unfreie Freikirche. Der Bund der Baptistengemeinden im »Dritten Reich« (TVG Monographien und Studienbücher), Wuppertal 2., korrigierte und verb. Aufl. 1995.

Strübind, Andrea: Leben mit dem Gott des Bundes. Zur Bedeutung der ›Covenant‹-Theologie in der baptistischen Tradition, in: Link-Wieczorek, Ulrike/Swawat, Uwe (Hg.): Die Frage nach Gott heute. Ökumenische Impulse zum Gespräch mit dem »Neuen Atheismus« (Beihefte zur Ökumenischen Rundschau Nr. 111), Leipzig 2017, 181-194.

Strübind, Andrea: Martin Luther King und die »Black Church« als Trägerin der Bürgerrechtsbewegung, in: Kirchliche Zeitgeschichte 17, 2004, 500-518.

Strübind, Andrea: »Mission to Germany«. Die Entstehung des deutschen Baptismus in seiner Verflechtung mit der internationalen Erweckungsbewegung und den Schwesterkirchen in den USA und England, in: Strübind, Andrea/Rothkegel, Martin (Hg.): Baptismus. Geschichte und Gegenwart, Göttingen 2011, 163-200.

Swarat, Uwe: Selbstentäußerung Gottes und Heilsgeschichte, in: Link-Wieczorek, Ulrike/ders. (Hg.): Die Frage nach Gott heute. Ökumenische Impulse zum Gespräch mit dem »Neuen Atheismus« (Beihefte zur Ökumenischen Rundschau Nr. 111), Leipzig 2017, 500-517.

Swarts, Heidi J.: Organizing Urban America. Secular and Faith-based Progressive Movements, Minneapolis, Minnesota: University of Minnesota Press 2008.

Theoharis, Jeanne: The Rebellious Life of Mrs. Rosa Parks, Boston, Mass.: Beacon Press 2015 (2013).

Threadcraft, Shatema/Terry, Brandon M.: Gender Trouble: Manhood, Inclusion, and Justice, in: Shelby, Tommie/Terry, Brandon M. (eds): To Shape a New World. Essays on the Political Philosophy of Martin Luther King, Jr., Cambridge, Mass.: Belknap Press 2018, 205-235.

Thurman, Howard: Deep River. An Interpretation of Negro Spirituals, Oakland, California: Eucalyptus Press 1945.

Thurman, Howard: Jesus and the Disinherited, Boston, Mass.: Beacon Press, 1996 (1949).

Vials, Christopher: White Supremacy. Geschichte und Politik des Weißseins in den USA, in: APuZ 68 (12) 2018, 43-49.

Waldschmidt-Nelson, Britta: From Protest to Politics. Schwarze Frauen in der Bürgerrechtsbewegung und im Kongreß der Vereinigten Staaten, Frankfurt a.M./New York 1998.

Waldschmidt-Nelson, Britta: Gegenspieler. Martin Luther King – Malcolm X, Frankfurt a. M., 7. Aufl. 2014.

Waldschmidt-Nelson, Britta: The Trumpet of Conscience. Das Vermächtnis von Martin Luther King, in: Haspel, Michael/Waldschmidt-Nelson, Britta (Hg.): Martin Luther King. Leben, Werk und Vermächtnis, Weimar 2008, 111-138.

Waldschmidt-Nelson, Britta/Chatelain, Marcia/Monteith, Sharon (eds): Staging a Dream. Untold Stories and Transatlantic Legacies of the March on Washington (Bulletin of the German Historical Institute, Supplement 11), Washington DC: GHI 2015

Waldschmidt-Nelson, Britta: Malcolm X. Der schwarze Revolutionär, München 2015.

Walker, Kara: A Black Hole is Everything a Star Longs to Be. Zeichnungen 1992-2020, hg. v. Anita Haldemann, Genf: JRP Editions 2020.

Walzer, Michael: Just and Unjust Wars. A Moral Argument with Historical Illustrations, New York: Basic Books, 5th ed. 2015 (1977).

Ward, Brian: Sounds and Silences: Music and the March on Washington, in: Waldschmidt-Nelson/Chatelain/Monteith: Staging a Dream, 25-46.

Warnock, Raphael G.: The Divided Mind of the Black Church. Theology, Piety, and Public Witness (Religion, Race, and Ethnicity), New York: New York University Press 2013.

Weiß, Jana: Remember, Celebrate, and Forget? The Martin Luther King Day and the Pitfalls of Civil Religion, in: Journal of American Studies 53, 2019, 428-448.

Wendt, Simon: Martin Luther Kings Philosophie der Gewaltfreiheit. Prinzip oder Methode? Pazifismus, gewaltloser Protest und bewaffneter Widerstand in der Bürgerrechtsbewegung, in: Haspel, Michael/Waldschmidt-Nelson, Britta (Hg.): Martin Luther King. Leben, Werk und Vermächtnis (scripturae 1), Weimar 2008, 35-53.

Wendt, Simon: The Spirit and the Shotgun. Armed Resistance and the Struggle for Civil Rights, Gainesville, Florida: University Press of Florida 2010.

West, Cornel: Race Matters. With A New Introduction, Boston, Mass.: Beacon Press 2017 (1993).

West, Cornel: The Religious Foundations of the Thought of Martin Luther King, Jr., in: Albert, Peter J./Hoffman, Roland (eds): We Shall Overcome. Martin Luther King, Jr. and the Black Freedom Struggle, New York: Da Capo Press 1993 (1990), 113-129.

Whitman, James Q.: Hitler's American Model. The United States and the Making of Nazi Race Law, Princeton, New York: Princeton University Press 2017.

Williams, Preston N.: An Analysis of the Conception of Love and its Influence on Justice in the Thought of Martin Luther King, Jr., in: JRE 18 (2) 1990, 15-32.

Wills, Richard W.: Martin Luther King, Jr. and the Image of God, Oxford/New York: Oxford University Press 2009.

Woodward, C. Vann: The Strange Career of Jim Crow, New York: Oxford University Press 1955.

Wright, Richard: Native Son, New York/London: Harper & Brothers 1940.
Young, Andrew: An Easy Burden. The Civil Rights Movement and the Transformation of America, Atlanta, Georgia: JSJ Enterprises & Publishing, LLC, 25th Anniversary Edition 2021 (1996).

Anmerkungen

1. Die Sehnsucht nach Gerechtigkeit
Der Busboykott in Montgomery 1955/1956

1 Weiß/Schwarz in Bezug auf Menschen und Institutionen wird groß geschrieben, um deutlich zu machen, dass es sich nicht um quasi biologische Zuordnungen, sondern soziale Konstrukte handelt.

2 Vgl. zum Folgenden auch Haspel, Michael: Politischer Protestantismus und gesellschaftliche Transformation. Ein Vergleich der Rolle der evangelischen Kirchen in der DDR und der schwarzen Kirchen in der Bürgerrechtsbewegung in den USA, Tübingen/Basel 1997, 239-244. Im Laufe des Buches greife ich immer wieder auf Ideen, Formulierungen und auch Texte zurück, die ich an anderer Stelle schon veröffentlicht habe, ohne dies jeweils im Einzelnen nachzuweisen. Die entsprechenden Texte sind im Literaturverzeichnis angegeben.

3 Der Name »Jim Crow« leitet sich von einer Figur in einem Spottlied her und verweist auf die angeblich untergeordnete Stellung der Schwarzen gegenüber den Weißen. Dabei haben sich Weiße Künstler als Schwarze verkleidet und Gesicht und unbedeckte Körperpartien schwarz eingefärbt. Hier liegt ein wesentlicher Grund für die hohe Sensibilität gegen »Blackfacing« im Kulturbetrieb. Vgl. Balzer, Jens: Ethik der Appropriation, Berlin 2022, 25-29.

4 In dem wunderbaren Film »Selma« (Ava DuVernay. USA 2014) wird dies eindrücklich dargestellt. Überhaupt ist dieser Film als Überblick und zum Verständnis des sozio-kulturellen Kontexts sehr zu empfehlen.

5 Vgl. Morris, Aldon D.: The Origins of the Civil Rights Movement. Black Communities Organizing for Change, New York: Free Press; London: Collier Macmillan Publishers 1986 (1984), 104f.

6 Vgl. McAdam, Doug: Political Process and the Development of Black Insurgency 1930-1970, Chicago/London: University of Chicago Press 1985 (1982), 68f.

7 Colson Whitehead macht diesen Mechanismus eindrücklich in seinem Roman »John Henry Days« transparent.

8 Vgl. McAdam: Political Process, 69-73.

9 Vgl. Azaransky, Sarah: This Worldwide Struggle. Religion and the International Roots of the Civil Rights Movement, New York: Oxford University Press 2017; Dorrien, Gary: Breaking White Supremacy. Martin Luther King, Jr. and the Black Social Gospel, New Haven/London: Yale University Press 2018, 9; 161.

10 Oft wird dieser Mord fälschlicherweise als Lynch-Mord bezeichnet. Das Lynching als Instrument der Weißen Vorherrschaft zeichnete sich aber gerade durch seine Öffentlichkeit aus. Es hatte oft den Charakter von Volksfesten. Es wurden Postkarten produziert. In aller Regel gehörte dazu neben anderen Foltertechniken auch das Erhängen. Gerade durch die straflose Öffentlichkeit des Verbrechens wurde symbolisch die Gewaltordnung bekräftigt. Vgl. Berg, Manfred: Lynchjustiz in den USA, Hamburg 2014.

11 Diese dramatische Geschichte wurde 2022 unter dem Titel ›Till‹ (Chinonye Chukwu, USA 2022; dt.: Till – Kampf um die Wahrheit) verfilmt.

12 Vgl. Lewis, John/D'Orso, Michael: Walking with the Wind. A Memoir of the Movement, New York et al.: Simon & Schuster Paperbacks 1998, 46-48; Eyes on the Prize: Interview with Rosa Parks, http://digital.wustl.edu/cgi/t/text/text-idx?c=eop;cc=eop;rgn=main;view=text;idno=par0015.0895.080. Rosa Parks war kurz vor dem Beginn des Busboykotts am 27. November 1955 bei einer Informationsveranstaltung über die Ermordung Emmett Tills in der Dexter Ave Baptist Church.

13 Vgl. Carson, Clayborne et al. (eds): The Papers of Martin Luther King, Jr., Vol. I-VII, Berkely/Los Angeles/London/Oakland: University of California Press 1992ff. Auf diese Edition wird im Folgenden mit dem Kürzel MLKP und der Bandangabe verwiesen. Hier: MLKP VII, 167-181, Zitat 181. Das englische »redemptive« kann sowohl erlösend als auch befreiend bedeuten. Wir werden dies noch an anderen Stellen sehen. Hier wie auch an vielen anderen Stellen benutzt King Ideen oder auch Textabschnitte aus Predigtsammlungen, die er allerdings für den Kontext anpasst.

14 Vgl. King, Jr., Martin Luther: Recommendations to the Dexter Avenue Baptist Church for the Fiscal Year 1954-1955, in: MLKP II, 287-294.

15 Vgl. King, Jr., Martin Luther: Stride Toward Freedom. The Montgomery Story, New York: HarperCollins Publishers 1986 (1958), 26.

16 King: Recommendations, 290. Die Übersetzungen stammen, insofern es nicht anders angegeben wird, vom Vf. Die damals gebräuchliche Bezeichnung »negro« für Schwarze Menschen wird in der Regel mit »Schwarze/r« übersetzt. Der amerikanische Terminus »race« hat eine andere Bedeutung als der deutsche Begriff »Rasse«. Im Amerikanischen umfasst er neben der ethnischen Herkunft auch kulturelle und soziale Prägungen. Der deutsche Begriff »Rasse« ist viel enger biologistisch. Da es keine menschlichen »Rassen« gibt, wird versucht, dieses Konzept in der Übersetzung im Deutschen nicht zu verwenden. Vgl. Jenaer Erklärung: Das Konzept der Rasse ist das Ergebnis von Rassismus und nicht dessen Voraussetzung (https://www.uni-jena.de/190910-jenaererklaerung). Gleichwohl gibt es aber Rassismus, dessen Kern ja gerade ist, Ungleichwertigkeit aufgrund biologischer und ethnischer Unterschiede zu postulieren.

17 Vgl. Berg, Manfred: The Ticket to Freedom. Die NAACP und das Wahlrecht der Afro-Amerikaner, Frankfurt a. M. 2000.

18 From Rosa Parks August 26, 1955, in: MLKP II, 572. Der Brief ist von Rosa Parks geschrieben, deren Verhaftung im Dezember desselben Jahres zum berühmten Busboykott in Montgomery führte. Vgl. King, Stride, 31; 41.

19 Vgl. King: Stride, 32f.

20 Vgl. King, Jr. Martin Luther: Annual Report, Dexter Avenue Baptist Church, 1954-55, in: MLKP II, 578-583; ders.: Annual Report, Dexter Avenue Baptist Church, 1955-56 (BU Box 77, Folder X-11), 6 (Der Bericht ist zwar abgedruckt in: MLKP III, 409-412, aber die hier zitierten Angaben sind ausgelassen); ders.: Annual Report, Dexter Avenue Baptist Church, 1956-57 (BU Box 77, Folder X-11), 6. Auch hier fehlen die Zahlen in MLKP IV, 287-290.

21 Eine der wenigen Ausnahmen ist Theoharis, Jeanne: The Rebellious Life of Mrs. Rosa Parks, Boston, Mass.: Beacon Press 2015 (2013), 61.

22 Wo es sprachlich geht, werden die Begriffe ›Sklaverei‹ und ›Sklaven‹ vermieden und stattdessen ›Versklavung‹ bzw. ›Versklavte‹ verwendet, um deutlich zu machen, dass es sich bei der Versklavung von Menschen nicht um eine quasi natürliche Institution handelt, sondern um ein Unrecht, das Menschen anderen Menschen um ihres eigenen Vorteils willen antun.

23 Vgl. Theoharis: Rosa Parks, 66.

24 Vgl. Robinson, Jo Ann Gibson: The Montgomery Bus Boycott and the Women Who Started It, Knoxville, Tenn.: The University of Tennessee Press 1987.

25 King: Stride, 53.

26 Vermutlich hat die von Marcus Garvey 1914 gegründete Universal Negro Improvement Association (UNIA) Pate gestanden.

27 »Gewählt« kann man nicht sagen, da die Gründung der MIA und auch die »Wahl« des Vorstandes nicht durch eine größere Gruppe demokratisch legitimiert war. Die Pastoren hatten in den Gemeinden eine sehr starke Position und so war auch die MIA eher autoritär strukturiert.

28 Vgl. zum Ganzen Garrow, David J.: Bearing the Cross. Martin Luther King, Jr., and the Southern Christian Leadership Conference, New York: Vintage Books 1988 (1986), 15-24; Morris, Origins, 51-63; Abernathy, Ralph D.: And the Walls Came Tumbling Down. An Autobiography, New York: Harper and Row Publishers 1989, 131-149; King: Stride, 40-58.

29 Siehe King, Jr., Martin Luther: »A Comparison of the Conceptions of God in the Thinking of Paul Tillich and Henry Nelson Wieman« (1955), in: MLKP II, 339-548. Schreiben scheint ihm schwer gefallen zu sein. Schon in seinen Arbeiten in der Studienzeit einschließlich der Dissertation finden sich geliehene Passagen, die heute als Plagiate eingestuft würden. Auch in seinem Montgomery-Buch sollten später »geliehene« Passagen entdeckt werden. Mit allen seinen Büchern hat er sich schwer getan. Er war ein Mann des Wortes – des gesprochenen Wortes! Zur Plagiatsproblematik hinsichtlich der Dissertation siehe den entsprechenden Abschnitt der Einleitung des Bandes (23-26). Ob King gleichwohl ein »authentischer« Theologe war, wird in Kap. 14 diskutiert.

30 Vgl. zum ganzen Abschnitt Haspel: Politischer Protestantismus, 277-281.

31 Vgl. King: Stride, 46-64; Garrow: Bearing, 23f.; Abernathy: And the Walls, 149-153.

32 In Kings Buch Stride Toward Freedom wird sie im Anhang als Mitglied des Vorstandes der MIA genannt.

33 MLKP III, 71-74, 78-79. Alle Zitate dort. Bei dem Text handelt es sich um ein Transkript einer Audioaufnahme: https://kinginstitute.stanford.edu/king-papers/documents/mia-mass-meeting-holt-street-baptist-church. Die Version, die King für sein Buch Stride Toward Freedom rekonstruiert hat, führte eine Zeit lang für Spekulationen, ob es quasi eine Abschwächung für die Öffentlichkeit sei, da darin stärker der Aspekt der Liebe betont sei als die Forderung nach Gerechtigkeit wie im Original. Mir scheinen die Unterschiede nicht so gravierend. Inzwischen ist die Debatte auch deshalb abgeflaut, weil insgesamt mehr Texte aus dem Nachlass Kings publiziert wurden.

34 Weder der Ausdruck »iron feet of oppression« noch »iron feet« sind im Englischen geläufig. King hat sicher die »tönernen Füße« im Sinn gehabt, die nach Dan 2,34 sprichwörtlich geworden sind. Dann wären die eisernen Füße das Gegenteil von tönernen Füßen: also massiv und unnachgiebig. Allerdings werden in Dan 2,34 die Füße des zerstörten Götzenbildes als »von Eisen und Ton« beschrieben.

35 Morris: Origins, a.a.O.

36 King: Stride, 134f.

37 A.a.O., 138.

38 Zur Biografie und Bedeutung Rustins in der Bürgerrechtsbewegung siehe Hirschfelder, Nicole: Oppression as Process. The Case of Bayard Rustin (American Studies Vol. 254), Heidelberg 2014.

39 Vgl. https://kinginstitute.stanford.edu/encyclopedia/smiley-glenn-e.

40 Vgl. Kamin, Ben: Dangerous Friendship. Stanley Levison, Martin Luther King Jr., and the Kennedy Brothers, East Lansing, Mich.: Michigan State University Press 2014, 63f.

41 Zu den Gerichtsverfahren vgl. Kennedy, Randall: Martin Luther King's Constitution. A Legal History of the Montgomery Bus Boycott, in: The Yale Law Journal 98, (6) 1989, 999-1067. Zitat auf 1048f.

2. Die Kraft der Liebe
Kings Konzept des aktiven gewaltfreien Widerstandes

1 Vgl. zum ganzen Kapitel Mantena, Karuna: Showdown for Nonviolence: The Theory and Practice of Nonviolent Politics, in: Shelby, Tommie/Terry, Brandon M. (eds): To Shape a New World. Essays on the Political Philosophy of Martin Luther King, Jr., Cambridge, Mass.: Belknap Press 2018, 78-104; Haspel, Michael: Das »Große Welthaus«. Martin Luther Kings Bedeutung für die Friedensdiskussion, in: EvTh 75 (5) 2015, 341-357. In überarbeiteter Fassung auch erschienen als: Das »Große Welthaus«. Martin Luther Kings Bedeutung für die Friedensdiskussion (1929-1968), in: Hofheinz, Marco/van Oorschot, Frederike (Hg.): Christlich-theologischer Pazifismus im 20. Jahrhundert (Studien zur Friedensethik, Bd. 56), Baden-Baden 2016, 253-276.

2 King, Jr., Martin Luther: A Call to Conscience. Landmark Speeches of Dr. Martin Luther King, Jr., ed. by Carson, Clayborne/Shepard, Kris, New York/Boston: Grand Central Publishing 2001, 51.

3 In frühen Texten und vor allem in der Berichterstattung wird auch der Begriff des »passiven Widerstands« verwendet. Das ist aber in der Sache falsch, weil ja aktiv gegen ein Übel vorgegangen wird.

4 King, Jr., Martin Luther: Pilgrimage to Nonviolence, in: Stride, 90-107, 102. Kursivierung M.H.

5 Vgl. dazu King: Stride, 102; ders.: Strength to Love, Philadelphia, Penns.: Fortress Press 1981 (1963), 56. Siehe auch Williams, Preston N.: An Analysis of the Conception of Love and its Influence on Justice in the Thought of Martin Luther King, Jr, in: JRE 18 (2) 1990, 15-32, 22; Smith, Kenneth L./Zepp, Ira G.: Search for the Beloved Community. The Thinking of Martin Luther King, Jr, Valley Forge, Penns.: Judson Press 1974.

6 Auf diese nicht unproblematische Vorstellung bei King werde ich in Kap. 10 ausführlicher eingehen.

7 King, Jr., Martin Luther: Loving Your Enemies, in: Strength, 49-57, 51. King hielt eine Predigt mit gleichem Titel etwa ein Jahr nach dem Ende des Busboykotts, am 17. November 1957 in Montgomery (MLKP IV, 315-324; King, Jr., Martin Luther: A Knock at Midnight. Inspiration From the Great Sermons of Reverend Martin Luther King, Jr., ed. by Carson, Clayborne/Holloran, Peter, New York: Little, Brown & Company 1988, 41-60). Wie bei den meisten Predigten hat King sie immer wieder variiert. Die gedruckte Fassung unterscheidet sich von der früheren Version. Das Zitat ist aus der gedruckten Fassung von 1963. Die Metapher der Gottebenbildlichkeit findet sich in der früheren Fassung nicht. Siehe zu Kings Verwendung dieses Konzepts unten ausführlich Kap. 6.

8 In der Perspektive des Bostoner Personalismus leitet sich die Personalität der Menschen aus der Personalität Gottes ab. Personalität wird als höchstes Gut angesehen. Siehe Kap. 3.

9 Die Social Gospel-Bewegung entstand im 19. Jh. aus der Zweiten Großen Erweckungsbewegung und vertrat die Auffassung, dass zum christlichen Glauben notwendig der Einsatz gegen soziale Missstände, wie z.B. Armut, gehöre. Deshalb rückt das soziale Engagement der Kirchgemeinde in den Mittelpunkt, weil die Überwindung des Übels und die Mitwirkung am Reich Gottes möglich erscheint.

10 King: Pilgrimage, 106f.

11 Zur Problematik des zivilen Ungehorsams insgesamt siehe Braune, Andreas (Hg.): Ziviler Ungehorsam. Texte von Thoreau bis Occupy, Stuttgart 2017.

12 Vgl. King: Pilgrimage, 90-107.

13 Vgl. inter alia Garrow, D. J.: The Intellectual Development of Martin Luther King, Jr., Influences and Commentaries, in: Union Seminary Quarterly Review 40, 1986, 5-20; Ansbro, John J.: Martin Luther King, Jr. The Making of a Mind, Maryknoll: Orbis Books 3rd ed. 1990 (1982).

14 Der von King 1950 am Crozer Theological Seminary verfasste autobiografische Text »An Autobiography of Religious Development« enthält jedenfalls noch keinerlei Hinweis auf eine pazifistische Grundhaltung bzw. auf die Bedeutung des aktiven gewaltfreien Widerstandes (MLKP I, 359-363. Ein Faksimile des Autografen 364-

379). In einem King zugeschriebenen Text des folgenden Jahres bezeichnet er sich selbst nicht als »absolute pacifist«, vertritt aber die Position, dass Krieg vermieden und überwunden werden muss. Ausdrücklich stellt er in Frage, ob Gandhis Ansatz auch unter anderen Umständen erfolgreich sein werde (MLKP I, 434f.).

15 Zu Gandhis gewaltfreier Methode siehe Gandhi, Mohandas Karamchand: Gewaltfreiheit. Auszüge aus Reden und Schriften, hg. v. Gita Dharampal-Frick, Stuttgart 2014.

16 King: Pilgrimage, 97.

17 Vgl. Ling, Peter J.: Martin Luther King, Jr., London/New York: Routledge 2002, 46-52; Branch, Taylor: Parting the Waters. America in the King Years 1954-63, New York: Simon and Schuster 1989, 143-205; Garrow: Intellectual Development, 5-20.

18 Vgl. dazu die Einleitung in MLKP V, 2-12.

19 King: Farewell Statement for all India Radio, MLKP V, 135f. Eine ungefähr gleichlautende Formulierung, die aber in Kings Entwurf ursprünglich gar nicht enthalten war, findet sich in: King: My Trip to the Land of Gandhi, MLKP V, 231-238.

20 Vgl. dazu Wendt, Simon: The Spirit and the Shotgun. Armed Resistance and the Struggle for Civil Rights, Gainesville: University Press of Florida 2010; ders.: Martin Luther Kings Philosophie der Gewaltfreiheit. Prinzip oder Methode? Pazifismus, gewaltloser Protest und bewaffneter Widerstand in der Bürgerrechtsbewegung, in: Haspel, Michael/Waldschmidt-Nelson, Britta (Hg.): Martin Luther King. Leben, Werk und Vermächtnis (scripturae 1), Weimar 2008, 35-53.

21 So argumentiert King auch noch 1967: King, Jr., Martin Luther: The President's Address to the Tenth Anniversary Convention to the Southern Christian Leadership Conference, Atlanta, Georgia, August 16, 1967, in: Scott, Robert Lee/Brockriede, Wayne (eds): The Rhetoric of Black Power, New York/Evaston/London: Harper and Row 1969, 146-165, hier 159f. und Where, 59.

22 King: Outline, The Philosophy of Nonviolence, MLKP V, 520f.

23 MLKP I, 435. Es wird auch weithin übersehen, dass King mit seinem Ansatz zwischen dem Erfolg in Montgomery 1956 und dann der Kampagne in Birmingham 1963 keinen wirklichen Erfolg vorzuweisen hatte. Es müsste also die Argumentation, die sich auf den Erfolg des aktiven gewaltfreien Widerstands bezieht, so wie es King selbst immer wieder gemacht hat, differenziert betrachtet werden. Man müsste dann auch erklären können, warum zwischen 1956 und 1963 kein großer Erfolg möglich war.

24 Es wurde King vorgeworfen, dass es feige sei, sich selber nicht gewaltsam zur Wehr zu setzen, aber Kinder in der Weise zu instrumentalisieren, dass zumindest billigend in Kauf genommen wurde, dass sie Opfer von Gewalt wurden, um darüber die nationale Öffentlichkeit zu mobilisieren.

25 Vgl. dazu King, Jr., Martin Luther: Letter from Birmingham Jail, in: ders.: We Can't Wait, New York: Harper and Row Publishers 1964, 76-95, 78f. In diesem Band stellt King seine Perspektive auf die Birmingham-Kampagne dar. Zu den gesellschaftlichen Voraussetzungen des Protestes siehe Morris: Origins; McAdam, Political Process; Haspel: Protestantismus, 284-308.

3. Nomen est omen? Spirituelle Herkunft und theologische Prägung

1 King sprach am Morgen auf der Waldbühne in West-Berlin vor über 20.000 Menschen und später bei seinem einzigen Besuch im damaligen Ostblock in der Marien- und dann der Sophienkirche nochmals vor einigen Tausend. Einen guten Überblick über den Besuch bietet https://www.befg.de/de/aktuelles-schwerpunkte/nachrichten/artikel/vor-55-jahren-martin-luther-kings-ueberraschende-predigt-in-ost-berlin/ Ausführlicher wird der Besuch unten in Kap. 11 behandelt.

2 Kairos ist der Gott der günstigen Gelegenheit. Mit Kairos werden besondere Momente und Konstellationen bezeichnet, in denen für kurze Zeit etwas möglich ist, was davor und danach aussichtslos erscheint.

3 King: Sermon Held at St. Mary's Church (13.09.1964). Zitiert nach https://digitales-archiv.aacvr-germany.org/. Der Pfad geht über »author« – »King, Martin Luther, Jr.«.

4 Vgl. King, Sr., Martin Luther/Riley, Clayton: Daddy King. An Autobiography, New York: Morrow 1980, 18, 78f.

5 Reddick, Lawrence Dunbar: Crusader Without Violence. A Biography of Martin Luther King, Jr., Montgomery, Alabama: NewSouth Books 2018 (1959), 60f.

6 Vgl. das Faksimile MLKP I, 26 und 30f.

7 Weder im offiziellen Bericht (Harnisch, Walter/Schmidt, Paul (Hg.): Fünfter Baptisten-Welt-Kongress. Deutscher Bericht des in Berlin vom 4. bis 10. August 1934 gehaltenen Kongresses, Kassel 1934) noch in Andrea Strübinds einschlägiger Monographie (Strübind, Andrea: Die unfreie Freikirche. Der Bund der Baptistengemeinden im »Dritten Reich« (TVG Monographien und Studienbücher), Wuppertal 2., korr. und verb. Aufl. 1995. Hier Kap 5.3, 149-180) gibt es Hinweise auf eine Exkursion nach Wittenberg. Ebenso gibt es in Wittenberg keinen Hinweis auf den Besuch einer solchen Reisegruppe, etwa im Gästebuch (Mail an Autor von der Stiftung Luthergedenkstätten Sachsen-Anhalt v. 10.1.2024).

8 Vgl. Branch: Parting, 44-47.

9 So etwa King, Jr., Martin Luther: A Comparison and Evaluation of the Theology of Luther with That of Calvin (1953), in: MLKP II, 174-191. In der Bibliografie findet sich kein Verweis auf eine originale Lutherschrift, sondern lediglich auf ein Kompendium zu Luthers Theologie, wohingegen aus Calvins Institutio in der englischen Übersetzung zitiert wird.

10 https://content.time.com/time/subscriber/article/0,33009,809103-2,00.html

11 POPE AND DR. KING CONFER ON RIGHTS; Pontiff Quoted as Backing Negro Struggles in U.S., NYT, 19.9.1964.

12 Vgl. Grosse, Heinrich: Absolute Gewissensbindung und mutige Unangepasstheit. Was Martin Luther King und Martin Luther bei aller Verschiedenheit verbindet, in: Pastoraltheologie 105, 2016, 500-519; Meusel, Georg: Der Thesenanschlag von Chicago. Martin Luther und Martin Luther King, Jr. in: Haspel, Michael/Reif-Spirek, Peter (Hg.): »Hier stehe ich und kann nicht anders!«. Martin Luther, Martin Luther King und die Musik, Leipzig 2017, 39-41. Anders als Grosse und Meusel und Coretta

Scott King in ihrer Biografie werte ich den »Thesenanschlag« in Chicago nicht als Bezugnahme zu Luther. In den Archivalien zu der Großveranstaltung am traditionellen Freiheitssonntag am 10.07.1966 findet sich kein Hinweis, dass der Thesenanschlag im Geiste Luthers als Zeichenhandlung geplant war. Da es keine andere Form gab, Kings 48 Forderungen an den Bürgermeister zu übergeben, wurden sie an den Stahltüren befestigt. Ein Pressebericht hat dies dann in Analogie zum Wittenberger Thesenanschlag gedeutet und wurde so etwa von Coretta Scott King und anderen aufgenommen. Vgl. Scott King, Coretta: Mein Leben mit Martin Luther King, Gütersloh 2. Aufl. 1979, 242.

13 Ich selbst war im Rahmen des Reformationsjubiläums mit zwei Vortragsreisen in den USA auch an diesem Unterfangen beteiligt: From Martin Luther to Martin Luther King. Spätestens als in der Diskussion am Morehouse College ein Kollege deutlich machte, dass die Situation der Bauern zur Zeit Luthers frappierende Ähnlichkeiten mit denen der abhängigen Schwarzen Farmer nach dem Bürgerkrieg bis in die Zeit Kings hatte, war klar, dass der Versuch, eine Verbindung zwischen beiden zu konstruieren, sinnlos ist.

14 Zu den folgenden Abschnitten vgl. Haspel, Michael: Martin Luther King, Jr.'s Theologie der Freiheit und Gerechtigkeit. Schwarze Kirche, Südstaatenbaptismus und Bostoner Personalismus, in: Theologisches Gespräch 49 (1) 2019, 3-16.

15 Nachdem in frühen Studien als Hauptquellen für Kings Theologie vor allem Weiße, europäische bzw. europäisch-stämmige Theologen reklamiert wurden, – und dies durchaus in Einklang mit Kings eigenen Angaben zu seiner intellektuellen Biografie (u.a. King, Stride, 90-107) – gab es eine starke Gegenbewegung, die vor allem den Einfluss der afro-amerikanischen Herkunft Kings und seiner Sozialisation in der Schwarzen Kirche geltend machte (grundlegend dafür Cone, James H.: Martin Luther King, Jr., Black Theology – Black Church, in: Theology Today 40, 1984, 409-421; Garrow: Intellectual Development, 5-20). Damit verbunden war die Annahme, dass unveröffentlichte Texte Kings sehr viel stärker den afro-amerikanischen Einfluss deutlich machten als die auch für ein Weißes Publikum gedachten Publikationen, insbesondere dass die unveröffentlichten Texte stärker auf Gerechtigkeit ausgerichtet seien, die publizierten hingegen die Kategorie der Freiheit betonten. Auch wenn offensichtlich ist, dass Kings Texte generell kontextspezifisch sind und selbstverständlich für die Publikation redigiert wurden, lässt sich aufgrund der inzwischen erweiterten Quellenlage diese grundsätzliche Diskrepanz nicht weiter aufrechterhalten (so schon Baldwin, Lewis V.: There Is a Balm in Gilead. The Cultural Roots of Martin Luther King Jr., Minneapolis, Minnes.: Augsburg Fortress Press 1991, 13f.; s.a. Haspel: Politischer Protestantismus, 235f.). Auch ist der grundlegende Einfluss der Schwarzen Kultur sowie der Schwarzen Kirche und Theologie auf King unbestritten und inzwischen gut belegt.

16 King, Jr., Martin Luther: The Un-Christian Christian, in: Ebony 20, 1965, 77-80. Fast gleichlautend schon im Brief aus dem Gefängnis in Birmingham (ders.: Why We Can't Wait, New York: Harper and Row Publishers 1964, 91).

17 Vgl. Martin, Sandy Dwayne: Die Entstehung und frühe Entwicklungsphase des afro-amerikanischen Baptismus im globalen Kontext (1750-1930), in: Strübind, Andrea/Rothkegel, Martin (Hg.): Baptismus. Geschichte und Gegenwart, Göttingen 2011, 109-138; Geldbach, Erich: Zur Anfangsgeschichte schwarzer Baptisten in Nordamerika, in: a.a.O., 95-108.

18 Vgl. Lincoln, C. Eric/Mamiya, Lawrence H.: The Black Church in the African American Experience, Durham/London: Duke University Press, 5th ed. 1992 (1990).

19 Vgl. Cone, James H.: The Spirituals and the Blues. An Interpretation, New York: Seabury Press 1972; ders.: The Cross and the Lynching Tree, Maryknoll, New York: Orbis, 8th ed. 2017 (2011).

20 Vgl. Haspel, Michael: »Redemptive Suffering« in Martin Luther Kings Theologie, in: ZThG 23, 2018, 213-233. Siehe auch unten Kap. 10.

21 Vgl. z.B die Predigt »The Death of Evil upon the Seashore«, in: King: Strength to Love, 77-86.

22 King, Jr., Martin Luther: I've been to the Mountain Top (1968), in: Call, 207-223, 223, Der Titel der Predigt wird auch mit »I See the Promised Land« angegeben. Für Kings Verständnis der lukanischen Theologie entscheidend: Thurman, Howard: Jesus and the Disinherited, Boston, Mass.: Beacon Press 1996 (1949).

23 So ist es nicht überraschend, dass bei King neben dem Exodus und prophetischen Texten Gleichnisse aus dem lukanischen Sondergut überproportional vorkommen. Sein Jesusbild ist entscheidend geprägt von Thurman: Jesus and the Disinherited.

24 Vgl. Smith, Karen E.: Kirche als Gemeinschaft der Gläubigen. Der Bundesgedanke in der frühen Ekklesiologie des Baptismus, in: Strübind/Rothkegel: Baptismus, 23-46; Swarat, Uwe: Selbstentäußerung Gottes und Heilsgeschichte, in: Link-Wieczorek, Ulrike/ders. (Hg.): Die Frage nach Gott heute. Ökumenische Impulse zum Gespräch mit dem »Neuen Atheismus« (Beihefte zur Ökumenischen Rundschau Nr. 111), Leipzig 2017, 500-517; Strübind, Andrea: Leben mit dem Gott des Bundes. Zur Bedeutung der ›Covenant‹-Theologie in der baptistischen Tradition, in: Strübind/Rothkegel, Baptismus, 181-194.

25 Vgl. 1 Kor 1,23.

26 King, Jr., Martin Luther: Suffering and Faith (1960), in: King, Jr., Martin Luther: A Testament of Hope. The Essential Writings and Speeches of Martin Luther King, Jr., ed. by Washington, James M., San Francisco, Calif.: Harper Collins 1991 (1986), 41f. (Diese Textsammlung wird im Folgenden mit »Testament« abgekürzt) Das Konzept der »social salvation« findet sich schon bei Rauschenbusch und nimmt auch in der theologischen Debatte zur Zeit Kings eine wichtige Rolle ein. Siehe etwa Bennett, John C.: Social Salvation. A Religious Approach to the Problems of Social Change, New York/London: Charles Scribner's Sons 1935.

27 Zwar war Rauschenbusch auch Baptist, aber die Social Gospel-Bewegung war überkonfessionell und eng mit der liberalen protestantischen Theologie verknüpft, die eher in Spannung zum traditionellen evangelikalen Baptismus steht. Zu Kings Rauschenbusch-Rezeption siehe Dziewas, Ralf: Martin Luther King, Jr. Ein Visionär der Liebe, in: ZThG 23, 2018, 191-212.

28 Dorrien: Breaking, a.a.O.

29 Vgl. MLKP I, 225-294.

30 King: Strength, 107-114.

31 King: Strength, 146-154, hier 153. Kursivierung im Original. Burrow, Jr., Rufus: God and Human Dignity. The Personalism, Theology and Ethics of Martin Luther King, Jr., Notre Dame, Ind.: University of Notre Dame Press 2006, 89-123. Auf diesen Abschnitt beziehen sich auch die folgenden Ausführungen.

32 Jones, William R.: Is God A White Racist? A Preamble to Black Theology, Garden City, New York: Anchor Press 1973.

33 Wenn ich richtig sehe, wird dieser Gedanke der Selbstbeschränkung Gottes im Personalismus und bei King aber nicht mit der Inkarnations- oder Kenosis-Vorstellung verknüpft. Siehe dazu Swarat: Selbstentäußerung Gottes und Heilsgeschichte, a.a.O.

34 Burrow: God and Human Dignity, 101.

35 In der King-Rezeption und -Deutung vertritt vor allem Cone die Auffassung, King vertrete weiter die traditionelle Omnipotenz-Vorstellung der Schwarzen Kirche (Cone, James H.: Martin and Malcolm and America. A Dream or a Nightmare?, Maryknoll, New York: Orbis Books 1992, 29f.; ders.: God of the Oppressed, Maryknoll, New York: Orbis Books 1997 (1975), 163). Textlichen Anhalt gibt es dafür durchaus, da King vor allem in Predigten in afro-amerikanischen Gemeinden traditionelle Sprache und Metaphorik benutzt. Ich halte die Argumentation von Burrow für überzeugend. Sie wird m.E. auch gestützt durch den systematischen Zusammenhang bei King von Gottesvorstellung, Cooperatio Dei, Redemptive Suffering etc. Vgl. zu den kritischen Perspektiven Burrow: God and Human Dignity, 120-123.

36 In seiner Dissertation grenzt King dann die personalistische Position gegen Vorstellungen bei Paul Tillich und Henry Nelson Wieman ab, die in Kings Auffassung die Personalität Gottes bzw. seine Benevolenz aufgeben, beides Attribute, die für King essenziell sind. Siehe King: Comparison, a.a.O.

37 Burrow: God and Human Dignity, 90.

38 Eine solche Vorstellung einer objektiven moralischen Ordnung bzw. objektiver moralischer Werte würden man heute in der Ethik als moralischen Realismus kategorisieren.

39 King, Jr., Martin Luther: The Power of Nonviolence (1957), in: Testament, 12-15, hier 14.

40 Vgl. Baker-Fletcher, Garth: Somebodyness. Martin Luther King, Jr., and the Theory of Dignity, Minneapolis, Minnes.: Fortress Press 1993; Wills, Richard W.: Martin Luther King, Jr. and the Image of God, Oxford/New York: Oxford University Press 2009, und unten Kap. 6.

41 Vgl. Wills: Image of God, 94-112. Wills verwendet dafür den Ausdruck »cooperative grace« und ordnet King als »Semi-Pelagianer« ein (94f.). Die Vorstellung der cooperatio findet sich auch im Social Gospel: »It is faith to see God at work in the world and to claim a share in his job.« (Rauschenbusch, Walter: A Theology for the Social Gospel, Nashville, Tenn.: Abingdon Press 1987, 102).

42 Hochgeschwender, Michael: Erweckte und Verschreckte. Die religiöse Umwelt Abraham Lincolns, in: Nagler, Jörg/Haspel, Michael (Hg.): Lincoln und die Religion. Das Konzept der Nation unter Gott (scripturae 2), Weimar 2012, 55-86, hier 69. Vgl. dazu auch ders.: Amerikanische Religion. Evangelikalismus, Pfingstlertum und Fundamentalismus, Frankfurt a. M./Leipzig 2007, besonders 77-116.

43 Grundlegend dazu Niebuhr, Reinhold: Moral Man and Immoral Society. A Study in Ethics and Politics, New York: Charles Sribner's Sons 1960 (1932).

44 King: Stride, 99.

45 In Abwandlung des Diktums Schleiermachers, er sei wieder ein Herrnhuter geworden, allerdings höherer Ordnung (Brief an Georg Reimer, Gnadenfrei, den 30. April 1802 (Nr. 1220), in: KGA, Abt. 5, Bd. 5, Briefwechsel 1801-1802, Göttingen 1999, 393). Er bringt damit zum Ausdruck, dass er zwar im engen Sinn kein Herrnhuter war, aber wesentliche Elemente Herrnhuter Theologie und Frömmigkeit, wie etwa die Bedeutung des religiösen Gefühls, in seiner Theologie und Spiritualität wirksam sind. Vgl. Gräb, Wilhelm: Ein Herrnhuter – höherer Ordnung. Die Spiritualität Friedrich Daniel Ernst Schleiermachers (1768-1834), in: Zimmerling, Peter (Hg.): Handbuch Evangelische Spiritualität, Bd. 1: Geschichte, Göttingen 2017, 529-548.

4. Die Mühen der Ebene
Vom spontanen Studierenden-Protest zur sozialen Bewegung

1 Vgl. Rustin, Bayard: From Protest to Politics. The Future of the Civil Rights Movement (1964), in: ders.: Time on Two Crosses. The Collected Writings of Bayard Rustin, ed. by Carbado, Devon W./Weise, Donald, New York: Cleis Press 2015, 116-129.

2 Zu diesem Abschnitt siehe insgesamt Branch: Parting, 206-311.

3 »Give Us the Ballot«, Address Delivered at the Prayer Pilgrimage for Freedom, 17.05.1957, MLKP 4, 208-215. Auch abgedruckt in King: Call, 47-56. Mit »Kongress« werden beide Kammern der Legislative zusammen bezeichnet, also Senat und Repräsentantenhaus.

4 Im Original: »the whole human race«.

5 »Organizing« kann man schlecht übersetzen. Es bedeutet, Menschen für einen politischen Zweck zu motivieren, zu schulen etc. Vgl. z.B. Swarts, Heidi J.: Organizing Urban America. Secular and Faith-based Progressive Movements, Minneapolis, Minnes.: University of Minnesota Press 2008.

6 Vgl. Threadcraft, Shatema/Terry, Brandon M.: Gender Trouble: Manhood, Inclusion, and Justice, in: Shelby/Terry: To Shape a New World, 205-235; Dyson, Michael Eric: I May Not Get There with You. The True Martin Luther King, Jr., New York/London: Free Press 2000, 197-216.

7 Mit dem Begriff »White Supremacy« (Weiße Überlegenheit) werden rassistische Ideologien bezeichnet, die eine Überlegenheit Weißer Menschen über andere ethnische Gruppen behaupten und dies gesellschaftlich durch Segregation und Diskriminierung durchsetzen wollen.

8 Vgl. u.a. Dorrien: Breaking, 227.

9 Zur Entdeckung des Plagiarismus siehe Carson, Clayborne: Martin's Dream: My Journey and the Legacy of Martin Luther King Jr.: A Memoir, New York: Palgrave Macmillan 2013, 123-33. Der Untersuchungsbericht zur Dissertation ist abgedruckt in: MLKP II, 339-544. Hilfreich ist auch die Einleitung dieses Bandes. Zu plagiierten Stellen in den Büchern siehe Eig, Jonathan: The Life of Martin Luther King, London et al.: Simon & Schuster 2023, 202.

10 King: Why, 17.

11 Vgl. Dorrien: Breaking, 351.

5. Sit-ins und Freiheitsfahrten
Vom studentischen Protest zur sozialen Bewegung 1960/61

1 Vgl. auch zum Folgenden Lewis: Walking, 45f.

2 Lewis gibt an, die Predigt 1955 gehört zu haben. Allerdings hielt King diese Predigt mehrfach im Herbst und Winter 1956. Am 7. September bei der Bundessynode der Schwarzen Baptisten (National Baptist Convention) und am 4. November in Montgomery. Von der Predigt in Montgomery existiert eine Audiodatei, so dass zu vermuten ist, dass diese der Radioübertragung zugrunde lag (https://www.youtube.com/watch?v=7p5iOhXumaQ). Abgedruckt ist der Text vom 4. November: Paul's Letter to American Christians, Sermon Delivered at Dexter Avenue Baptist Church, 04.11.1956, MLKP 3, 414-420. King hat diese Predigt auch später immer wieder gehalten. Eine überarbeitete Version veröffentlichte er 1963 in: Strength, 137-145. Aktuell wieder veröffentlicht in Knock, 25-36, 29. Die Wiedergabe hier bezieht sich auf den Text in den MLKP. Es ist eher unwahrscheinlich, dass Kings Predigten schon vor Beginn des Busboykotts im Radio gesendet wurden.

3 Es gab spätestens ab 1963 auch Schallplatten mit Reden Kings, die wohl nicht wenig verbreitet waren. Der Protagonist in Colson Whiteheads Roman »Nickel Boys« wurde durch eine solche Platte, die es bei seiner Oma gab, von Kings Vision der Gleichheit, Gerechtigkeit und Freiheit politisiert. Für viele Schwarze in den ländlichen Gebieten des Südens dürften solche Tondokumente ein wichtiger Zugang zu ihrer eigenen Geschichte und ein wesentlicher Impuls für die Infragestellung der Unterdrückung gewesen sein. In den Schulen wurde das nicht gelehrt. In den Weißen Medien kam es nicht vor. Auch Michael Dyson berichtet autobiografisch, dass er Kings Reden über eine Schallplatte kennengelernt habe: Dyson: I May Not, 14.

4 Arnold, Martin: Gütekraft. Ein Wirkungsmodell aktiver Gewaltfreiheit nach Hildegard Goss-Mayr, Mohandas K. Gandhi und Bart de Ligt (Religion – Konflikt – Frieden Bd. 4), Baden-Baden 2011.

5 Lewis: Walking, 123.

6 Moye, J. Todd: Ella Baker. Community Organizer of the Civil Rights Movement, Lanham, Maryland: Rowman & Littlefield Publishers Inc 2013, 116.

7 Moye: Ella Baker, 2.

8 Zitiert nach Branch: Parting, 352. Dort auch Belege für den ganzen Abschnitt.

9 Gefängnisse sind noch heute der größte Wirtschaftsfaktor im Landkreis Tatnall. Generell wurden nach dem Ende der Versklavung viele Schwarze Männer wegen Bagatellen zu langen Freiheitsstrafen mit Zwangsarbeit verurteilt. So wurde ihre Arbeitskraft weiter kostenlos ausgebeutet. Das Gefängnissystem ist noch heute im ganzen Süden ein wichtiger Wirtschaftsfaktor. Siehe zum sogenannten ›Prison Industrial Complex‹ Alexander, Michelle: The New Jim Crow. Masseninhaftierung und Rassismus in den USA, München 2016.

10 Innerhalb der Kennedy-Kampagne war dies hoch umstritten, denn für die Verantwortlichen in Georgia war das oberste Ziel, die demokratische Elite im Süden nicht zu kompromittieren. Allerdings gab es einen Flügel, der generell das Engagement für Bürgerrechte stärken wollte. Hinter den Kulissen wurde also heftig taktiert und zum Teil intrigiert.

11 Vgl. Branch: Parting, 373-378.

12 Vgl. zu den Freiheitsfahrten Branch: Parting, 415-491; Ling: King 2015, 77-86.

13 Branch: Parting, 423

14 Branch: Parting, 656-672.

15 Die Film-Biografie »J. Edgar« von Clint Eastwood (USA 2011) ist unbedingt empfehlenswert, da sie nicht nur das Leben Hoovers in Szene setzt, sondern zugleich eine durch die Angst vor kommunistischer Unterwanderung geprägte Geschichte des öffentlichen Diskurses in den USA vom Ende des Ersten Weltkrieges bis in die 1960er-Jahre bietet, ohne die viele Entwicklungen nicht verstehbar sind.

16 Garrow, David J.: The FBI and Martin Luther King, Jr., Harmondsworth Middlesex, UK/New York: Penguin Books 1983 (1981), 23f.

17 Nach der Gründung der Sowjetunion hatte diese eine gewisse Anziehungskraft auf Schwarze in den USA. Die Verfassung versprach keinerlei Diskriminierung aufgrund der Herkunft. Es wanderten sogar Schwarze Arbeiter in die UdSSR aus. Da sie oft besonders behandelt wurden, machten sie zunächst positive Erfahrungen. Deshalb war auch die Kommunistische Partei in den USA für Schwarze attraktiv, bevor die stalinistischen Verbrechen in vollem Umfang bekannt wurden. Der damals international bekannte afro-amerikanische Sänger, Schauspieler und Bürgerrechtler Paul Robeson hat seinen ersten Besuch in der Sowjetunion 1934 als Befreiung erlebt. Er wurde später in den USA mit Auftritts- und Ausreiseverbot belegt. Gleichwohl war er ein wichtiger Mentor von Harry Belafonte. Vgl. Schubert, Maria: »We Shall Overcome«. Die DDR und die amerikanische Bürgerrechtsbewegung (Sammlung Schöningh zur Geschichte und Gegenwart), Paderborn 2018, 45-142. Entsprechend propagierte die CPUSA die Aufhebung der Segregation und volle Gleichstellung der Schwarzen und versuchte, mit dieser Verheißung auch Schwarze als Mitglieder zu rekrutieren. Davon gibt der berühmte Roman »Native Son« von Richard Wright tragisches Zeugnis (Wright, Richard: Native Son, New York/London: Harper & Brothers 1940).

18 Vgl. https://kinginstitute.stanford.edu/levison-stanley-david

19 Belafonte wurde schon 1956 von King um Unterstützung gebeten. Er war viel stärker, als in der Regel wahrgenommen wird, mit der Bürgerrechtsbewegung verbunden. Und zwar nicht nur als Organisator von Solidaritäts- und Benefizkonzerten und finanzieller Förderer, sondern als Berater, Mittelsmann zu den Kennedys und schließlich als Freund Kings. Siehe Belafonte, Harry/Shnayerson, Michael: My Song. A Memoir, New York: Alfred A. Knopf 2011, bes. 146, 296.

20 Vgl. Garrow: FBI, 46, 57, 65.

21 Vgl. Garrow: FBI, 77.

22 Siehe ausführlich dazu unten Kap. 11.

23 Vgl. Garrow: FBI, 150.

24 Vgl. Garrow: FBI, 174-176.

25 Vgl. Garrow: FBI, 60.

26 Zu empfehlen ist das Reportagebuch Kamin, Ben: Dangerous Friendship. Stanley Levison, Martin Luther King Jr., and the Kennedy Brothers, East Lansing, Mich.: Michigan State University Press 2014. Kamin ergänzt das Material, das schon Garrow vorlag, durch Interviews mit Familienangehörigen und Freunden Levisons. Diese geben einen besseren, aber weiterhin begrenzten Einblick.

27 Garrow: FBI, 40f.; Kamin: Dangerous, 45f.

28 In dem Aktenkonvolut zu Levison 62-HQ-116395/EBF/073(https://www.archives.gov/files/research/jfk/releases/docid-32989538.pdf) auf Seite 14 (abweichend von der Paginierung der Einzeldokumente durchgehende Paginierung in der Fußzeile). Das entspreche heute in etwa zusammen 200.000 US$.

29 Garrow: FBI, 97.

30 Belafonte: My Song, 135-139; 159-162; 280-284.

31 Vgl. Gerrow: FBI, 97.

6. Rassismus als Sünde
Gottebenbildlichkeit und Gotteskindschaft als Begründungen der Gleichheit aller Menschen

1 Ausführliche Belege zu diesem Kapitel finden sich in: Haspel, Michael: Martin Luther King, Jr.'s Usage of the Concepts of Children of God and imago Dei as Theological Foundation of Equality, Human Dignity and Human Rights, in: Journal of Black Religious Thought 1, 2022, 60-87; ders.: Gotteskindschaft und Gottebenbildlichkeit. Theologische Begründungen von Gleichheit, Menschenwürde und Menschenrechten bei Martin Luther King, Jr., in: ZThG 28, 2023, 32-52.

2 Ex 4,22. Cf. Hos 11,1; Deut 32,6; Jer 31,9.

3 Vgl. u.a. Deut 14,1; Ps 73; Jes 43,6; 63,16; Hos 2,1. Siehe auch Röm 9,4.

4 Röm 8,14. Vgl. Mat 5,9; Lk 6,35; 20,36; Joh 1,12; 11,52; Röm 8,16-21; 9,8; Gal 3,26; Phil 2,15; 1 Joh 3,1, 2,10; 5,2.

5 Erst seit Kurzem wird in Studien das Verhältnis des Gebrauchs im Alten und Neuen Testament untersucht. Vgl. Kessler, Rainer: Kinder Israels und Gottes Kinder – Ge-

schwisterlichkeit in der Hebräischen Bibel und im Neuen Testament, in: Schneider, Ulrike/Völkening, Helga/Vorpahl, Daniel (Hg.): Zwischen Ideal und Ambivalenz. Geschwisterbeziehungen in ihren soziokulturellen Kontexten, Frankfurt a. M. 2015, 105-116.

6 Alle Bespiele sind entnommen aus Carpenter, Delores/Williams, Nolan E. (eds): African American Heritage Hymnal. 575 Hymns, Spirituals and Gospel Songs, Chicago, Ill.: Gia Publication 2001. Weitere Beispiele finden sich bei Cone, James H.: The Spirituals and the Blues, a.a.O. Der Verweis auf das Camp Meeting zeigt den Kontext der Erweckungsbewegung mit großen Revivals unter freiem Himmel an.

7 Underground Railroad war der Deckname für ein Fluchthilfesystem für versklavte Schwarze, bei dem die einzelnen sicheren Unterkünfte als Bahnhöfe (station) bezeichnet wurden. Es bildeten sich aber auch Siedlungen von befreiten Schwarzen in unzugänglichen Gebieten des Südens, die als maroon communities bezeichnet werden. Dabei kam es öfter auch zu Kooperationen mit Indigenen. Literarisch verarbeitet ist die Underground Railroad im Roman mit diesem Titel von Colson Whitehead.

8 In 3 Joh 1,4 ist es genau genommen der »Älteste« als Verfasser des Briefes, der in Anspruch nimmt, der (geistliche) Vater der dort genannten Kinder zu sein.

9 In diesem Sinne kann W.E.B Du Bois formulieren, dass die Befreiung erwartet wird als »Great Day when He should lead His dark children home«. Du Bois, W.E.B: Of the Faith of the Fathers, in: ders.: The Souls of Black Folks, Centenary Edition, ed. by Gates Jr., Henry Louis/Hume Oliver, Terre, New York/London: W.W. Norton & Company 1999, 119-129, 125.

10 Zur Bedeutung des Exodus für afro-amerikanische Religiosität und Theologie vgl. den locus classicus Raboteau, Albert J.: African-Americans, Exodus, and American Israel, in: Johnson, Paul E. (ed.): African-American Christianity. Essays in History, Berkeley, Calif.: University of California Press 1994, 1-17; ders.: Slave Religion. The »Invisible Institution« in the Antebellum South, Oxford: Oxford University Press 2004 (1978).

11 Unter den aus Afrika verschleppten Menschen waren auch zahlreiche Muslime. In bestimmten Regionen wirkten die indigenen Religionen fort, auch weil für längere Zeit viele Sklavenhalter die Evangelisierung der von ihnen versklavten Menschen unterbanden. Im Second Great Awakening wurde aber ein Großteil der versklavten Schwarzen evangelisiert. Das evangelikale Christentum wurde so zum vereinigenden kulturellen Band der Schwarzen, die ja aus ganz unterschiedlichen kulturellen Kontexten stammten. Vgl. Pinn, Anne H./Pinn, Anthony B.: Fortress Introduction to Black Church History, Minneapolis, Minnes.: Fortress Press 2001.

12 Fairclough, Adam: To Redeem the Soul of America: The Southern Christian Leadership Conference and Martin Luther King, Jr., Athens, Georgia: University of Georgia Press 1987.

13 Vgl. Cone: The Spirituals, 34f.

14 Vgl. Miller, Keith D.: Martin Luther King's Biblical Epic: His Final, Great Speech (Race, Rhetoric and Media), Jackson, Miss.: University Press of Mississippi 2011, 44.

15 Douglass, Frederick: The Race Problem (1890), in: Daley, James (ed.): Great Speeches by Frederick Douglass, Mineola, Texas: Dover Publications 2013, 88-104, 90.

16 Alle Zitate aus Thurman, Howard: Deep River. An Interpretation of Negro Spirituals, Oakland, Calif.: Eucalyptus Press 1945, 1.

17 King, Jr., Martin Luther: »Six Talks Based on Beliefs That Matter by William Adams Brown«, in: MLKP I, 280-289, 280, Fn 1. Zu Informationen zu Kings Studium am Crozer Seminary siehe Parr, Patrick: The Seminarian: Martin Luther King Jr. Comes of Age, Chicago, Ind.: Lawrence Hill Books 2018.

18 King: Six Talks, 281. Interessanterweise war dies auch das Motto der Freimaurer. Vgl. Coulter, Dale M.: How God became America's Father. Civil Religion and the Fatherhood of God, https://www.firstthings.com/blogs/firstthoughts/2014/06/the-fatherhood-of-god. Prince Hall, der Gründer der ersten Schwarzen Freimaurerloge, hat die Formulierung schon im späten 18. Jh. verwendet (Prince Hall: A Charge delivered to the Brethren of the African Lodge, 1792, in: Porter, Dorothy (ed.): Early Negro Writing. 1760-1837, Baltimore, Maryland: Black Classic Press 1995, 63-69; ders.: A Charge delivered to the African Lodge, 1797, in: ders.: Early Negro Writing, 70-78).

19 Alle Zitate King: Six Talks, 281f.

20 Mays, Benjamin: Religion and Racial Tensions (1950), in: Colston, Freddie C. (ed.): A Long Journey. Dr. Benjamin E. Mays: Speaks on the Struggle for Social Justice in America, Bloomington, Ind.: Xlibris Corporation 2011, 90-99, 95. Mays war – wie auch Kings Vater – Mitglied einer Schwarzen Freimaurerloge.

21 Vgl. Mays, Benjamin: Martin Luther King Jr. (1980), in: A Long Journey, 232-239.

22 Vgl. Dorrien, Gary: The New Abolition. W.E.B. Du Bois and the Black Social Gospel, New Haven, Conn.: Yale University Press 2015.

23 King: Stride, 190.

24 King: »I Have a Dream«, in: Call, 81-87, 87. Beinahe identisch schon in: ders.: »Address at the Freedom Rally in Cobo Hall«, in: Call, 61-73, 72-73.

25 In einem Forschungsprojekt haben wir 152 Stellen identifiziert, an denen der Begriff oder eine Variante in Kings Werk vorkommt.

26 Vgl. Calvin: Institutio I, 15, 3-4.

27 King: »Love in action«, in: Strength, 25-33, 30 u. ö.

28 Die Präambel der Allgemeinen Erklärung der Menschenrechte bringt zum Ausdruck: »faith in fundamental human rights, in the dignity and worth of the human person and in the equal rights of men and women«. Art. 1 beinhaltet: »All human beings are born free and equal in dignity and rights«.

29 King: »The Ethical Demands for Integration«, in: Testament, 117-125, 118f. Dieses Verständnis stimmt mit dem magnus consensus gegenwärtiger atl. Wissenschaft überein. Die sogenannte funktionale Interpretation versteht das Konzept der imago Dei im Kontext der Religion und Kultur des Alten Orients. Aufgrund von schriftlichen, aber auch archeologischen Zeugnissen wird deutlich, dass dort der König (oder manchmal die Priester) als Ebenbild Gottes wahrgenommen wurde, der Gott

auf der Erde vertritt. In diesem Sinne verweist das Konzept der Gottebenbildlichkeit nicht auf eine ontologische oder qualitative Ähnlichkeit menschlicher Wesen mit Gott, sondern auf die Funktion, Gott auf der Erde zu repräsentieren. Dies ist eng verbunden mit dem Konzept des dominium terrae und der Verantwortung zur Bewahrung der Schöpfung. Im biblischen ersten Schöpfungsbericht wird diese Würde des Königs allen Menschen zugesprochen. Darin liegt das universelle Potenzial. Denn im atl. Zeugnis gibt es keinen Beleg dafür, dass die Imago durch das sündhafte Handeln der Menschen beschädigt würde oder gar verloren ginge. Diese Verbindung findet sich dann erst bei Augustin und der ihm folgenden theologischen Tradition. Vgl. Barton, John: Ethics in Ancient Israel, Oxford: Oxford University Press 2014, 63-67. Siehe auch Kessler, Rainer: Der Weg zum Leben. Ethik des Alten Testaments, Gütersloh 2017, 93-121; Haspel, Michael: Sozialethik in der globalen Gesellschaft. Grundlagen und Orientierung in protestantischer Perspektive, Stuttgart 2011, 78-86.

30 King: The Ethical Demands, 122.

31 King: »The American Dream«, Sermon Delivered at Ebenezer Baptist Church, in: Knock, 85-100, 88; vgl. 93-94. Allerdings wird in der Unabhängigkeitserklärung das Konzept der Gottebenbildlichkeit gar nicht verwendet. Es wird lediglich gesagt, dass alle Männer gleich geschaffen sind. Außerdem ist der Leitbegriff nicht die Würde, sondern es geht um die Grundlegung von Rechten.

32 Vgl. ders.: The American Dream, in: Testament, 208.

33 King: The American Dream, in: Knock, 88.

34 Vgl. Haspel, Michael: Theology and International Justice. The Image of God and a comprehensive Understanding of Human Rights, in: Hansen, Len/Koopman, Nico/Vosloo, Robert (eds): Living Theology, Wellington (RSA): Bible Media 2011, 554-568. Ders.: Gottebenbildlichkeit und Menschenwürde. Implikationen für Bildung und öffentlichen Diskurs in Martin Luther King, Jr.'s Konzeption ›Öffentlicher Theologie‹, in: Zeitschrift für Pädagogik und Theologie 64, 2012, 251-264. Überraschenderweise gibt es bei King – anders als ich in den hier angegebenen Artikeln noch annehme – keine systematische Beziehung zwischen Würde und Rechten. Beide leitet er gleichursprünglich aus der Gottebenbildlichkeit bzw. der Gotteskindschaft ab. Siehe dazu Haspel, Michael: Human Dignity and Human Rights from David Walker to Martin Luther King, Jr.; erscheint in einem Themenband ›Civil Rights – Human Rights – Social Justice: Legacies of Black Freedom Struggles in the Transatlantic World‹ der Amerikastudien/American Studies (Amst) 2024.

35 Einige der großen Reden wurden von Mitarbeitern Kings vorformuliert. Da könnte man annehmen, dass ggf. dieses neue Konzept nicht vorkommt. Es fehlt aber auch in den von King selbst verfassten oder improvisierten Reden.

36 King, Jr., Martin Luther: Nobel Lecture. https://www.nobelprize.org/prizes/peace/1964/king/lecture/, 6.

37 King, Jr., Martin Luther: Where Do We Go From Here? Chaos or Community, New York: Harper and Row Publishers 1968 (1967), 97.

38 Vgl. King: Where, 84, 99, 180.

39 King, Jr., Martin Luther: A Christmas Sermon on Peace (1967), in: The Trumpet of Conscience, San Francisco, Calif.: Harper and Row Publishers 1987 (1968), 67-78, 71f.

40 An verschiedenen Stellen setzt King sie rhetorisch als *Hendiadyoin* ein, durch das eine Bedeutung durch zwei unterschiedliche Wörter ausgesagt und damit verstärkt wird.

41 Die Wendung »equal worth and dignity« ist auch ein *Hendiadyoin*.

42 Erstmals wurde diese Begründungsfigur von der EKD strictu sensu m. W. 1985 in der Denkschrift »Evangelische Kirche und freiheitliche Demokratie« verwendet. Siehe Evangelische Kirche und freiheitliche Demokratie, in: Grüne Reihe 2/4: Soziale Ordnung, Wirtschaft, Staat (Evangelische Kirche in Deutschland), Gütersloh 1985, 19. Allerdings findet sich eine christologische Herleitung der Würde des Menschen »in seiner Berufung zur Gottebenbildlichkeit« schon 1978 (Die soziale Sicherung im Industriezeitalter, in: GR 2/2: Soziale Ordnung, Wirtschaft, Staat (Evangelische Kirche in Deutschland), Gütersloh 1978, 115-161, 138. Zur Entwicklung siehe Huber, Wolfgang/Tödt, Heinz E.: Menschenrechte. Perspektiven einer menschlichen Welt, Stuttgart/Berlin, 3. Aufl. 1988 (1977), 64-73.

43 Die Frage stellt sich dann, wie diese Änderung zustande kam. Diese theologische Position scheint nicht aus der Schwarzen Tradition zu stammen (vgl. Haspel, Michael: Die Quellen von Martin Luther Kings theologischer Konzeption der Menschenrechte und sozialen Gerechtigkeit, in: ZThG 21, 2016, 290-315; ders., Image of God and Immediate Emancipation. David Walker's Theological Foundation of Equality and the Rejection of White Supremacy, in: Harvard Theological Review 117 (1) 2024, 138-160; Dorrien: The New Abolition, a.a.O.). Eine Möglichkeit, wo King auf die Gottebenbildlichkeit in diesem Sinne gestoßen sein könnte, ist das Werk von Abraham Joshua Heschel (etwa The Prophets, New York: Harper & Row, 1962; repr., 5th impr. edition, Vol.2, Peabody, Mass.: Hendrickson Publishers, 2017, 6. Siehe auch The Prophets, New York 1962, 226. Das Buch ist eine überarbeite englische Ausgabe seiner in Berlin eingereichten Dissertation »Das prophetische Bewußtsein«, die noch 1936 in Kraków publiziert wurde, bevor Heschel Deutschland verlassen musste und konnte. Vgl. aber auch Heschel, Abraham J.: What is Man?, in: ders., Between God and Man. An Interpretation of Judaism, ed. by Rothschild, Fritz A., New York: Simon & Schuster 1959, 233-241, 234). King und Heschel waren ab 1963 bekannt und befreundet und es gab Ähnlichkeiten in ihrer Theologie. Vgl. Heschel, Susannah: Theological Affinities in the Writings of Abraham Joshua Heschel and Martin Luther King, Jr., in: Chireau, Yvonne/Deutsch, Nathaniel (eds): Black Zion: African-American Religious Encounters with Judaism, New York/Oxford: Oxford University Press 2000, 168-186. Eine andere, die wohl wahrscheinlichere Möglichkeit ist, dass King schon vor Veröffentlichung mit dem Buch seines Lehrers George Kelsey vertraut war: Racism and the Christian Understanding of Man, New York: Scribner 1965.

7. Bombingham
Die Birmingham-Kampagne und das öffentliche Gewissen

1 Siehe Waldschmidt-Nelson, Britta: Malcolm X. Der schwarze Revolutionär, München 2015, und schon zum Vergleich von King und Malcolm X Waldschmidt-Nelson, Britta: Gegenspieler. Martin Luther King – Malcolm X., Frankfurt a.M., 7. Aufl. 2014.

2 Ling: King 2015, 89-104.

3 Es wird oft übersehen, dass die Sklaverei in den »slave states« der Nordstaaten (Delaware, Kentucky, Maryland und Missouri) damit noch nicht beendet wurde. Das geschah erst mit dem 13. Verfassungszusatz am Ende des Bürgerkriegs 1865.

4 Der Brief ist auf den 16. April datiert, wurde nach Kings Freilassung auf Kaution als Flugschrift verbreitet, in mehreren Zeitschriften veröffentlicht und schließlich in redaktionell leicht bearbeiteter Form in Kings Buch zur Birmingham-Kampagne abgedruckt: King: Why, 76-95. In diesem Band stellt King die Birmingham-Kampagne aus seiner Sicht dar und entwickelt daraus strategische Perspektiven.

5 »Injustice anywhere is a threat to justice everywhere« ist eines der bekanntesten Zitate Kings, das er in seinen Ansprachen immer wieder verwendet, und das Ausdruck seines Universalismus ist. Viele Bilder und Sentenzen in Kings Reden und Predigten sind Zitate anderer Autoren. Hier habe ich keinen anderen Beleg gefunden und es scheint ein »echter King« zu sein. Freilich wird der Gedanke Kants aufgenommen, dass, wenn »die Rechtsverletzung an einem Platz der Erde an allen gefühlt wird«, das Völkerrecht zum öffentlichen Menschenrecht werde (Kant, Immanuel: Zum ewigen Frieden, Königsberg 1795/1796, BA 46). Ähnlich auch in der Metaphysik der Sitten: »daß Übel und Gewaltthätigkeit an einem Orte unseres Globs an allen gefühlt wird« (VI, 353).

6 Die Formulierung bei King weicht leicht vom Original ab. Lincoln verwendet die Formulierung »I believe this government cannot endure, permanently half slave and half free« immer wieder in seinen Äußerungen, vor allem in den 1850er-Jahren. Am bekanntesten ist sie durch seine House Divided-Rede: Lincoln, Abraham: A House Divided. 18.06.1858, in: The Collected Works of Abraham Lincoln, Bd. 2, New Brunswick, NJ: Rutgers Univ. Press 1953, 462-469, 462 (https://quod.lib.umich.edu/l/lincoln/). Die Aussage Lincolns ist dabei gar nicht normativ. Er vertritt die These, dass entweder alle Staaten der Union die Sklaverei erlauben werden oder sie allen verboten werden wird.

7 »Weiße Kirche« steht für die Gesamtheit der Kirchen mit traditionell ausschließlich oder überwiegend Weißen Mitgliedern unabhängig von den konfessionellen Unterschieden.

8 Der Liedermacher Fritz Müller, der King 1964 in Ostberlin erlebt hat, hat dazu ein Lied geschrieben: Die Story vom kleinen Jonny. Darin werden die Kinder gefragt: Hast Du Deine Zahnbürste dabei? Dies als Zeichen der Bereitschaft, ins Gefängnis zu gehen. Das Lied erlangte in den ev. Kirchen in der DDR erhebliche Bekanntheit.

9 Nicht zu verwechseln mit dem Kinderkreuzzug von 1212.

10 Es gehört zu den Zynismen der Geschichte, dass jüdische Emigranten, die vor den anti-jüdischen Gesetzen Nazideutschlands, welche den Black Codes in den Südstaaten nachempfunden waren, in den Süden der USA geflohen waren, nun auf die aus den Black Codes entwickelten Segregationsgesetze trafen, die sich gegen eine andere ethnische Minderheit richteten.

11 Ling: King, 132. Zum Ganzen, a.a.O., 100-136.

8. Die Rolle der Schwarzen Kirche und die Bedeutung der Musik in der Bürgerrechtsbewegung

1 Vgl. zu diesem Kapitel: Haspel, Michael: Freie Kirchen und der Kampf um politische Freiheit. Die Rolle der Black Church in der Bürgerrechtsbewegung in den USA, in: Rothkegel, Martin/Assmann, Reinhard (Hg.): Eine freie Kirche in einer freien Gesellschaft. Freikirchliche Perspektiven auf das Verhältnis von Kirche und Staat (Schriftenreihe des Berliner Instituts für vergleichende Staat-Kirche-Forschung 30), Berlin 2019, 171-197.

2 Vgl. Lincoln/Mamiya: The Black Church, 1f.; Pinn/Pinn: Fortress Introduction, 11.

3 Vgl. Frazier, E. Franklin: The Negro Church in America, New York: Schocken Books 1974 (1964), 1-5; Pinn/Pinn: Black Church, 10f. In der Karibik und in Lateinamerika überlebten religiöse und kulturelle Praktiken in stärkerem Maße oder wirkten in transformierter Gestalt fort und sind von dort aus auch (wieder) in die USA gelangt; vgl. Pinn, Anthony B.: Varieties of African American Religious Experience, Minneapolis, Minnes.: Fortress Press 1998.

4 Vgl. u.a. Cone, The Spirituals and the Blues, a.a.O.; Broecking, Christian: Jazz und die afroamerikanische Protestkultur, in: Haspel/Reif-Spirek: »Hier stehe ich und kann nicht anders!«, 45-57. Zur Frage des Leidens siehe Pinn, Anthony B.: Why, Lord? Suffering and Evil in Black Theology, New York: Continuum 1995.

5 Vgl. Martin: Entstehung und frühe Entwicklungsphase des afro-amerikanischen Baptismus, 109-138; Geldbach: Zur Anfangsgeschichte schwarzer Baptisten in Nordamerika, in: Strübind; Rothkegel, Baptismus, 95-108.

6 Pinn/Pinn: Black Church, 11f.

7 Vgl. Frazier: Negro Church, 17-51; Lincoln/Mamiya: Black Church, 92-163; McAdam: Political Process, 65-94.

8 Ein eindrückliches Zeugnis der Otherworldliness in Form der Holiness-Theologie, in der das persönliche Heil durch einen charismatischen Glauben und die individuell-moralische Lebensführung erreicht werden soll, gibt der mit King befreundete James Baldwin in seinem Roman »Go Tell It on the Mountain« von 1953.

9 Evangelische Kirche und freiheitliche Demokratie. Der Staat des Grundgesetzes als Angebot und Aufgabe, hg. vom Kirchenamt im Auftrag des Rats der EKD, Gütersloh 1985.

10 Vgl. Hudson, Winthrop S.: Religion in America. An Historical Account of the Development of American Religious Life, New York: Scribner, 2nd ed. 1973, 83-105.

11 Vgl. Brackney, William H.: Die Geschichte der Baptisten in Nordamerika, in: Strübind/Rothkegel (Hg.), Baptismus, 47-68, hier: 62-64; Rothkegel, Martin: Freiheit als Kennzeichen der wahren Kirche. Zum baptistischen Grundsatz der Religionsfreiheit und seinen historischen Ursprüngen, in: Strübind/ders. (Hg.): Baptismus, 201-228.

12 Vgl. Smith, Karen E.: Kirche als Gemeinschaft der Gläubigen. Der Bundesgedanke in der frühen Ekklesiologie des Baptismus, in: Strübind/Rothkegel (Hg.): Baptismus, 23-46; Pinn/Pinn: Black Church, 63-76.

13 Vgl. Brackney: Geschichte, 64.

14 Vgl. Nagler, Jörg: Abraham Lincoln. Amerikas großer Präsident, München 2009, 316-355.

15 Vgl. Haspel, Michael: Theologische Konzepte zur Kritik der Sklaverei bzw. Begründung von Gleichheit und Menschenwürde im anglo-amerikanischen Abolitionismus. Eine theologiegeschichtliche Untersuchung in systematischer Absicht, in: Kerygma und Dogma 69, (2) 2023, 52-78; ders: Gotteskindschaft und Gottebenbildlichkeit, 32-52.

16 Vgl. Nagler, Jörg/Haspel, Michael (Hg.): Abraham Lincoln und die Religion. Das Konzept der Nation unter Gott (scripturae 2), Weimar 2012.

17 Vgl. Kessler: Der Weg zum Leben, 415-441.

18 Diese Zusammenhänge finden sich schon in der ersten, improvisierten Rede, die King zu Beginn des Busboykotts in Montgomery gehalten hat; vgl. King, Jr., Martin Luther: Address to MIA Mass Meeting at Holt Street Baptist Church, Montgomery, Alabama. 5 December 1955, in: MLKP III, 71-79.

19 Vgl. Lincoln/Mamiya: Black Church, 115-126; Dorrien: New Abolition; ders.: Breaking.

20 King: Address to MIA Mass Meeting at Holt Street Baptist Church, in: MLKP III, 73.

21 Bei King steht hier explizit seine Auseinandersetzung mit dem Social Gospel Walter Rauschenbuschs im Hintergrund; siehe dazu jetzt Dziewas, Ein Visionär der Liebe, 191-212.

22 Vgl. Haspel: Theologie der Freiheit, a.a.O.

23 MLKP II, 287-294, hier: 290; vgl. King: Stride, 30.

24 Vgl. zum Gesamtzusammenhang des Abschnitts Baldwin, Lewis: The Voice of Conscience. The Church in the Mind of Martin Luther King, Jr., New York: Oxford University Press 2010; Haspel, Michael: Die Quellen von Martin Luther Kings theologischer Konzeption der Menschenrechte und sozialen Gerechtigkeit, in: ZThG 21, 2016, 290-316.

25 https://kinginstitute.stanford.edu/progressive-national-baptist-convention-pnbc. Raphael Warnock, der Nach-Nachfolger von Kings Vater an der Ebenezer Baptist Church und erster Schwarzer demokratischer Senator aus den Südstaaten beschreibt in seiner von James Cone betreuten Dissertation »The Divided Mind of the Black Church«, also etwa »Das gespaltene Bewusstsein der Schwarzen Kirche« diese Spaltung in evangelikal und sozialethisch orientierte Gemeinden. Er plädiert für die

Überwindung dieser Differenz und für den Zusammenhang von Pietät und politischem Engagement. Warnock, Raphael G.: The Divided Mind of the Black Church. Theology, Piety, and Public Witness (Religion, Race, and Ethnicity), New York: New York University Press 2013.

26 Vgl. etwa Luhmann, Niklas: Die Gesellschaft der Gesellschaft (2 Bände), Frankfurt a.M. 1997.

27 Siehe zum Verhältnis von Segregation und segmentärer Differenzierung: Haspel: Politischer Protestantismus, 252-257; zur theoretischen Grundlegung siehe 39-49.

28 Dabei spielten sowohl in der Leitung als auch vor allem an der Basis Frauen eine ganz besondere Rolle. Dies wird oft übersehen, weil die öffentlich sichtbaren Führungspersonen meist die Pastoren waren; vgl. Waldschmidt-Nelson, Britta: From Protest to Politics. Schwarze Frauen in der Bürgerrechtsbewegung und im Kongreß der Vereinigten Staaten, Frankfurt a.M./New York 1998.

29 Calhaoun-Brown, Allison: Upon This Rock. The Black Church, Nonviolence, and the Civil Rights Movement, in: Political Science & Politics 33 (2) 2000, 168-174, hier 174.

30 Vgl. zum ganzen Abschnitt Morris: Origins; McAdam, Political Process; Strübind, Andrea: Martin Luther King und die »Black Church« als Trägerin der Bürgerrechtsbewegung, in: KZG 17, 2004, 500-518; Haspel, Politischer Protestantismus, 232-308. In dieser knappen Rekonstruktion wird deutlich, dass man durchaus Parallelen zur Rolle der evangelischen Kirchen in der Bürgerbewegung der DDR ziehen kann: eine besondere strukturelle Rolle der Kirche, der Zugang zu Ressourcen und schließlich eine Theologie, welche die gesellschaftliche und sozialethische Verantwortung der Kirche betonte; vgl. Haspel: Politischer Protestantismus, bes. 309-331.

31 Zum Begriff des »organischen Intellektuellen« bei Antonio Gramsci vgl. §§ 12f. in Heft 11 der Gefängnishefte, in: Gramsci, Antonio: Gefängnishefte. Kritische Gesamtausgabe, Bd. 6, Hamburg/Berlin 1994. Auszugsweise sind die Testpassagen zusammengestellt in: Forgacs, David (ed.): An Antonio Gramsci Reader. Selected Writings 1916-1935, New York: Schocken Books 1988, 324-343.

32 Morris: Origins, 60.

33 Vgl. Carbado, Devon W./Weise, Donald: Introduction, in: Rustin: Time on Two Crosses, IX-XLIV, XXXII.

34 Vgl. Rustin, Bayard: Preamble to the March on Washington (1963), in: ders.: Time on Two Crosses, 112-115.

35 Vgl. Rustin, Bayard: From Protest to Politics. The Future of the Civil Rights Movement (1964), in: a.a.O., 116-129.

36 A.a.O., 125. Kursivierung im englischen Original.

37 Vgl. Berg, Manfred: »What we are fighting for ...« Die Bedeutung der Bürgerrechtsbewegung für die amerikanische und internationale Politik, in: Haspel/Waldschmidt-Nelson: Martin Luther King, 55-66, bes. 60.

38 Vgl. zum ganzen Absatz: ebd., 142-149; Lewis: Walking, 115-121; siehe auch die Dokumente in MLKP V, 522-540.

39 Vgl. dazu etwa auch Waldschmidt-Nelson: From Protest to Politics; dies.: The Trumpet of Conscience. Das Vermächtnis von Martin Luther King, in: Haspel/Waldschmidt-Nelson: Martin Luther King, 111-138.

40 Vgl. McAdam: Political Process, 156-159.

41 Vgl. zum Ganzen: a.a.O., 146-229.

42 Auch hier könnte man Parallelen zu der Rolle der evangelischen Kirchen in der DDR benennen. In den 1980er-Jahren waren sie vor allem Schutzraum für die alternativen Gruppen und konnten sowohl aufgrund ihrer gesellschaftlich-institutionellen Rolle stellvertretend für die Bevölkerung Anliegen gegenüber dem Staat vorbringen, als auch selbst Ersatzöffentlichkeit werden, in der Kritik geäußert werden konnte. In der aktuellen Phase der Friedlichen Revolution stellten die Kirchen vielfach Personal und Infrastruktur zur Verfügung und waren ein wichtiger Faktor der Massenmobilisierung. Zugleich hatten die Kirchenvertreter eine wichtige Funktion der Mediation und des friedlichen Interessenausgleiches etwa an den Runden Tischen. Mehrere Parteien wurden dann in Kirchenräumen und mit Unterstützung kirchlicher Mitarbeitenden gegründet. Sobald aber der Protestzyklus in den Modus der repräsentativen Demokratie überführt worden war, hatten die Kirchen alle diese Funktionen verloren. Dies hat bei vielen Kirchenleuten Irritationen ausgelöst, weil sie die strukturellen Konstitutionsbedingungen der jeweiligen Phasen nicht verstanden und sie meist nur in (geschichts-)theologischen Kategorien zu deuten wussten; vgl. Haspel: Politischer Protestantismus, 186-231.

43 Vgl. Haspel, Michael: Das Vermächtnis Martin Luther Kings als Zumutung und Herausforderung. Überlegungen zu einem angemessenen Gedenken, in: Pastoraltheologie 108, 2019, 17-28.

44 Den Text eines Spirituals aufnehmend: King, I Have a Dream (1963), in: Ders., Testament, 217-220, hier: 220.

45 Zu diesem Abschnitt siehe Haspel, Michael: We shall overcome ... Die Rolle der Musik in der Bürgerrechtsbewegung, in: gewagt! gewaltlos leben (Themenheft 2023 – 500 Jahre Täuferbewegung), Frankfurt a.M. 2023, 30-31; Broecking: Jazz und die afroamerikanische Protestkultur, 45-57; Cone: The Spirituals and the Blues; Thurman: Deep River; Ward, Brian: Sounds and Silences: Music and the March on Washington, in: Waldschmidt-Nelson, Britta/Chatelain, Marcia/Monteith, Sharon (eds): Staging a Dream. Untold Stories and Transatlantic Legacies of the March on Washington (Bulletin of the German Historical Institute, Supplement 11), Washington DC: GHI 2015, 25-46; Branch: Parting, 532; Belafonte: My Song, 278-280.

46 Eindrücklich dokumentiert in dem Film: Joan Baez: I Am a Noise (Miri Navasky, Maeve O'Boyle, Karen O'Connor; USA 2023).

47 Lewis: Walking, 82.

9. I have a Dream! Durch Versöhnung zur Geschwisterlichkeit

1 Literarisch verarbeitet und zu einer jüdisch-afroamerikanischen Familien-Saga entfaltet in: Powers, Richard: The Time of Our Singing. A Novel, New York, NY: Farrar Straus and Giroux 2003.

2 Dixie ist eine umgangssprachliche Bezeichnung für die ehemals konföderierten Südstaaten. General William T. Sherman ist berühmt für den von ihm geleiteten Marsch zum Meer von Atlanta nach Savannah im Winter 1864. Er hat dabei auf dem Weg des Vorstoßes die gesamte Infrastruktur zerstört. Aus Sicht der Nordstaaten eine kriegsentscheidende Heldentat, aus Sicht vieler Südstaatler eine Demütigung und Kriegsverbrechen. Die befreiten Versklavten empfingen Sherman begeistert. Einige Schwarze nahm er in seine Truppe auf.

3 Jim Crow als Synonym für das rassistische System der Segregation.

4 Vgl. Lewis: Walking, 218-228. Zitat 221.

5 Er findet auch literarische Erwähnung in Paul Austers fulminantem Familienroman »4 3 2 1« (2017) als Rabbiner der Familie Auster.

6 Whitman, James Q.: Hitler's American Model. The United States and the Making of Nazi Race Law, Princeton, NJ: Princeton University Press 2017.

7 King, Jr., Martin Luther: I have a Dream, in: Call, 81-87. King nutzte Module aus früher gehaltenen Reden (https://kinginstitute.stanford.edu/i-have-dream) und Entwürfe von Clarence Jones (https://kinginstitute.stanford.edu/jones-clarence-benjamin).

8 Diese Paraphrase von Amos 5,24 ist in zweifacher Hinsicht interessant. Zum einen zitiert King diese Stelle meist wie hier nach der King James-Bibel von 1617 und nicht wie sonst Bibelstellen aus einer modernen Übersetzung. Susan Ackerman vermutet, dass das Bild eines mächtigen Stroms in den Südstaaten mit dem Mississippi besonders eindrücklich gewesen ist. Vgl. Ackerman, Susan Ellen: Amos 5:18-24, in: Interpretation: A Journal of Bible and Theology 57 (2) 2003,190-193. Zum anderen zitiert King Amos 5,24 so soft mit dem »bis« (until), dass auf dem Bürgerrechtsdenkmal in Montgomery King (und nicht Amos) als Autor dieses Satzes angeführt wird. https://jcsm.auburn.edu/monument-and-the-memory-of-the-civil-rights-movement-the-civil-rights-memorial-montgomery-al/.

9 Dies könnte eine Anspielung auf Psalm 23,4 (»Und ob schon wanderte im finsteren Tal«) oder Psalm 84,7 (»Wenn solche durch das Tal der Tränen gehen, machen sie es zu lauter Quellen«) sein.

10 Howard-Pitney, David: The African American Jeremiad. Appeals for Justice in America, Philadelphia: Temple University Press rev. ed. 2005 (1990).

11 Vgl. u. a. Dorrien: Breaking, 351.

12 Der Anspruch einiger Staaten, Bundesrecht zurückzuweisen, wenn sie es für verfassungswidrig halten.

13 Der Anspruch einiger Staaten, Bundesrecht in ihrem Staat aufzuheben, wenn es schädlich erscheint.

14 Vgl. dazu vor allem zu weiteren direkten und indirekten literarischen Zitaten Miller, Keith D.: Voice of Deliverance. The Language of Martin Luther King, Jr., and Its Sources, Toronto: Maxwell Macmillian 1992, 142-158.

15 Hier wurde in der Übersetzung das generische Maskulinum verwendet, um den Sprachrhythmus zu erhalten.

16 https://kinginstitute.stanford.edu/baker-ella-josephine. Da die Übersetzung nicht ganz so eingängig ist wie das Original: »The movement made Martin rather than Martin making the movement.«

17 Zur Bedeutung des Fernsehens für die Bürgerrechtsbewegung in den 1960er-Jahren siehe Bodroghkozy, Aniko: Equal Time. Television and the Civil Rights Movement, Urbana/Chicago/Springfield, Ill.: University of Illinois Press 2013.

10. Erlösende Liebe und befreiendes Leiden

1 Vgl. Kamin: Dangerous, 170.

2 Die Familie des vierten Opfers wollte keine öffentliche Trauerfeier.

3 King: Eulogy for the Young Victims of the Sixteenth Street Baptist Church Bombing, 18.09.1963, in: Call, 95-99, 96.

4 Z.B. King: Stride, 85.

5 Im Sinne von Leibniz' Begriff des »physischen Übels« (»malum physicum«).

6 Im Anschluss an Kant könnte hier vom Erleiden der Auswirkung des Bösen gesprochen werden. Das scheint treffender als Leibniz' Begriff des »malum morale«.

7 Man könnte also sagen, das Leiden, das aus dem Kampf gegen das Böse resultiert.

8 Pinn: Why, a.a.O.

9 Edmondson, Mika: The Power of Unearned Suffering. The Roots and Implications of Martin Luther King, Jr.'s Theodicy (Religion and Race), Lanham, Maryland: Lexington Books 2017.

10 King: The Power of Nonviolence, 13. Alle Aspekte dieses und der nachfolgenden Zitate finden sich systematisch verdichtet in King: Pilgrimage to Nonviolence, in: Stride, 90-107.

11 King, Jr., Martin Luther: An Experiment in Love (1958), in: Testament, 16-20, hier 18.

12 Siehe zum Verhältnis von King und Malcolm X etwa Cone: Martin and Malcolm; Waldschmidt-Nelson: Gegenspieler.

13 Neben den Publikationen von und über Stokely Carmichael sei verwiesen auf eine frühe, von John Lewis überlieferte charakteristische Begebenheit: Lewis: Walking, 171.

14 King: The Power of Nonviolence, 14.

15 Hier steht Reinhold Niebuhrs Verständnis im Hintergrund, dass die Entsprechung der Liebe im gesellschaftlichen Bereich die Gerechtigkeit sei, allerdings von King so interpretiert, dass die christliche Liebe direkt auf gesellschaftliche Gerechtigkeit zielt, während Niebuhr mit dem Entsprechungsverhältnis stärker die Unterscheidung der Bereiche und Kategorien zum Ausdruck bringen wollte. Vgl. Niebuhr: Moral Man.

16 Karen Lebacqz kommt zu einem ähnlichen Ergebnis, auch wenn sie keinerlei Forschungsliteratur zu King heranzieht. Interessant ist, dass sie die Frage nach dem Leiden vor dem Hintergrund der medizinethischen Debatte bearbeitet. Lebacqz, Karen: Redemptive Suffering Redeemed, in: Green, Ronald M./Palpant, Nathan J. (eds): Suffering and Bioethics, Oxford: Oxford University Press 2014, 262-274, hier 266-268.

17 King und Bonhoeffer regen immer wieder zu Vergleichen an, weil es ganz offensichtliche Entsprechungen gibt. Beide sind im Alter von 39 Jahren als Märtyrer ermordet worden. Allerdings ist ein direkter Einfluss Bonhoeffers auf King nicht ersichtlich. Vgl. Roberts, J. Deotis: Bonhoeffer and King. Speaking Truth to Power, Louisville, Kentucky: Westminster John Knox Press 2005.

18 Vgl. King: Pilgrimage to Nonviolence, 103; Cone, James H.: The Theology of Martin Luther King, Jr., in: USQR 40, 1986, 21-39, hier 24f. und insbesondere Smith, Ervin: The Ethics of Martin Luther King, Jr. (Studies in American Religion), New York/Toronto: Edwin Mellen Press 1981, 98-126.

19 Man wird voraussetzen können, dass im kollektiven Gedächtnis die Parallelität zu Emmett Till präsent war. Der Vierzehnjährige wurde im August 1955 in Mississippi aus rassistischen Motiven brutal gefoltert und ermordet. Seine Mutter hat dann darauf bestanden, dass der entstellte Leichnam vor der Beerdigung in Chicago im offenen Sarg aufgebahrt wurde, so dass die Öffentlichkeit sehen konnte, was ihrem Sohn angetan wurde, um so einen Beitrag zur Überwindung des Lynching zu leisten. Zehntausende sind an dem offenen Sarg vorbeidefiliert. Dies hat eine Schockwelle ausgelöst. Das Gerichtsverfahren wurde zum Skandal. Künstlerisch wurde der Fall immer wieder aufgegriffen. Insgesamt hat die Ermordung von Emmett Till tatsächlich dazu beigetragen, das nationale Bewusstsein hinsichtlich des rassistischen Unrechts im Süden zu stärken.
Dieses Vorgehen war für die Mutter eine Möglichkeit, dem ungerechtfertigten und letztlich zufälligen Leiden ihres Sohnes Sinn zu geben. Bei Emmett Till ist es offensichtlich, dass er nicht wegen eines intentionalen Protesthandelns oder als Teil eines Protestzusammenhangs zum Opfer wurde, sondern allein aufgrund seiner Hautfarbe. Trotzdem konnte dieser Tod als Opfer im Kampf für Gerechtigkeit verstanden werden. Seine Mutter hat ihn sogar mit dem Tod Christi in Beziehung gesetzt: »Lord you gave your son to remedy a condition but who knows, but what the death of my only son might bring an end to lynching.« Zitiert nach Cone: The Cross and the Lynching Tree, 67. Vgl. dazu auch Lewis: Walking, 46f. Vor diesem Hintergrund wird die Inanspruchnahme der getöteten Mädchen als Märtyrerinnen durch King plausibel gewesen sein.

20 Opfer im Sinne von Geschädigte.

21 Kultisch dargebrachtes Opfer, um etwas zu erreichen.

22 Vgl. dazu in anderem Zusammenhang Haspel, Michael: Die ethische Beurteilung der Tötung von Zivilpersonen in militärischen Konflikten in der Lehre vom gerecht(fertigt)en Krieg, in: Gillner, Matthias/Stümke, Volker (Hg.): Kollateralopfer:

Die Tötung von Unschuldigen als rechtliches und moralisches Problem, Münster i.W. 2014, 97-111.

23 Vgl. etwa Burrow Jr., Rufus: Martin Luther King, Jr., and the Theology of Resistance, Jefferson, NC: McFarland 2014, 193. Burrow möchte betonen, dass die Annahme des Leidens eine aktive Handlung dessen ist, der im gewaltfreien Einsatz für Gerechtigkeit sich in diese Situation begibt, und verwendet deshalb das Wortfeld choose/choice. In der Sache wäre aber m.E. »accept« die klarere Bezeichnung.

24 King verwendet auch mehrfach die Vokabel »accept«; mir ist nicht bekannt, dass er in diesem Zusammenhang von »choose« spricht.

25 Vgl. Burrow: Martin Luther King, Jr., 188f., 193.

26 Darauf weist hin: Miller: Voice of Deliverance, 152.

27 Vgl. zu der im Hintergrund stehenden Vorstellung, die Schwarzen hätten eine besondere Funktion als »chosen people«, auch im Sinne des amerikanischen »Exceptionalism« bis hin zu messianischen Vorstellungen das Kapitel zur »Black Messianic Hope« bei Baldwin: There Is a Balm in Gilead, 229-272.

28 In seinem programmatischen Text »Pilgrimage to Nonviolence« entfaltet King, dass für ihn Gandhi die Einsicht eröffnet habe, dass die Liebesethik Jesu nicht nur im individuellen Horizont relevant ist, sondern gerade auch im gesellschaftlichen. A.a.O., 96f.

29 King: Where, 20. Erstaunlicherweise kommt Pinn, wenn ich richtig sehe, in seiner Analyse von Kings Verständnis des »redemptive suffering« zum weitgehend gleichen Ergebnis: Pinn: Why, 71-77. Allerdings bringt er dann die radikale Kritik von Joseph Washington, Albert Cleage und William R. Jones in Stellung, die m.E. gerade die Position Kings nicht angemessen rekonstruiert (77-89). Er selbst kommt zu dem – aus meiner Sicht zumindest mit Blick auf King nicht zutreffenden – Schluss: »Erlösendes Leiden und Befreiung sind diametral entgegengesetzte Vorstellungen; sie vertreten Konzeption des In-der-Welt-Seins, die sich wechselseitig ausschließen« (17).

30 Cone: Cross.

31 Vgl. zu Cone Gautier, Dominik: »The Cross and the Lynching Tree«. Die Kreuzestheologie James H. Cones in: ÖR 64, 2015, 198-206.

32 So auch der Titel des Klassikers unter den King-Biografien: Garrow: Bearing the Cross.

33 Vgl. Cone: Cross, 65-92.

34 So auch der Titel der grundlegenden Monografie: Fairclough: To Redeem the Soul of America.

35 Vgl. etwa Ansbro, John J.: Martin Luther King, Jr. Siehe dazu Cone: The Theology of Martin Luther King, Jr., 21.

36 Zum hier verhandelten Thema siehe Edmondson: The Power of Unearned Suffering, a.a.O. Zum kulturellen Hintergrund Kings immer noch grundlegend: Baldwin: There Is a Balm in Gilead, a.a.O. Siehe dazu auch Erskine, Noel Leo: King among the Theologians, Cleveland, Ohio: Pilgrim Press 1994; West, Cornel: The Religious Foundations of the Thought of Martin Luther King, Jr., in: Albert, Peter J./

Hoffman, Ronald (eds): We Shall Overcome. Martin Luther King, Jr. and the Black Freedom Struggle, New York: Da Capo Press 1993 (1990), 113-129.

37 Vgl. etwa Cone: The Spirituals and the Blues, a.a.O.; Broecking: Jazz und die afroamerikanische Protestkultur, a.a.O.; Edmondson: The Power of Unearned Suffering, 33-43.

38 James Cone leitet aus der Identifikation des leidenden Gottesknechtes mit Jesus sogar ab, dass Jesus – in einem ontologischen Sinne – »schwarz« sein müsse, da die Leidenden in dieser Welt »schwarz« seien. Vgl. Cone, James H.: A Black Theology of Liberation. (Twentieth Anniversary Edition), Maryknoll, NY: Orbis Books 1990 (1970), 122f.

39 Als biblische Belege werden dann meist Röm 8,18 und Mt 16,24-28 angeführt. James Cone schreibt die Schuld für diese Position der »westlichen« Theologie zu, die weniger das biblische Verständnis des Leidens und der Zusage Gottes, die Unterdrückten zu befreien, sondern die griechische Philosophie zugrunde gelegt habe. So sei das Leiden der Unterdrückten, das in der Bibel eine prominente Rolle einnehme, nicht wahrgenommen worden. Eindrücklich belegt er dies mit einem Zitat von Emil Brunner: »In der Gegenwart des Kreuzes hören wir auf, von ›ungerechtertigtem‹ Leiden zu sprechen« (Cone, James H.: God of the Oppressed, New York: HarperCollins 1975, 163-183, 181).

40 Vgl. Morris: Origins, 96f; Hudson: Religion, 351; Lincoln/Mamiya: The Black Church in the African American Experience, 13; Cone: God of the Oppressed, 192; Cone: Cross, 124ff.

41 Cone: God of the Oppressed, 193.

42 Etwa auf Amos 5,24 beim Thema Gerechtigkeit. Auf einer Wand hinter dem eigentlichen Civil Rights Memorial in Montgomery wird dieses in einer Paraphrase Kings angeführt. Der Inhalt wird also direkt mit ihm und dem Kampf der Bürgerrechtsbewegung für Gerechtigkeit identifiziert. Eine solche ikonische biblische Referenz fehlt beim »redemptive suffering«.

43 Miller weist darauf hin, dass sich das Motiv des »redemptive suffering« auch nicht in den Predigtvorlagen findet, die King vielfach und ausgiebig verwendet hat (Voice of Deliverance, 152).

44 Für Kings Verständnis der Liebes-Ethik Jesu entscheidend ist Thurman: Jesus and the Disinherited; besonders der Abschnitt zur Nächsten- und Feindesliebe, 79-99.

45 Vgl. 1 Kor 1,23.

46 King, Jr., Martin Luther: Suffering and Faith (1960), in: Testament, 41f.

47 King: I Have a Dream, 84. Vgl. die Analyse der Rede und der Funktion des »redemptive suffering« in ihr von Miller: Voice of Deliverance, 150.

48 Die kritischen Einwände der Black Humanists und Black Womanists werden detailliert dargestellt und untersucht bei Edmondson: Power, 123-183. Siehe auch Cone, Cross, 120-151. Ich selbst habe nur die Arbeit von Pinn: Why, Lord? im Original bearbeitet. Dort finden sich weitere kritische Positionen, siehe a.a.O., 77-100.

49 Schwarze Frauen sahen sich vom Feminismus Weißer Mittelklasse-Frauen nicht

angemessen wahrgenommen und repräsentiert. Analog wird der Begriff »Womanism« verwendet, um die besondere Situation und Perspektive Schwarzer Frauen zur Geltung zu bringen, die dreifach (intersektional) diskriminiert werden: rassistisch, sexistisch und ökonomisch. Toni Morrison und Alice Walker haben diese Zusammenhänge in ihrem literarischen Werk eindrücklich beschrieben. Künstlerisch bearbeitet findet sich der Zusammenhang bei Walker, Kara: A Black Hole is Everything a Star Longs to Be. Zeichnungen 1992-2020, hg. v. Anita Haldemann, Genf: JRP Editions 2020. Auf ganz eigene Weise hat die Intersektionalität der Unterdrückung theologisch thematisiert Murray, Pauli: Selected Sermons and Writings, ed. by Pinn, Anthony, Maryknoll, NY: Orbis Books 2006.

50 Cone: Cross, 92. Entsprechend auch Edmondson und Burrow a.a.O.

51 Pinn: Why, Lord?, 10f.

52 Vgl. dazu Edmondson: Power, 153-157. Edmondson weist auch auf womanistische Ansätze hin, die Kings Konzept des »redemptive suffering« positiv rezipieren. Zu Delores Williams' Kritik siehe auch Pinn: Why, 102-111.

53 Nämlich Leiden, das weder Gott noch die betroffenen Menschen wollen.

54 Diese inhaltliche Deutung lässt sich auch durch die Verwendung der Begriffe bei King belegen. Nach 1963 geht die Verwendung von »redemptive suffering« zumindest deutlich zurück. Taylor Branch behauptet, King habe den Predigttext von Birmingham wieder bei den Trauerfeiern für Jimmie Lee Jackson und James Reeb 1965 in Selma verwendet (Branch, Taylor: At Canaan's Edge. America in the King Years 1965-68, New York: Simon and Schuster 2007 (2006), 24f., 106f.). Dies lässt sich aber anhand der angegebenen Quelle nicht belegen (Fager, Charles E.: Selma 1965, New York: Charles Scribner's Sons 1974, 85f., 133). In der Trauerrede für Jimmie Lee findet sich die Formulierung: »Sein Tod muss beweisen, dass unverschuldetes Leiden nicht unerlöst bleibt« (85f.). Das ist aber ein anderer Akzent als in Birmingham. In den von mir untersuchten Texten taucht die Formulierung »redemptive suffering« ab Mitte der 1960er-Jahre gar nicht mehr auf. Allerdings konnte auch nur ein begrenzter Textkorpus untersucht werden. Und es ist keineswegs auszuschließen, dass bei der weiteren Erschließung der King Papers noch Fundstellen zutage treten. Aber zum selben Ergebnis kommt auch Lischer, Richard: The Preacher King. Martin Luther King, Jr. and The Word That Moved America, New York: Oxford University Press 1995, 252.

55 Spätestens hier stellt sich ganz offensichtlich das Problem der »kulturellen Aneignung«. Ist es angemessen, als Weißer, europäischer, männlicher Mittelschichts-Theologe die der Schwarzen Kultur und Tradition entstammende Theologie Kings normativ zu beurteilen und in einer Reinterpretation anzueignen? Ist das schon eine Enteignung? Darüber hinaus stellt sich bei der Auseinandersetzung mit King und der Black Church ebenso zwangsläufig die Frage, warum wir diese theologische Tradition der Unterdrückten für eine weithin saturierte Situation heranziehen. Die Gefahr der romantisierenden und identifikatorischen Kompensation ist immer mit zu bedenken und trotzdem nicht auszuschließen.

11. Politischer Triumph und private Tragödie

1 Vgl. Ling: King 2015, 59-61.

2 https://kinginstitute.stanford.edu/clark-septima-poinsette

3 Einen guten Einblick gibt ein Werbeflyer von 1962: https://www.crmvet.org/docs/cit_schools_brochure.pdf. Und es waren in der Tat ganz überwiegend Frauen, die sich als Multiplikatorinnen ausbilden ließen. Vgl. Gillespie, Deanna M.: The Citizenship Education Program and Black Women's Political Culture, Gainesville, Flor.: University Press of Florida 2021, 4.

4 Vgl. Branch: Parting, 492-500, 636.

5 Vgl. Gillespie: Citizenship, 1.

6 https://content.wisconsinhistory.org/digital/collection/p15932coll2/id/13754, 1.

7 Diese Erfahrung, dass die Lebensrealität der Schwarzen für viele Weiße nicht sichtbar war bzw. ausgeblendet wurde, beschreibt Ralph Ellison in seinem preisgekrönten Roman »Invisibel Man« von 1952.

8 https://www.npr.org/2018/05/13/610097454/how-a-mule-train-from-marks-miss-kicked-off-mlks-poor-people-campaign; https://eu.clarionledger.com/story/opinion/columnists/2017/04/10/50-years-ago-rfk-exposed-hunger-mississippi-delta/100296752/.

9 Genauso, wie King ohne das Fernsehen niemals die immense Popularität hätte erzielen können, wäre Kings oder auch Belafontes Reisetätigkeit ohne den seit den 1930er-Jahren sich rasant entwickelnden Linienflugverkehr nicht realisierbar gewesen. Eine CO_2-Bilanz Kings steht noch aus.

10 King: People in Action: Pathos and Hope (03.03.1962), in: MLKP VII, 419-421. Weitere Berichte sind in diesem Band abgedruckt.

11 Vgl. Branch, Taylor: Pillar of Fire. American in the King Years 1963-65, New York: Simon and Schuster 1998, 104-111.

12 Dafür steht auch der Protest-Zyklus in St. Augustine. Hier waren die Proteste durch eine lokale Bewegung schon im Gange, als die SCLC im Herbst 1963 um Unterstützung gebeten wurde. King eskalierte den Konflikt im Frühjahr gezielt, während der Civil Rights Act im Kongress verhandelt wurde. Es kam zu Gewaltausbrüchen mit Verletzten und Toten. Die SCLC zog sich zurück und hinterließ die Stadt mit größeren Problemen, als vorher bestanden. Aus Sicht der SCLC wurde das aber als Erfolg gewertet, weil ein kausaler Zusammenhang zwischen der Eskalation und der Verabschiedung des Bürgerrechtsgesetzes gesehen wurde. Vgl. Ling: King 2015, 167-176.

13 Noch heute sind Schwarze unterrepräsentiert. Obwohl Schwarze über 25 % der Bevölkerung Alabamas ausmachen (und in den Nachbarstaaten Mississippi 37,53 % sowie Georgia 33,1 %), sind nur 11,16 % der Studierenden der University of Alabama Schwarz (Stand 2021).

14 Die Geschäftsordnung erlaubt es den Senatoren, so lange zu sprechen, wie sie wollen. Das ermöglicht Ermüdungsreden (Filibuster), mit denen einzelne oder mehrere Senatoren die Verabschiedung von Gesetzten nicht nur über Stunden, sondern zum Teil über Wochen verzögern können.

15 https://www.docsteach.org/documents/document/civil-rights-act-of-1964.

16 Vgl. Branch: Pillar, 387-389; CBS News: https://www.youtube.com/watch?v=G3SJBExIQco.

17 Einen sehr dichten Eindruck von diesem Besuch vermittelt der Film »Der King Code. Martin Luther King in Berlin«, der sowohl Kings Besuch mit vielen Originalaufnahmen und Interviews als auch ein Schulprojekt von zwei Berliner Schulklassen, eine aus dem Osten, eine aus dem Westen, auf den Spuren Kings dokumentiert. Vgl. www.king-code.de.

18 Vgl. etwa Götting, Gerald: Ein Leben für Menschlichkeit und Brüderlichkeit. Gedenkansprache auf einer zentralen Veranstaltung der Christlich-Demokratischen Union Deutschlands, des Friedensrates der DDR und des Komitees zum Schutze der Menschenrechte am 10. April 1968 in Berlin, in: Sekretariat des Hauptvorstandes der Christlich Demokratischen Union Deutschlands (Hg.): Martin Luther Kings Vermächtnis, Berlin 1968, 5-13.

19 Vgl. Schubert: »We Shall Overcome«, 95-133, 275-392. Von Abernathy finden sich Einträge in den Gästebüchern der Wartburg und des Diakonissen-Mutterhauses in Eisenach.

20 Bundesarchiv, Stasi-Unterlagen-Archiv, MfS AP, Nr. 20721/92.

21 Das ist gut recherchiert von Höhn, Maria/Klimke, Martin: A Breath of Freedom: The Civil Rights Struggle, African American GIs, and Germany, New York 2010, 100. Allerdings erscheint es mir nach wie vor merkwürdig, dass die Stasi nicht vorher über diese Pläne informiert war. Die kirchlichen Gremien waren von IMs durchsetzt, die oft zeitnah berichteten. Drei Jahre nach dem Mauerbau war Berlin ein El Dorado der Geheimdienste. Aber alle Zeitzeugenberichte und Akten stützen den hier dargestellten Vorgang.

22 King: Sermon Held at St. Mary's Church (13.09.1964). Zitiert nach https://digitales-archiv.aacvr-germany.org/. Der Pfad geht über »author« – »King, Martin Luther, Jr.« Einige der Texte und Audios, die man im Netz findet, beruhen auf dem Mitschnitt der Stasi und sind teilweise unvollständig.

23 Es ist kein direktes Bibelzitat, aber eine zentrale Sentenz Kings. Sie ist die Grundlage für das King-Denkmal auf der Mall in Washington, D.C., wo ein Block mit einer Skulptur Kings aus einem größeren Granitfelsen herausgelöst wurde. https://www.nps.gov/mlkm/learn/building-the-memorial.htm.

24 Vgl. Schubert: »We Shall Overcome«, 207-274. Vgl. auch die gut bebilderte Dokumentation: Martin-Luther-King-Zentrum für Gewaltfreiheit und Zivilcourage (Hg.): »Fels der Verzweiflung – Stein der Hoffnung«. Martin Luther King und die DDR, Leipzig 2020. Auch im Westen kann man eine geteilte Rezeption feststellen. In den Protestbewegungen und der allgemeinen Öffentlichkeit wurde vor allem der politische Aktivist wahrgenommen, in kirchlichen Kreisen und im Religionsunterricht war Kings christliche Motivation ein wichtiger Faktor. Vgl. Haspel, Michael: Martin Luther King Jr.'s Reception as a Theologian and Political Activist in Germany – East and West, in: Waldschmidt-Nelson/Chatelain/Monteith: Staging

a Dream, 49-63; Grosse, Heinrich: The March on Washington and the American Civil Rights Movement as an Inspiration for Social Protest Movements in West and East Germany, in: a.a.O., 65-80.

25 Vgl. Belafonte: My Song, 299; Young, Andrew: An Easy Burden. The Civil Rights Movement and the Transformation of America, Atlanta, Georgia: JSJ Enterprises & Publishing LLC, 25th Anniversary Edition 2021 (1996), 445.

26 Vgl. Garrow: Bearing, 364-367.

27 Die »Acceptance Speech« ist in verschiedenen Textsammlungen abgedruckt, etwa in Call, 105-109. Die eigentliche Nobelpreisrede fehlt in den gängigen Textsammlungen, vermutlich aus Copyright-Gründen. Inzwischen ist sie online verfügbar: King, Jr., Martin Luther: Nobel Lecture. https://www.nobelprize.org/prizes/peace/1964/king/lecture/. Allerdings sind wesentliche Abschnitte, insbesondere zum Welthaus, übernommen in: King, Jr., Martin Luther: The World House, in: ders.: Where, 167-191.

28 Das ist einer der ganz wenigen Fälle, dass er das Motiv der imago Dei in einer seiner großen Reden verwendet. Siehe oben Kap. 6.

29 Siehe dazu ausführlich Haspel: Welthaus, a.a.O.

30 Religionswissenschaftlich ist dies offensichtlich nicht richtig.

31 So fast wortgleich auch in: King: World House, 190.

32 Vgl. Haspel: Human Dignity, a.a.O.

33 Ling: King 2015, 180-183.

34 Vgl. Waldschmidt-Nelson: Malcolm X, a.a.O.

35 Nicht zu verwechseln mit dem Bloody Sunday am 31.1.1972 in Nordirland.

36 Zitiert nach Ling: King 2015, 202. Vgl. zum Ganzen ebd., 186-202.

37 Lyndon B. Johnson: »Special Message to the Congress: The American Promise«, March 15, 1965. https://www.lbjlibrary.org/object/text/special-message-congress-american-promise-03-15-1965: Als Video: https://www.youtube.com/watch?v=5NvPhiuGZ6I.

38 Von dieser eher nüchternen Perspektive ist der ganze, gleichwohl sehr lesenswerte Bericht vom Verlauf des Marsches geprägt. Adler, Renata: Letter from Selma. The Selma March. On the Trail to Montgomery, in: The New Yorker (10. April) 1965. https://www.newyorker.com/magazine/1965/04/10/letter-from-selma.

39 King, Jr., Martin Luther: Address at the Conclusion of the Selma to Montgomery March, in: King: Call, 119-132. https://www.youtube.com/watch?v=bqky7Wcobbo Ein besonderes Foto wurde von Stephen Somerstein von Martin Luther King aufgenommen: https://sfae.com/Artists/Stephen-Somerstein/Dr-Martin-Luther-King-Jr-,-Speaking-to-Crowd-/Reve

40 King bezieht sich hier wohl auf Woodward, C. Vann: The Strange Career of Jim Crow, New York: Oxford University Press 1955.

41 Das gelobte Land war also keineswegs leer.

42 Im Jahr 1822 plante Denmark Vesey einen Aufstand gegen die Sklaverei, wurde aber verraten. Er identifizierte die versklavten Schwarzen mit dem Volk Israel in Ägypten, wie dies in den theologisch-religiösen Vorstellungen der versklavten Schwarzen weitverbreitet war. Die Geschichte von der Landnahme, einschließlich der Erzählung von Jericho, verstand Vesey so, dass die Schwarzen nach ihrer Befreiung an den Weißen den Bann vollstrecken sollten, als Strafe für deren Sünde, die Schwarzen zu versklaven. Vgl. Schipper, Jeremy: Denmark Vesey's Bible. The Thwarted Revolt That Put Slavery and Scripture on Trial, Princeton, NJ: Princeton University Press 2022. King bezieht sich selten und dann abgrenzend auf Vesey oder andere Anführer von Aufständen. Vgl. King: Where, 56.

Theologisch ist einerseits entlastend, dass Jericho wohl schon lange verfallen war, bevor hebräische Gruppen aus dem Süden einwanderten. Andererseits stellt sich dann theologisch die Frage, warum solche Gräuel dargestellt werden, wenn sie gar nicht stattgefunden haben. Die Funktion, historisch die Stärke des Volkes Israel darzustellen, ist ja offensichtlich. Vgl. Baumann, Gerlinde: Gewalt im Alten Testament. Grundlinien der Forschung – hermeneutische Überlegungen – Anregungen, in: Fischer, Irmtraud (Hg.): Macht – Gewalt – Krieg im Alten Testament. Gesellschaftliche Problematik und das Problem ihrer Repräsentation (Quaestiones disputatae 254), Freiburg i.Br./Basel/Wien 2013, 29-52.

Spannend ist, dass in indigenen amerikanischen Befreiungstheologien die Exodus-Erzählung wegen der Landnahme gerade nicht als Befreiungsgeschichte gelesen wird, sondern als eine Entsprechung zu der Katastrophe der Landnahme durch Weiße Siedler auf dem amerikanischen Kontinent.

43 Zu Kings Stilmitteln, hier der Wiederholung vgl. Lischer: Preacher, 128-130.

44 https://www.archives.gov/milestone-documents/voting-rights-act. Wesentliche Regeln gelten noch bis heute, allerdings wurden die Regeln durch Verfassungsgerichtsurteile 2013 und 2021 wesentlich geschwächt. Insbesondere die 2013 erfolgte faktische Aufhebung des Abschnitts 5, der regelt, dass jede Änderung des Wahlverfahrens von einem Bundesgericht genehmigt werden muss, hat wieder zu einer Zunahme diskriminierender Maßnahmen geführt, sei es beim Zuschnitt der Wahlkreise, sei es bei der Erreichbarkeit von Wahllokalen etc.

45 Grundlegend dazu: Dowd Hall, Jacquelyn: The Long Civil Rights Movement and the Political Uses of the Past, in: Journal of American History 92 (4) 2005, 1233-1263.

46 Ling und Duffy haben dies etwa hinsichtlich der Spenden an die SCLC analysiert: Ling, Peter J./Duffy, Johannah: Backing Dr King. The Financial Transformation of the Southern Christian Leadership Conference in 1963, in: The Sixties: A Journal of History, Politics and Culture 5 (2) 2012, 147-165. Siehe auch Ling, Peter J.: Does the Movement Need a King?, in: Journal of American Studies 50 (2) 2016, 465-470.

47 Vgl. Lawson, Steven F.: Freedom Then, Freedom Now. The Historiography of the Civil Rights Movement, in: The American Historical Review 96 (2) 1991, 456-471.

48 Vgl. Eig: Life, 325f.;

49 Vgl. Eig: Life, 424f.

50 Vgl. Eig: Life, 356; 405.

51 Garrow: FBI, a.a.O. Die Dokumente sind inzwischen Online und in Print verfügbar.

52 Das wird sich vermutlich mit der deutschen Ausgabe der King-Biografie von Jonathan Eig (Martin Luther King. Ein Leben, 2024) ändern. Nachdem die Autoren bislang die Namen der beteiligten Frauen, die sich nicht selbst geoutet haben, nicht öffentlich gemacht haben, hat Eig auch solche Einzelheiten abgedruckt.

53 Einer der im FBI Verantwortlichen war davon überzeugt, dass King in weiteren Fällen Sex mit Prostituierten hatte.

54 Vgl. Eig: Life, 353-355. Garrow berichtet, dass es eine Prostituierte gewesen sei, die zugleich Polizeiinformantin war. Garrow: FBI, 323.

55 Auch Andrew Young berichtet es so in seinen Memoiren. Dort auch ausführliche Informationen zum abgehörten Geschehen als auch zur Entdeckung des Päckchens. Young: Burden, 440-443. Dagegen u.a. Dyson: I May Not, 216-218.

56 Garrow: FBI, 134.

57 Vgl. Garrow: FBI, 162-165.

58 Zitiert nach Ling: King 2015, 185. Eine sehr differenzierte Einordnung bietet Dyson: I May Not, 155-174.

59 Vgl. Eig: Life, 357.

12. Vom Luther zum Loser? Vom Reformer zum Radikalen? (1966-1968)

1 Vgl. Dorrien: Breaking, 249, 410.

2 Unter White Privilege versteht man die Vorteile, die Menschen haben, nur weil sie Weiß sind oder als Weiß gelesen werden. Im konkreten Kontext bedeutete dies, dass Weiße Arbeitnehmer für dieselbe Arbeit besser bezahlt wurden als Schwarze, also die Weiße Mittelschicht auf Kosten der Schwarzen privilegiert wurde. Dies gilt in vielen anderen Bereichen und auch für die globalen post-kolonialen Wirtschaftsstrukturen. Vgl. Vials, Christopher: White Supremacy. Geschichte und Politik des Weißseins in den USA, in: APuZ 68 (12) 2018, 43-49.

3 Vgl. Grosse, Heinrich: Die Macht der Armen. Martin Luther Kings Kampf gegen Rassismus, Armut und Krieg, in: Haspel/Waldschmidt-Nelson: Martin Luther King, 13-34. Vgl auch zum Folgenden Garrow: Bearing, 431-574.

4 Vgl. Garrow: Bearing, 439; Lewis: Walking, 123.

5 Ling: King 2015, 212.

6 Vgl. Ling: King 2015, 208f.

7 Ling: King 2015, 260.

8 Vgl. Garrow: Bearing, 466.

9 In den Debatten um die Aufhebung der Versklavung im 18. und 19. Jh. stand das hier verwendete Wort »amelioration« für eine Position, die nicht für die Aufhebung der Versklavung (Abolition) eintrat, sondern für die Abmilderung der negativen Auswirkungen und für Verbesserung der Situation der Versklavten. Es dürfte kein Zufall sein, dass King hier A. verwendet und nicht das geläufigere »improvement«.

10 King, Jr., Martin Luther: Racism and the White Backlash, in ders.: Where Do We Go From Here: Chaos or Community?, Boston, Mass.: Beacon Press 1968 (1967), 67-101.

11 Siehe ausführlicher oben Kap. 3.

12 Vgl. z.B. den Film »Dann war mein Leben nicht umsonst – Martin Luther King« (King: A Filmed Record ... Montgomery to Memphis), 1970 und etliche andere Dokumentationen. In den Bildergalerien im Internet konnte ich die Bilder mit Nazi-Symbolen außer auf Armbinden nicht finden. Offensichtlich funktioniert die Zensur an dieser Stelle zumindest partiell.

13 In den Augen des FBI sowieso Garrow: The FBI and Martin Luther King, Jr.

14 Wendt: Spirit, a.a.O.; Wendt: Philosophie, a.a.O.

15 Vgl. Garrow: Bearing, 346-351.

16 Vgl. Lewis: Walking, 283-293.

17 1966 fand auch das erste Weltfestival Schwarzer Kunst, das der Bewegung der Négritude verbunden war, unter der Ägide des Künstlers und nun Präsidenten des unabhängigen Senegals, Léopold Sédar Senghor, in Dakar statt und hatte eine enorme Auswirkung auf das kulturelle und politische Selbstverständnis Schwarzer auch in der Diaspora.

18 Vgl. Ling: King 2015, 248-260. Vgl. dazu King selbst: Where, 23-66. Im selben Jahr wurde auch die Black Panther Party gegründet, die ausdrücklich bewaffnete Selbstverteidigung zum Schutz der Schwarzen befürwortete.

19 Call, 207-223, 209f.

20 Vgl. Mulhall, Thomas A.: A Lasting Prophetic Legacy. Martin Luther King Jr., the World Council of Churches, and the Global Crusade against Racism and War, Eugene, Oregon: Wipf and Stock 2014, 94-132. Zutreffend ist, dass King seinem Engagement gegen den Vietnam-Krieg erst spät dieselbe Priorität wie seinem Bürgerrechtsengagement gab. Darauf weist er in seiner Rede in der Riverside Church auch selbst hin, indem er sagt, er habe zwei Jahre versäumt, sich deutlich öffentlich zu äußern. Dabei bezieht er sich zum einen auf die Landung der ersten US-amerikanischen Kampftruppen in Vietnam 1965, zum anderen auf seine öffentliche Zurückhaltung, nachdem erste Äußerungen 1965 zu scharfer Kritik geführt hatten. Vgl. King, Jr., Martin Luther: Beyond Vietnam (1967), in: Call, 139-164, bes. 141.

21 King: Address at the Thirty-sixth Annual Dinner of the War Resisters League (2.2.1959), in: MLKP V, 120-125: 122.

22 Vgl. King: Where, 86; Smith: Ethics, 102. Zur neueren Pazifismusdebatte siehe Bleisch, Barbara/Strub, Jean-Daniel (Hg.): Pazifismus. Ideengeschichte, Theorie, Praxis, Bern 2006.

23 Vgl. Dorrien: Breaking, 266.

24 Vgl. Notes for Conversation between King and Nehru, 10. Februar 1959, in: MLKP V, 130. Dazu auch die entsprechende Passage in der Einleitung des Bandes.

25 Vgl. etwa Fairclough, Adam: Martin Luther King, Jr. and the War in Vietnam, in: Phylon 45, 1984, 19-39, 38.

26 King: Beyond Vietnam, 139-164.

27 Ob hier möglicherweise der 1952 erschienene und 1955 verfilmte Roman »Jenseits von Eden« von John Steinbeck im Ohr der Übersetzer mitklang, ist nur zu vermuten. Allerdings steht hier im englischen Original nicht »beyond«, sondern »East of Eden«.

28 King: Beyond Vietnam, 143.

29 King variiert hier das Motto der SCLC. Er verwendet den Ausdruck »to save the soul of America«, während das Motto eigentlich heißt: To redeem the soul of America.

30 King: Beyond Vietnam, 146.

31 Vgl. Dorrien: Breaking, 412f.

32 Vgl. King: Beyond Vietnam, 157-164. Mit dieser Argumentation ist die Diskussion zwischen dem globalen Norden und dem globalen Süden im Ökumenischen Rat der Kirchen in den kommenden Jahren präfiguriert, ob denn der Gerechtigkeit oder dem Frieden Priorität zukomme, die zu immer wieder neuen kreativen Formulierungen und Formaten führt.

33 Beyond Vietnam, 160f. King unterstellt hier wie schon oben, religionswissenschaftlich aber fragwürdig, dass dieses Verständnis der Liebe der Kern aller Religionen sei.

34 https://kinginstitute.stanford.edu/harding-vincent-gordon. Unterstützt wurde er dabei von Andrew Young und Clarence B. Jones.

35 Diese Argumentation trifft sich mit den Positionen, die aufgrund der Kriterien der Lehre vom gerechten Krieg den Vietnam-Krieg ablehnten, ohne dabei eine prinzipiell pazifistische Position einzunehmen. Vgl. etwa Walzer, Michael: Just and Unjust Wars. A Moral Argument with Historical Illustrations, New York: Basic Books, 5th ed. 2015 (1977); Potter, Ralph B.: War and Moral Discourse, Richmond, Virg.: John Knox, 3rd ed. 1973 (1969).

36 Dieses Argument taucht interessanterweise in »Beyond Vietnam« nicht auf. Vgl. aber Mulhall: 110f.

37 Interessant ist, dass dieser wesentliche Aspekt in Mandelas politischem Leben im Zuge seiner Heroisierung weitgehend ausgeblendet wird. Dabei hat er bis heute fortwirkende politische Implikationen. Der Verzicht auf eine rechtliche Aufarbeitung des Apartheid-Regimes und die Substituierung durch den sogenannten Wahrheits- und Versöhnungs-Prozess ist vor allem dem Umstand geschuldet, dass dies politisch nur durchsetzbar gewesen wäre, wenn dann auch die Taten und Verbrechen des ANC untersucht worden wären. Weder die Führung der National Party noch des ANC, auch Mandela selbst, konnten daran ein Interesse haben. Dass die Wahrheits- und Versöhnungskommission aber gerade keine Gerechtigkeit für die meisten Schwarzen erwirken konnte, wird nun zunehmen thematisiert. Vgl. etwa den sehr eindrücklichen Dokumentarfilm »Madiba – Das Vermächtnis des Nelson Mandela« von Khalo Matabane.

38 Vgl. dazu Mulhall: 60-93. Fairclough argumentiert analog hinsichtlich Kings Interpretation des Viet-Kong (ebd.).

39 King, Jr., Martin Luther: Pilgrimage to Nonviolence, in: Christian Century 77, 1960,

439-441, zitiert nach der Onlinequelle: http://mlk-kpp01.stanford.edu/index.php/encyclopedia/documentsentry/pilgrimage_to_nonviolence/ (zuletzt abgerufen: 03.02.15 13:31Uhr). Der erste Satz dieses Zitates fehlt in der Version, die in Stride Toward Freedom abgedruckt ist, (King: Stride, 99), findet sich allerdings in der Version, die 1963 in Strength to Love aufgenommen wurde (152). Dies ist insofern aufschlussreich, weil also King diese Aussage, er sei kein doktrinärer Pazifist, noch 1963 aufrechterhalten hat. Zu einem Zeitpunkt also, zu dem seine pazifistische Entwicklung als abgeschlossen gelten kann. Der Rest des Zitats findet sich übrigens schon fast wortgleich in seiner Ansprache vom 2. Februar 1959 (MLKP V, 123), so dass davon auszugehen ist, dass der zusätzliche Satz 1960 tatsächlich eine bewusste Ergänzung ist. King berichtet auch, dass er als Student die Auffassung vertrat, dass Krieg als Abwehr eines totalitären Systems gerechtfertigt sein könne (Strength, 95). Er lässt offen, ob er diese Haltung später revidiert hat. Noch 1967 betont er ausdrücklich das Recht auf Selbstverteidigung auf interpersonaler Ebene (King: Where, 55).

40 Jacoby, Jeff: »MLK embraced Israel. Does BLM embrace Hamas?« Boston Globe. 25 October 2023. Web. 8 November 2023. https://www.bostonglobe.com/2023/10/25/opinion/arguable-newsletter-hamas-black-african-american-israel-jewish-liberal-progressive-palestine-physician-assisted-suicide-beacon-hill/; siehe auch King, Jr., Martin Luther/SCLC: The Middle East Question. Statement by Dr. King and the SCLC, Chicago, Ill., September 1967, in: ders.: The Radical King, ed. by West, Cornell (King Legacy 11), Boston, Mass.: Beacon Press 2015, 105-106; Dorrien: King, 417.

41 Vgl. Dorrien: Breaking, 406.

42 Vgl. King: Where, 45; King, Jr., Martin Luther: »My dream has ›turned into a nightmare‹«, interview by Sander Vanocur, NBC, May 8, 1967, https://www.nbcnews.com/nightly-news/video/king-my-dream-has-turned-into-a-nightmare-41107011940; King: Trumpet, 76.

13. »Ich bin auf dem Gipfel des Berges gewesen!«

1 Harrington, Michael: The Other America. Poverty in the United States, New York: Macmillan Publishing Company 1962. Der Ausdruck »anderes Amerika« wurde dann auch auf die Gegen- und Protestkultur in den USA übertragen. Vgl. Dieckmann, Christoph: Martin Luther Soul. Aus der ›festen Burg‹ ins ›andere Amerika‹. Biographische Reflexionen eines ostdeutschen Protestanten (1968-2008), in: Haspel/Reif-Spirek: »Hier stehe ich und kann nicht anders!«, 69-81.

2 Ad Hoc Committee: The Triple Revolution. An Appraisal of the Major US Crises and Proposals for Action, in: International Socialist Review 24 (3) 1964, 85-89.

3 King, Jr., Martin Luther: The Other America. April 14, 1967, Stanford University. Online verfügbar unter https://blogs.baruch.cuny.edu/evolution/files/2020/06/MLK-The-Other-America.pdf.

4 In Print dokumentiert ist eine Variante, die er bei einer Schwarzen Gewerkschaft in NewYork hielt: King, Jr., Martin Luther: The Other America (March 10, 1968), in: ders.: The Radical King, ed. by West, Cornell (King Legacy 11), Boston, Mass.: Beacon Press 2015, 235-244.

5 King, Jr., Martin Luther: Where Do We Go From Here? Presidential Address at the SCLC Annual Conference, Atlanta, August 16, 1967, in: Radical, 161-180, 172. Im November hat er eine weitere Variante auf der Mitarbeitenden-Klausur der SCLC gehalten, um die Mitarbeitenden für die PPC zu motivieren. Dieser Text liegt mir nur in einer frühen deutschen Übersetzung von Heinrich Grosse vor, der für die Vermittlung der Texte Kings in Deutschland Unermessliches geleistet hat: King, Jr., Martin Luther: Ein neuer Richtungssinn (1967), in: King, Martin Luther: Testament der Hoffnung. Letzte Reden, Aufsätze und Predigten, hg. v. Grosse, Heinrich, Gütersloh, 6. Aufl. 1989 (1974), 41-62. Vgl. auch die entsprechenden Kapitel in King: Where, 102-166.

6 Die USA sind dem Pakt aber nicht beigetreten. Präsident Carter hat ihn 1977 unterzeichnet, aber er ist bislang vom Senat nicht ratifiziert worden.

7 Vgl. King: Where, 130.

8 King: Strength, 97-106.

9 Die Themen und Ziele sind detailliert dargelegt im Anhang zu King: Where, 193-202. Vgl. auch Laurent, Sylvie: King and the Other America. The Poor People's Campaign and the Quest for Economic Equality, Oakland, Calif.: University of California Press 2018, 186.

10 Episcopal Church ist die Bezeichnung der Anglikanischen Kirche in den USA.

11 King, Jr., Martin Luther: Remaining Awake Through a Great Revolution, in: Testament, 268-278, 270.

12 King: Remaining Awake, 274.

13 Vgl. Ling: King 2015, 290-304.

14 King, Jr., Martin Luther: I've Been to the Mountaintop, in: Call, 207-223, 207-208.

15 Vgl. Miller: Epic, 71-88.

16 Call, 211.

17 Der Bruch der Verfügung wäre aber nicht notwendig gewesen, weil das Gericht am kommenden Tag den Marsch mit akzeptablen Auflagen genehmigt hat. Vgl. Branch: Canaan's Edge, 764.

18 Call, 223. King nimmt hier wieder das Motiv von Mose auf, der am Ende des Zuges in die Freiheit nicht mit in das Gelobte Land einziehen wird, aber vor seinem Tod vom Berg Nebo über den Jordan hinüberschauen kann. Vgl. 5 Mose 34.

19 Vgl. Laurent: King, 183-208. Laurent versucht, das gängige Bild einer komplett gescheiterten Kampagne zu korrigieren.

20 https://mississippistories.org/story/a-story-of-the-poor-peoples-campaign-mule-train/

14. Das Vermächtnis Martin Luther Kings als Zumutung und Herausforderung

1 Zum ganzen Kapitel siehe Haspel: Das Vermächtnis Martin Luther Kings, 17-28; Haspel, Michael: »I have a dream« – 60 Jahre Marsch auf Washington; https://www.uni-erfurt.de/forschung/aktuelles/forschungsblog-wortmelder/i-have-a-dream-60-jahre-marsch-auf-washington#jump (gepostet 27.08.2023); Ling, Peter: An welchen Martin Luther King sollen wir uns erinnern? Martin Luther King und die Facetten seines Wirkens in der Erinnerungskultur, in: Haspel/Waldschmidt-Nelson: Martin Luther King, 97-110.

2 Vgl. zum King-Feiertag Weiß, Jana: Remember, Celebrate, and Forget? The Martin Luther King Day and the Pitfalls of Civil Religion, in: Journal of American Studies 53, 2019, 428-448. Zur Geschichte und Problematik des Martin Luther King, Jr. Memorials (und damit des Gedenkdiskurses) siehe Carson: Martin's Dream, 229-244.

3 Vgl. Dyson: I May Not, 166.

4 Miller: Voice, 9, 186, 142.

5 Vgl. Dorrien: Breaking, 268.

6 Ihn allerdings als »einen im Weltmaßstab höchst begabten, kreativen, machtvollen und provokativen Denker« zu bezeichnen, ist eher Ausdruck einer hagiografisch-apologetischen Haltung, die King gegen jede Kritik immunisieren will (Baldwin, Lewis V.: The Arc of Truth. The Thinking of Martin Luther King Jr, Minneapolis Minnes.: Fortress Press 2022, 281).

7 Zitiert nach Kamin: Dangerous, 132.

8 Zitiert nach Eig: Life, 414.

9 Vgl. oben Kap. 8.

10 West, Cornel: Introduction, in: Radical, XVI.

11 Lewis, John: Introduction, in: Call, 112.

12 Radical, 74.

13 Dagegen wenden sich vehement Baldwin, Lewis V./Burrow Jr., Rufus (eds): The Domestication of Martin Luther King, Jr.: Clarence B. Jones, Right-Wing Conservatism, and the Manipulation of the King Legacy, La Vergne, Tenn.: Wipf and Stock Publishers 2013; Dyson: I May Not, 11-29.

14 Hirschfelder, Nicole: Deconstructing the Prevalence of the White-Dominated German Gaze. Specific Challenges for Scholarship on the Civil Rights Movement, in: KZG 33, 2020, 37-58, 37, Anm. 3.

15 Vgl. dazu etwa Waldschmidt-Nelson, Britta: Trumpet, 111-138.

16 Dyson: I May Not.

17 Paul's Letter to American Christians. Sermon Delivered at Dexter Avenue Baptist Church, 04.11.1956, in: MLKP III, 414-420.

18 Haspel: Human Dignity, a.a.O.

19 Auch Valerie Laurent kommt in der neuesten Studie zu dieser Fragestellung zu diesem Ergebnis. Vgl. Laurent: King, 13f. Ebenso schon Jackson, Thomas F.: From Civil

Rights to Human Rights. Martin Luther King, Jr. and the Struggle for Economic Justice, Philadelphia, Penns.: University of Pennsylvania Press 2007, bes. 1-24

20 In den Schulen und der Jugendbildung wird sich dies allmählich ändern. Zur Rezeption in afro-deutscher Perspektive siehe Kraft, Marion: Black German Transnational Perspectives and the Emergence of a New Movement; erscheint in einem Themenband ›Civil Rights – Human Rights – Social Justice: Legacies of Black Freedom Struggles in the Transatlantic World‹ der Amerikastudien/American Studies (Amst) 2024.

21 Einen guten Überblick der Debatte bietet Kastner, Jens: Von Black Power bis Ta-Nehisi Coates. Schwarze Identitätspolitik in den USA, in: APuZ 68 (12) 2018, 1-36.

22 West, Cornel: Race Matters, Boston, Mass.: Beacon Press 2017 (1993).

23 Vgl. Vials, Christopher: White Supremacy. Geschichte und Politik des Weißseins in den USA, in: APuZ 68 (12) 2018, 43-49.

24 Exemplarisch und hervorragend zeigte die Ausstellung »Der blinde Fleck. Bremen und die Kunst in der Kolonialzeit« der Kunsthalle Bremen im Jahr 2017 die Verflechtung von Wirtschaft, Politik, Kirche und Kultur im Kolonialismus. Siehe dazu Binter, Julia (Hg.): Der blinde Fleck. Bremen und die Kunst in der Kolonialzeit, Berlin 2017.

25 »Post-kolonial« wird hier als analytischer Begriff verwendet, der erkennen lässt, dass viele wirtschaftliche, politische und kulturell gesellschaftliche Strukturen und ihre globale Vernetzung durch die Nachwirkungen von Kolonialität und Rassismus bestimmt sind. Damit ist keine Identifikation mit einer bestimmten post-kolonialistischen Schule verbunden.

26 Vgl. zu Ansätzen rassismuskritischer Theologie in Deutschland etwa Gautier, Dominik: Was tun, um den weißen Christus loszuwerden? Rassismuskritisches Lernen mit dem jungen Dietrich Bonhoeffer, in: ZThG 23, 2018, 128-130; Mezu, Leon Yezenia: Freiheit im Jetzt! Martin Luther King, James Cone und ihre Bedeutung für Rassismuskritik heute, in: ZThG 23, 2018, 279-287; Silber, Stefan: Postkoloniale Theologien. Eine Einführung (UTB 5669), Tübingen/Basel 2021.

27 Zu Herausforderungen und Chancen christlich-theologischer Spitzenforschung und akademischer Lehre in einem interreliglösen Setting vgl. David N. Hempton: What Is a Multireligious Divinity School? Five Questions to Consider, in: Harvard Divinity Bulletin, Winter 2017, 17-20.

28 Martin Luther King: Ich habe einen Traum. Ein Lesebuch, hg. v. Heinrich Grosse, Ostfildern 2018, 35-37. Kursivierung im Original.

29 King: Call, 82.

Penguin Random House Verlagsgruppe FSC® N001967

Umschlagmotiv: Martin Luther King (1929-1968) während eines Vortrags in Norwegen im Rahmen der Verleihung des Friedensnobelpreises 1964; © der Vorlage: akg-images.de
Druck und Bindung: GGP Media GmbH, Pößneck
Printed in Germany
ISBN 978-3-579-06232-7
www.gtvh.de